Alles über Elliott-Wellen

A. Hamilton Bolton · Charles J. Collins

www.elliottwave.com

MIT EINEM VORWORT VON ROBERT R. PRECHTER

ALLES ÜBER ELLIOTT WELLEN

A. HAMILTON BOLTON

Börsenbuchverlag

Die Originalausgabe erschien unter dem Titel
The Complete Elliott Wave Writings of A. Hamilton Bolton and Charles J. Collins
ISBN 978-1-61604-111-3

Übersetzung: Börsenmedien AG, Egbert Neumüller
Gestaltung Cover: Maja Hempfling
Gestaltung, Satz und Herstellung: Maja Hempfling
Coverillustration: AdityasStd/Shutterstock
Lektorat: Elke Sabat
Druck: CPI books GmbH, Leck, Germany

ISBN 978-3-68932-073-7

Bibliografische Information der Deutschen Nationalbibliothek:
Die Deutsche Nationalbibliothek verzeichnet diese Publikation in der Deutschen Nationalbibliografie; detaillierte bibliografische Daten sind im Internet über <http://dnb.d-nb.de> abrufbar.

BÖRSEN MEDIEN
AKTIENGESELLSCHAFT

Postfach 1449 • 95305 Kulmbach
Tel: +49 9221 9051-0 • Fax: +49 9221 9051-4444
E-Mail: info@plassen-buchverlage.de
www.boersenbuchverlag.de
www.facebook.com/plassenverlag
www.instagram.com/plassen_buchverlage

Dieses Buch ist Denise Cuirot und Claire Chartrand gewidmet.

INHALT

Vorwort von Robert R. Prechter 13
Die Geschichte von Hamilton Bolton von A.J. Frost 23
Ein Essay über Investitionen 29
Eine kurze Einführung in Elliotts Wellenprinzip 33
Elliotts Wellenprinzip 1953 45
Elliotts Wellenprinzip 1954 59
Anhang A: Ein 21-jähriges Dreieck? 68
Elliotts Wellenprinzip 1955 71
Elliotts Wellenprinzip 1956 81
Elliotts Wellenprinzip 1957 87
Artikel aus *Investor's Future* 99
Elliotts Wellenprinzip 1958 105
Nachtrag zur Beilage von 1958 114
Elliotts Wellenprinzip 1959 115

Das Elliott-Wellen-Prinzip: Eine kritische Bewertung 129
Vorwort 131
Kapitel I: Wie dieses Buch entstanden ist 135
Kapitel II: Elliotts allgemeines Konzept 138
Kapitel III: Was ist das Wellenprinzip? 140
Kapitel IV: Von der Einfachheit zur Komplexität 145
Kapitel V: Wellensequenzen 153
Kapitel VI: Weitere Komplexitäten 161
Kapitel VII: Anwendung auf den Aktienmarkt, 1857 bis 1929 169

Kapitel VIII: Der Aktienmarkt von 1928 bis 1932 175
Kapitel IX: Elliott und Zyklustheorien 179
Kapitel X: Die Folgen der Weltwirtschaftskrise 186
Kapitel XI: Der Aktienmarkt der Nachkriegszeit 198
Kapitel XII: Merkmale seit 1949 203
Kapitel XIII: Ist „Elliott“ eine exakte Wissenschaft? 208
Kapitel XIV: Bankkredite und die Wellentheorie 210
Der 100-Jahres-Chart 212
Kapitel XV: Ist „Elliott“ auf einzelne Aktien anwendbar? . . 220
Kapitel XVI: Elliott: Fakt oder Fantasie? 224
Anhang A: Daten und Bibliografie 228
Nachtrag zur ersten Ausgabe 230

Das Elliott-Wellen-Prinzip des Aktienmarktverhaltens 1961 233
Das Elliott-Wellen-Prinzip des Aktienmarktverhaltens 1962 243
Nachtrag zur Beilage von 1962 257
Das Elliott-Wellen-Prinzip des Aktienmarktverhaltens 1963 273
Das Elliott-Wellen-Prinzip des Aktienmarktverhaltens 1964 297
Das Elliott-Wellen-Prinzip des Aktienmarktverhaltens 1965 339
Auszug aus dem *Bank Credit Analyst* vom Juli 1965 371
Briefe 374
Das Elliott-Wellen-Prinzip des Aktienmarktverhaltens 1966. 379
„Elliotts Wellenprinzip“ von Charles J. Collins 393
Chart des Dow Jones Industrial Average von 1949 bis 1974 427
Der Wert des Wellenprinzips im Rückblick: Auszüge 429
Briefe 435

A. Hamilton Bolton

A. Hamilton Bolton

A. Hamilton Bolton, B.A. (McGill) und M.B.A. (Harvard), war Präsident der Anlageberatungsgesellschaft Bolton, Tremblay & Company sowie Gründer und Chefredakteur des von Bolton-Tremblay herausgegebenen *Bank Credit Analyst*, einem Finanzservice, der internationale Anerkennung erlangte.

Als Beratungsfirma für Banken, Versicherungsgesellschaften, Pensionsfonds, Investmentfonds und Privatanleger verwaltete Bolton, Tremblay & Company Vermögenswerte von über einer Viertelmilliarde Dollar. Boltons 1967 erschienenes Buch „Money and Investment Profits" ist ein Klassiker der Fundamentalanalyse, und seine technische Expertise in der Anwendung des Wellenprinzips war zu seinen Lebzeiten unübertroffen. 1987 verlieh die Financial Analysts Federation A. Hamilton Bolton posthum den Nicholas Molodovsky Award, die höchste Auszeichnung der Federation.

Bolton war stets sehr aktiv in den Angelegenheiten seines Berufsstands und gehörte dem Verwaltungsrat der Beloit Financial Analysts Seminars an. Von 1959 bis 1960 war er Präsident der National Federation of Financial Analysts Societies (später umbenannt in Financial Analysts Federation) und blieb mehrere Jahre lang Direktor und Mitherausgeber des *Financial Analysts Journal*.

Robert R. Prechter, Jr., CMT

Robert R. Prechter Jr., CMT

Robert R. Prechter, Gründer und Präsident von Elliott Wave International, hat sich den Ruf als einer der weltweit führenden Marktanalysten erworben.

In den 1980er-Jahren wurde sein *Elliott Wave Theorist* zweimal mit dem „Timer of the Year“ des Timer Digest und zweimal mit dem „Award of Excellence“ des Hard Money Digest ausgezeichnet – als einzige Publikation überhaupt. Im Dezember 1989 ernannte ihn das Financial News Network zum „Guru des Jahrzehnts“. Prechter veröffentlicht seit 1976 Kommentare zum Wellenprinzip und hat mehrere Bücher über Marktanalyse verfasst und herausgegeben.

Er war zehn Jahre lang Vorstandsmitglied der landesweiten Market Technicians' Association und wurde 1990 zu deren Präsidenten gewählt. Er ist außerdem Vorstandsmitglied der Foundation for the Study of Cycles und Mitglied von Mensa und Intertel. Neben der Herausgabe von *The Elliott Wave Theorist* liefert Prechter Kommentare zu Aktienmärkten, Anleihen, Gold, Wirtschaft und sozialen Trends für die institutionelle Publikation *Global Market Perspective* von EWI. Bevor er sich selbstständig machte, arbeitete Bob als technischer Marktspezialist in der Marktanalyseabteilung von Merrill Lynch in New York. Er schloss 1971 sein Studium der Psychologie an der Yale University ab.

Danksagung

Ich möchte dem heutigen Herausgeber von *The Bank Credit Analyst*, Anthony Boeckh, meinen Dank aussprechen, den ich 1980 auf einer Konferenz des National Committee for Monetary Reform kennengelernt habe. Boeckh hat dem Verlag New Classics Library freundlicherweise die Erlaubnis erteilt, die vorliegenden Werke zu veröffentlichen, die seit 40 Jahren vergriffen sind. Er stellte auch Fotokopien der Beilagen von 1955 und 1956 zur Verfügung, die einzigen beiden, die in meiner und A.J. Frosts Sammlung fehlten – abgesehen vom immer noch nicht erhältlichen Nachtrag zur Beilage von 1963. Mein Dank gilt auch Josephine Penberthy, der Tochter von Charles J. Collins, die die Fotos von Collins zur Verfügung gestellt hat, Jane Estes und Karen Latvala, die das physische Produkt hergestellt haben, sowie Susan Willoughby, die das Cover gestaltet hat.

Anmerkung des Herausgebers: Die einzige Publikation, die für diesen Band nicht verfügbar war, ist der Nachtrag zur Elliott-Wave-Beilage 1963 vom 11. November desselben Jahres. Wenn Sie ein Exemplar besitzen, würden wir uns über eine Kopie freuen.

Damit der Leser einen schnellen Überblick über die Kursentwicklung des Dow Jones Industrial Average während des gesamten Zeitraums der Elliott-Wellen-Prognosen des *BCA* erhält, haben wir auf Seite 427 ein Kursdiagramm abgedruckt.

VORWORT
von Robert R. Prechter

Abgesehen von kurzen Erwähnungen des Themas in Börsenbriefen war das erste substanzielle Material, das ich über das Wellenprinzip las, Boltons Buch aus dem Jahr 1960 mit dem Titel „Das Elliott-Wellen-Prinzip: Eine kritische Bewertung“. Es erklärte nicht nur die Grundlagen des Wellenprinzips klar und deutlich, sondern enthielt auch eine der wenigen großartigen Börsenprognosen, nämlich Boltons Vorhersage eines wichtigen Hochs des Dow Jones bei 999, das 1966 fast genau erreicht wurde und 17 Jahre lang unübertroffen blieb. Dieses Buch war der Beginn einer langen und spannenden Reise, die noch immer andauert. Es erscheint mir angemessen, Bolton zu danken, indem ich seine Arbeiten zum Wellenprinzip allen zugänglich mache, die sie lesen möchten.

Arthur Hamilton Boltons wichtigste Veröffentlichung war sein monatlicher Beratungsdienst *The Bank Credit Analyst*, der von seiner Firma Bolton, Tremblay & Co. zu einem Jahresabonnementpreis von 50 Dollar herausgegeben wurde. Bolton war ein Pionier in der Erforschung des Zusammenhangs zwischen der Verfügbarkeit von Bankkrediten und den Trends an den Aktienmärkten. Seine These hat er am ausführlichsten in dem Buch „Money and Investment Profits“ dargelegt, das im Januar 1967 bei Dow-Jones Irwin erschien. Zu den im Laufe der Jahre veröffentlichten Schriften gehörten „Introduction to Bank Credit Analysis“, „The

Principles of Bank Credit Analysis", „The Gold Problem", „Deposit Velocity — A Speculative Indicator?" und „Inflation and Common Stocks".

Bolton war intellektuell ein Einzelgänger. In einem Brief erklärte er unverblümt: „Es ist mir völlig egal, was die orthodoxen Befürworter des Status quo zu sagen haben." Nur dank dieser Unabhängigkeit war es ihm möglich, seine Bankkredit-Theorien zu entwickeln und das Wellenprinzip öffentlich zu erläutern. Er war jedoch auch zugänglich und klug genug, um, wie er es ausdrückte, „das derzeitige ‚In'-Denken" in seine Ausführungen einzuflechten, damit sich das Establishment entspannen und seiner Arbeit die gebührende Aufmerksamkeit schenken konnte. Eine weitere Stärke Boltons war sein Beharren auf intellektueller Strenge bei analytischen Unternehmungen, was sich in all seinen Schriften zeigt. Bolton wandte sowohl seine eigenen Theorien zum Bankkredit als auch Elliotts Konzepte zu Marktmustern in Form gleichermaßen sorgfältiger Analysen an. Ein besonders eindrucksvolles Beispiel für seine akribische Herangehensweise ist eine Reihe persönlicher Briefe, die er mit einem Ökonomen und Autor austauschte, der behauptete, neue Erkenntnisse über die Natur und Bedeutung von Schulden gewonnen zu haben. Bolton sezierte die Theorie auf vielen Seiten und zählte ihre Mängel mit der Präzision eines Chirurgen auf. Der Inhalt des Wellenprinzips wurde von Bolton natürlich ebenso intensiv geprüft und überstand diese Prüfung nicht nur, sondern beschäftigte seinen Intellekt auch zutiefst.

Ob es nun seine Radikalität, seine Zugänglichkeit oder seine intellektuelle Präzision war, die den größten Anteil daran hatten – Bolton erwarb sich die Bewunderung der Fachwelt und behielt sie. Für sein Engagement und seine Leistungen verlieh ihm die Financial Analysts Federation 1987 (34 Jahre – eine Fibonacci-Zahl – nach der Veröffentlichung seiner ersten Elliott-Wave-Beilage und 21 Jahre nach seiner letzten) posthum ihre renommierteste Auszeichnung, den Nicholas-Molodovsky-Preis, der seit 1968 durchschnittlich nur einmal alle drei Jahre verliehen wird.

Bolton hatte die seltene Gabe, sowohl in der fundamentalen als auch in der technischen Disziplin faszinierende Arbeiten zu verfassen. Im Mittelpunkt dieses Buches steht sein technisches Werk, das seit Jahrzehnten nicht mehr verfügbar ist.

Im Jahr 1953, vier Jahre nach der Gründung des *BCA* im Jahr 1949, begann Bolton, seinen Abonnenten jährliche „Supplements", also Beilagen, zuzusenden, die Marktkommentare auf der Grundlage des Wellenprinzips von R.N. Elliott enthielten. Die in den 1950er-Jahren veröffentlichten Ausgaben trugen den einfachen Titel „Elliotts Wellenprinzip"; für die 1960er-Jahre änderte Bolton den Titel in „Das Elliott-Wellen-Prinzip des Aktienmarktverhaltens". Die Veröffentlichung eines Buches im Jahr 1960 markierte offenbar eine Zeit des Wandels für Bolton, da er nicht nur die Beilagen umbenannte, sondern auch ein neues Foto für den *BCA* machen ließ.

Insgesamt verfasste Bolton 13 jährliche Beilagen. Er schrieb auch das Buch von 1960 sowie fünf kurze Nachträge: den Nachtrag von 1958, den Nachtrag von 1960 (erstmals abgedruckt im *Bank Credit Analyst* vom Oktober 1960), den Nachtrag von 1962, den Nachtrag von 1963 und eine Aktualisierung im *BCA* vom Juli 1965.

Nach Boltons Tod veröffentlichte das Unternehmen drei weitere Elliott-Wellen-Publikationen: die *BCA*-Beilagen von 1967, 1968 und 1970. Sie wurden von A.J. Frost (1967 und 1970) und Russell L. Hall (1968) verfasst, mit zusätzlichem theoretischem Material von Walter E. White.* Im Jahr 1969 wurde keine Beilage veröffentlicht.

Frosts Erinnerung, dass Bolton in kurzer Zeit wie wild schrieb, ist zweifellos wahr, da seine Satzstruktur manchmal komplex ist und insbesondere in den ersten Beilagen manchmal im Telegrammstil verfasst wurde, zweifellos genau so, wie er es geschrieben hatte. Der Kontrast im Schreibstil zwischen den ersten Beilagen und den späteren zeigt, dass Letztere redaktionell sorgfältiger bearbeitet wurden. Für dieses Buch haben wir die früheren Veröffentlichungen nur minimal überarbeitet, gelegentlich Verben und Kommas hinzugefügt und einige Zahlen in Text umgewandelt. Ansonsten ist das Werk jedoch unverändert geblieben.

Jede Beilage enthielt eine grundlegende Übersicht über das Wellenprinzip. Andere Inhalte wurden gelegentlich in späteren Ergänzungen als Referenz wiederholt. Für dieses Projekt haben wir wiederholte Inhalte nur einmal abgedruckt, und zwar bei ihrem ersten Erscheinen. Wenn der Inhalt später überarbeitet wurde, haben wir entweder die überarbeitete Version verwendet – wenn die Änderungen geringfügig waren – oder, wenn die Überarbeitung wesentlich oder aktuell war, den Abschnitt zum Zeitpunkt der Überarbeitung wiederholt. Das Buch von 1960 wurde trotz einiger Wiederholungen früherer Inhalte vollständig neu gedruckt. „Anhang C“ aus jenem Buch, eine Liste mit Auszügen aus früheren jährlichen Beilagen, wurde aus dem offensichtlichen Grund weggelassen, dass die vollständige Darstellung hier in diesem Buch enthalten ist. Um jedoch Boltons unvergleichliche Perspektive auf knappem Raum zu vermitteln, präsentieren wir auf den letzten Seiten einen kurzen Auszug aus jeder Ausgabe.

Dieser Band enthält einige zusätzliche Leckerbissen. Wir beginnen mit einer kurzen Biografie von „Hammy“ Bolton, verfasst von A.J. Frost. Später folgt ein persönlicher Briefwechsel zwischen Bolton und Charles Collins, darunter ein Brief vom März 1967, den Bolton eine Woche vor seinem Tod schrieb. Ebenfalls enthalten ist ein Artikel, der 1957 in der Juli-Ausgabe des Magazins *Investor's Future* erschien. Obwohl er Bolton zugeschrieben wird, könnte es sich um eine Zusammenarbeit zwischen Bolton und dem berühmten kauzigen Analysten und Autor Garfield A. Drew handeln, da einige Formulierungen auch in Drews Buch „New Methods for Profit in the Stock Market“ vorkommen. Der Artikel trug den Titel „The Coming Tidal Wave“ und begann mit einer einfachen Aussage, die heute so wahr ist wie eh und je: „Die vielleicht herausragendste Theorie, die auf bewährten Daten basiert und die langfristigen zukünftigen Bewegungen der Aktienkurse genau vorhersagt, ist das Elliott-Wellen-Prinzip.“ Der Autor lieferte rückblickend überzeugende

Beweise für diese Behauptung und kommentierte schlicht: „Die neue Hausse, die 1949 begann, hat das Ausmaß einer Flutwelle.“ In den 44 Jahren vor 1949 hatte der Dow Jones einen miserablen Nettogewinn von nur 60 Prozent verzeichnet. In den seitdem vergangenen 44 Jahren ist der Dow um mehr als 2.000 Prozent gestiegen. Nur das Wellenprinzip war und ist in der Lage, eine solche Veränderung des Marktgeschehens vorherzusagen.

Wie Frost berichtet, war die einzige bedeutende Marktbewegung, die Bolton zu Beginn nicht öffentlich vorhergesagt hatte, der Rückgang im Jahr 1962. Allerdings hatte er diesen bereits einige Male im Jahr zuvor vorhergesagt, und der von ihm Anfang 1962 angegebene „Stopp“ bei einem Durchbrechen der Trendlinie hätte jeden aufmerksamen Leser vor Ärger bewahrt. Darüber hinaus wurde die von Bolton in Kapitel XII seines Buches von 1960 angegebene Abwärtsgrenze von „522 Punkten im DJIA“ mit dem Tiefststand von 524 Punkten im Juni 1962 ziemlich genau erreicht. Wenn es in diesem Zeitraum einen „Fehler“ seitens Bolton gab, dann war es einer, den weniger begabte Menschen als Erfolg bezeichnet hätten.

In den meisten Fällen zeugten Boltons Prognosen von einem brillanten Verständnis des Marktpotenzials. So gab er beispielsweise in den 13 Jahren (wiederum Fibonacci), in denen er über das Wellenprinzip schrieb, nur achtmal konkrete Zahlen für den Dow Jones Industrial Average an. Zwei davon waren falsch und wurden schnell verworfen, als sich der richtige Kurs des Marktes abzeichnete. Eine dritte Prognose, die nur auf Mustern basierte, sagte für 1957 einen Rückgang auf 400 voraus; der tatsächliche Tiefststand lag bei 419, was nach den meisten Maßstäben eine gute Prognose war. Ab 1960 gab er jedoch fünf weitere und nahezu perfekte Prognosen ab (die letzte wurde von A.J. Frost verfeinert). Er sagte die Untergrenze des Rückgangs von 1962 auf zwei Punkte genau voraus. Seine Prognose eines Dow-Höchststands von 999 war sechs Jahre im Voraus auf ein Prozent genau. Man könnte seine Bemerkung außer Acht lassen, dass ein Dow von 777, der durch ein Fibonacci-Verhältnis angezeigt wurde, für ein zukünftiges Hoch von untergeordneter Bedeutung sei, aber dieses Niveau markierte nicht zufällig genau das Tief vom 12. August 1982 bei 776,92, dem orthodoxen Ende der Welle IV. Seine Äußerung Anfang 1966, dass eine wichtige Unterstützung bei einem Dow von 740 liege, zeigte das Tief dieses Jahres auf den Dollar genau an. Als Collins Anfang 1966, wenige Wochen vor dem Höhepunkt eines 24-jährigen Aufschwungs, die Aussichten zusammenfasste, schrieb er: „Könnte die A-Welle [des Bärenmarkts] nicht bis in den Bereich von 770–710 reichen, die C-Welle bis etwa 524, mit einer beträchtlichen dazwischenliegenden B-Welle?“ Dies war eine nahezu perfekte Prognose für den Zeitraum 1966 bis 1974. Tatsächlich basierte die Prognose von Bolton und Collins, dass der endgültige Tiefpunkt der Welle IV „bei etwa 524“ liegen würde, nur auf Mustern, da der Tiefpunkt von 1962 bei 524 gelegen hatte. Nach Hammys Tod verfeinerte A.J. Frost in der Beilage von 1970 die Prognose unter Verwendung des Fibonacci-Verhältnisses und prognostizierte ein Tief des Dow Jones bei 572, das am 9. Dezember 1974 mit einem Stundenschlusskurs von 572,20 ebenfalls auf den Dollar genau erreicht wurde.

Einmal verwendete Bolton die Dow-Zahlen weniger konkret, am 28. Juni 1965. Er war voreilig zu dem Schluss gekommen, dass der Bullenmarkt vorbei sei, und gab Unterstützungsniveaus bei „800–830“ und „710–750“ an. Das Stundentief wurde am nächsten Tag bei 835,54 erreicht, und nach dem Höchststand im Februar 1966 lag das 1966er-Tief bei 740. Trotz der unvollkommenen Marktprognose war es offensichtlich, dass er wusste, wie man das Wellenprinzip zur Bestimmung von Unterstützungsniveaus anwendet.

Konkrete Prognosen sind eine Sache, die Perspektive ist eine andere, und das Wellenprinzip ist unübertroffen, wenn es darum geht, eine gute Perspektive zu bieten. In seinen Kommentaren während der 1950er-Jahre betonte Bolton immer wieder die Botschaft des Wellenprinzips für den mehrjährigen Ausblick, dass die Preise „für einige

Jahre auf einem niedrigen Niveau bleiben … mit viel Zeit und bullisher Amplitude vor uns …“. Seine Prognosegrafiken zeigen, dass er bereits 1953 einen Höchststand des DJIA von etwa „1.000 im Jahr 1965“ prognostizierte. Boltons Perspektive und insbesondere seine Standhaftigkeit standen in klarem Kontrast zu der wiederkehrenden Angst vieler Anleger vor einem Crash und einer Depression sowie den ständig abgesicherten und wechselhaften Ansichten der Mehrheit der Ökonomen und Analysten.

Ebenso bedeutsam ist vielleicht, dass Bolton auch immer wieder erkannte, was der Markt *nicht* tun würde. Er erklärte oft, dass bestimmte Niveaus auf der Abwärtsseite nicht überschritten würden, und das entgegen der Meinung vieler Marktbeobachter. So sagte er beispielsweise 1957: „Es sieht unter keinen Umständen so aus, als würden wir unter 400 fallen.“ Im Jahr 1959, wahrscheinlich als Reaktion auf zahlreiche veröffentlichte Prognosen, die eine Wiederholung der Ereignisse von 1929 bis 1932 voraussagten, kommentierte er, dass „jede Vorstellung von einer Rückkehr des DJIA auf das Niveau von 50 oder 100 reine Fantasie wäre“. In seinem ersten Elliott Wave Supplement von 1953 erklärte er mit einer Zuverlässigkeit und Genauigkeit, die sich Ökonomen nicht einmal vorstellen können: „Eine große Depression wie die von 1929 bis 1932 ist zeit unseres Lebens nicht zu erwarten.“ Mit Sicherheit zu wissen, was der Markt nicht tun wird, ist ein weiterer großer Vorteil der Elliott-Wellen-Analyse.

Hätte man Bolton gebeten, einen Kollegen mit ähnlichem Börsenscharfsinn zu nennen, hätte er zweifellos Charles J. Collins genannt, Vermögensverwalter, Herausgeber von *Investment Letters* und Mitverfasser des ersten Buches von R.N. Elliott. (Weitere Informationen zu Collins finden Sie im Vorwort zu „Elliott Wave Principle“ von Frost und Prechter und in der Biografie von R.N. Elliott in „R.N. Elliott’s Masterworks“.) Bolton und Collins tauschten zwischen dem 27. April 1955 und dem 29. März 1967 über einen Zeitraum von zwölf Jahren etwa 120 persönliche Briefe aus, was einer fast monatlichen Korrespondenz entspricht. Die beiden Männer trafen sich mindestens sechs Mal. Das erste Treffen fand im August 1955 in Montreal statt, das letzte im Februar 1963 in Detroit, zwei Monate nach Collins' „Teilruhestand" im Dezember 1962. Ihre Beziehung war von professioneller Unabhängigkeit und gegenseitigem Respekt geprägt, wobei Bolton ihre Diskussionen gelegentlich mit den Beiträgen der allgemeinen Masse der „Elliott-Fans" kontrastierte. Sie hatten oft die gleichen Wellenzählungen für Marktbewegungen, erklärten und diskutierten jedoch offen Unterschiede, wenn diese auftraten. Tatsächlich war es Collins' Benennung der Komponenten des Superzyklus, die sich schließlich gegen Boltons Theorie eines 21-jährigen Dreiecks durchsetzte. Die Beilage von 1966 enthält einen Abschnitt von Collins, in dem er die richtige langfristige Interpretation des Aktienmarkts seit 1932 klar darlegte, die Bolton dann akzeptierte. Diese Übereinstimmung der Meinungen schuf die Voraussetzungen für den anhaltenden Erfolg des Wellenprinzips während der Baisse der 1970er-Jahre, wie von A.J. Frost, Russ Hall und Richard Russell analysiert.*

Skeptiker sollten bedenken, dass jede von Boltons Prognosen nur eines von unzähligen möglichen Ergebnissen darstellte, die möglich gewesen wären, wenn sich der Markt zufällig entwickelt hätte und Wendepunkte durch Zufall zustande gekommen wären. Man sollte auch bedenken, dass der Prognoseerfolg des Wellenprinzips in diesem Zeitraum trotz Aktiensplits, Änderungen der Zusammensetzung des Dow Jones und des Divisors, der Ermordung eines Präsidenten und des Rücktritts eines anderen, des Vietnamkriegs und einer Million anderer Ereignisse erzielt wurde. Dass der Dow qua Dow Muster aufweist, ergibt nur im Hinblick auf die Sozialpsychologie Sinn. Die Präzision dieser Muster ergibt nur Sinn, wenn das Wellenprinzip tatsächlich die Bewegungen des Marktes bestimmt.

Angesichts der bemerkenswerten Beweislage muss man entweder akzeptieren, dass Bolton der glücklichste Prognostiker war, der je gelebt hat, oder dass er eine tiefgreifende Wahrheit über die Märkte und damit über das menschliche Verhalten verstanden hatte. Für mich als Beobachter ist die richtige Schlussfolgerung unausweichlich. A. Hamilton Bolton wusste, wovon er sprach, und er wusste es, weil er das Wellenprinzip verstand.

— Robert R. Prechter, 1993

* Walter Whites Abhandlung liegt in einem Anhang zu „Elliott Wave Principle" von Frost und Prechter vor. Die letzten drei *BCA*-Beilagen und Richard Russells Schriften werden in unserem Begleitband „The Elliott Wave Writings of A.J. Frost" enthalten sein.

DIE GESCHICHTE VON HAMILTON BOLTON

VON A. J. FROST

Hamilton Bolton, von seinen Freunden Hammy genannt, war ein Genie. Als Bolton seine Highschool-Abschlussprüfung schrieb, erzielte er die besten Noten in Mathematik, die in der Provinz Quebec jemals erreicht worden waren. Er studierte an der McGill University Wirtschaftswissenschaften, Mathematik und Latein und absolvierte anschließend einen MBA-Studiengang in Harvard. Danach trat er bei Wood Gundy ein, wo er Analysen durchführte und für das Unternehmen Berichte verfasste.

Einer der besten Verkäufer von Wood Gundy war Maurice Tremblay, der Hammys Genialität erkannte. Nach einer kurzen Bekanntschaft schlug Tremblay vor, dass die beiden Männer sich als Anlageberater und Portfoliomanager selbstständig machen sollten, wobei Tremblay Kunden für Bolton akquirieren würde. Bolton stimmte zu, und 1946 wurde in Montreal die Firma Bolton Tremblay, Inc. gegründet, mit Bolton als Präsident. Tremblay startete die Firma mit 17 Kunden aus der katholischen Kirche. Boltons Haupttätigkeit war die des Chefredakteurs des Bolton-Tremblay *Bank Credit Analyst*, eines monatlichen Kommentars zu Markttrends und Marktkräften, der bald den Respekt der Finanzwelt gewann.

Einige Jahre zuvor hatte R.N. Elliott eine Reihe von Artikeln im Magazin *Financial World* veröffentlicht. Bald darauf wurde Elliott von

Boltons Freund Charles J. Collins aus Detroit auf den Zusammenhang zwischen dem Wellenprinzip und der Fibonacci-Zahlenfolge aufmerksam gemacht. Die Kombination dieser Ideen fand bei Bolton großen Anklang. Nachdem er diese Ideen empirisch bestätigt hatte, begann er, seine eigene Elliott-Wellen-Analyse in einer jährlichen Beilage zu seiner Publikation *The Bank Credit Analyst* zu veröffentlichen.

Soweit ich weiß, traf Bolton R.N. Elliott nur einmal kurz vor dessen Tod. Das Treffen war nicht sehr produktiv, da Elliott zu diesem Zeitpunkt sehr krank und nur mäßig ansprechbar war.

Ich hatte das Glück, etwa zweieinhalb Jahre lang einer von Hammys Partnern zu sein, verließ die Firma jedoch Ende 1966. Während dieser Zeit verbrachten wir viele Stunden damit, sowohl im Büro als auch bei ihm zu Hause über „Elliott" zu diskutieren.

Ich wurde oft gefragt, was für ein Mensch Bolton war. Gelinde gesagt war er ungekünstelt und freundlich, aber schüchtern und neigte dazu, sich etwas zurückzuziehen. Er liebte es, allein zu sein, um gute Musik und sein Inneres zu hören. Er genoss die Stille und hatte keine Schwierigkeiten, sich von der Welt abzuschotten. Er war gelehrt, hatte aber auch Sinn für Humor. Als ihn eine Analytikerin eines Tages fragte, was er sich auf einer einsamen Insel am meisten wünschen würde, antwortete Bolton: „*Barron's*."

Bolton verfügte über eine bemerkenswerte Selbstbeherrschung. Als er im Frühjahr 1961 aus Bermuda zurückreiste, schrieb er in dreieinhalb Stunden den gesamten Text der nächsten *BCA*-Publikation mit der Hand nieder. Er schrieb schnell, wild und schwer leserlich, aber seine Sekretärin Claire Chartrand tippte den Text getreu ab. Als Bolton ihre getippte Kopie Korrektur las, musste er kein einziges Wort ändern. Mir schien, als befände er sich in einer Art Trance, wenn er über den Markt schrieb. Seine Versunkenheit und Konzentration waren unglaublich.

Hammy war nicht im orthodoxen Sinne des Wortes religiös, aber er war fasziniert von der Natur und ihren Gesetzen. Er war der Meinung, dass der Markt seine eigenen Gesetze habe, die seiner Meinung nach unerbittlich wirkten. Boltons Interesse an der Natur und der Börse war für mich eine Offenbarung. Hammy sagte im privaten Kreis oft, dass die Zyklen des Optimismus und Pessimismus des Marktes und der Wirtschaft das Fibonacci-Verhältnis widerspiegelten, das wiederum mit dem „Geist der Natur“ zusammenhänge. Er sagte einmal: „Wenn du dich an das Gesetz hältst, wirst du vom Gesetz beschützt, und es gibt keine dritte Person zwischen dir und dem Gesetz.“ Ich fragte ihn einmal, ob er der Meinung sei, dass der Mensch dazu bestimmt sei, gemäß diesem Gesetz zu wachsen. Er bejahte dies und sagte, die Herausforderung bestehe darin, *dies zu erkennen*. Er war nie der Meinung, dass die Akzeptanz des Gesetzes nur eine einmalige Gelegenheit sei, sondern dass es immer bei uns sei und uns die Möglichkeit biete, es zu erkennen, wann immer wir dazu bereit seien. Recht und Ordnung waren die Grundpfeiler von Hammys Lebensphilosophie.

Bolton hatte viele Freunde und Kontakte auf der ganzen Welt, insbesondere in den Vereinigten Staaten, er war beruflich sehr aktiv, reiste viel und hielt Vorträge. Er war Gründungsdirektor des Montreal Institute of Investment Analysts und Präsident der National Federation of Financial Analysts Societies (später bekannt als Financial Analysts Federation oder FAF) in den Jahren 1959 bis 1960 (im 13. Jahr ihres Bestehens) und war danach noch viele Jahre als Direktor tätig. Bolton war außerdem Mitherausgeber des *Financial Analysts Journal* und Ratsmitglied der Beloit Financial Analysts Seminars. Das Magazin *Fortune* stufte ihn als einen der weltweit besten Analysten ein, und seine Firma verwaltete schließlich mehr als 300 Millionen Dollar. Obwohl sein Hauptarbeitsgebiet die Bonitätskennzahlen von Banken waren, bezog sich die erste Frage aus dem Publikum nach einer 45-minütigen Rede ausnahmslos auf „Elliott“.

Hammy gab innerhalb weniger Jahre drei auf wenige Punkte genaue Marktprognosen ab und erfasste alle wichtigen Wendepunkte mit Ausnahme des Debakels von 1962. Tatsächlich sagte er den Rückgang ein oder zwei Jahre im Voraus vorher und schrieb das Wort „PANIK“ auf einen seiner Charts, aber als die Wende kam, war er mit Geschäftsreisen für die FAF beschäftigt und verpasste sie. Dieser Fehlschlag hätte Bolton fast entmutigt, zumal er die Wende lange im Voraus hatte kommen sehen.

Für seine kurze Karriere hat Bolton viel erreicht. Im Bereich der Fundamentalanalyse erfand er das *debit-loan ratio* und leistete Pionierarbeit bei der Untersuchung des Zusammenhangs zwischen Bankkreditmaßnahmen und dem Aktienmarkt. Bei der Entwicklung des *debit-loan ratio* wandte Bolton die Logik des von Unternehmensanalysten verwendeten Umsatz-Lagerbestand-Verhältnisses – also den Gegensatz von „Vorsicht versus Enthusiasmus" – auf Konten auf nationaler Ebene an. Anstelle des Umsatzes setzte er in allen Bundesstaaten außer New York die gesamten Scheckverrechnungen durch Banken als *Maß für die Ausgaben* ein. New York schloss er aus, weil das Ausmaß der finanzwirtschaftlichen Verrechnungen das Bild der Ausgaben dort tendenziell verzerrte. Anschließend verglich er diese Zahl mit *den* von allen Federal Reserve Banks veröffentlichten Zahlen zu den *kurzfristigen Verbindlichkeiten*, wobei er ebenfalls die Zahlen für New York ausschloss. Da kurzfristige Verbindlichkeiten zur Finanzierung von Forderungen und Vorräten aufgenommen werden, verschlechtert sich dadurch das Verhältnis. So entwickelte Bolton eine Kennzahl als Maß für die innere Verfassung der US-Wirtschaft. Er stellte fest, dass das Investitionsklima positiv blieb, solange das Verhältnis von Verbindlichkeiten zu Krediten positiv blieb. Diese Verhältniskennzahl wurde zu Boltons wichtigstem Indikator.

Im Bereich der Technischen Analyse hielt er das Elliott-Wellenprinzip am Leben. Er machte das Wellenprinzip nicht „weithin bekannt" – diese großartige Leistung wurde Robert Prechters Beitrag für die Finanzanalysten weltweit. Bolton legte jedoch großen Mut an den Tag, indem er sich zu einer Zeit für eine technische Herangehensweise an den Markt einsetzte, als solche Ansätze von den meisten Finanzinstituten als Unsinn betrachtet wurden.

Im Frühjahr 1967 besuchte mich Bolton über ein langes Wochenende in meinem Haus in Manotick in Ontario. Er war krank, aber das

Ausmaß seiner Krankheit erkannte ich nicht. Ich hatte jedoch das Gefühl, dass er von einem seiner Mitarbeiter unter Druck gesetzt wurde, sich an die Bankkreditanalyse und die „Fundamentaldaten" zu halten und Elliott zu vergessen. Bolton ignorierte diesen Rat fröhlich und diskutierte mit mir während der zweieinhalb Tage, die wir zusammen verbrachten, mit seiner üblichen Begeisterung über das Wellenprinzip. Tatsächlich hatte er, wie er in seinem Brief an Collins vom 29. März 1967 (den Bob in dieses Buch aufgenommen hat) schrieb, gerade begonnen, eine Gruppe von Elliott-Wellen-Intellektuellen zu bilden, um die Theorie zu erforschen und zu einer Art Wissenschaft weiterzuentwickeln.

Leider waren dies Boltons letzte Tage. Am folgenden Wochenende flog er nach Bermuda und starb am 5. April im Alter von nur 53 Jahren.

– A.J. Frost, 1993

A. Hamilton Bolton

WHAT THE Bolton-Tremblay BANK CREDIT ANALYST OFFERS YOU

THE Bolton-Tremblay
BANK CREDIT ANALYST
680 SHERBROOKE ST., WEST,
MONTREAL 2, Canada

BASIS

A fundamental investment service devoted to the study of changes from week to week in banking and credit trends, evolving a method of analysis from banking data both timely and comprehensive which provides advance information on probable future trends, of immense value to professional and private investors.

SOURCE OF DATA

Federal Reserve System's
Weekly Condition Statements

EDITOR

A. Hamilton Bolton,
B.A. (McGill), M.B.A. (Harvard)

PUBLISHERS

Bolton, Tremblay & Company,
Investment Consultants, Montreal.

Registered with the Securities and
Exchange Commission, Washington, D.C.

RATES

$100.00 for 12 months
$ 60.00 for 6 months

TIME OF PUBLICATION

Friday closest to first of month.

DELIVERY

Overnight service, incl. airmail
(no extra charge) throughout the world.

TYPE OF CLIENTELE

Professional, institutional and
sophisticated private investors.

GENERALLY

A unique investment service . . .

. . . that analyses the Money Forces behind investments and projects the DIRECTION of the major cyclical trend;

. . . that evaluates what "Money" will mean to investment values in terms of APPRECIATION or DEPRECIATION;

. . . that is not only a dependable guide to stock market trends, but that provides guidance well AHEAD of THE TURN in the trends themselves.

A combination of Research with Judgment resulting in lucid and straightforward analytical appraisals of the American investment weather.

SPECIFICALLY

I — **Monthly** — a 20 page monthly bulletin made up of :

A) Latest summary of bank credit indices in tabular form;

B) Several regular charts brought up-to-date each month and presenting these facts and figures in graphic form;

C) A complete analytical study (text portion) of the changes in these figures and charts with definite and clear-cut conclusions as to what the investment trend really is.

II — **Periodically** (as required) — a special supplement of charts, data and indices not regularly included in the monthly bulletin.

III — **Occasionally** — special timely studies are published from time to time and distributed without charge to subscribers. Among them are :

A) a comprehensive handbook on bank credit analysis;

B) a yearly review of the Elliott's Wave Principle, of which our Editor is recognized as "one of the most discerning students";

C) a review of Newsprint, an important sensitive and economic investment barometer (as circumstances warrant).

EIN ESSAY ÜBER INVESTITIONEN

von A. Hamilton Bolton

(Auszug aus Werbematerial für *The Bank Credit Analyst*)

Research und Urteilsvermögen sind die beiden Eckpfeiler, auf denen die Kunst des erfolgreichen Investierens basiert, aber von beiden ist zweifellos das *Urteilsvermögen* der wichtigere. *The Bank Credit Analyst* versucht in seinen monatlichen Bewertungen der Kräfte, die höhere oder niedrigere Preise bewirken, sowohl Research als auch Urteilsvermögen zu kombinieren. Die monatlichen Berichte ermöglichen es dem langfristigen Anleger daher, sich in einem komplexen Bereich auf dem Laufenden zu halten und zusätzlich vom Urteilsvermögen der Experten zu profitieren, die die Bedeutung von Veränderungen und deren wahrscheinliche Auswirkungen auf die Anlageaussichten interpretieren und bewerten.

Das ideale Barometer gibt es nicht und wird es nie geben; man kann nur danach streben. Betrachten wir dennoch die Eigenschaften des idealen Barometers als theoretisches Konzept:

1. die Richtung der nächsten Bewegung
2. deren Amplitude
3. ihre Dauer
4. relativ konstante Vorlaufzeit sowohl nach unten als auch nach oben von Zyklus zu Zyklus, auch wenn diese Vorlaufzeiten bei Auf- und Abwärtsbewegungen nicht gleich sein müssen

Nun wird das „ideale“ Barometer jedoch schon im Moment seiner Konzeption aufhören, ideal zu sein. Bei einem perfekten Indikator neigen Anleger dazu, seine Signale einfach nach dem Prinzip der „Reise nach Jerusalem“ zu ignorieren, das heißt, nicht jeder kann bis zum letzten Moment warten, da sonst niemand mehr da ist, an den man verkaufen oder von dem man kaufen kann. Wenn das ideale Barometer weiterhin ideal bliebe, würden sich seine Signale allmählich fast umkehren. Da so viele Menschen in Erwartung des Abwärtssignals verkauft hätten, wäre es besser, zum Zeitpunkt des Signals zu kaufen oder umgekehrt zum Zeitpunkt des Aufwärtssignals zu verkaufen.

Für die wenigen, die wirklich davon profitieren können, ist es daher viel besser, wenn erstens die Signale hinsichtlich Zeitpunkt und Amplitude nicht eindeutig sind und zweitens ihre Gültigkeit kontrovers diskutiert wird.

Der erste Zweck eines zyklischen Indikators besteht darin, den Bereich zu bestimmen, in dem größere Käufe mit geringem Risiko und zu Preisen getätigt werden können, die später wahrscheinlich erhebliche Gewinne bringen werden. Der zweite Zweck eines Indikators oder einer Reihe von Indikatoren besteht darin, uns auf Gefahren für den günstigen Wirtschaftstrend aufmerksam zu machen, damit es sich lohnt, von Aktien auf Reserven umzusteigen.

In den meisten Fällen wird man so viel wie möglich in Aktien investiert bleiben wollen, da deren langfristiger Trend nach oben zeigt. Es gibt jedoch zyklische Phasen, in denen es viel besser ist, sich ganz aus dem Markt zurückzuziehen. Unser Barometer sollte daher im Voraus auf die Auswirkungen dieser Phasen auf die Geldanlagen und den Schweregrad der wirtschaftlichen Verschlechterung hinweisen.

Oftmals wird man vor einer potenziell gefährlichen wirtschaftlichen Phase gewarnt, doch aufgrund der optimistischen Tendenz besteht eine deutliche Zurückhaltung, „seine Position zu verlieren“. Dies ist in erster Linie eine psychologische Haltung, die auf verpassten Chancen in der Vergangenheit basiert. Dabei wird übersehen, dass selbst in einer optimistisch ausgerichteten [inflationären] Wirtschaft Aktien nicht gleichermaßen auf diese Inflation reagieren, was dazu führt, dass sich das durchschnittliche Portfolio auf einige gute und einige weniger gute Aktieninstrumente konzentriert. Wenn dann eine leichte monetäre Deflation zu spüren ist, erleiden die falschen Instrumente überdurchschnittlich hohe Verluste, die oft in Zusammenhang mit dem übermäßigen Optimismus der vorangegangenen Periode stehen.

Selbst wenn sich im Nachhinein herausstellen sollte, dass man durch den Verkauf für den Zeitraum von ein bis drei Jahren nicht allzu viel gewonnen hat, bietet der Bankkreditansatz diesen großen Vorteil: Wenn man wieder kauft, betrachtet man die verschiedenen Gruppen und einzelnen Aktien mit ganz neuen Augen, anstatt durch die im vorherigen Investitionszyklus erworbenen Bestände behindert zu sein. Bei strikter Einhaltung zwingen die Bankkreditsignale zum Verkauf am Ende eines alten Zyklus und ermöglichen so einen späteren Kauf ohne die Befangenheit, manchmal große Verluste hinnehmen zu müssen.

EINE KURZE EINFÜHRUNG IN

ELLIOTTS WELLENPRINZIP

VON A. HAMILTON BOLTON

Die erste Seite dieses Aufsatzes ist ein Auszug aus dem Vorwort zu Hamilton Boltons Buch „Das Elliott-Wellen-Prinzip: Eine kritische Bewertung" aus dem Jahr 1960. Der Rest erschien erstmals in der Beilage 1957 und wurde danach in zahlreichen Beilagen wiederholt. Weitere Informationen zu dieser Darstellung finden Sie in Boltons Buch aus dem Jahr 1960 sowie in seinen Beilagen aus den Jahren 1964, 1965 und 1966.

Einleitung

Dieses Buch handelt von einem technischen Instrument zur Analyse und Prognose des Aktienmarkts, das als *Elliott-Wellen-Prinzip* bekannt ist. Es ist kein sehr bekanntes Instrument, verdient jedoch ein besseres Verständnis. Der Grund, warum ich dieses Buch geschrieben habe, ist, dass mein grundlegendes Interesse an der Analyse der Wirtschaft und des Aktienmarkts in den letzten Jahren zwar durch die umfangreichen Studien meiner Firma zu Bankkredit-Trends geweckt wurde, die wir im *Bank Credit Analyst* von Bolton-Tremblay veröffentlicht haben. Jedoch bin ich beeindruckt von (und kritisch gegenüber) den Wahrheiten hinter Elliotts Hypothese, die vor etwa 20 Jahren in einer wenig bekannten und inzwischen vergriffenen Monografie mit dem Titel „The Wave Principle" dargelegt wurde.

Während wir einige höchst unvorhersehbare wirtschaftliche Entwicklungen durchlaufen haben, darunter Depressionen, große Kriege, den Wiederaufbau nach dem Krieg und den Boom, habe ich festgestellt, wie gut sich Elliotts Wellenprinzip in die tatsächlichen Entwicklungen einfügt, und bin daher zuversichtlicher geworden, dass dieses Prinzip einen hohen Grundwert hat.

Natürlich ist es äußerst schwierig, auch nur ein Minimum an Determinismus in unserem Denken in Bezug auf Werte und Preisentwicklungen zu akzeptieren. Dennoch wird immer deutlicher, dass Emotionen in hohem Maße für Preisschwankungen verantwortlich sind, und diese Emotionen folgen nicht nur den Gesetzen von Aktion und Reaktion, sondern auch komplizierteren Gesetzen, bei denen wir bisher nur an der Oberfläche kratzen.

Zu behaupten, dass das Elliott-Wellen-Prinzip uns die Antwort geben könne, wäre eine grobe Übertreibung. Dennoch glaube ich, dass es insbesondere in Kombination mit anderen Studien ein hervorragendes Werkzeug darstellt, das mit einiger Sorgfalt untersucht werden sollte.

Wie das Wellenprinzip entstanden ist

Während einer Krankheit Mitte der 1930er-Jahre entdeckte R.N. Elliott den grundlegenden Rhythmus dessen, was er als „Wellenprinzip" bezeichnete (später änderte er den Namen in „Naturgesetz"). Er bestand aus einer Reihe von Wellen in Richtung des Haupttrends, die stets in kleinere Wellen und wiederum in noch kleinere Wellen unterteilt werden konnten, und dies immer noch im Rahmen bestimmter empirischer Regeln.

Wellentheorie vs. Dow-Theorie

In den letzten 40 Jahren ist die Dow-Theorie in der Welt der Anleger und Anlageverwalter zu einem Begriff geworden. Sie ist, wie ein Kommentator bemerkte, „ein Triumph der Werbung", da sie von einer der wichtigsten Finanzwochenzeitschriften der Vereinigten Staaten veröffentlicht und unterstützt wurde. Aufgrund ihrer großen Anhängerschaft waren ihre Signale (die übrigens keine Prognosen enthalten, außer der Annahme, dass sich ein einmal begonnener Trend wahrscheinlich nicht sofort umkehren wird) in den letzten Jahren für Anleger weniger wertvoll, um nützliche Kauf- und Verkaufsmomente zu erkennen.

Von hundert Anlegern, die von der Dow-Theorie gehört haben, kennt wahrscheinlich keiner das Elliott-Wellen-Prinzip. Der verstorbene R.N. Elliott war ein bemerkenswerter Mann. Der Autor kannte ihn persönlich und stand von 1938 bis 1947 in regelmäßigen Abständen mit ihm in Briefkontakt. Elliott fehlte die Unterstützung einer Organisation, die seinem „Prinzip" breites Interesse verschaffen konnte. Außerdem war er so detailversessen, dass er in seinen Schriften vor lauter Bäumen oft den Wald nicht zu sehen schien. Dennoch entwickelte er sein Prinzip in einem bisher nie da gewesenen Ausmaß zu einer rationalen Methode der Aktienmarktanalyse.

Elliott und die Zyklustheoretiker

Elliott war der einzige unter den Zyklustheoretikern (obwohl er 1947 starb, während andere noch lebten), der eine Grundlage für die Zyklustheorie lieferte, die mit den tatsächlichen Ereignissen der Nachkriegszeit (zumindest bis heute) vereinbar ist.

Gemäß den orthodoxen Zyklustheorien sollten die Jahre 1951 bis 1953 eine Art Holocaust auf den Wertpapier- und Rohstoffmärkten hervorbringen, wobei sich die Depression auf diesen Zeitraum konzentrieren sollte. Dass sich dieses Muster nicht wie erwartet bewahrheitete, ist wahrscheinlich eine gute Sache, da es sehr zweifelhaft ist, ob die freie Welt einen Niedergang überstanden hätte, der fast so verheerend wie 1929 bis 1932 gewesen wäre.

Das Elliott-Wellen-Prinzip unterscheidet sich von anderen Zyklustheorien dadurch, dass es nicht auf der Periodizität wiederkehrender Zyklen basiert. Im Rahmen des Prinzips können sich Wellen über sehr lange Zeiträume ausdehnen oder zusammenziehen. Daher sind die potenziellen kleineren Muster hier weitaus flexibler als bei orthodoxen Zyklustheorien.

Elliott und Bankkredite

Eine der interessanten Facetten des Elliott-Wellen-Prinzips ist die Tatsache, dass das gesamte Konzept auf *Wachstum* ausgerichtet ist. Die Hauptrichtung kann als stets aufwärts gerichtet betrachtet werden, wobei die Abwärtswellen immer Korrekturen darstellen. So beginnt man an der Börse einen neuen Wellenzyklus in kleinem Maßstab, und diese Wellen werden dann zu Teilen größerer Wellen in festgelegten Mustern. Keine Korrekturwelle sollte jemals die Amplitude der Welle überschreiten, die sie korrigieren soll, da sie sonst entweder keine echte Korrekturwelle ist oder aber nicht nur eine Welle, sondern eine ganze Reihe korrigiert.

Nun ist es eine Tatsache, dass *Geld* im Laufe der Geschichte immer auf die gleiche Weise gewirkt hat. Das Geld und das Kreditaufkommen expandieren immer, die Geldeinheit verliert immer an Wert. Zwischenzeitliche Aufwertungen (Rückgänge) sind lediglich Korrekturen eines vorherigen größeren Aufwärtstrends. Es scheint keine Periode in der Geschichte zu geben, in der es einen Trend in die entgegengesetzte Richtung gab, dem nicht ein vorheriger größerer Trend in die Hauptrichtung, also nach oben, vorausging.

Während des Zeitraums, der von Elliotts Superzyklen III, IV und jetzt auch V abgedeckt wird (1857–1928, 1928–49 und 1949 bis heute), stellen wir fest, dass die Geldmenge pro Kopf im Allgemeinen einen langen Aufwärtstrend verzeichnet hat (siehe dazu Grafik I, Seite 9, in unserem Bericht „Inflation and Common Stocks“[1]). Es ist vielleicht bezeichnend, dass der moderne Kapitalismus Ende des 18. Jahrhunderts entstand, und es scheint, dass der Superzyklus I etwa zu dieser Zeit begonnen haben muss. Dies war die Zeit von Adam Smith und seines Werkes „Der Wohlstand der Nationen“. Bezeichnend ist auch, dass es 1837 zu einem Zusammenbruch der Bankkredite kam, der mit dem von 1929 vergleichbar war, und dass die Schrumpfung der Bankkredite in den dazwischenliegenden Zeiträumen weniger stark ausgeprägt war.

So sehen wir im Wellenmuster eines langfristigen säkularen Wachstums von Stammaktien den Einfluss einer langsam steigenden Geldmenge. Die Beziehung zwischen Geld und Aktienkursen ist über einen Zeitraum von fünf bis zehn Jahren nicht unbedingt eng, aber wie wir in „Inflation and Common Stocks“ dargelegt haben, ist die langfristige Beziehung solide. Aktienkurse hängen letztendlich von der Einschätzung der Ertragskraft durch die Öffentlichkeit ab. Die Ertragskraft wird in Dollar ausgedrückt, und ihr langfristiger Trend passt sich zwangsläufig der langsamen Veränderung des Dollarwerts an. Langfristige Inflation deutet auf eine unvermeidliche langsame Abwertung der Kaufkraft hin, und diese Abwertung ist ein wichtiger Faktor für den langfristigen Anstieg der Aktienkurse. Die Wellen dazwischen spiegeln die Launen der öffentlichen Meinung und der menschlichen Natur wider.

Warum sich die Schwankungen in bestimmte Muster unterteilen lassen, ist natürlich ein großes Rätsel. Vielleicht könnten wir genauso gut fragen, warum der Mensch fünf Finger hat.

Wellengrade

Bevor wir uns mit den Details befassen, sollten wir uns einen Überblick über die Terminologie von Elliott verschaffen. Der Hauptunterschied zwischen der Terminologie von Elliott und anderen besteht in dem Konzept, dass *jede abgeschlossene Welle zu einer Unterwelle einer größeren Welle des nächsten Grades* (Amplitude) *wird.* Der Grad einer Welle sollte in einem gewissen Verhältnis sowohl zur Zeit als auch zur Amplitude stehen – und tut dies mit wenigen Ausnahmen auch –, aber im Gegensatz zu anderen Zyklustheorien gibt es kein festes Konzept der Periodizität. (Dies mag einigen als zu starke Aussage erscheinen, da Elliott tatsächlich ein Periodizitätsmuster verwendete, das als Fibonacci-Reihe bekannt ist: 1, 2, 3, 5, 8, 13, 21, 34, 55, 89, 144 und so weiter, wobei man jede Zahl durch Addition der letzten beiden Zahlen der Reihe an einer beliebigen Stelle erhält.)

Die wichtigsten Muster der Elliott-Wellen sind in der Grafik auf der nächsten Seite dargestellt.[2] Diese Muster gelten für Wellen jeden Grades. Elliott klassifizierte die Grade wie folgt, in aufsteigender Reihenfolge ihrer Größe:

Subminuette (Subminuette)
Minuette (Minuette)
Minute (Minute)
Minor (Minor-Welle)
Intermediate (Intermediärwelle)
Primary (Primärwelle)
Cycle (Zyklus)
Supercyle (Superzyklus)
Grand Super Cycle (Großer Superzyklus)

Im Chart kann also die gesamte Welle (unter I, dem aufwärts gerichteten Haupttrend) von 1 bis 5 jeden Grad haben, aber angenommen, sie hätte den Primärgrad, dann wäre jede der mit 1, 2, 3, 4 und 5 gekennzeichneten Wellen eine Intermediärwelle und jede der mit den Buchstaben a, b, c, d, e gekennzeichneten Wellen wäre dann eine Minor-Welle.

Es ist zweifelhaft, ob die Wellen der niedrigeren Grade von großem praktischem Wert sind. Da wir uns für den großen Überblick interessieren, werden wir im Allgemeinen nur von Wellen des Intermediate-Grads und darüber sprechen.

Elliotts grundlegende Wellen

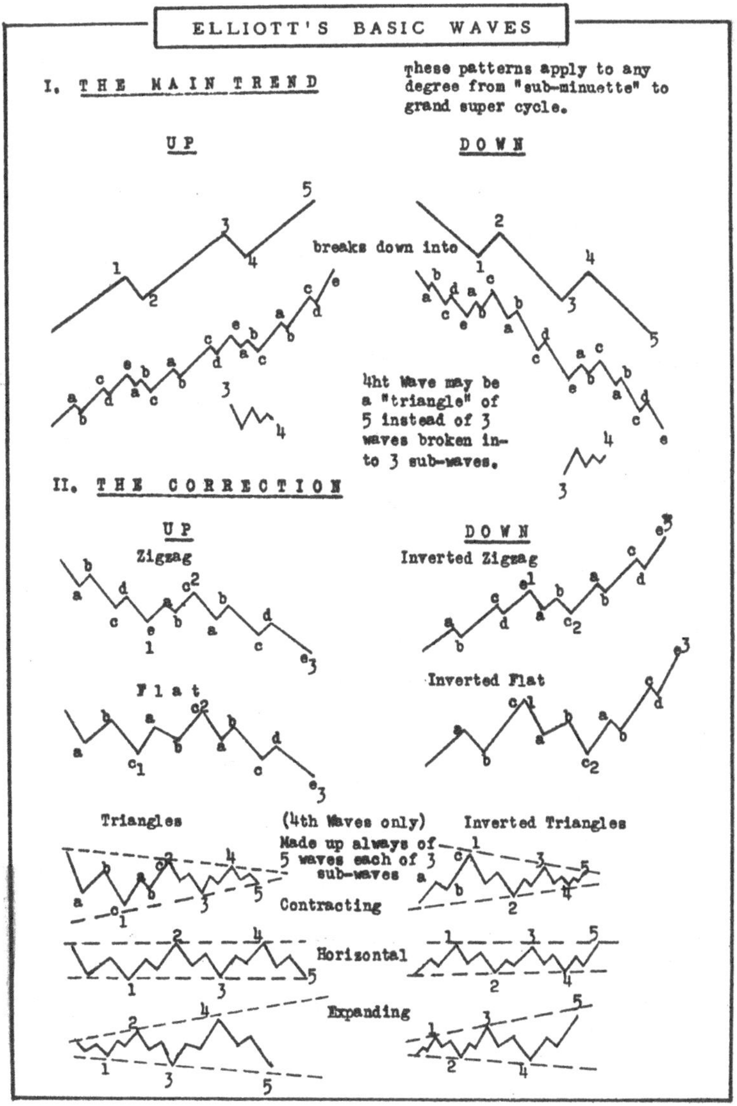

Haupttrend und Korrektur

Der Haupttrend kann aufwärts oder abwärts gerichtet sein, das hängt ganz davon ab, von welchen Wellengraden man spricht. Wenn man also von einer zyklischen Aufwärtswelle ausgeht, gibt es innerhalb dieser zyklischen Welle Primärwellen, von denen einige aufwärts und andere abwärts gerichtet sind. Die Unterteilung der Wellen sieht wie folgt aus:

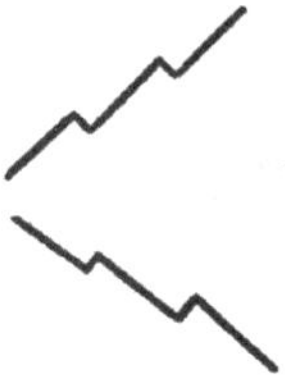

Der Haupttrend (aufwärts oder abwärts) besteht immer aus fünf Wellen: drei in Richtung des Trends (1, 3, 5) und zwei Korrekturwellen (2, 4).

Die Korrektur (aufwärts oder abwärts) besteht normalerweise aus drei Wellen: den Wellen 1 und 3 in Richtung der Korrektur und der Welle 2 als Gegenbewegung dazwischen.

Daraus folgt, dass eine Welle, die sich nicht nach den von Elliott festgelegten Regeln in fünf Wellen unterteilen lässt, eine Korrekturwelle nach oben oder unten sein muss, was dann die Interpretation der nächstgrößeren Wellengruppe bestimmt.

In seinen späteren Arbeiten ging Elliott näher auf die möglichen Arten von Korrekturen ein und wies darauf hin, dass es neben den Korrekturen vom Typ Zigzag, Flat und Dreieck noch andere, komplexere Korrekturen geben kann. So kann es eine „einfache 3“ aus drei Wellen, eine „doppelte 3“ aus sieben Wellen und eine „dreifache 3“ aus elf Wellen geben.

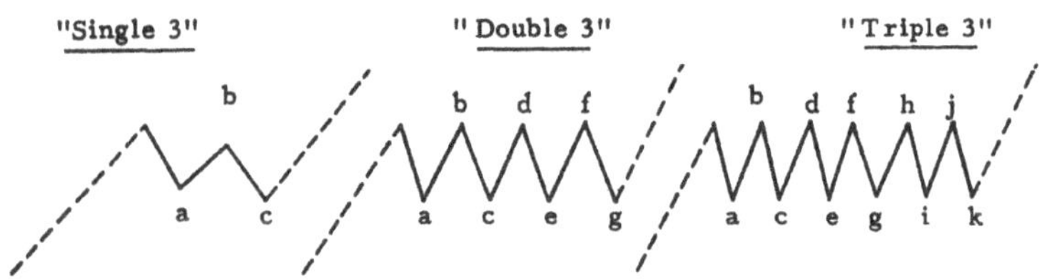

Die Herkunft der Hintergrundinformationen

Derzeit wird nur sehr wenig Literatur über die Stellung von Elliotts Wellenprinzip verbreitet. Die wahrscheinlich größte Bekanntheit erlangte es durch Garfield Drews 1948 veröffentlichtes Werk „New Methods for Profit in the Stock Market".[3] Elliotts Monografien und „Lehrbriefe" sind längst vergriffen.[4] Soweit dem Verfasser bekannt ist, gibt es keine Kommentatoren, die den Markt täglich anhand von Elliotts Prinzipien analysieren. Garfield Drew skizziert jedoch in seinem Odd-Lot-Service gelegentlich, wie sich die aktuelle Position darstellt. Wir sind Drew für seine zu diesem Thema veröffentlichten Ideen zu Dank verpflichtet und haben seit Elliotts Tod ein- oder zweimal die Lage mit ihm besprochen. Wir standen auch von Zeit zu Zeit in Briefkontakt mit anderen Wellenforschern, deren Arbeiten dazu beigetragen haben, schwierige Punkte zu klären. Die im vorliegenden Buch enthaltenen Projektionen von Elliotts Gedanken basieren jedoch auf einer erneuten Untersuchung einer Vielzahl von Elliotts persönlichen Schriften, die wir zufällig in unseren Akten haben.

---

1 Dies war eine der *BCA*-Veröffentlichungen von Bolton.

2 Bolton macht hier einen seltenen Fehler. Trotz seiner Darstellung am unteren Rand dieses Charts gibt es kein spezifisches Dreieck mit der Beschriftung „horizontal". Elliott beschrieb zwei grundlegende Arten von Dreiecken, diagonale (impulsive) und horizontale (korrigierende). Es gibt vier Arten von horizontalen Dreiecken: aufsteigende, absteigende, zulaufende und sich ausdehnende. Bolton fügt „horizontal" als zusätzlichen Typ hinzu, obwohl es sich dabei lediglich um einen Sammelbegriff für alle korrigierenden Dreiecke handelt. Das von ihm gezeigte Diagramm erinnert etwas an dreifache Dreien, die eine annähernd rechteckige Struktur haben. Diagonale Dreiecke, die Bolton nie erwähnt, treten gelegentlich als fünfte Impulswellen auf. Bolton schreibt später in der Beilage von 1956, dass er in dieser Aufstellung nicht alle Muster dargestellt habe, weil „die anderen Arten als Modifikationen der Hauptwellen betrachtet werden können".

3 In späteren Beilagen wurde der Zusatz „und 1954 überarbeitet" hinzugefügt.

4 Siehe „R.N. Elliotts Market Letters, 1938–1946" (New Classics Library).

ELLIOTTS
WELLENPRINZIP

1953

ELLIOTTS WELLENPRINZIP 1953[1]

Der verstorbene R.N. Elliott prognostizierte 1941[2] ein Muster für das zukünftige Verhalten des Aktienmarkts, das sich in seinen Grundzügen seit seiner ursprünglichen Skizze vor all den Jahren nicht verändert hat.

Seine These weist bestimmte Merkmale auf, die deutlich mit der Entwicklung der Bankkredite in den 100 Jahren vor 1941 und in den zwölf Jahren danach übereinstimmen.

Angesichts der jüngsten Anzeichen für (a) eine wahrscheinliche Wende zum Positiven beim Composite Equity Index und (b) unserem neu geschaffenen „Trade and Money Trend" liefert Elliotts Wellenprinzip zu diesem Zeitpunkt eine interessante Hypothese.

Elliotts Wellenprinzip tauchte erstmals im Sommer und Herbst 1938 in einer Reihe von Beiträgen in *Financial World* auf. Etwa zur gleichen Zeit[3] veröffentlichte er eine Monografie, in der er die diesem Prinzip zugrunde liegenden Gesetze darlegte. Diese Monografie wurde Ende 1945 überarbeitet. Zum Zeitpunkt der ersten Monografie erklärte Elliott, dass gemäß seinem Prinzip der 31. März 1938 das Ende der ersten Welle des Bärenmarkts seit dem Hoch im März 1937 darstellte, der drei große Wellen umfassen würde: die erste nach unten, die zweite nach oben (die sich später tatsächlich von März 1938 bis September 1939 erstreckte) und die dritte wieder nach unten. Ein Blick auf einen beliebigen Aktienmarkt-Chart zeigt, dass die große Baisse von 1937 bis 1942 genau diesem Muster entsprach, das Elliott vier Jahre vor dem Ende der Baisse skizziert hatte.

Der Superzyklus begann 1942

Es ist derzeit unmöglich, die detaillierten Prinzipien seines gesamten Wellenprinzips zu erläutern. Mag die Aussage genügen, dass er die Aktienkurse auf täglicher, wöchentlicher und monatlicher Basis so weit zurück analysierte, wie Aktienkurse irgendwelcher Art verfügbar waren. Er kam zu dem Schluss, dass 1929 den Höhepunkt eines 1857 begonnenen Superzyklus darstellte, der sich in fünf kleinere Zykluswellen unterteilte: drei Aufwärts- und zwei Abwärtswellen, von denen jede wiederum in kleinere Wellen (primär, intermediär und so weiter) unterteilt war, wobei die vorwärts gerichteten in drei Aufwärts- und zwei Abwärtswellen, die Umkehrwellen in zwei Abwärtswellen mit einer dazwischenliegenden Aufwärtswelle unterteilt wurden und so weiter, wobei jede so entdeckte Welle in ihre Bestandteile zerlegt wurde, entweder 3-2 oder 2-1 in einem sukzessive kleiner werdenden Maßstab. Später, im Jahr 1941, kam er zu dem Schluss, dass nach dem Ende des damaligen Bärenmarkts (der tatsächlich im Mai 1942 endete) der gesamte Zeitraum von 1929 bis 1942 als eine riesige Dreiecks-Korrektur zu betrachten sei, aus der ein Bullenmarkt vergleichbar mit dem Superzyklus-Bullenmarkt von 1857 bis 1929 hervorgehen würde.

Elliotts Langzeitanalyse und Prognose für 1941

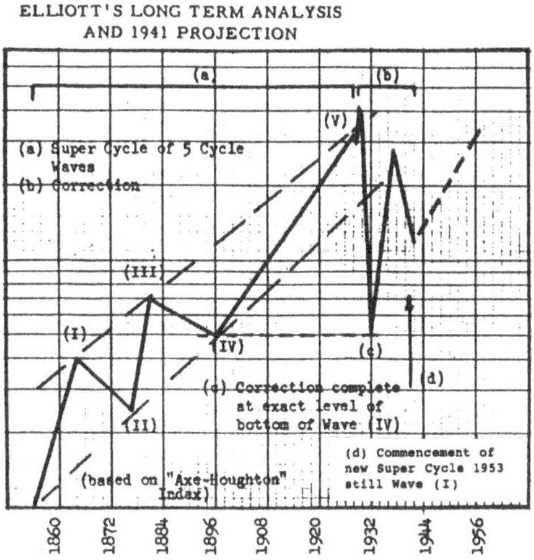

Diese letzte Vorhersage oder Hypothese ist von entscheidender Bedeutung, denn wenn Elliott recht hat, werden wir in diesem Jahrhundert wahrscheinlich keine Aktienkurse mehr sehen, die so niedrig sind wie 1942. Natürlich wird die Inflation ohnehin einen Großteil dieser Hypothese wahr machen, aber es bedeutet auch, dass eine große Depression wie die von 1929 bis 1932 in unserem Leben nicht zu erwarten ist (auch wenn es in diesem Zeitraum durchaus wieder zu Krisen wie 1921, 1896 oder 1873 kommen könnte). Außerdem sollte man den Hintergrund im Blick behalten: Elliotts Prognose entstand zu einer Zeit, als nicht Inflation, sondern Deflation die herrschende Befürchtung war.[4]

Anfang 1946 erklärte Elliott die erste Welle eines Bullenmarkts, die 1942 begonnen hatte, für beendet und sagte eine Korrektur voraus, die seiner Meinung nach jedoch weder sehr tiefgreifend noch sehr langwierig sein würde. Damit lag er hinsichtlich der Amplitude richtig, aber zeitlich etwas daneben, da die Korrektur der Welle 1 drei Jahre dauerte.

Elliott starb 1947[5] und konnte seine Analyse der Korrektur von 1946 bis 1949 nicht mehr abschließen. Ein flüchtiger Blick auf einen beliebigen

Aktienmarkt-Chart zeigt jedoch das typische Korrekturmuster in drei Wellen, zwei Abwärtswellen (1946–1947 und 1948–1949) mit einer Aufwärtswelle dazwischen (1947–1948). Die letzte Welle (1948–1949) weist darüber hinaus eine sehr klare Unterteilung in fünf Teilwellen auf, was laut Elliott typisch für das Ende aller Bewegungen ist.

Die Bedeutung von Elliotts Prognose sollte nun deutlicher werden.

1. Elliotts Hypothese geht von einer Reihe von Bullenmärkten ab 1942 aus, die in ihrem Ausmaß denen zwischen 1857 und 1929 ähneln, mit einem Muster von fünf Wellen, drei Aufwärts- und zwei Abwärtswellen dazwischen, gefolgt von drei Abwärtswellen (zwei Abwärtswellen und eine Aufwärtswelle), die alle zu immer höheren Niveaus führen.
2. Die Welle I des ersten zyklischen Bullenmarkts wurde 1946 abgeschlossen (Elliott-Analyse), und ihre Korrektur (Welle II) wurde im Juni 1949 abgeschlossen.
3. Aufgrund des zeitlichen Elements (eine dritte Welle ist laut Elliott niemals kürzer als die erste Welle)[6] und der angegebenen Amplitude müssen wir uns derzeit noch in Welle III des Bullenmarkts von 1942–? (eine Zykluswelle) befinden.
4. Nach Abschluss der Welle III (aufgrund der Zeit- und Amplitudenfaktoren wahrscheinlich nicht vor 1954) sollte es zu einer Korrektur (Welle IV) in der Größenordnung von 1946–49 kommen, die jedoch gemäß einem der Grundsätze von Elliott nicht die Grundlinie der Tiefs von 1942 bis 1949 durchbrechen sollte. (Dies ist nur eine normale Erwartung und sie könnte im Extremfall leicht verletzt werden.)
5. Nach Welle IV sollte Welle V den ersten Aufwärtszyklus seit 1942 abschließen.[7] Aufgrund des Zeitfaktors sieht es so aus, als würde es bis in die 1960er-Jahre dauern, bevor wir eine Korrektur des gesamten Anstiegs seit 1942 und etwas erleben, das einer großen Depression der Aktienkurse nahekommt.

Die erste „Zyklus“-Welle von 1942

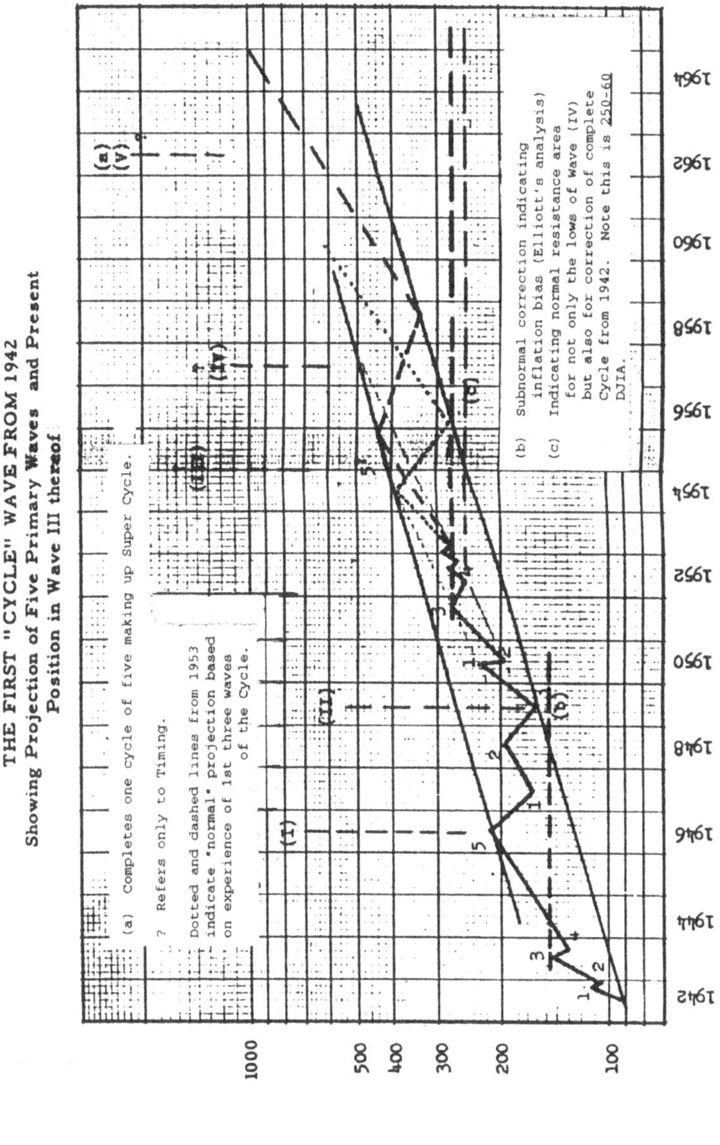

Die derzeitige Lage

Bei der Analyse der aktuellen Lage sind mehrere Faktoren zu beachten. Wenn Elliotts Hypothese zutrifft, gilt Folgendes:

1. Wir befinden uns derzeit in Welle III des Zyklus ab 1942. (Diese Wellen werden in Elliotts Sprache als Primärwellen bezeichnet.) Diese Welle begann im Juni 1949.
2. Da laut Elliott die Welle III niemals kürzer ist als die Welle I, wird die Welle III wahrscheinlich erst 1954 oder 1955 oder später abgeschlossen sein (die Welle I dauerte vier Jahre, von 1942 bis 1946).
3. Innerhalb der Welle III sind nun vier verschiedene Wellen erkennbar: Welle 1 (Juni 1949 bis Juni 1950); Welle 2 (Korrektur, zeitlich kurz, aber mit hohem Volumen, Juni 1950 bis Juli 1950); Welle 3 (Juli 1950 bis September 1951 – darin ebenfalls fünf klare Unterwellen erkennbar); Welle 4 (September 1951 bis Mai 1952); Welle 5 (Mai 1952 bis heute und wahrscheinlich bis 1954, da eine fünfte Welle oft länger ist als die erste oder dritte Welle).
4. Eine andere Interpretation von Welle 4 ist, dass sie von September 1951 bis Oktober 1952 in Form eines Dreiecks verläuft, das Elliott als irreguläre Korrekturform bezeichnete.
5. Auf jeden Fall *befinden wir uns seit mindestens Oktober 1952 und möglicherweise seit Mai 1952 in Welle 5 des primären Bullenmarktes von 1949, Welle III des Zyklus seit 1942.*
6. Am Ende von Welle 5 der Welle III ist mit einer Korrektur (möglicherweise von zwei Jahren Dauer) von 1949 bis 195? zu rechnen, ähnlich wie 1946–1949, der Korrektur der Welle 1 von 1942 bis 1946. Danach dürfte der Markt mit der Primärwelle V des Zyklus von 1942 weiter steigen. Erst dann sollten wir mit einer Depression von beträchtlicher Tiefe in Amplitude und Dauer rechnen.

Aufschlüsselung der dritten Primärwelle und vorläufige Prognose

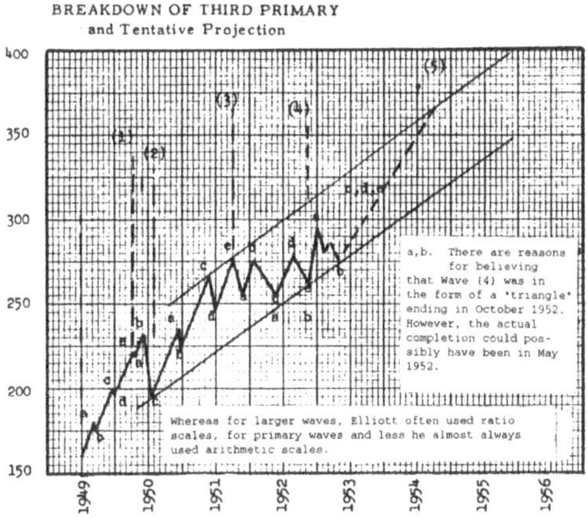

Im Chart haben wir Elliotts Aufschlüsselung der Superzyklen von 1857 bis 1941 und seine allgemeine Prognose darüber hinaus grafisch dargestellt, ergänzt durch unsere eigene Aufschlüsselung der seit 1942 geltenden Zykluswelle, wobei wir Elliotts Analyseansätze weitergeführt haben. In der Grafik haben wir eine Reihe von Anmerkungen zu Kanälen und so weiter eingefügt, die von Elliott als Hilfsmittel zur Messung der Amplitude skizziert wurden. Einige Faktoren sollten als *vorläufige* Schlussfolgerungen angesehen werden.

1. Die Korrektur des Bullenmarkts von 1942 bis 1946 brachte den Markt nur auf ein Niveau zurück, das nicht so niedrig war wie das Hoch von Welle III. Dies war eine unterdurchschnittliche Amplitude und deutet darauf hin, dass die aktuelle Zykluswelle eine deutliche „Inflationsneigung“ aufweist. (Elliott hat dies so formuliert.)
2. Wenn sich der Markt weiterhin innerhalb des Kanals bewegt, der durch die Tiefs von 1942/1949 und die Hochs von 1946 begrenzt wird (was eine normale Erwartung wäre), dann könnte

der Höhepunkt der Welle III des Zyklus seit 1942 in den Jahren 1954–1955 (eine Vermutung unsererseits, basierend auf (a) der Länge der ersten Welle, 1942–1946, vier Jahre, und (b) dem 9-Jahres-Zyklus der Aktienkurse, der sich in der Vergangenheit in den Jahren 1919, 1928/1929, 1937 und 1946 gezeigt hat) bei etwa 360 bis 420 im DJIA liegen.

3. Wenn dieser Kanal beibehalten wird, sollte die Korrektur (Welle IV) nach dem Bullenmarkt von 1949–195? nicht weit unter 280 DJIA-Punkte oder etwa auf das derzeitige Niveau fallen. Darüber hinaus sollte die Korrektur des gesamten Anstiegs von 1942–196? nach Abschluss der Welle V, beispielsweise in den 1960er-Jahren, nicht zu weit unter das derzeitige Niveau fallen.
4. Auch wenn der Markt insgesamt historisch gesehen hoch erscheint, *dürften wir daher, wenn Elliotts Hypothese richtig ist, in den kommenden Jahren keine Indexkurse sehen, die wesentlich unter dem aktuellen Niveau liegen.*

Auf den ersten Blick scheint das Elliott-Wellen-Prinzip von einem erheblichen Determinismus geprägt zu sein, was seine öffentliche Akzeptanz beeinträchtigen könnte. Dennoch ist es wichtig, bestimmte Punkte im Auge zu behalten. Erstens passen sich die Wellen an aktuelle Nachrichten an, was sich in Änderungen der Amplitude und des Zeitpunkts widerspiegelt, ohne dass die wesentlichen Muster zerfallen. Zweitens hat sich das Muster der Aktienkurse trotz wirtschaftlicher Ereignisse und Prognosen, trotz des Zweiten Weltkriegs, der Nachkriegszeit und des Koreakriegs in jeder Hinsicht an den allgemeinen Entwurf gehalten, den Elliott erstmals 1938, später 1941 und noch später 1946 skizziert hatte. Drittens: Auch wenn Elliotts Vorhersagen zum Zeitpunkt des Endes einer Welle manchmal danebenlagen, gab es in den zwölf Jahren seit 1941 keine Abweichungen vom Gesamtmuster.

Es ist interessant, festzustellen, dass die Jahre 1951 und 1952 zwar alle Anzeichen für einen möglichen Beginn einer größeren Umkehr aufwiesen, das Wellenprinzip jedoch darauf hindeutete, dass etwaige Korrekturen nur von intermediärer Bedeutung sein würden.

Bestätigung durch die Bankkredite?

Seltsamerweise wurde Elliotts Analyse des Aktienmarkts, wonach der letzte Superzyklus von 1857 bis 1929 dauerte, durch unsere spätere Analyse der Expansion und Kontraktion der Bankkredite unwissentlich bestätigt. *Nur im Zeitraum von 1837 bis 1857 schrumpfte die Bankkreditvergabe in einem Ausmaß, das mit dem nach 1929 vergleichbar war.*[8] (Siehe unseren 100-Jahres-Chart, der zuletzt in der Ausgabe vom April 1952 veröffentlicht wurde.)

Interessant ist auch, dass das Wellenprinzip in jeder Hinsicht unseren kürzlich abgeschlossenen Trade and Money Trend *bestätigte, der während der gesamten Jahre 1951 und 1952 keine Anzeichen einer Rezession zeigte, die auch nur annähernd so bedeutend gewesen wäre wie die von 1946 bis 1949.*

Fazit

Wenn Elliotts Hypothese richtig ist, dann befinden wir uns in einer allgemein expandierenden Aktienmarktkonjunktur und sind weder zu nahe am Höhepunkt des 1949 begonnenen primären Bullenmarkts noch an dem des 1942 begonnenen zyklischen Bullenmarkts.

Auch wenn der Markt historisch gesehen auf einem hohen Niveau zu notieren scheint und viele Kommentare diesen Punkt betonen, könnte es durchaus sein, dass die aktuellen Niveaus in den kommenden Jahren eher als niedrig anzusehen sind. Eine solche Möglichkeit wurde in gewissem Maße auch in unserer Ausgabe vom September 1952 unter dem Titel „Steht der Markt 100 Punkte zu hoch?“ vorhergesehen.

Der kanadische Markt bietet Raum für weitere Untersuchungen

Für diejenigen, die den kanadischen Markt untersuchen, ist es bedauerlich, dass die Anwendung des Wellenprinzips dort keineswegs so deutliche Indikationen liefert. Darüber hinaus würde jeder Untersuchung des kanadischen Marktes eine gewisse Authentizität fehlen, da Elliott selbst ihn nie erwähnt hat. Dennoch sind die grundlegenden Trends, obwohl sich der kanadische und der US-amerikanische Markt zeitweise in ihrer Amplitude stark unterscheiden können, immer recht ähnlich gewesen, außer in Spezialmärkten wie dem Bergbau und dem Ölmarkt.

22. Februar 1953

1 Bolton verwendete diese Form des Titels bis 1959 und änderte ihn dann 1961.
2 Siehe Interpretive Letter Nr. 17 in *R. N. Elliott's Market Letters.*
3 Die Artikel in *Financial World* wurden tatsächlich 1939 veröffentlicht. Seine erste Monografie, „The Wave Principle", erschien am 31. August 1938.
4 Diese Absätze sind ein beeindruckendes Beispiel für die langfristige Perspektive, die das Wellenprinzip bietet.
5 Tatsächlich Januar 1948.
6 Genauer gesagt schrieb er, dass die dritte Welle niemals kürzer als die erste Welle und kürzer als die fünfte Welle ist, was Bolton später präzisiert.
7 Beachten Sie, dass Boltons Chart bereits zu diesem frühen Zeitpunkt prognostiziert, dass der Dow Jones bis Januar 1965 einen Höchststand von 1.000 erreichen würde. Er erreichte seinen Höchststand von 1.000 im Februar 1966.
8 Das war die Superzykluswelle (II). Die nächste Kreditverknappung wird größer sein als in beiden Fällen.

ELLIOTTS
WELLENPRINZIP

1954

ELLIOTTS WELLENPRINZIP 1954

Vorwort

Aufgrund des Interesses am Elliott-Wellen-Prinzip, das im letzten Jahr bei verschiedenen Abonnenten und Lesern des Composite Equity Index infolge einer von uns im Februar 1953 veröffentlichten Studie aufgekommen ist, halten wir es für angebracht, dieses Thema zum jetzigen Zeitpunkt erneut aufzugreifen.

In dieser Studie haben wir versucht, eine Reihe alternativer Kommentare und Kritikpunkte ans Licht zu bringen. Es wird sich zeigen, dass zwar das Grundmuster von Elliott offenbar nach wie vor gültig ist, einige von uns jedoch der Meinung sind, dass bestimmte Änderungen nicht an den Grundprinzipien, sondern an der Interpretation im Lichte der sieben Jahre seit Elliotts Tod angebracht sein könnten.

Der Autor möchte sich für die sehr wertvolle Hilfe bedanken, die ihm interessierte Leser und Interessierte aus ganz Nordamerika zuteilwerden ließen. Ohne die Korrespondenz, die die ursprüngliche Studie ausgelöst hat, wäre diese Studie nicht möglich gewesen.

Interpretation der Wellen

Bei der Interpretation der Wellen hat der Autor die Erfahrung gemacht, dass die meisten Schwierigkeiten dadurch entstehen, dass man *zum jeweiligen Zeitpunkt* nicht mit absoluter Sicherheit unterscheiden kann, ob eine Welle wirklich einem bestimmten Grad entspricht oder dem nächstkleineren oder nächstgrößeren Grad. Natürlich ist die verstrichene Zeit ein Anhaltspunkt für den Grad, aber oft setzen sich korrigierende Wellen, die scheinbar beendet sind, durch eine weitere Reihe von Wellen oder sogar noch weiter fort und warten offenbar auf den notwendigen Impuls durch Ereignisse oder die Psychologie, um die Entfaltung der nächsten Welle in Richtung des Haupttrends zu bewirken.

Das Wellenprinzip gilt (laut Elliott) für alle Lebensformen, für alle Daten wie Produktion, Preisreihen und so weiter und für einzelne Aktien. Daraus folgt, dass bei der Interpretation eines Aktienindex wie dem Dow Jones Industrial, wenn sich verschiedene darin enthaltene Aktien der Zeit oder dem Grad nach in unterschiedlichen Zyklen befinden, der Index oft „warten" muss, in der Regel in Form einer Korrektur, bis die Mehrheit der Aktien wieder mit dem Haupttrend in Tritt kommt.

Dies führt auch insofern zu einer Komplikation, als es dem Verfasser oft schwerfällt, die genaue Anzahl der Minor-Wellen zu ermitteln, die in das Muster passen.

1951 bis 1953, ein offensichtliches Beispiel

In unserer Studie vom letzten Jahr sind wir kurzfristig gesehen in die Falle getappt, darauf zu bestehen, dass entweder Mai 1952 oder Oktober 1952 das Ende der Korrektur seit September 1951 darstellte. Wie bei solchen Interpretationen üblich, war diese These kaum gedruckt, da bewiesen die Ereignisse bereits ihre Fehlerhaftigkeit. Dies führt in der Regel zu einem vorübergehenden „blauen Auge“ nicht nur für das Grundprinzip, sondern auch (weniger wichtig vielleicht) für den Interpreten.

Ausgehend von einem Stand des Dow Jones Industrial Average von 310 Punkten nach einem Tief von 255 Punkten im September scheint es durchaus plausibel, dass der September 1953 den Tiefpunkt der Korrekturwelle markierte, die im September 1951 begann, und nicht, wie angenommen, der Mai 1952 oder der Oktober 1952. Die Wellen scheinen nun wie folgt dem erforderlichen Muster zu entsprechen:

Welle a: September 1951 bis Mai 1952
Welle b: Mai 1952 bis Januar 1953
Welle c: Januar 1953 bis September 1953

Das Muster, das wir derzeit für *wahrscheinlich* halten, ist also, dass wir im September 1953 mit der Aufwärtsbewegung der Welle 5 der Primärwelle begonnen haben, die im Juni 1949 ihren Anfang nahm. (Siehe den Chart in der Studie von 1953 zum Vergleich mit dem beigefügten Chart.)[1]

Die 5. Welle könnte lang und hoch sein

Wie lange Welle V dauern wird und zu welchen Extremen sie den Markt letztendlich führen könnte, kann niemand vorhersagen, aber es gibt mehrere Anzeichen dafür, dass sie sowohl lang als auch hoch sein könnte:

Aufschlüsselung der Primärwelle seit 1949 im Dow Jones Industrial Average

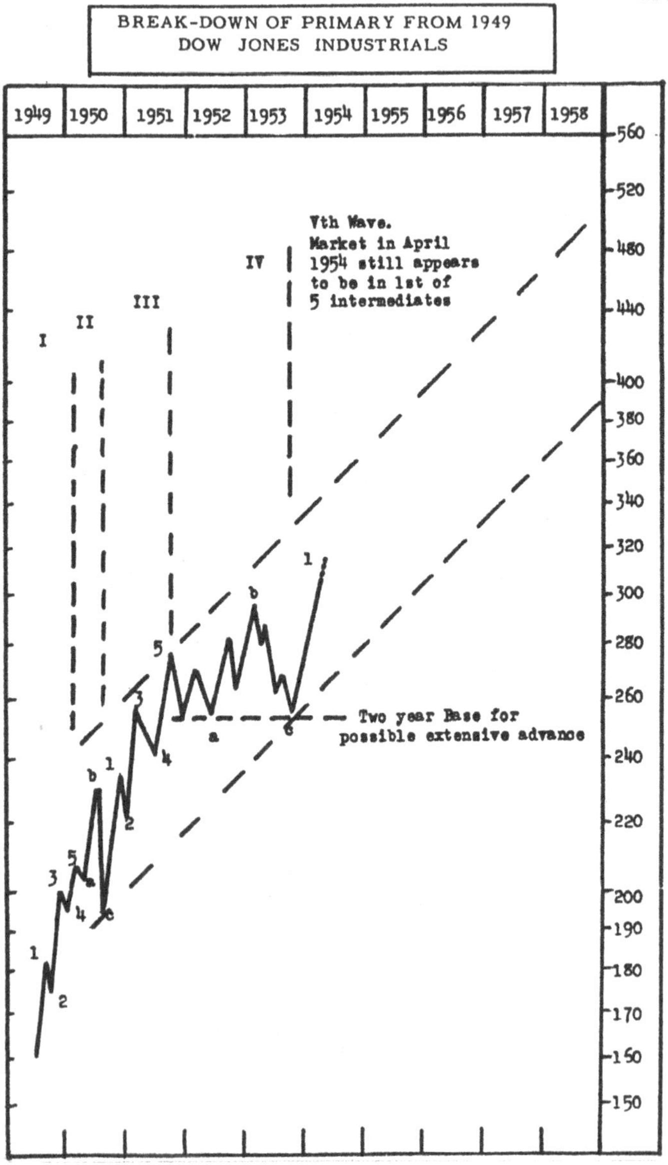

1. Die erste und die dritte Welle hatten ungefähr die gleiche Amplitude. Unter diesen Umständen war in der Vergangenheit die nächste Aufwärtswelle oft erheblich größer und entsprach häufig der kombinierten Zeit und Amplitude der Wellen 1 bis 3 oder übertraf diese sogar (Beispiel: 1932–1937).
2. Die Korrekturwelle von September 1951 bis September 1953 erstreckte sich über einen ausreichend langen Zeitraum, um eine breite Basis sowohl für den Preisanstieg als auch für die verstrichene Zeit anzunehmen. Beachten Sie die Ähnlichkeit in kleinerem Maßstab mit den Jahren 1946–1949, deren volle Auswirkungen noch nicht eingetreten sind.
3. Die Korrekturen seit 1942 waren in ihrer Amplitude tendenziell geringer als normal, was zweifellos die Wertänderungen des Dollar widerspiegelt und stark darauf hindeutet, dass die Inflation noch lange nicht vorbei ist.

Es ist auch durchaus möglich, dass sich diese fünfte Welle „verlängert", das heißt, in eine Reihe von fünf Wellen von scheinbar höherem Grad zerfällt. Beachten Sie beispielsweise, wie die Welle von Juli 1950 bis September 1951 den Anschein erweckt, sich in klar definierte 5er-Wellen aufzuteilen, während die Welle von Juni 1949 bis zum Koreakrieg nur eine sehr geringe Aufteilung aufweist. Somit könnten wir es mit einer allmählichen „Auffächerung" der Wellen zu tun haben, die das Niveau und den Zeitpunkt des Endes der Zykluswelle von 1949 verlängern wird.

Das Muster einer expandierenden Wirtschaft

Alle Analysten des Wellenprinzips sind sich einig, dass 1949 eine Aufwärtswelle von mindestens primärer Bedeutung begann. Es gibt jedoch bestimmte Interpretationen, die darauf hindeuten, dass diese Welle entweder die erste, dritte oder fünfte Primärwelle eines Bullenmarkt-Zyklus sein könnte. Diese unterschiedlichen Interpretationen[2] ergeben sich aus bestimmten Konzepten wie folgt:

1. Die Welle von 1949 ist die dritte Primärwelle. Bis zu seinem Tod hielt Elliott an dieser Vorstellung fest. 1942 endete sein 13-jähriges Dreieck, daher war 1942–1946 die Primärwelle I. 1946–1949 würde als Primärwelle II und 1949–? als Primärwelle III klassifiziert werden.
2. Der Kommentator Carroll Gianni, Partner von Asher & Gianni (60 Beaver St., New York 4, N.Y.), ist der Ansicht, dass 1951 bis 1953 eine Elliott-Welle ist, die aus fünf 3er-Wellen besteht, wodurch sie automatisch als Welle 4 seit 1949 eingestuft wird. Gianni hat daher vorgeschlagen, dass wir uns immer noch in Primärwelle I befinden, mit 1942–1946 als Wellen 1, 2 und 3 davon. 1946–1949 ist eine „dreieckige" Korrektur zu Welle 3, und 1949 bis heute ist Teil der fünften Welle der Primärwelle, die noch nicht abgeschlossen ist. Dies ändert nichts an der grundlegenden Interpretation.
3. Der Verfasser ist seit Langem der Meinung, dass Elliotts 13-jähriges Dreieck gegen seine eigenen Regeln verstößt und tatsächlich nicht korrekt ist. Alle Dreieckswellen müssen laut Elliott in drei Teile zerfalle; eine seiner Wellen, von März 1937 bis März 1938, ist eine eindeutige 5. Darüber hinaus enden seine Dreiecks-Teilwellen nicht an den logischen Punkten der wichtigsten Hochs und Tiefs. Stattdessen bietet der Verfasser sein eigenes 21-Jahres-Dreieck von 1928 bis 1949 an, das perfekt mit allen Regeln von Elliott übereinstimmt. Einen Chart und eine ausführlichere Analyse finden Sie in Anhang A. Sollte dies zutreffen, dann begann im Juni 1949 die Primärphase I des Bullenmarktzyklus, der sich voraussichtlich bis weit in die 1960er-Jahre hinein fortsetzen dürfte. (Gianni bevorzugt in seiner jüngsten Korrespondenz mit dem Autor nun eher diese Interpretation einer 21-jährigen Dreieckskorrektur.)

4. Alternativ – und dies ist noch nicht völlig ausgeschlossen – befinden wir uns möglicherweise noch in einer Korrekturwelle von sehr großen Ausmaßen, die die Superzykluswelle von 1857 bis 1929 korrigiert. Die Auswirkungen sind hier zwar wahrscheinlich nicht so bullish wie die der oben genannten Situationen 1 bis 3, deuten jedoch auf einen Dow-Jones-Stand von 400 vor einem größeren Rückschlag hin.

Grundsätzlich spielt es zum jetzigen Zeitpunkt keine große Rolle, welche der vier Interpretationen richtig ist. Wie auch immer man es betrachtet, die grundlegende Interpretation muss lauten, dass wir uns derzeit in einem großen Aufwärtszyklus befinden und dass wir den Höhepunkt noch lange nicht erreicht haben. Die Zeit und die anhaltende Inflation werden den Rest erledigen.

Allgemeine Schlussfolgerung

Diese Analyse versucht nicht, die Intermediär- und Minor-Wellen, die im September 1953 begannen, aufzuschlüsseln. Der Verfasser hat festgestellt, dass man sich in der Regel erst lange nach Abschluss einer Welle über das genaue Muster sicher sein kann. Die Vorstellung, man könne sich absolut sicher sein, wie sich die Wellen entwickeln werden, ist äußerst gefährlich. Wellen haben die Eigenschaft, sich an Ereignisse oder grundlegende Impulse anzupassen. Dies gilt insbesondere in dieser Phase des Investitionszyklus, in der sich einige Aktiengruppen aus Sicht des Wellenprinzips in ganz unterschiedlichen Phasen des Aufschwungs befinden.

Die Intermediärwelle, die im September 1953 begann, weist alle Merkmale ähnlicher Wellen auf, die 1934, 1942 und 1949 begannen. Der Verfasser geht davon aus, dass wir uns noch immer in der ersten Intermediärwelle der fünften Primärwelle seit 1949 befinden. Wenn diese erste Welle abgeschlossen ist, sollten wir also vier weitere Wellen sehen, bevor die fünfte Primärwelle endet, wodurch der erste Zyklus seit 1949 abgeschlossen würde. Wenn diese Interpretation richtig ist, liegen offensichtlich noch viel Zeit und eine bullishe Amplitude vor uns.

Der Wert des Elliott-Wellen-Prinzips hat sich seit den ersten Veröffentlichungen im Jahr 1938 bewährt. Zu Lebzeiten hat Elliott seine Interpretationen erheblich modifiziert, doch zu keinem Zeitpunkt hat sich seine Grundthese, dass wir uns seit 1942 in einer Reihe von steigenden Bullenmärkten befanden, als falsch erwiesen. Ungeachtet der Modifikationen der Interpretationen, die der Autor und andere Schüler vorgeschlagen haben, bleibt die Tatsache bestehen, dass sich Elliotts Prinzipien als Grundlage für langfristige Investitionen bewährt haben, und es besteht volle Gewissheit, dass dies auch in absehbarer Zukunft so bleiben wird.

ANHANG A
Ein 21-jähriges Dreieck? 1928–1949

1941 legte Elliott das dar, was er für eine Dreieckswellenkorrektur der Superzykluswelle 1857–1928 hielt. Seine Argumentation war, dass 1857–1928 die Welle III eines Grand Supercycle war, mit zwei Wellen vor 1857 und zwei Wellen nach 1928. Die Dreieckswelle (ein Typ, der, soweit bekannt, immer die vierte Welle ist) würde von 1928 bis 1942 verlaufen und dann ab 1942 einen Aufwärtstrend auslösen, wenn Welle V des Superzyklus einsetzen würde, der sich aller Wahrscheinlichkeit nach bis ins 21. Jahrhundert fortsetzen würde.

Der Verfasser hegt seit Langem technische Einwände gegen Elliotts 13-jähriges Dreieck:

Alle Dreieckswellen sollten sich laut Elliott in drei Unterwellen unterteilen. Elliotts dritte Welle des Dreiecks verstößt gegen dieses Prinzip, da sie eine 5 ist, denn er listete diese Welle als vom 10. März

1937 bis zum 31. März 1938 verlaufend auf, die Elliott immer als eine 5 nach unten analysiert hatte, was er auch nach der Formulierung seiner Theorie eines 13-jährigen Dreiecks weiterhin tat. (Siehe beispielsweise das untere Diagramm auf Seite 31 von „Nature's Law", in dem er darlegt, wie sich seine fünf Wellen aufteilen. Siehe auch Seite 32, Absatz 4.)

Der Chart zeigt die Aufgliederung des 13-jährigen Dreiecks nach Elliott.

Aufgliederung des 13-jährigen Dreiecks nach Elliott

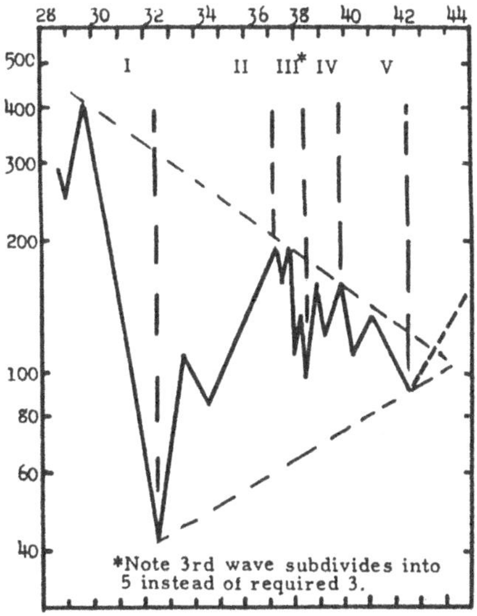

BREAKDOWN OF ELLIOTT 13-YEAR TRIANGLE

Anfang 1953 entwickelte der Autor die Möglichkeit, dass es zwar kein Dreieck nach dem Wellenprinzip für den Zeitraum 1928–1942 gab, aber durchaus ein Dreieck nach dem „Wellenprinzip" für den Zeitraum 1928–1949 existieren könnte. (Interessierte werden erkennen, dass der Zeitraum von 21 Jahren in die Fibonacci-Reihe passt, die Elliott als eine der Grundlagen des Wellenprinzips ansah: 1, 2, 3, 5, 8, 13, 21, 34.)

Soweit bekannt ist und von anderen Elliott-Schülern überprüft wurde, gibt es keine technischen Einwände gegen das 21-jährige Dreieck, das auf Elliotts eigenem Wellenprinzip basiert. Die beigefügte Grafik zeigt die Aufteilung des Dreiecks in fünf Wellen, die jeweils aus drei orthodoxen Korrektur-Unterwellen bestehen. Es wird auch angenommen, dass jede der Unterwellen (insgesamt 15) in die richtigen drei- und fünfwelligen Sequenzen unterteilt werden kann.

Bis eine bessere Interpretation vorliegt, ist der Verfasser bereit, 1949 als Beginn einer neuen Serie von fünf Zykluswellen anzunehmen und nicht 1942.

Das 21-jährige Dreieck

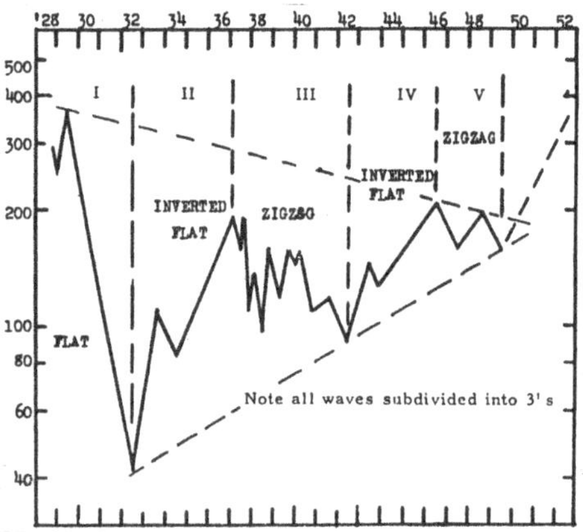

THE TWENTY-ONE YEAR TRIANGLE

1 In einer späteren Neuauflage dieses Charts in der Beilage von 1957 fügte Bolton folgenden Kommentar hinzu: „Anmerkung: Dieser Chart wurde von uns im April 1954 veröffentlicht und ist ein hervorragendes Beispiel für den Wert des Wellenprinzips zu bestimmten Zeiten. Beachten Sie auch, dass unsere neueste Interpretation die Wellen I, II, III in I und die Wellen IV und V in II beziehungsweise III umklassifiziert."

2 Elliotts Dreiecksinterpretation wird ausführlich in den Fußnoten von „R. N. Elliott's Masterworks" und „R. N. Elliott's Market Letters" diskutiert. Giannis Interpretation war falsch. Boltons Interpretation war für den *inflationsbereinigten* DJIA korrekt, wie er in der Beilage von 1955 argumentiert und wie *The Elliott Wave Theorist* ausführlich dargestellt hat. Die Interpretation, die sich letztendlich für den DJIA zum aktuellen Dollarkurs als richtig erwies, war die von Collins, die in Kapitel X von Boltons Buch von 1960 sowie in der Beilage zu *The Bank Credit Analyst* von 1966 brillant beschrieben wird. Siehe Fußnote 2 der Beilage von 1955.

ELLIOTTS
WELLENPRINZIP

1955

ELLIOTTS WELLENPRINZIP 1955

Vorwort

Diese Studie ist die dritte von uns veröffentlichte Beilage zum Elliott-Wellen-Prinzip. Die erste erschien im Februar 1953, die zweite im April 1954. Beide wurden in der Ausgabe von 1954 zusammengefasst. Die vorliegende dritte Beilage sollte im Zusammenhang mit den beiden vorherigen betrachtet werden. Eine begrenzte Anzahl von Exemplaren ist noch für Abonnenten des Composite Equity Index verfügbar, die ihre Exemplare möglicherweise nicht erhalten oder verlegt haben.

Seit der Veröffentlichung der zweiten Beilage im letzten Jahr haben wir einen umfangreichen Briefwechsel mit einer Reihe von Studierenden des Wellenprinzips geführt. Viele von ihnen standen zu Elliotts Lebzeiten in engem persönlichen Kontakt mit ihm. Sie haben uns Informationen und persönliche Interpretationen weitergegeben, die für den Autor dieser Monografien sehr hilfreich waren.

In vielerlei Hinsicht ist die gegenwärtige Situation interessanter als jede andere in den letzten Jahren. Während 1953 die Aussicht bestand, dass es nur einen Weg für den Markt gab (nach oben), könnte es 1955 zu Meinungsverschiedenheiten kommen, sobald die aktuelle Marktphase beendet ist. Diese Beilage skizziert einige der offensichtlichen Möglichkeiten für die kommenden Jahre.

März 1955

1949: Ein wichtiger Ausgangspunkt

Der Autor vertritt seit Langem die Auffassung, dass jede Interpretation der Wellen die offensichtlichen Umrisse berücksichtigen sollte. Mit anderen Worten: Wenn man sich einen Börsenchart ansieht, fallen einige Dinge sofort ins Auge, beispielsweise [die Trendwenden] in den Jahren 1929, 1932, 1937, 1942, 1946 und 1949. Die Interpretation nach dem Wellenprinzip sollte diese wichtigen Wendepunkte berücksichtigen, auch wenn es dadurch schwierig wird, jede Welle bis zur letzten möglichen Unterteilung zu definieren. Es muss jedem klar sein, dass der letzte wichtige Ausgangspunkt 1949 war und dass der Ausgangspunkt 1953 nicht die gleiche Bedeutung hat. Daher erscheint uns 1949 als Ausgangspunkt der jüngsten primären zyklischen Bewegung.

In der Studie vom April 1954 wurden drei wichtige Möglichkeiten für die Bedeutung des Jahres 1949 dargelegt:

1. *Elliotts Theorie:* Nach Abschluss des Dreiecks von 1928 bis 1942 war 1942 bis 1946 die Primärbewegung I eines „Thrusts“ oder Ausbruch-Schubs, der fünf solcher Primärbewegungen umfassen sollte: I, III und V nach oben sowie II und IV als Korrekturen dazwischen. Damit würde II den Zeitraum 1946 bis 1949 umfassen (beachten Sie das allgemein erkennbare Dreier-Muster) und III den Zeitraum von 1949 bis heute, der noch nicht abgeschlossen ist.
2. *Das 21-jährige Dreieck:* Es wurde vom Autor als wahrscheinliche Abfolge entwickelt. (Siehe Anhang A der Studie vom April 1954.) Die Welle I des Schubs aus dem 21-Jahres-Dreieck heraus sollte genau mit Elliotts Primärwelle III übereinstimmen. Darauf würden schließlich die Primärzyklen II, III, IV und V folgen, die

sich wahrscheinlich bis in die 1960er-Jahre fortsetzen würden, bevor eine größere Korrektur in der Größenordnung von 1937–1942 eintreten würde.

3. *Superkorrektur des Superzyklus von 1857 bis 1929:* Wir könnten uns immer noch in einem großen Korrekturzyklus befinden. Dies könnte ein Doppel-Top mit 1929 (inflationsbereinigt) bedeuten, gefolgt von einem Doppelboden mit 1932 (ebenfalls inflationsbereinigt) nach einer langen Reihe von Jahren. Es gibt nur zwei technische Faktoren, die für diese Interpretation sprechen: (a) den Zeitfaktor (es ist schwer vorstellbar, dass eine vollständige Korrektur eines 70-jährigen Anstiegs nur höchstens 21 Jahre dauert) und (b) das Muster seit 1929 sieht in allen Phasen eher wie eine Reihe von 3er- als von 5er-Wellen aus. Solange keine Hinweise auf eine katastrophalere Entwicklung vorliegen, neigen wir dazu, diese Möglichkeit zu verwerfen, da sie nicht zum offensichtlichen Muster einer expandierenden Wirtschaft zu passen scheint.

Ein Kritikpunkt am 21-jährigen Dreieck könnte sein, dass die Scheitelpunkte von 1929, 1932, 1937, 1942, 1946 und 1949 nicht genau in ein Dreieck passen. Mit anderen Worten: Das Hoch von 1937 war nicht hoch genug.[1] (Siehe den zweiten Chart in Anhang A der Beilage von 1954.) Die gleiche Kritik gilt für Elliotts 13-jähriges Dreieck: Der Tiefpunkt von 1938 ist nicht niedrig genug. Diese Schwierigkeiten lassen sich im Fall des 21-jährigen Dreiecks lösen, wenn die Aktienkurse um die Schwankungen des Dollarkurses bereinigt werden. Durch Division der Indexwerte durch einen geeigneten Preisniveauindex wird das Muster wesentlich genauer.[2]

Die Primärwelle seit 1949

Die Primärwelle seit 1949 ist gemäß unserem 21-Jahres-Dreieck die Welle I und gemäß Elliott, basierend auf den ihm vor seinem Tod im Jahr 1947 zur Verfügung stehenden Informationen, die Welle III. Wir befinden uns nun ziemlich eindeutig in der letzten Welle dieser Primärwelle. Diese fünfte Welle begann im September 1953. Aufgrund der im Folgenden diskutierten Entwicklungen könnte sie noch einige Zeit andauern.

Die offensichtliche Aufschlüsselung der Primärwelle seit 1949 ist im nächsten Chart dargestellt. Er ist lediglich eine Erweiterung des Charts, der in der Analyse vom vergangenen April veröffentlicht wurde. Ein Wort der Warnung: Dies ist die Interpretation eines Einzelnen, die auf einem unvollständigen Zyklus basiert. Um aus dem Bulletin des letzten Jahres zu zitieren:

> „Der Verfasser hat festgestellt, dass man sich in der Regel erst lange nach Abschluss einer Welle über das genaue Muster sicher sein kann."

Um zu zeigen, wie dies funktionieren kann, betrachten Sie die Interpretation des Autors aus dem vergangenen Jahr, als er schrieb: „Der Autor geht davon aus, dass wir uns noch immer in der ersten Intermediärwelle der fünften (Welle der) Primärwelle von 1949 befinden."

Tatsächlich erwartete der Verfasser, dass sich eine Reihe klar definierter Wellen herausbilden würde, ähnlich dem Muster von Juli 1950 bis September 1951. Stattdessen ähnelt das Muster vielmehr dem von 1934 bis 1937, bei dem die Aufteilung in fünf Wellen, insbesondere in den Monatscharts, kaum fraglich ist.

Rückblickend scheint es nun, dass die fünfte Intermediärwelle der fünften Welle der Primärwelle von 1949, das heißt der Welle von 1953, abgeschlossen sein könnte.

Eine „Verlängerung“ in Vorbereitung?

Dass diese Welle von 1953 mehr Dynamik entwickelt hat als jede andere Welle seit 1927–1928, lässt sich daran erkennen, dass der Markt nun über der oberen Parallele der Hochs und Tiefs seit 1949 liegt, wenn man ihn auf einer semilogarithmischen Skala darstellt. Elliott hätte dies als stark inflationäres Merkmal bezeichnet, das einer „End-of-Move“-Welle von einiger Bedeutung ähnelt. Auf den ersten Blick würde dies darauf hindeuten, dass wir uns dem Ende nähern. Es scheint jedoch die Möglichkeit zu bestehen, dass diese fünfte Welle, die unserer Berechnung zufolge zum Zeitpunkt der Wahl 1954 begonnen haben könnte, in eine sogenannte Extension oder Verlängerung übergeht. Das heißt, anstatt dort zu enden, wo sie enden sollte (etwa im Dezember 1954), wird diese fünfte Welle zur Welle 1 einer verlängerten fünften Welle, die die Indizes um weitere 100 Punkte oder mehr nach oben treiben könnte.[3] Die Belege sind derzeit zugegebenermaßen dürftig, aber wir empfehlen eine Überprüfung einiger wichtiger Punkte:

1. Das gesamte Muster seit 1949 ist durch steigende Hochs und Tiefs gekennzeichnet, was auf Inflation hindeutet.
2. Die Korrekturen waren unterdurchschnittlich und beschränkten sich in der Regel auf 20 Prozent der betreffenden Welle.
3. Eine Verlängerung dieses Ausmaßes wurde seit den späten 1920er-Jahren nicht mehr beobachtet.
4. Das Aktienmuster durchbricht aufgrund der starken Dynamik die oberen Kanäle im semilogarithmischen Chart.

Wir müssen jedoch erneut darauf hinweisen, dass dies eine sehr vorläufige Schlussfolgerung ist.

Aufschlüsselung der Primärwelle seit 1949 im Dow Jones Industrials

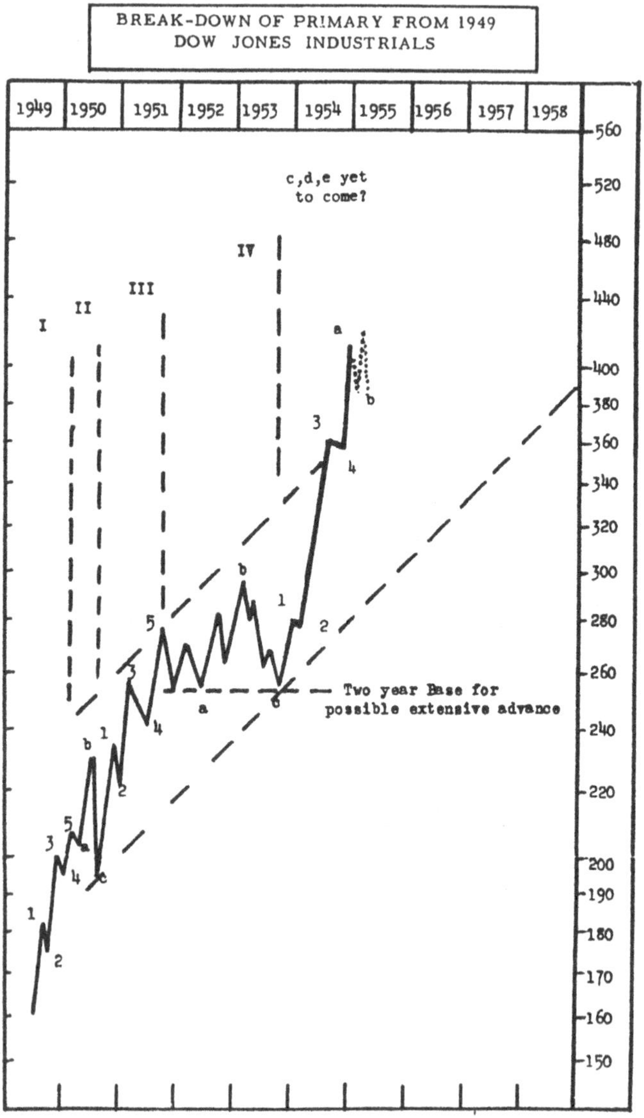

Danach

Wenn man die Möglichkeit einer Verlängerung akzeptiert, die sich gerade entwickelt, könnte sich eine Regel von Elliott als nützlich erweisen. Verlängerte Wellen vollziehen immer einen „doppelten Rücklauf“. Die fünfte Welle von 1953 verlief von etwa 350 bei den Wahlen 1954 bis etwa 410 Ende Dezember 1954. Die Korrektur führte im Januar auf etwa 385 zurück und im März zu einem Doppelboden auf dem gleichen Niveau. Die Verlängerung, wenn es denn eine gibt, beginnt an diesem Punkt. Wenn die gesamte Bewegung abgeschlossen ist, sollte die Korrektur daher wieder auf etwa dieses Niveau zurückkehren, bevor sie in einem neuen Zyklus fortgesetzt wird. Somit könnte diese Zahl einen Anhaltspunkt für das Ausmaß der größeren Korrekturen des Anstiegs von 1953–? geben. Da jedoch jede Korrektur des Anstiegs von 1953–? wahrscheinlich auch die erste Welle einer dreiwelligen Korrektur des gesamten Anstiegs von 1949–5? sein wird, ist es im Einklang mit der Reaktionsgeschichte seit 1938 denkbar, dass dieses Niveau auch das ungefähre Niveau eines späteren Doppelbodens markieren würde, der die gesamte Korrektur beendet.

Dies wäre eine deutlich bullishere Entwicklung als das theoretisch mögliche Korrekturniveau von 255–285, das in unserem Bulletin von 1953 als wahrscheinliches Grundniveau für alle Korrekturen in den nächsten zehn Jahren angegeben wurde.

Oder ein „irreguläres“ Hoch?

Sollte die Verlängerung ausbleiben, schwebt dem Verfasser eine andere Möglichkeit vor – die einer irregulären Top-Bildung. Unter der Annahme, dass der Januar 1955 das Ende der orthodoxen fünften Welle seit 1953 darstellte, deutet die reine Dynamik auf die Möglichkeit hin, dass die nachfolgende Korrekturwelle (A, B, C) unterdurchschnittlich ausfallen und die Welle B der Korrektur höher als die Spitze der fünften Welle sein wird.

Das berühmteste irreguläre Top der Geschichte war das im Jahr 1929. Hier endeten die orthodoxen Wellen von 1921 Ende 1928, gefolgt von einer Konsolidierung im Frühjahr 1929 und einem Anstieg auf 386 im September. Insgesamt kamen vom orthodoxen Höchststand 1928 bis zum endgültigen Höchststand 1929 etwa 90 Punkte hinzu.

(Es gibt jedoch keine weiteren Parallelen zur späteren Geschichte von 1929. Laut Elliott war der gesamte Anstieg von 1921 bis 1929 eine Verlängerung, die gemäß einer Retracement-Regel erforderte, dass die anschließende Korrektur auf das Basisniveau von 1896 zurückkehrte, also auf etwa 40 Punkte des Dow Jones Industrial Average.)

Für die Zukunft

Die grundsätzlich bullishe Prognose der grundlegenden Elliott-Theorie ist nach wie vor intakt. Wir stehen jedoch näher an einem wichtigen Scheideweg als jemals zuvor seit 1949. Dieser wichtige Wendepunkt, der vielleicht mit dem Zeitraum 1946–1949 vergleichbar ist, könnte Ende 1955 oder 1956 eintreten. Die derzeitige Dynamik deutet jedoch darauf hin, dass eine Konsolidierung dieser Art von einem deutlich höheren Niveau aus erfolgen dürfte.

Das Muster nach diesem Wendepunkt könnte viel dazu beitragen, einige der geringfügigen Meinungsverschiedenheiten darüber auszuräumen, in welcher Primärwelle wir uns im Superzyklus nach [der Korrektur des Anstiegs von] 1857 bis 1929 tatsächlich befinden.

Wenn wir Elliott im Jahr 1956 betrachten, dürfte sich dies als interessante Studie erweisen.

25. März 1955

---

1 Das ist eines der beiden großen Probleme bei der Interpretation.

2 Das ist tatsächlich der Fall, und dies ist die richtige Interpretation für den inflationsbereinigten DJIA. Auf das Dreieck folgte ein klassischer kurzer, steiler Anstieg bis zu einem Hoch im Jahr 1966, das bis heute nicht überschritten wurde. Siehe Fußnote 2 der Beilage von 1954.

3 In der Beilage von 1956 wiederholte Bolton diesen und den nächsten Abschnitt, aber da seine Prognose eingetroffen war, ließ er den nächsten Satz weg und fügte stattdessen „vom Zeitpunkt seines Beginns an" ein.

ELLIOTTS
WELLENPRINZIP

1956

ELLIOTTS WELLENPRINZIP 1956

Vorwort und Fazit

Es ist unsere Politik, jedes Jahr das Elliott-Wellen-Prinzip im Lichte der Fortschritte des Vorjahrs zu überprüfen. Dabei versuchen wir nicht, Prognosen über die Entwicklung des Marktes zu erstellen, sondern vielmehr zu erkennen, wie sich der Markt im Rahmen des Gesamtkonzepts entwickelt hat.

Bislang scheint sich die im letzten Jahr vorgestellte allgemeine Gliederung als recht stabil erwiesen zu haben. Darüber hinaus deutet alles darauf hin, dass der seit 1949 anhaltende Bullenmarkt weiterhin intakt ist. Es besteht jedoch die eindeutige Möglichkeit, dass dieser Bullenmarkt 1956 zu Ende geht und eine längere Konsolidierungsphase (möglicherweise zwei bis drei Jahre oder länger) folgt. Der Zeitpunkt lässt sich jedoch nicht mit Sicherheit vorhersagen.

Wenn entweder die ursprüngliche Elliott-These von 1942 als Ausgangspunkt oder die These des 21-Jahres-Dreiecks (siehe Anhang A des Nachtrags von 1954) richtig ist, sollte eine Konsolidierung auf dem derzeitigen Niveau nicht den Beginn einer größeren Depression der Aktienkurse bedeuten. Theoretisch könnte eine solche Konsolidierung zwar bis auf ein Niveau von etwa 285 Punkten im DJIA zurückgehen, doch die Geschichte der inflationären Einflüsse der Nachkriegszeit lässt eher ein Ziel knapp unterhalb der 350-bis-400-Punkte-Marke erwarten. In der Zwischenzeit dürfte es sicherlich noch etwas Spielraum nach oben geben, bevor die aktuelle Welle von 1953 bis 1956 zu Ende geht.

März 1956

Allgemeiner Hintergrund

Das Interesse am Elliott-Wellen-Prinzip, jener bemerkenswerten Geschichte der Marktbewegungen, die erstmals 1938 veröffentlicht und anschließend 1945 von Elliott aktualisiert wurde, hält unvermindert an. Diese Theorie der Marktmuster,[1] die laut Elliotts Formulierung sich selbst vorhersagt, hat sich im Laufe der Zeit und in einem sich wandelnden wirtschaftlichen Umfeld bewährt.

Kurz gesagt lautete Elliotts Prognose, dass 1942 eine Reihe von sich entwickelnden Bullenmärkten begann, die bestimmten, recht gut definierten Mustern entsprechen und sich möglicherweise über das gesamte 20. Jahrhundert fortsetzen würden, bevor es zu einem weiteren „1929–32" kommen würde.

Der grundlegende Rhythmus ist wie folgt: Eine Reihe von Wellen in Richtung des Haupttrends, die innerhalb des Rahmens bestimmter empirischer Regeln in kleinere Wellen unterteilt und wiederum in noch kleinere Wellen unterteilt werden können:

Der Haupttrend (aufwärts oder abwärts): immer fünf Wellen; drei in Richtung des Trends (1, 3 und 5) und zwei als Korrekturen (2 und 4).

Die Korrektur (abwärts oder aufwärts): normalerweise drei Wellen; 1 und 3 in Richtung der Korrektur und Welle 2 als Gegenbewegung dazwischen.

Elliotts grundlegende Wellen sind grafisch auf der Innenseite der hinteren Umschlagseite dieser Beilage dargestellt [siehe Seite 41 – Anm. d. Hrsg.]. Diese Darstellung ist nicht vollständig, da es eine Reihe weiterer

Wellenarten gibt, die als Abwandlungen der Hauptwellen betrachtet werden können.

Weitere Bestätigung im Jahr 1955

Die Theorie der Extensionen beziehungsweise Verlängerungen (siehe Chart), die erstmals im März 1955 vorgeschlagen wurde, scheint nun, ein Jahr später, wahrscheinlicher zu sein. Der Anstieg von März 1955 bis September 1955 ist eindeutig eine 5-Wellen-Bewegung und dürfte daher die im Chart angegebene c-Welle sein. Die Eisenhower-Korrektur und die darauf folgenden Schwankungen in den letzten Monaten könnten durchaus die vierte oder d-Welle sein. Es ist möglich, aber noch keineswegs sicher, dass die aktuelle Welle hin zu neuen Höchstständen der Beginn der e-Welle ist.

Diese Welle sollte uns logischerweise in die Mitte des 500er-Punkte-Bereichs des DJIA führen. Es gibt jedoch keine Garantie dafür, dass diese Welle nicht selbst in einer weiteren Verlängerung endet.

Während also die Marktentwicklung im Jahr 1955 die im März 1955 aufgestellte Theorie einer Verlängerung tendenziell bestätigt hat, gibt es keinen sicheren Maßstab dafür, wie weit es nach oben gehen könnte.

Für die Zukunft

Die allgemeine bullishe Prognose der grundlegenden Elliott-Theorie ist nach wie vor intakt. Wir stehen jedoch näher an einem wichtigen Scheideweg als jemals zuvor seit 1949. Dieser wichtige Wendepunkt, der vielleicht mit dem Zeitraum 1946–1949 vergleichbar ist, könnte 1956 eintreten. Die derzeitige Dynamik auf Primärebene deutet jedoch darauf hin, dass eine Konsolidierung dieser Art von einem deutlich höheren Niveau aus erfolgen dürfte.

Aufschlüsselung der Primärwelle seit 1949 im Dow Jones Industrials

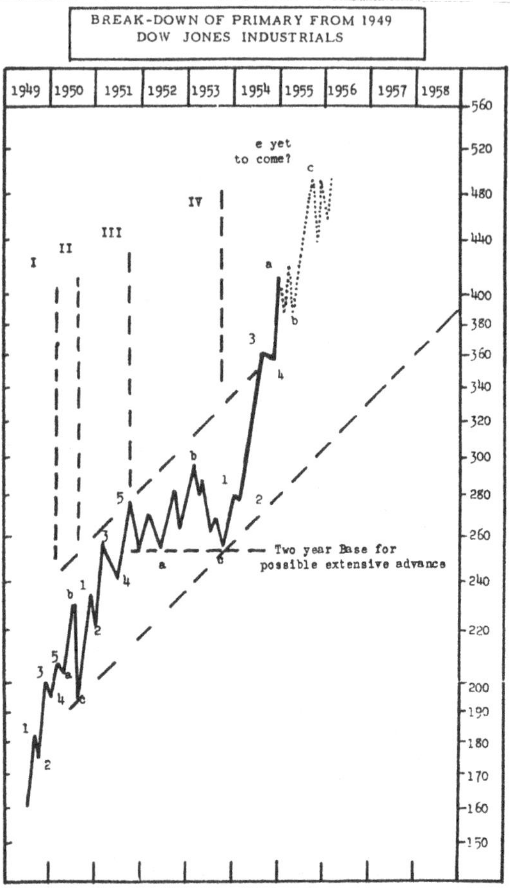

Das Muster nach diesem Wendepunkt könnte viel dazu beitragen, einige der geringfügigen Meinungsverschiedenheiten darüber auszuräumen, in welcher Primärwelle wir uns im Superzyklus nach [der Korrektur des Anstiegs von] 1857 bis 1929 tatsächlich befinden.

20. März 1956

1 Dieser Satz lautete ursprünglich „Eine Zyklusprognose ..." und war nicht zu entschlüsseln, daher habe ich mir die Freiheit genommen, diese Änderung vorzunehmen.

ELLIOTTS
WELLENPRINZIP

1957

ELLIOTTS WELLENPRINZIP 1957

Einleitung

Die vorliegende Broschüre, mit der wir unsere Praxis der Veröffentlichung eines Jahresrückblicks fortsetzen, wurde grundlegend überarbeitet. Sie versucht, das Elliott-Wellen-Prinzip in den Mittelpunkt des heutigen Wirtschafts- und Börsenklimas zu stellen. Gleichzeitig behandelt sie die Geschichte der letzten 100 Jahre, wie sie sich anhand der führenden Börsenindizes darstellt. Außerdem weist sie auf Wahrscheinlichkeiten für die Zukunft hin. Und schließlich handelt es sich nicht um einen Versuch, den Markt vorherzusagen, sondern um ein weiteres Instrument, mit dem man seine Erkenntnisse aus anderen Quellen bestätigen oder widerlegen kann.

Elliotts Wellenprinzip sollte in der Tat eher als Philosophie denn als präzises Prognose-Instrument betrachtet werden. Es stimmt, dass es von Elliott und seinen Schülern präzise Prognosen mit großer Genauigkeit gegeben hat, aber es gab auch klägliche Fehlschläge. Die Hauptphilosophie lautet einfach: In einem expandierenden Wirtschaftsklima neigt der Aktienmarkt dazu, in einer Reihe von Wellen mit dazwischenliegenden Korrekturen zu steigen. Wenn eine bestimmte Anzahl dieser Wellen realisiert wurde, wird die gesamte Wellenreihe zu einer großen Welle, die wiederum korrigiert werden muss. Natürlich ist die

Korrektur der großen Welle in Bezug auf Zeit und Amplitude tendenziell größer als die Korrektur der kleineren Wellenreihe. Und so weiter: Eine Reihe großer Wellen ergibt eine größere Welle, auf die eine Korrektur folgt.

Der große Vorteil der Elliott-Philosophie besteht darin, dass man den Aktienmarkt zuvor im Großen und Ganzen nur als musterlos betrachten konnte, jetzt aber Muster eine Bedeutung gewinnen.

Abschließend möchten wir darauf hinweisen, dass diese Broschüre nicht als Lehrbuch zu diesem Thema gedacht ist. Vielmehr hoffen wir, dass sie das Interesse an einem sehr nützlichen Börsenkonzept weckt.

Die von uns veröffentlichten regelmäßigen jährlichen Analysen nach dem Elliott-Wellen-Prinzip sind eine interessante Ergänzung zu unserem monatlichen Service zur Analyse von Veränderungen des Bankkredit-Aufkommens – *The Bank Credit Analyst.*

Aus früheren Berichten geht hervor, dass wir nicht versucht haben, den genauen Zeitpunkt und die Amplitude vorherzusagen. Vielmehr ließen wir die Welle sich so weit entwickeln, bis es so aussah, als wären wir ziemlich nahe am Ende der Bewegung angelangt. Wie wir im März 1956 bei einem Dow-Jones-Stand von 490 schrieben:

„Die grundsätzlich bullishe Prognose der grundlegenden Elliott-Theorie ist nach wie vor intakt. Wir befinden uns jedoch näher an einem wichtigen Scheideweg als jemals zuvor seit 1949. Dieser wichtige Wendepunkt, der vielleicht mit dem Zeitraum 1946–1949 vergleichbar ist, könnte 1956 eintreten. Die derzeitige Dynamik deutet jedoch darauf hin, dass eine Konsolidierung dieser Art von einem deutlich höheren Niveau aus erfolgen dürfte.“

Tatsächlich kam die Bewegung laut unserem Chart im April 1956 bei 522 Punkten im DJIA zum Erliegen. Seitdem befinden wir uns in einer Korrekturphase, die noch einige Zeit andauern könnte.[1]

15. April 1957

Das hundertjährige Muster

Laut Elliott befinden wir uns seit über 100 Jahren in einem Großen Superzyklus, der noch viele, viele Jahre andauern wird, wahrscheinlich bis ins 21. Jahrhundert hinein. Dies ist also eher von akademischem Interesse. Interessanter ist die Tatsache, dass Elliott uns vor seinem Tod im Jahr 1947 in den fünften (von fünf) Superzyklen einordnete, aus denen sich der Große Superzyklus zusammensetzt, und damit in eine steigende Welle von großen Ausmaßen.

Elliott untersuchte die Aktienkurse seit 1854 anhand des Axe-Houghton Index und kam zu folgender Unterteilung:

Der Große Superzyklus

Er besteht aus fünf Wellen von Superzyklus-Ausmaß von irgendwann vor 1854 bis irgendwann in der Zukunft.

Superzyklen

Zwei davon waren erkennbar: 1857–1928, unterteilt in fünf Wellen von Zyklusgröße, und laut Elliotts Analyse 1928–1942, eine Dreieckswelle in fünf Wellen von Zyklusgröße. Unsere Forschungen seit Elliotts Tod deuten darauf hin, dass die zweite dieser Zykluswellen tatsächlich von 1928 bis 1949 anstatt von 1928 bis 1942 stattfand, ebenfalls in Form eines Dreiecks.

Elliott ordnete diesen beiden Superzykluswellen die Nummern 3 und 4 des Großen Superzyklus zu. Seine Begründung: Eine Welle in Dreiecksformation ist immer die Welle 4, unabhängig vom Grad, daher ist 1928–1942 (oder, wie wir heute meinen, 1928–1949) die Welle 4 und somit 1857–1928 die Welle 3.

Zyklen

Ausgehend von den bekannten abgeschlossenen Superzyklen 1857–1928 und 1928–1949 ergibt sich die Aufteilung in Zykluswellen nach Elliott im ersten Fall und laut uns im zweiten Fall wie folgt:

Superzyklus III	Superzyklus IV
Zyklus I 1857–1864	Zyklus I 1928–1932
Zyklus II 1864–1877	Zyklus II 1932–1937
Zyklus III 1877–1881	Zyklus III 1937–1942
Zyklus IV 1881–1896	Zyklus IV 1942–1946
Zyklus V 1896–1928	Zyklus V 1946–1949

Der nächste Chart zeigt die allgemeine Perspektive von 100 Jahren.

Die Auswirkungen kann man sich unschwer vorstellen. Der letzte vorwärts gerichtete Superzyklus (III) dauerte etwa 70 Jahre. Dies gibt einen Eindruck von der möglichen Größe der neuen Hausse, die 1949 begann. *Sie hat die Ausmaße einer Flutwelle.* Diese Flutwelle wird natürlich von Zeit zu Zeit unterbrochen werden. Wir gehen beispielsweise davon aus, dass wir uns noch im ersten Zyklus des Superzyklus befinden und danach noch vier weitere folgen werden. Wir gehen auch davon aus, dass wir uns erst in der vierten Primärwelle dieses Zyklus befinden und dass die fünfte und möglicherweise dynamischste noch bevorsteht.

Eine hundertjährige Perspektive

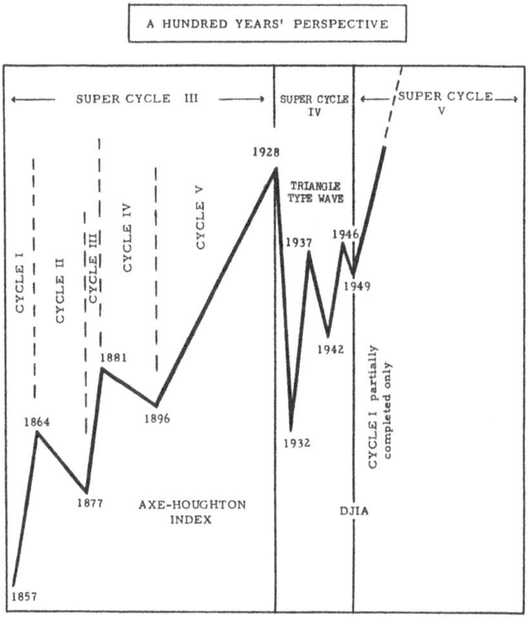

Der „Thrust“

Die Eigenschaften des Marktes seit 1949 sind interessant. Sie verdeutlichen den Begriff „Thrust“, den Elliott in allen Fällen eines Ausbruchs aus einer Dreiecksformation verwendete. Ein „Thrust“ ist eine schnelle Bewegung, die auf das Dreieck folgt und in Richtung des Trends verläuft. *Die Korrekturen auf dem Weg dieses Schubs sind in der Regel unterdurchschnittlich.*

Das Dreieck von 1928 bis 1949 erfordert einen Thrust in Aufwärtsrichtung. Die Thrust-Welle ist die erste Zykluswelle, da wir es mit dieser Größenordnung zu tun haben, wobei das vorangegangene Dreieck aus fünf Zykluswellen bestand. Diese Zykluswelle ist derzeit in Kraft, und ihre bisherige Entwicklung deutet auf die Gültigkeit des Konzepts der unterdurchschnittlichen Korrekturen hin.

Ende 1952 schrieben wir über die zukünftigen Möglichkeiten am Markt, wie sie das Wellenprinzip damals anzeigte, Folgendes:

„... wir werden in den nächsten Jahren wahrscheinlich keine Indexkurse sehen, die wesentlich unter den derzeitigen liegen."

Der DJIA stand damals bei etwa 280; 255 war der niedrigste Stand, den er erreichte!

Der neue Zyklus von 1949 bis heute

Wie bereits erwähnt, gehen wir davon aus, dass im Juni 1949 eine neue Zykluswelle begonnen hat, die erste von fünf Wellen, die zusammen den Superzyklus bilden, der wiederum den Großen Superzyklus abschließen wird.

Die theoretischen Merkmale eines Thrust haben sich, wie oben erwähnt, bisher reichlich bestätigt.

Wir sind der Ansicht, dass die erste Zykluswelle, die 1949 begonnen hat, noch nicht abgeschlossen ist. Wir haben unsere bisherige Zählung der Primärwellen seit 1949 sorgfältig überprüft und revidiert. Leser, die unsere Studien aus dem letzten und den vorangegangenen Jahren kennen, werden feststellen, dass wir bis dahin davon ausgegangen sind, dass der Zeitraum von September 1953 bis 1956 die *fünfte* Primärwelle war. Wir stufen diese Welle nun *nur noch* als die *dritte* Primärwelle ein, was bedeutet, dass wir uns derzeit in der vierten Primärwelle befinden, auf die die fünfte Primärwelle folgen wird, wodurch der erste Zyklus des Superzyklus abgeschlossen wird.

Unsere Gründe dafür sind recht einfach und können vom Leser nach eigenem Ermessen akzeptiert werden oder auch nicht. (Im Wesentlichen dürfte dies jedoch keinen großen Einfluss auf die Marktbewegungen haben.)

Aufschlüsselung des DJIA seit 1949

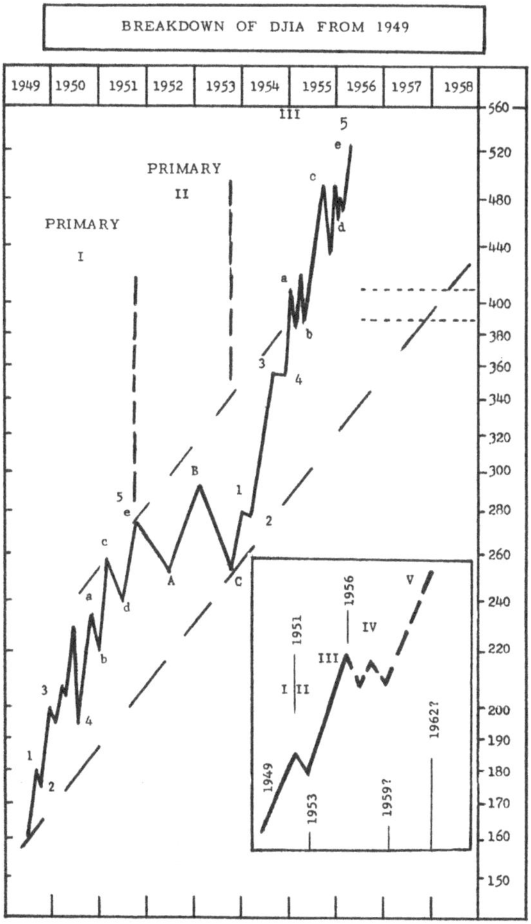

1. Die Merkmale einer grassierenden Spekulation fehlten dem Hoch 1956. Wenn wir auf die aufgezeichnete Marktgeschichte im Superzyklus III zurückblicken (siehe Chart mit dem Titel „Eine hundertjährige Perspektive“), stellen wir fest, dass die Hochs von 1864 und 1881 sowie von 1928–1929 durch extrem überschwängliche Spekulationen gekennzeichnet waren.

2. Es scheint keine technischen Schwierigkeiten bei der Ermittlung der Unterteilungen der Wellen zu geben, und tatsächlich hatten wir kaum Schwierigkeiten, diese Wellen im Laufe der Zeit einzuordnen, wie die Charts in früheren Ausgaben zeigen.
3. Es ist offensichtlich, dass diese Zählung bis heute „richtig aussieht“, da es in der Marktphase von 1949 bis 1956 nur eine nennenswerte Konsolidierung gab, und zwar im Zeitraum von 1951 bis 1953.

Es ist zu beachten, dass die Änderung der Zählung nur den Zeitraum um den Koreakrieg betrifft, dass die neue Zählung der Welle II genau mit der vorherigen Zählung in Welle IV übereinstimmt und dass die Zählung der Welle III ab September 1953 genau mit der in den Vorjahren prognostizierten übereinstimmt (siehe den beigefügten Chart und vergleichen Sie ihn mit den Charts in den Beilagen von 1954 und 1956).

Wie geht es jetzt weiter?

Das ist immer die 64-Dollar-Frage[2], auf die es nur eine vorläufige Antwort geben kann.

Es sieht jedoch so aus, als ob die vierte Primärwelle, die nach unseren Berechnungen im April 1956 begonnen hat, noch ein gutes Stück vor sich hat. Dies ist die korrigierende Primärwelle, die die dritte Primärwelle von September 1953 bis April 1956 (DJIA 255–522) korrigiert. Es gibt einige Kriterien, die uns Hinweise sowohl auf den Zeitpunkt als auch auf die Amplitude geben können:

1. Der Charakter des Thrusts von 1949 (Zyklus I), der immer noch wirksam ist, deutet auf die anhaltende Wahrscheinlichkeit unüblich kleiner Korrekturen hin. Eine normale Korrektur könnte im Durchschnitt zwischen 35 und 50 Prozent liegen. Subnormale Korrekturen können nur 10 bis 25 Prozent betragen.

2. Es ist zu erwarten, dass diese vierte Primärwelle etwa genauso lange, wenn nicht sogar etwas länger dauern wird als die zweite Primärphase. Diese zweite Primärphase dauerte genau zwei Jahre. Damit läge das Ende der vierten Primärphase wahrscheinlich nicht vor dem Frühjahr 1958.
3. Es wäre durchaus möglich, dass sich die vierte Primärwelle in drei Intermediärwellen aufteilt, von denen die zweite theoretisch sogar höher reichen könnte als das Hoch der dritten Primärwelle (das heißt DJIA 522). Dafür spricht die Erfahrung aus den Jahren 1951–1953, als die zweite Intermediärwelle mit einem höheren Wert als das Ende der ersten Primärwelle abschloss (295 im Januar 1953 gegenüber 275 im September 1951).
4. Da wir anscheinend eine Verlängerung hatten (in der Grafik mit a, b, c, d und 5e gekennzeichnet), sollten wir die Regel für Verlängerungen befolgen, die besagt, dass ein Rücklauf erfolgt, bevor die Bewegung wieder in die Hauptrichtung weitergeht. Mit anderen Worten: Irgendwann in der kommenden Periode, in der sich die vierte Primärwelle abspielt, sollten wir in den Bereich von etwa 410–390 DJIA-Punkten fallen.
5. Es ist üblich, dass die vierte Welle eines beliebigen Grades, insbesondere in größeren Graden, die Trendlinie durchbricht, in diesem Fall die steigende Linie im Chart, die durch die Tiefs von Juni 1949 und September 1953 verläuft. Es wäre ungewöhnlich, wenn dies nicht einträte.

Vorläufige Schlussfolgerungen

Jegliche Schlussfolgerungen hinsichtlich der wahrscheinlichen unmittelbaren Richtung sind äußerst vorläufig. Es gibt jedoch keine Anzeichen dafür, dass die derzeitige korrigierende Primärwelle abgeschlossen ist. Der Zeitrahmen ist zu kurz, es sei denn natürlich, unsere gesamte Berechnung der Welle seit 1953 wäre falsch. Wir brauchen gut zwei Jahre Konsolidierung, um die technische Stärke aufzubauen, die erforderlich ist, damit die fünfte Primärwelle die Kraft entfalten kann, die sie haben sollte.

Dennoch wäre es technisch möglich, dass der Markt das Hoch vom April 1956 (DJIA 522)[3] übertrifft und sich dann beispielsweise 1958–1959 weiter konsolidiert. Irgendwann in diesem gesamten Zeitraum sollten wir auf ein Niveau von etwa 400 oder etwas darunter gelangen. Es sieht unter keinen Umständen so aus, als würden wir deutlich darunter fallen.

Die Kraftentfaltung, die sich aufbauen wird, wenn sich der Markt noch etwa ein Jahr lang nach orthodoxen Mustern konsolidiert, wird unserer Meinung nach die Wahrscheinlichkeit erhöhen, dass die Primärwelle V ziemlich sensationell ausfallen und den DJIA in einer Welle großer Spekulationen auf 1.000 oder mehr Punkte steigen lassen könnte.

Der Chart vermittelt einen Eindruck davon, was zu erwarten ist. Wie bereits erwähnt, könnte die zweite Intermediärwelle von Primärwelle IV das Ende von Primärwelle III übertreffen, ohne das Muster zu verletzen.

Zusammenfassend lässt sich sagen, dass dies ein sehr starkes *langfristiges* Muster ist. Jedes Mal, wenn der Markt einen großen Schritt nach vorn macht, wie von 1953 bis 1956, der über die Verbesserung der Fundamentaldaten hinausgeht (Steigerung der Kurs-Gewinn-Verhältnisse, die sich seit 1949 fortsetzt), steigt natürlich auch die Anfälligkeit für Rückschläge. Aus einer breiteren Perspektive betrachtet, sollte ein Rückgang auf etwas unter 400 jedoch keineswegs als Katastrophe angesehen werden. Angesichts der späteren Aussicht auf einen DJIA von vielleicht 1.000 Punkten in den frühen 1960er-Jahren besteht kein Grund für übertriebenen langfristigen Pessimismus.

1 Dieser letzte Absatz erschien ursprünglich am Ende der Broschüre, im Anschluss an zitierte Auszüge aus den Beilagen von 1953, 1954, 1955 und 1956.

2 Eigentlich 64.000 Dollar! [Anm. d. Übers.: Die „64-Dollar-Frage" (oft auch „64.000-Dollar-Frage") ist eine Redewendung für eine entscheidende, schwierige oder alles entscheidende Frage.]

3 Das heißt in einem erweiterten oder „irregulären" Flat-Muster.

The Coming Tidal Wave

Elliott's Cycles — and The Market Outlook

"The last forward Super Cycle lasted some 70 years. This gives some idea of the possible magnitude of the new bull wave which started in 1949. It is of tidal proportions."

PERHAPS THE MOST outstanding theory, based on proven record, for accurately charting the *long-term future* movements of stock market prices is *Elliott's Wave Principle.*

R. N. Elliott alone among the cycle theorists (despite the fact that he died in 1947, while others lived) provided a basic background of cycle theory compatible with *what actually happened in the post-war period to date.*

We have discussed Elliott's theory several times throughout the years — since his principle is a proven and valuable guide for intermediate and long-term planning . . . although it does not "pinpoint" the timing of market movements.

*Mr. Hamilton Bolton**, foremost exponent of the principle today, recently has interpreted Elliott's theory in the focus of today's economic and stock mar-

The Main Trend
(Up or Down)

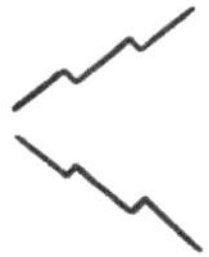

Always 5 waves
3 in the direction of the Trend i.e. the first, third and fifth and 2 as corrections (i.e. the second and fourth).

The Correction
(Down & Up)

Normally 3 waves.
The first and third in the direction of the correction and the second as counter-move in between.

A look at Chart I shows that the *overall* trend from 1857 to 1929 was up-up-up . . . but there were fluctuations up and down between those years. Remember, this "super cycle" covered 72 years — so there was plenty of time for the smaller cycles.

according to Elliott and Mr. Bolton is as follows:

Super Cycle III		*Super Cycle IV*	
Cycle I	1857-64	Cycle I	1928-32
Cycle II	1864-81	Cycle II	1932-37
Cycle III	1877-81	Cycle III	1937-42
Cycle IV	1881-96	Cycle IV	1942-46
Cycle V	1896-28	Cycle V	1946-49

ket climate. In view of the amazing accuracy of Elliott's theory so far, it strikes us as very worthwhile for any investor to study Mr. Bolton's "up-to-date" analysis of the theory . . . . even though, of necessity, some of the points must be quite technical.

During the Middle . . .

Thirties, R. N. Elliott analysed stock prices on a daily, weekly and monthly basis as far back as they were available. By doing this, he discovered the basic rhythm of what he called the *Wave Principle*.

This consisted of a series of waves in the direction of the main trend which could always be subdivided into smaller waves and sub-subdivided again into smaller waves still within the framework of certain empirical rules.

He also found that the period from 1857 to 1929 represents one big "super cycle" — with its peak in 1929. This "super cycle" was broken down into five smaller cycles (or waves) . . . *three of which showed prices moving up,* and *two which showed prices moving down.* And each of the five smaller cycles broke down again into smaller waves.

The subdivision of the waves is as follows:

Also, Elliott's calculations showed that this "super cycle" was part of a "grand super cycle". And, just as the "super cycle" was broken down into five smaller cycles, the "grand super cycle" would break down into five "super cycles".

According to Elliott, we have been in a "grand super cycle" for over 100 years, and we will continue in the "grand super cycle" for many, many more years . . . *probably into the 21st century.*

From the Peak . . .

of the "super cycle" in 1929, Mr. Elliott concluded that there would be a correction that would last until 1942 (changed to 1949 by Mr. Bolton after Elliott's death). And then, when this correction reached a bottom, he judged (based on charts of the past) *a new basic uptrend in stock prices would start that would be comparable to the "super cycle" from 1857 to 1929.*

Elliott placed the two "super cycle" waves of 1857-1928 and 1928-1949 as numbers 3 and 4 of the "grand super cycle". His reason — that a wave in triangle formation (a correction in the main trend) is always number 4.

So — taking the known completed "super cycles", 1857-1928 and 1928-1949, the breakdown into cycle waves

The Implications of . . .

this are not too hard to imagine. The last upward "super cycle" (III) lasted some 70 years. This gives some idea of the possible magnitude of the new bull wave which started in 1949. *It is of tidal proportions.*

This tidal wave, of course, will be interrupted from time to time. For instance, Mr. Bolton calculates we are still in the first cycle of the "super cycle" — *with four more to come after that.* He also calculates that we are only in the fourth primary of this first cycle wave — with the fifth *and possibly the most dynamic yet to come.*

Also, the market since 1949 "spells out" the term *"thrust"* — which Elliott used in all cases of a pull-out from a "triangle" formation (a corrective cycle). A "thrust" is a speedy movement in the direction of the trend . . . *and the corrections on the way in this thrust tend to be subnormal.* In other words, while we will have corrections to the overall upward trend we are experiencing — they probably will be of subnormal size.

What Now?

This is always the $64,000 question — and no more than a tentative reply can be given. Mr. Bolton's conclusions follow.

***Senior Partner of Bolton Tremblay & Company, Investment Consultants, 680 Sherbrooke St., West, Montreal, Canada**

It looks as if the fourth primary, which started in April, 1956, has considerably further to go. This is the *corrective* primary that corrects the third primary of September, 1953 to April, 1956 (DJIA 255-522).

There are some criteria which may give us clues as to both time and amplitude:

(1) The nature of the "thrust" from 1949 (Cycle I), which is still in force, does point to the continued probability of subnormal corrections. A normal correction might be anywhere from 35-50% in the averages. Subnormal ones may run only 10-25%.

(2) This fourth primary should be expected to take up about as much, if not somewhat more, time than the second primary. This second primary lasted exactly two years. This would place the termination of the fourth primary *probably not earlier than the Spring of 1958.*

(3) It would be quite possible that the fourth primary breakdown into three intermediates (corrective primaries have 3 waves) could have a second wave which could theoretically be even higher than the top of the third primary (i.e. 522 DJIA).

A look at Chart 2 will show that this is what happened in 1951-53, when the second intermediate closed out at a figure higher than the end of the first primary (295 in January, 1953, versus 275 in September, 1951).

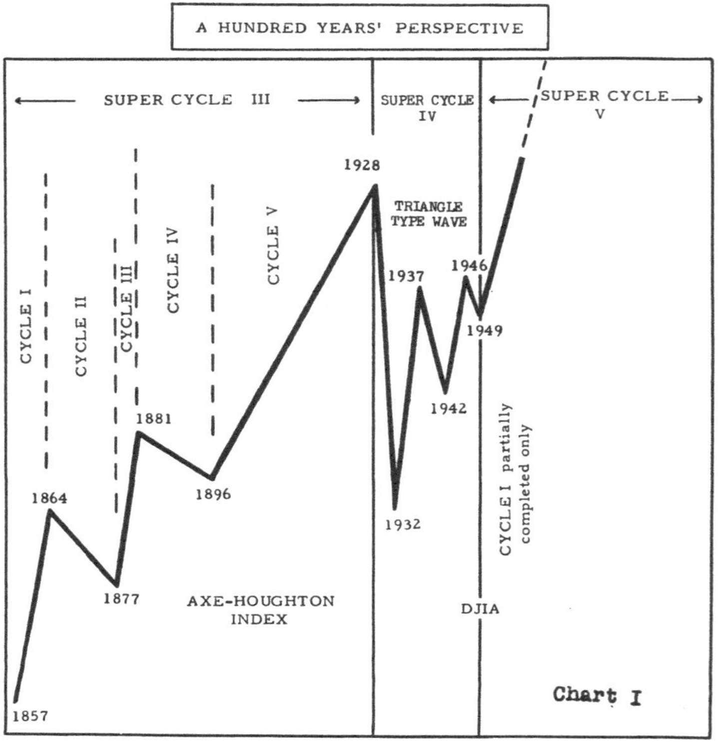

Chart Showing Super Cycles III, IV, and V — Covering 100 Years

(4) Because we have had what appears to be an extension (marked a,b,c, d,5e, on Chart 2), we should follow the rule of extensions — which is that they are retraced before the move continues in the main direction again.

In other words, sometime in the period ahead, during which the fourth primary is working itself out, we should come down into the approximate area 410-390 DJIA.

(5) It is usual for the fourth wave of any degree, and in particular in larger degrees, to break through the trend line (the rising line on chart 2 which passes through the bottom of June, 1949, and September, 1953). It would be unusual if it did not.

Any Conclusions . . .

as to the probable immediate direction are extremely tentative. However, there are no indications that the present corrective primary is completed.

The time element is too short. *We need a good two years of consolidation to build up the technical strength to enable the fifth primary to have the force it should.*

Still, it would be technically possible for the market to exceed the April, 1956 high (522 DJIA) and then consolidate further in 1958-59, say.

Sometime in this whole period we should get down to around the 400 level — or a little lower. It does not look as if, under any circumstances, are we likely to get much below this.

The power-house that will be building up if the market consolidates for another year or so along orthodox lines, according to Mr. Bolton, *will offer the probability that primary V could be quite sensational . . . taking DJIA to 1000 or more in a wave of great speculation.*

The insert on Chart 2 gives some idea of what to expect.

To Sum Up . . .

this is a very strong *long-term* pattern.

Each time, of course, that the market takes a major step forward as from 1953-56, in excess of the improvement in fundamentals (price-earnings ratios increasing as has been the successive history since 1949), the vulnerability to set back also increases.

But, viewed from the broad point of view, any decline to somewhat below 400 should not be considered calamitous by any means. *With the later prospect of perhaps 1000 DJIA in the early 60's, there need be no excess of long-term pessimism.*

END

Chart Showing Three Primaries of Super Cycle V and Projection of Fourth and Fifth Primaries

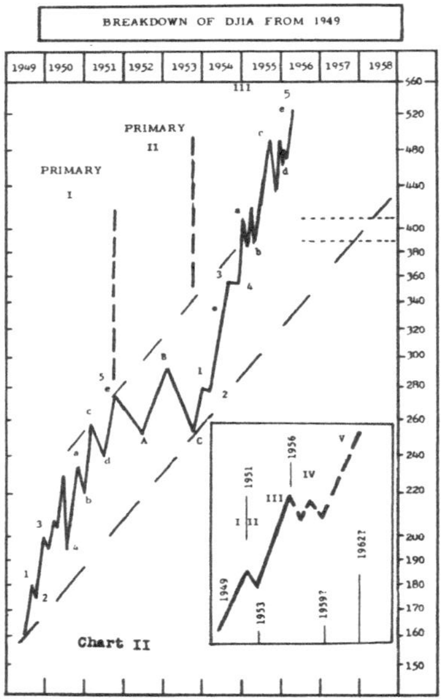

ELLIOTTS
WELLENPRINZIP

1958

ELLIOTTS WELLENPRINZIP 1958

Einleitung

Nach mehreren jährlichen Ausgaben haben wir 1957 unseren Jahresrückblick auf das Elliott-Wellenprinzip grundlegend überarbeitet und um umfangreiches Hintergrundmaterial ergänzt. Die Ausgabe von 1958 entspricht im Wesentlichen der überarbeiteten Ausgabe von 1957, mit der Ausnahme, dass Abschnitt V, „Der neue Zyklus von 1949 bis heute", vollständig überarbeitet und aktualisiert wurde, um zu zeigen, wie die Zählungen vom letzten Herbst genau in das Elliott-Muster passen.

Die Broschüre bietet uns somit einen Überblick über 100 Jahre. Sie beantwortet auch eine Reihe grundlegender hypothetischer Fragen zur Zukunft und skizziert in gewisser Weise eine grundlegende Anlagephilosophie, die mit den aktuellen Ereignissen im Einklang steht.

25. April 1958

Der neue Zyklus 1949 bis heute

Wie bereits erwähnt, gehen wir davon aus, dass im Juni 1949 eine neue Welle von Zyklusdimensionen begann. Diese ist erst teilweise abgeschlossen. Es sollten fünf Wellen sein, um den Superzyklus (1949–?) zu vervollständigen. Wie aus dem Diagramm ersichtlich ist, sollte dieser Superzyklus den Großen Superzyklus vervollständigen. Das Muster deutet also auf einen von nun an allgemein steigenden Aktienmarkt hin, der zwar gelegentlich von Konsolidierungen und Bärenmärkten unterbrochen wird, die jedoch weder das Ausmaß der Weltwirtschaftskrise von 1929 bis 1932 noch wahrscheinlich das Ausmaß des prozentualen Rückgangs von 1937–1938 erreichen werden.

In der Überprüfung von 1957 haben wir den Chart nur bis zum Hoch im April 1956 erstellt, da die nachfolgenden Bewegungen zu gering waren, um eine Interpretation zu ermöglichen. Der Rückgang Ende 1957 hat es jedoch ermöglicht, einige Details zu ergänzen, und nun sieht es so aus, als ob die Welle von April 1956 bis Oktober 1957 als Intermediärwelle A der Primärwelle IV klassifiziert werden kann. Daher markieren wir dies in unserem Chart.

Wie geht es jetzt weiter?

Unter Berücksichtigung von Zeit und Amplitude ist es sehr wahrscheinlich, dass wir uns noch immer in der Korrekturwelle ab 1956 befinden, dass wir noch einige Zeit darin verbleiben werden, bevor der Bullenmarkt wieder einsetzt, und dass etwaige Rückgänge im Gesamtkontext relativ gering ausfallen dürften. Obwohl wir seit 1949 einen rasanten Anstieg des DJIA von 160 Punkten erlebt haben, deuten alle Anzeichen darauf hin, dass die Korrektur oder Konsolidierung wahrscheinlich von begrenzter Amplitude sein wird, mit einem endgültigen Tief von nicht weniger als 386 Punkten, dem alten Hoch von 1929.

Beachten Sie die untere Einfügung im Chart. Diese wurde Anfang 1956 veröffentlicht und stellt die beste Schätzung dar, die wir derzeit hinsichtlich der Wahrscheinlichkeiten vornehmen können. Wir gehen davon aus, dass mit dem Rückgang von 1957 die *erste* der drei in der

Einfügung dargestellten Wellen, die IV, abgeschlossen wurde. Wir gehen davon aus, dass wir uns derzeit in der *zweiten* von drei Wellen befinden. Diese zweite Welle dürfte länger dauern als die Teilwelle von Februar 1957 bis Juli 1957 (fünf Monate). Wenn dies der Fall ist, werden wir vor Frühsommer 1958 keinen endgültigen Höchststand in der aktuellen Erholung sehen (es könnte natürlich auch ein paar Monate länger dauern). Mit anderen Worten: Die Hochs vom Februar 1958 werden wahrscheinlich nach oben durchbrochen werden (über 460).

Nach dem Ende dieser zweiten Welle, das mit hoher Wahrscheinlichkeit irgendwo unterhalb der 520er-Marke liegen wird, sollten wir dann eine dritte Abwärtswelle erleben, die die Tiefs von 1957 bei 416 testen und möglicherweise durchbrechen wird. Sofern es nicht zu einer heftigen und unverantwortlichen geldpolitischen Inflation kommt, sollten wir mindestens einen doppelten Boden um die 420er-Marke oder aber einen Durchbruch bis etwas unter die 400er-Marke erwarten, wie oben erwähnt.

Zusammenfassend lässt sich sagen, dass der Elliott-Ausblick für die nächsten ein bis zwei Jahre nicht allzu pessimistisch ist und wir letztendlich neue Höchststände weit über den Niveaus von 1956 erreichen sollten.

Aufschlüsselung des DJIA seit 1949

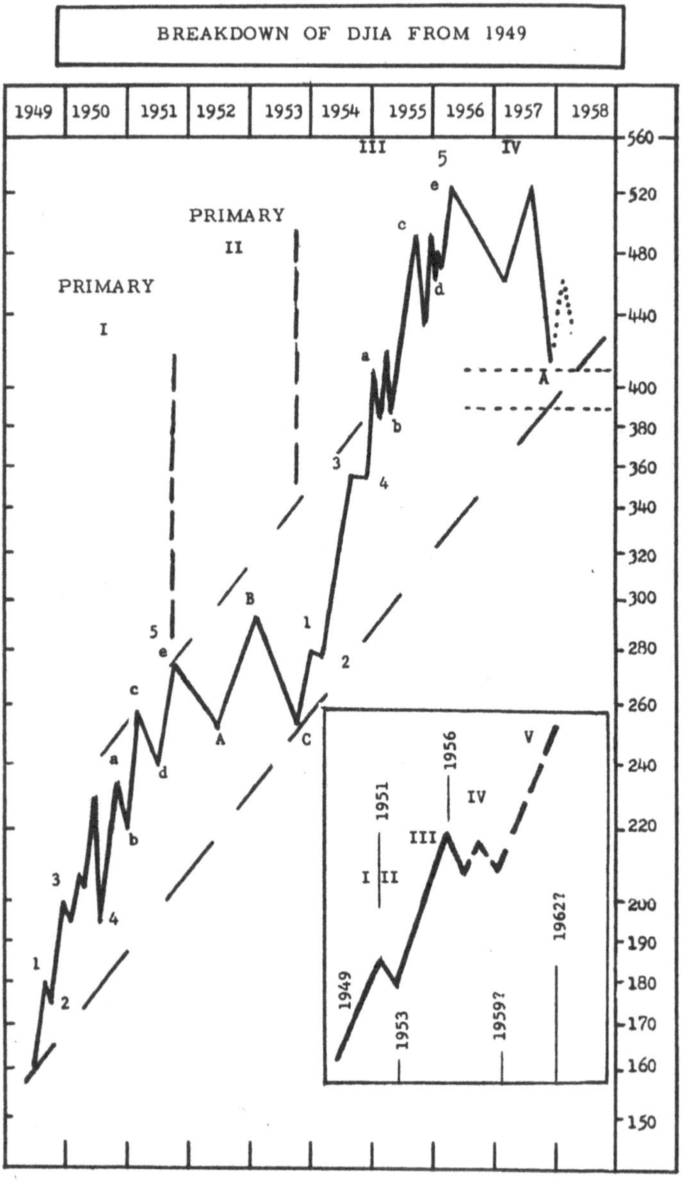

Inflation vs. Normalität

Jede der Zykluswellen des Superzyklus seit 1857 hat die Hochs der vorherigen Zyklen etwa verdoppelt oder sogar mehr als verdoppelt (siehe Langzeit-Chart „Eine hundertjährige Perspektive" in der Beilage 1957). Dies geschah in einem Zeitraum bis in die 1920er-Jahre hinein, in dem die monetäre Inflation relativ gering war, also monetäre Normalität herrschte. Unter der Annahme der Normalität sollten wir davon ausgehen, dass sich dieses Muster fortsetzt. Das Doppelte von 386, dem Hoch von 1929, ergibt einen DJIA von 772. Wenn wir die enorme monetäre Inflation der letzten 20 Jahre sowie die zu erwartende zukünftige Inflation berücksichtigen, wird dieser Wert von 772 sicherlich deutlich überschritten werden. Werte von über 1.000 DJIA-Punkten sind innerhalb der nächsten zehn Jahre durchaus denkbar.

Wir sind der Meinung, dass das wiederholte Auftreten von unterdurchschnittlichen Korrekturen, insbesondere seit 1949 und auch seit 1942, gleichbedeutend ist mit einem Ausdruck des Marktes für die bereits eingebaute enorme Inflation und die in Zukunft zwangsläufig weitere Aktivierung. Dies ist unserer Meinung nach die grundlegende Botschaft des Elliott-Wellenprinzips zum gegenwärtigen Zeitpunkt.

Einige Argumente von anderen

Immer wenn der Markt in eine Baissephase gerät, finden wir Kollegen, die der Meinung sind, dass „Elliott" so interpretiert werden kann, dass er viel niedrigere Preise rechtfertigt. „Elliott" kann zwar mit beträchtlicher Freiheit interpretiert, aber dennoch nicht völlig aus dem Zusammenhang gerissen werden. Mit anderen Worten: Wie beim Amateur- und Profi-Eishockey kann man hier einige Regeln ändern, aber man muss sich an die Grundregeln halten, sonst läuft man Gefahr, ein neues Spiel zu schaffen.

Um zu zeigen, dass „Elliott" eine disziplinierte Form der Technischen Analyse ist, stellen wir bestimmte hypothetische Fragen und geben unsere Antworten darauf.

Frage: Warum könnte 1942–1956 keine abgeschlossene Zykluswelle sein, was bedeuten würde, dass wir (a) eine Korrektur zurück auf das Niveau von 212 (Hoch 1946) erwarten sollten, bevor wir einen neuen Bullenmarkt beginnen?

Antwort: Um eine abgeschlossene Zykluswelle 1942–1956 zu erhalten, muss sie in fünf Wellen unterteilt werden, dazu zwei Zählungen:

a. 1942–1946, 1946–1949, 1949–1951, 1951–1953, 1953–1956 oder
b. 1942–1943, 1943, 1943–1946, 1946–1949, 1949–1956.

Das Muster (a) verstößt gegen eine der Regeln von Elliott: Die dritte Welle darf nicht kürzer sein als die erste und die fünfte Welle. Das Muster (b) scheitert daran, dass 1942–1943 nicht in eine fünfteilige Unterwelle unterteilt werden kann, wie es erforderlich wäre, um Teil der Hauptbewegung zu sein.

Wenn man also ab 1942 zählt, kann 1942–1956 nur aus drei Wellen oder einem Teil von drei Wellen aus insgesamt fünf bestehen (1942–1946, 1946–1949, 1949–1956).

Frage: Sie lehnen es ab, 1928–1932 als vollständige Korrektur von 1857–1928 zu betrachten. Könnte 1932 nicht der eigentliche Beginn des Superzyklus sein? Wenn ja, wo befinden wir uns dann jetzt?

Antwort: Der Einwand basiert nur auf einem Grund. Korrekturen sollten sowohl hinsichtlich der Amplitude als auch hinsichtlich der Zeit übereinstimmen. Angenommen, 1928–1932 wäre hinsichtlich der Amplitude eine ausreichende Korrektur, so ist sie hinsichtlich der Zeit völlig unzureichend. Daher haben wir sie zugunsten der 21-jährigen Korrektur verworfen. Wenn wir sie jedoch akzeptieren, dann ist 1932–1937 Zykluswelle I (fünf Aufwärtswellen), 1937–1942 Zykluswelle II (drei Abwärtswellen) und wir befinden uns immer noch erst in der Mitte von Zykluswelle III, nachdem wir vielleicht drei der fünf erforderlichen Primärwellen seit 1942 abgeschlossen haben[1] (siehe Antwort auf die vorherige Frage).

Frage: Wie steht es mit der Überlegung, dass 21 Jahre zeitlich nicht ausreichend sind für einen 70-jährigen Superzyklus? Wenn dem so ist, könnte dann 1928–1932 nicht einfach die erste von drei Wellen einer Superkorrektur gewesen sein? Das würde bedeuten, dass 1932–1956 die abgeschlossene zweite Welle wäre und wir nun in einer dritten Welle wieder ziemlich nahe an die Tiefs der alten Depression zurückfallen würden.

Antwort: Unsere Antwort darauf lautet: Warum versuchen Sie, eine offensichtlich falsche Interpretation zu verdrehen? Um dies zu erreichen, müssen Sie eine Philosophie zugrunde legen, die völlig im Widerspruch zum amerikanischen Wachstumsmuster der letzten 15 Jahre steht. Das wird sich nicht verkaufen lassen. Aber wenn Sie darauf bestehen, stoßen Sie immer noch auf dasselbe Hindernis, nämlich dass 1956 nicht das Hoch sein kann, denn um dieses Muster bis 1956 zu vervollständigen, müssten Sie drei Aufwärtswellen seit 1932 haben (1932–1937, 1937–1942, 1942–1956). Die erste davon *kann* eine 5 oder eine 3 sein, die zweite *muss* eine 3 sein, aber die Welle 1942–1956 muss in fünf Wellen unterteilt werden können, mit den folgenden Unterwellen: 5-3-5-3-5. Wie oben erwähnt, kann man bisher nur drei Wellen ab 1942 erhalten. Die Welle von 1932 bis ? vor dem großen Abwärtstrend, wenn wir wieder auf das Niveau von 1932 zurückkehren (was diese Interpretation erfordert), ist also noch nicht abgeschlossen und wird wahrscheinlich erst in den 1960er-Jahren bei einem Wert weit über dem heutigen Niveau abgeschlossen sein. Bis dahin werden die Indexwerte wahrscheinlich nahe bei 1.000 liegen, und jede Vorstellung von einer Rückkehr des DJIA auf das Niveau von 50 oder 100 wäre reine Fantasie.

25. April 1958

ELLIOTTS WELLENPRINZIP
Nachtrag vom Oktober 1958
(Zum Einfügen in „Elliotts Wellenprinzip 1958“)

Unsere Schlussfolgerungen in „Wie geht es jetzt weiter?“, geschrieben im April dieses Jahres, müssen nun möglicherweise geändert werden. Die Entwicklung des Marktes seit dem letzten Frühjahr deutet darauf hin, dass der Herbst 1957 möglicherweise die Welle IV des Zyklus abgeschlossen hat, der im Juni 1949 begann.

Nach unseren Berechnungen begann diese Welle IV im April 1956 und könnte im Dezember 1957 mit einer fünfteiligen Unterwellenformation ab Juli 1957 abgeschlossen worden sein. Die Welle IV qualifiziert sich durch ihre Amplitude als vollständige Korrektur, ist aber zeitlich etwas zu kurz. Dies ist jedoch bereits in der Vergangenheit vorgekommen, insbesondere im Jahr 1926. Es handelt sich praktisch um einen Beschleunigungsprozess, der nun möglicherweise im Gange ist.

Wenn wir dies als möglich akzeptieren, würden wir nun erwarten, dass der Aktienmarkt dem Muster folgt, das in der Einfügung im Chart mit der Bezeichnung „Aufschlüsselung des DJIA“ angegeben ist, indem er die Welle V des Zyklus von 1949 abschließt.

1 Dies ist die korrekte Zählung. Die Zeit ist gegenüber der Amplitude zweitrangig. Siehe den Abschnitt „Alternative Interpretation“ in der Beilage von 1959.

ELLIOTTS
WELLENPRINZIP

1959

ELLIOTTS WELLENPRINZIP 1959

Einleitung

„Elliotts Wellenprinzip 1959" wurde gegenüber früheren Ausgaben etwas erweitert. Der Grund dafür ist, dass sich 1958 eine Situation ergeben hat, die etwas weniger eindeutig ist als viele der früheren Überblicke. Angesichts dessen halten wir eine etwas erweiterte Darstellung der möglichen aktuellen Alternativen für gerechtfertigt.

Im Wesentlichen gibt es zwei Denkrichtungen: Erstens, dass im Dezember 1958 die Welle IV aus dem Jahr 1949 abgeschlossen wurde und wir uns nun weit in der letzten Welle V befinden; zweitens, dass wir uns immer noch in der Korrekturwelle befinden, die 1956 (oder 1957, je nachdem, wer zählt) begann und die wir 1956 als Welle IV aus dem Jahr 1949 nummeriert haben.

Die Implikationen dieser beiden Interpretationen sind natürlich etwas unterschiedlich und können zu unterschiedlichen Schlussfolgerungen führen. Wir schließen uns der ersten an, also dass wir uns jetzt ziemlich gefestigt in der Welle V befinden, die die letzte Aufwärtswelle des Zyklus seit 1949 sein dürfte. Sie könnte ein Jahr, zwei Jahre oder sogar fünf Jahre dauern. Sie könnte auch 1959 enden. Aufgrund unserer Studien zu Bankkrediten sowie unserer verschiedenen Breiten- und Momentumstudien neigen wir nicht zu der Auffassung, dass sie 1959 enden wird. Dennoch geben wir folgende Warnung aus: Wir befinden uns nicht mehr auf dem festen Boden von 1952–1953, als wir sagen konnten: „... wir werden in den kommenden Jahren wahrscheinlich keine Indexkurse sehen, die viel niedriger sind als die derzeitigen."

***

Die Reihenfolge der Inhalte in der diesjährigen Ausgabe wurde leicht geändert, um eine unserer Meinung nach bessere Anordnung zu erreichen.

Bestimmte alternative Interpretationen wurden ausführlicher behandelt, da wir festgestellt haben, dass viele Elliott-Schüler feste Meinungen vertreten, die in vielen Fällen durchaus stichhaltig sind. Die Aufmerksamkeit richtet sich jedoch auf eine Reihe von Fragen und Antworten, die eine Reihe von Interpretationen kategorisch ausschließen, da sie gegen die Regeln verstoßen.

Wir betonen erneut, dass das Wellenprinzip eher eine Philosophie als ein Prognose-Instrument ist. Wenn man es jedoch breit und flexibel betrachtet, kann es für die Analyse von Börsentrends nützlich sein.

März 1959

Alternative Interpretation

Die Überlegungen hinter der 21-jährigen Dreieckskorrektur (1928–1949) und warum wir glauben, dass der Superzyklus V 1949 begann, werden in Anhang A der Beilage von 1954 erläutert. Wir möchten jedoch anmerken, dass dies in einigen Kreisen umstritten ist. Alternativ ist, wie wir im nächsten Abschnitt „Der neue Zyklus von 1949 bis heute" erwähnen, eine andere Interpretation möglich. Diese besagt, dass 1928–1932 eine angemessene Korrektur des Superzyklus III war und dass daher der Superzyklus V eher 1932 als 1949 begann.

Diese Interpretation ist durchaus vertretbar. (Anmerkung: Elliotts ursprüngliches 13-jähriges Dreieck 1928–1942 ist nach Elliotts eigenen Regeln nicht haltbar, wie aus der Diskussion und der ersten Grafik in Anhang A der Beilage von 1954 hervorgeht.) Es erscheint jedoch etwas seltsam, in drei Jahren etwas zu korrigieren, was 71 Jahre lang aufgebaut wurde, zumal jede der Korrekturen innerhalb des Superzyklus III nicht weniger als 13 Jahre dauerte!

Nachdem wir uns für diese Interpretation entschieden haben, in welcher Phase des Superzyklus V befinden wir uns nun? Im Folgenden wird eine mögliche Interpretation vorgeschlagen:

1932–1937	Zykluswelle I	5 Wellen
1937–1942	Zykluswelle II	3 Wellen
1942–	Zykluswelle III	3 oder möglicherweise 4 bislang abgeschlossene Wellen
1942–1946	Primärwelle I	
1946–1949	Primärwelle II	
1949–1956	Primärwelle III	
1956–1958	Primärwelle IV	Vielleicht immer noch erst
1958–	Primärwelle V	Primärwelle IV

Der neue Zyklus 1949 bis heute

Wie bereits erwähnt, gehen wir davon aus, dass im Juni 1949 eine neue Welle von Zyklusdimensionen begann. Diese nähert sich nun ihrem Ende. Insgesamt sollte es fünf davon geben, um den Superzyklus (1949–?) zu vervollständigen. Und wie aus der nächsten Grafik ersichtlich ist, sollte dieser Superzyklus den Großen Superzyklus vervollständigen. Das Muster deutet also auf einen allgemein steigenden Aktienmarkt hin, der von gelegentlichen Konsolidierungen und Bärenmärkten unterbrochen wird, jedoch nie in der Größenordnung der Weltwirtschaftskrise von 1929–1932.

Wie geht es jetzt weiter?

In der Ausgabe von 1958 stuften wir das Hoch des Marktes im April 1956 bis zum Tiefpunkt Ende 1957 als Welle A (eine von drei, A, B und C, oder möglicherweise fünf, ein Dreieck A, B, C, D, E) der Welle IV (die vierte Primärwelle seit 1949) ein. Später im Herbst 1958 vertraten wir die Ansicht, dass es wahrscheinlicher sei, dass von April 1956 bis Ende 1957 die gesamte Welle IV abgeschlossen wurde (kurz in der Zeit, aber ausreichend in der Amplitude) und dass *wir uns nun weit in der Primärwelle V befinden, die die Zykluswelle von 1949 abschließt.*

Aufschlüsselung des DJIA seit 1949

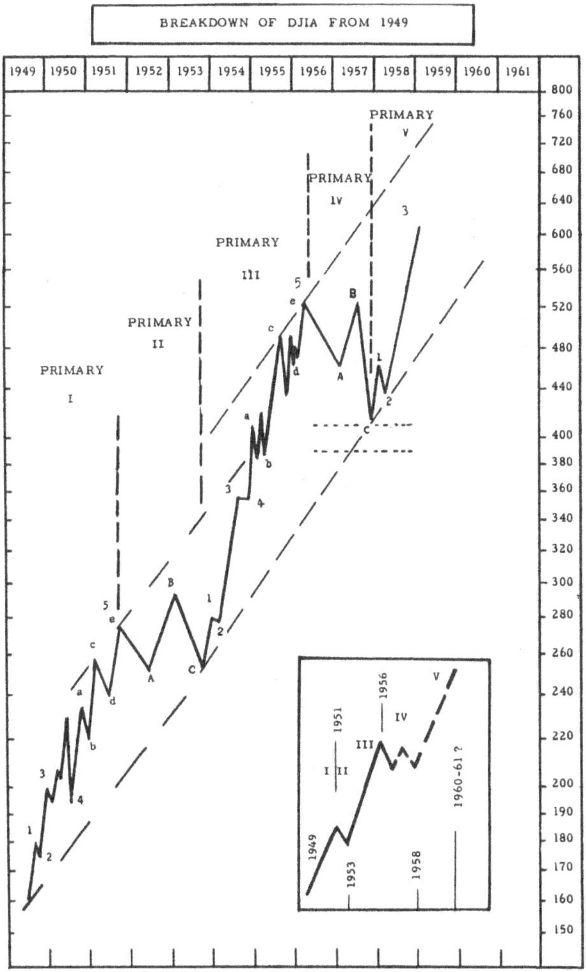

Wenn wir die Marktentwicklung in Verbindung mit unseren Bankkredit- und anderen technischen Studien beobachten, werden wir immer überzeugter, dass diese Ansicht wahrscheinlich richtig ist, und haben dies in der Grafik so vermerkt. Es sei darauf hingewiesen, dass wir derzeit davon ausgehen, dass wir uns am Ende der Intermediärwelle 3 der Primärwelle V befinden und wahrscheinlich nur noch die Wellen 4 und 5 vor uns liegen. Dies ist jedoch keine Garantie dafür, dass sich der seit 1949 anhaltende Bullenmarkt zeitlich oder preislich seinem Ende nähert, aber es ist eine deutliche Warnung, dass der Markt von nun an möglicherweise auf „geliehener Zeit" basiert, so wie der Markt von 1921 bis 1929 ab 1927 auf geliehenem Geld basierte.

Vorsichtig und zurückhaltend schränken wir den Zeitrahmen mit dem Hinweis ein, dass der Höhepunkt des Bullenmarktes durchaus 1960 oder 1961 erreicht werden könnte.

Nachdem wir 1958 viel schneller durchgestartet sind, als normalerweise zu erwarten gewesen wäre, lautet die Frage nun: Wie geht es weiter?

Es scheint, als stünden wir vor einem großen Interpretationsproblem. Theoretisch könnten die Wellen 4 und 5 der Primärwelle V leicht im Jahr 1959 abgeschlossen werden. In der Praxis mag dies der Fall sein, oder, was wahrscheinlicher ist, wir glauben, dass sich die gesamte fünfte Primärwelle eher ausweiten wird, was dazu führen könnte, dass die Primärwelle erst 1960 oder 1961 abgeschlossen sein wird. Bislang warten wir noch auf die korrigierende Welle 4. Diese könnte sich durchaus in diesem Frühjahr entwickeln und mehrere Monate andauern. Je nachdem, wie lange sie dauert, könnte die Welle 5 der Primärwelle länger oder kürzer ausfallen. Wenn die Welle 4 mehrere Monate dauert, würde dies bedeuten, dass sich die Welle 5 in Zeit und Amplitude ausdehnen könnte.

Unabhängig vom genauen Hoch von Welle 5 der Primärwelle V gibt es jedoch keinerlei Garantie dafür, dass unmittelbar darauf ein starker Rückgang folgen wird. Wahrscheinlicher ist vielleicht ein breiter Schaukelmarkt ähnlich wie von 1956 bis zum Sommer 1957. Da die Korrektur nach dem orthodoxen Hoch der Welle 5 von Primärwelle V größer ausfällt als alle Korrekturen seit 1946–1949, wäre es logisch, dass sie zeitlich und in ihrer Amplitude die Korrektur von 1951–1953 übertrifft, die bei den Indizes im Wesentlichen seitwärts verlief, sowie die von 1956–1957, die zwar schwerwiegender war, aber im Nachhinein betrachtet für einen Bärenmarkt äußerst moderat ausfiel.

Fazit

Wir scheinen uns mitten im Bullenmarkt von 1949–? zu befinden. Wohin sich der Markt entwickeln könnte, wird durch die Kanäle im Chart grob angedeutet. Wenn sich die Wellen 4 und 5 schnell entwickeln, wird das orthodoxe Hoch wahrscheinlich niedriger sein, als wenn sich die Welle 4 und die Welle 5 (von Primärwelle V) ausweiten.

Nach dem Hoch von Primärwelle V ist eine A-B-C-Korrektur von einiger Dauer und Größenordnung zu erwarten. Unter der Annahme eines Hochs in den Jahren 1959, 1960 oder 1961 spricht jedoch nichts gegen einen späteren höheren Höchststand innerhalb der A-B-C-Korrekturwelle.

Aus praktischer Sicht bedeutet dies, dass der Markt mit der Zeit immer selektiver wird.[1] Derzeit legen praktisch alle Aktiengruppen zu. Nach und nach wird eine Minderheit der Aktiengruppen ihre langfristigen Hochs überschritten haben. Danach wird eine ausreichende Anzahl dieser Gruppen fallen, um größere Korrekturwellen bei den Indexwerten zu verursachen. Bei einem Stand von über 600 Punkten im DJIA könnten wir uns durchaus im Bereich von 25 bis 30 Prozent eines bedeutenden Hochs befinden. Es wird immer schwieriger werden, im Portfolio Gewinne zu erzielen. Ohne dass es unbedingt zu altmodischen Baissen kommt, werden viele Anleger die Lage als immer schwieriger empfinden. Letztendlich könnte sich durchaus etwas entwickeln, das einer bedeutenden Baisse nahekommt.

Vorerst scheint jedoch der Weg des geringsten Widerstands weiterhin nach oben zu führen.

Minderheitsmeinung

Es gibt eine Minderheitsmeinung, die davon ausgeht, dass der Anstieg seit dem Spätherbst 1957 nur die dritte Welle einer A-B-C-Welle ist, wobei A die im Dezember 1957 endende Welle und B die dreiteilige Wellenformation bis 1959 ist. Diese Ansicht geht nun davon aus, dass die Welle C (in fünf Teilwellen) nach unten eine neue Basis für einen Bullenmarkt bilden wird. Wie wir oben bereits angemerkt haben, halten wir diese Möglichkeit zwar für denkbar, sind jedoch der Meinung, dass sie eine eher seltsame Interpretation darstellt, die angesichts (a) der Entwicklung der Bankkredite und (b) der technischen Momentumstudien etwas fehl am Platz erscheint.

1 Bolton zeigt ausgezeichnete Kenntnisse des Breitenverhaltens.

THE ELLIOTT WAVE PRINCIPLE
of Stock Market Behavior

A VALUABLE DOCUMENT

Very little literature is currently available on the Elliott Wave Principle. Elliott died in 1947 and his monographs and "educational letters" are long since out of print.

Having published regularly on the position of the Wave Principle since 1953, A. Hamilton Bolton is widely recognized as today's foremost interpreter of Elliott's theories.

This book which is made available to you now is THE FIRST COMPREHENSIVE TREATISE TO BE PUBLISHED ON THE ELLIOTT WAVE PRINCIPLE since Elliott's death and it is actually more valuable to the investor today than the original works, because more synthesized and up-to-date.

CONTENTS

Foreword — I. How this book got started — II. Elliott's broad concept — III. What is the Wave Principle — IV. From simplicity to complexity — V. Wave sequences — VI. Further complexities — VII. Application to Stock Market 1857-1929 — VIII. The Stock Market 1928-32 — IX. Elliott and cycle theories — X. The aftermath of the Great Depression — XI. The Postwar Stock Market — XII. Characteristics since 1949 — XIII. Is "Elliott" an exact science? — XIV. Bank Credit and the Wave Theory — XV. Is "Elliott" applicable to individual stocks? — XVI. Elliott: Fact or Fancy?

CHIEF ILLUSTRATIONS

1. The Elliott Concept of Five Waves 1857-1929 — 2. Stock Market Cycles — 3. Rises and Falls of Dow Jones Averages — 4. Basic Wave Sequences — 37. Axe-Houghton Index — 41. Fibonacci Time Periods — 45. Elliott: Analysis of Position 1928-60 and Projection Beyond — 46. Elliott Analysis of Position 1928-60 and Alternative 21-year Triangle — 47. Two basic interpretations — 48. Breakdown of DJIA from 1949 — 52. Characteristics since 1949 — 55. Breakdown of Elliott 13-year Triangle — 56. The 21-year Triangle.

ELLIOTT WAVE PRINCIPLE vs DOW THEORY

Since 1949, three orthodox Dow Theory bear market signals have been given: September 1953, February 1957 (reconfirmed in the Fall of 1957) and in March 1960. All three signals were out of step with the Elliott Wave Principle and, in retrospect, with the market itself.

Elliott alone among the cycle theorists — though he died in 1947 while others lived — provided a basic background of cycle theory compatible with what actually happened in the postwar period.

$5.00

ORDER DIRECT FROM

BOLTON, TREMBLAY & COMPANY,
680 Sherbrooke St., West
Montreal 2, Canada

A. HAMILTON BOLTON
Editor-in-chief

THE *Bolton-Tremblay*
BANK CREDIT ANALYST

A. HAMILTON BOLTON, Editor,
B.A. (McGill), M.B.A. (Harvard)

680 SHERBROOKE ST. WEST, MONTREAL 2 - CANADA

April 29th, 1960

ELLIOTT'S WAVE PRINCIPLE

Dear Subscriber:

Our annual revision of the Elliott Wave Principle - which is usually released around this time - will be replaced this year by a much more comprehensive and detailed study, presented in a better format, augmented and, of course, brought up-to-date as regards interpretation.

We are confident that this new book will be ready for release by the end of May to all regular subscribers on our books at the time of publication.

Sincerely,

Jules L. Tremblay

JLT:dc

Jules L. Tremblay
Business Manager

The publishers, Bolton, Tremblay & Company, are a firm of investment counsel registered with the Securities and Exchange Commission, Washington, D.C.

DAS ELLIOTT-WELLEN-PRINZIP

EINE KRITISCHE BEWERTUNG

1960

VON A. HAMILTON BOLTON

Vorwort

Dieses Buch handelt von einem technischen Instrument zur Analyse und Prognose des Aktienmarkts, das als Elliott-Wellen-Prinzip bekannt ist. Es ist kein sehr bekanntes Instrument, verdient jedoch mehr Beachtung. Der Grund, warum ich dieses Buch geschrieben habe, ist, dass mein grundlegendes Interesse an der Analyse der Wirtschaft und des Aktienmarkts in den letzten Jahren zwar durch die umfangreichen Studien meiner Firma zu Bankkredit-Trends geweckt wurde, die wir im *Credit Analyst* von Bolton-Tremblay veröffentlicht haben, ich jedoch beeindruckt von (und kritisch gegenüber) den Wahrheiten hinter Elliotts Hypothese bin, die vor etwa 20 Jahren in einer wenig bekannten und inzwischen vergriffenen Monografie mit dem Titel „The Wave Principle" dargelegt wurde.

Während wir einige der unvorhersehbarsten wirtschaftlichen Entwicklungen durchlaufen haben, darunter Depressionen, große Kriege, den Wiederaufbau nach dem Krieg und den Boom, habe ich festgestellt, wie gut Elliotts Wellenprinzip zu den tatsächlichen Entwicklungen passt, und bin daher noch überzeugter geworden, dass dieses Prinzip einen hohen Grundwert hat.

Natürlich ist es äußerst schwierig, auch nur ein Minimum an Determinismus in unserem Denken in Bezug auf Werte und Preisentwicklungen zu akzeptieren. Dennoch wird immer deutlicher, dass Emotionen in hohem Maße für Preisschwankungen verantwortlich sind, und diese Emotionen folgen nicht nur den Gesetzen von Aktion und Reaktion, sondern auch komplexeren Gesetzen, deren Oberfläche wir bisher nur angekratzt haben.

In den letzten Jahren bin ich aufgrund meiner Aufgaben in anderen Bereichen ziemlich viel auf dem nordamerikanischen Kontinent gereist. Glücklicherweise bin ich auf diesen Reisen vielen scharfsinnigen Menschen begegnet. Es wäre unmöglich, sie alle zu nennen, aber ich möchte einige wenige erwähnen – als Prototypen dessen, was ich meine –, denen ich dieses Buch widmen möchte: Männer, die mir durch ihre Ermutigung in allen Bereichen der Investitionsanalyse (die sich keineswegs auf die vorliegende Studie beschränkt, da viele von ihnen überhaupt kein grundlegendes Interesse an „Elliott" haben) viel Mut gemacht haben, neue Ideen zu entwickeln, und die durch ihr Urteilsvermögen mein eigenes Urteilsvermögen erheblich geschärft haben.

Zunächst sollte ich vielleicht Humphrey Neill aus Saxtons River im Bundesstaat Vermont erwähnen, den ich vor genau zehn Jahren zum ersten Mal traf und durch den ich später Denker wie Jacques Coe von Jacques Coe & Company, New York, und Jeff Drew, den bekannten Odd-Lot-Analysten aus Boston, kennenlernte. Im technischen Bereich gibt es dann noch Menschen wie Harry Comer von Paine, Webber, Jackson & Curtis, New York, Ed Tabell von Waist on & Company und Jimmy Hughes von Auchincloss, Parker & Redpath, die alle in der heutigen Generation einen unauslöschlichen Eindruck an der Wall Street hinterlassen haben.

Aber neben den bekannten Namen gibt es noch viele andere, die hinter den Kulissen geblieben sind, darunter Ed Johnson von Fidelity Fund, Inc. in Boston, George Morey von R. W. Presspritch & Company (dessen Ermutigung mehr als nur immateriell war) sowie Charles Eddy von Chemical Bank New York Trust, Jim Miller von Cooke & Bieler, Inc.

aus Philadelphia, Bill Berger von Centennial Fund, Inc. in Denver, Colorado, Herb Drake von Crocker-Anglo National Bank, Herb Turrell Jr. von Turrell Hunter in San Francisco, John Westcott von Greene & Ladd in Springfield, Ohio, und Bill Swartz von Goodbody & Company, New York. Auf meiner Liste sollten sicherlich auch „Elder Statesmen" wie Bob Warren (ehemals Keystone Company of Boston), Charles J. Collins aus Detroit und Everett Dominick aus Greenwich, Connecticut, stehen.

Die Liste ließe sich endlos fortsetzen. An einer beliebigen Stelle aufzuhören, würde den Weggelassenen nicht gerecht werden. Ich möchte darauf hinweisen, dass ich diese Gentlemen nicht um Erlaubnis gebeten habe, ihnen dieses Buch zu widmen. Sie sind wohl oder übel in das Netz geraten, das ich gesponnen habe. Das Hauptanliegen ist jedoch, um es mit den Worten meines Partners Maurice Tremblay zu sagen: „Wer eine Sonne sieht, sieht ein Licht", und mit den Worten eines anderen meiner Mitarbeiter[1]: „In allem steckt ein bisschen Wahrheit." Bleibt nur noch, die Spreu vom Weizen zu trennen.

Seit 1956 ist das Denken über Geldanlage in zwei Lager gespalten wie selten zuvor. Einerseits sind Stammaktien zugegebenermaßen überbewertet. Andererseits waren die wirtschaftlichen Trends in der Folgezeit günstig für steigende Aktienkurse. Wie geht es nun weiter? Können wir gelassen bleiben, wenn die Aktienkurse mindestens 25 bis 35 Prozent über dem soliden Mittelwert liegen? Sind wir zu einem weiteren 1929 verdammt? Können wir ein weiteres 1932–1933 verhindern? Diese und viele andere Fragen beschäftigen uns ständig.

Zu behaupten, dass das Elliott-Wellen-Prinzip uns die Antwort geben könne, wäre eine grobe Übertreibung. Dennoch glaube ich, dass es, insbesondere in Kombination mit anderen Studien, ein hervorragendes Werkzeug darstellt. Dieses Buch ist all jenen gewidmet, die mir und meinem Denken über die Jahre hinweg eine große Hilfe waren, aber ich empfehle es insbesondere technischen Analysten, die von etwas Neuem, etwas Andersartigem fasziniert sind. Ich gehe davon aus, dass in den kommenden Jahren jedes verfügbare Werkzeug erforderlich sein wird, um im Investment-Dschungel zu überleben, und dass daher das Elliott-Wellen-Prinzip trotz einiger Unstimmigkeiten, die unsere kritische Untersuchung sicherlich ans Licht bringen wird, mit einiger Sorgfalt studiert werden sollte.

A. Hamilton Bolton

---

1 A.J. Frost.

KAPITEL I

Wie dieses Buch entstanden ist

Vor einigen Jahren, genauer gesagt 1953, beschloss der Autor, eine kleine Broschüre darüber zu veröffentlichen, was seiner Meinung nach das Elliott-Wellen-Prinzip in Bezug auf den Aktienmarkt aussagte. Wir müssen bedenken, dass Elliott 1947 verstorben war und keiner seiner engsten Schüler es für angebracht hielt, seine Arbeit fortzusetzen. Der Autor gehörte nicht zu seinen engsten Freunden, dennoch war er gleich von den Möglichkeiten des Wellenprinzips fasziniert, als er 1938 in der Zeitschrift *Financial World* zum ersten Mal auf eine Reihe von Artikeln von Elliott stieß. Nach Elliotts Tod im Jahr 1947 waren nur noch ein oder zwei Schüler bereit, sich mit dem Wellenprinzip zu befassen, darunter Garfield Drew, der sich in seinem 1948 und 1954 veröffentlichten Werk „New Methods for Profit in the Stock Market" ausführlich mit Elliotts Theorien beschäftigte.

Es ist vielleicht interessant, noch einmal auf das Bulletin vom Februar 1953 zurückzukommen, da es Aufschluss über den Wert des Wellenprinzips in bestimmten verwirrenden Marktphasen gibt. Eisenhower war im November 1952 zum Präsidenten gewählt worden, und der Aktienmarkt feierte nach der Wahl einen Anstieg des Dow Jones Industrial Average auf einen Höchststand von 295 Punkten Ende 1952. Anfang 1953 herrschte jedoch große Unsicherheit. Der Federal Reserve wurde eine zu straffe Geldpolitik vorgeworfen, woraufhin der Markt in eine Talfahrt geriet, die schließlich (nach der Dow-Theorie) im September desselben Jahres als bedeutender Bärenmarkt eingestuft wurde. Die damalige Bärenmarkttheorie war jedoch nach keiner der dem Verfasser bekannten Interpretationen des Elliott-Wellen-Prinzips haltbar. Wir zitieren aus unserem damaligen Bulletin:

„Auch wenn der Markt historisch gesehen auf einem hohen Niveau zu notieren scheint und viele Kommentare diesen Punkt betonen, *könnte es durchaus sein, dass die aktuellen Niveaus in den kommenden Jahren eher als niedrig anzusehen sind.*“

Der Dow Jones Industrial Average stand damals bei 284 Punkten. Bis September fiel er um etwa zehn Prozent und hat dieses Niveau seitdem nie wieder erreicht.

In den folgenden Jahren veröffentlichte unser *Bank Credit Analyst* (ein monatlicher Dienst, der Trends bei Bankkrediten analysiert und Prognosen zur Entwicklung des Aktienmarkts abgibt) jedes Frühjahr eine neue Übersicht über das Elliott-Wellen-Prinzip und wies zumindest bis vor Kurzem (einschließlich der Rezession der Aktienkurse 1956–1957) darauf hin, dass eine vernünftige Auslegung des Elliott-Wellen-Prinzips keinen Hinweis auf einen größeren Bärenmarkt ergab.

In naher Zukunft (innerhalb der nächsten zwei bis vier Jahre) scheint jedoch ein längerer Rückgang der Aktienkurse möglich und sogar wahrscheinlich zu sein, aber es erscheint nach wie vor recht unwahrscheinlich, dass wir einen katastrophalen Rückgang der Aktienkurse gegenüber dem aktuellen Niveau erleben werden. Vielmehr handelt es sich eher um eine sehr breite Konsolidierungsbewegung mit einem Rückgang von vielleicht 30 bis 35 Prozent gegenüber dem letzten Höchststand.[1] Dies mag natürlich ein Versuch sein, den Markt zu genau vorherzusagen, aber es deutet darauf hin, dass bestimmte derzeit (im Frühjahr 1960) populäre Marktprognosen, die einen Rückgang des Dow Jones auf 400 oder weniger vorhersagen, wahrscheinlich nicht eintreten werden, sofern keine unvorhergesehenen äußeren Ereignisse wie ein Krieg eintreten,[2] die die Dynamik und die seit Ende der 1940er-Jahre zu beobachtende Amplitude der Aktienmarktentwicklung stören könnten.

Seit 1949 gab es drei orthodoxe Dow-Theorie-Bärenmarktsignale: September 1953, Februar 1957 (im Herbst 1957 erneut bestätigt) und kürzlich im Februar 1960. Diese Signale standen im Widerspruch zum Elliott-Wellen-Prinzip. Es wird äußerst interessant sein, zu sehen, wie dieser Kampf zwischen Goliath und David ausgehen wird.

Dem Autor erschien es daher Anfang 1960 angebracht, das Thema Elliott in einem größeren Rahmen als bisher zu behandeln und ein Handbuch über das Wellenprinzip zu verfassen, das Elliott seinen angemessenen Platz in der Technischen Analyse einräumen und gleichzeitig einen kritischen Blick auf das gesamte Problem der endlichen Vorhersage werfen sollte, für die Elliott selbst annähernde Unfehlbarkeit beanspruchte. Wenn dieses Buch Markttechnikern hilft, einige der Fakten und Schwächen von Elliotts Arbeit zu verstehen, hat es seinen Zweck erfüllt.

---

1 Der Rückgang im Jahr 1962 betrug 28,5 Prozent.

2 Da gesellschaftliche Ereignisse eine Folge der gesellschaftlichen Stimmung sind, die sich in den Aktienkursen widerspiegelt, können solche Ereignisse ein Muster nicht stören oder verändern. Sie sind dessen Ergebnis.

KAPITEL II

Elliotts allgemeines Konzept

Die vielleicht einfachste Art, dem Leser das Elliott-Wellen-Prinzip vorzustellen, besteht darin, zu sagen, dass Elliott Mitte der 1930er-Jahre nach umfangreichen detaillierten Forschungen das folgende langfristige Muster entwickelte:

1. Große gezeitenartige Bullenmärkte entwickeln sich in einer Reihe von fünf Aufwärtswellen. Darauf folgen Korrekturen in drei Wellen.
2. Im Jahr 1857, am Tiefpunkt der Panik und Depression jener Zeit, begann eine Reihe von Flutwellen, die bis 1929 andauerten. Das Wellenmuster entsprach dem in Abbildung 1 dargestellten Muster.
3. Jede große Flutwelle dieser Größenordnung kann in fünf Teilwellen in Richtung des Haupttrends unterteilt werden (also die Wellen (I), (III) und (V) in Abbildung 1).
4. Jede große Flutwelle beinhaltet Korrekturwellen (also (II) und (IV)), die wiederum in drei Unterwellen unterteilt sind.
5. Als Beispiel für den Unterteilungsprozess kann die Welle (V) in fünf Wellen unterteilt werden, wie angegeben (Wellen I, II, III, IV und V).

6. Ebenso kann die Welle V in fünf Wellen geringeren Ausmaßes unterteilt werden wie angegeben (Wellen 1, 2, 3, 4 und 5).
7. Nach jeder Aufwärtswelle beliebigen Grades im *Haupttrend* folgt eine Korrektur desselben Grades, und diese Welle besteht aus drei Wellen geringeren Grades.

Im Laufe unserer Entwicklung des Elliott-Themas wird deutlich werden, wie die verschiedenen Teile in das Muster des Elliott-Wellen-Prinzips passen.

Abb. 1: Das Elliott-Konzept der fünf Wellen 1857–1929

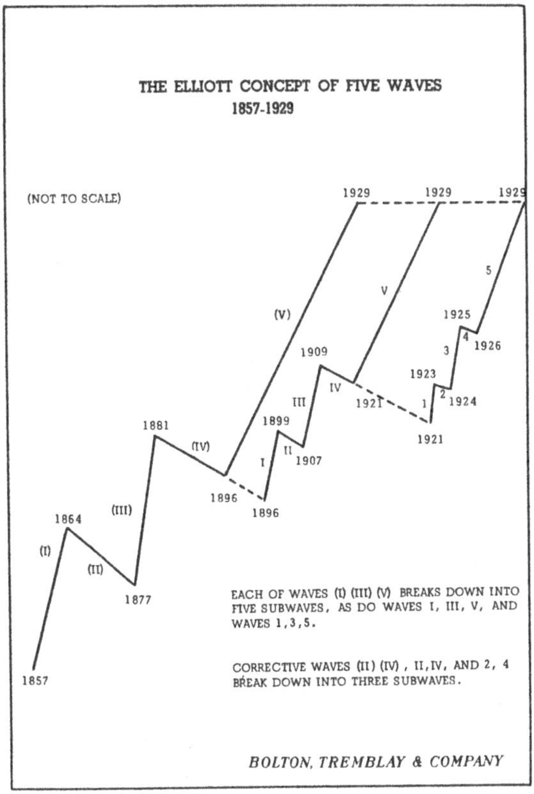

KAPITEL III

Was ist das Wellenprinzip?

Elliott wies 1939 in einer Artikelserie in der Zeitschrift *Financial World* darauf hin, dass seine Beobachtungen aus mindestens 80 Jahren zu seiner Zufriedenheit bewiesen hätten, dass sich der Markt in einer Reihe von fünf Wellen vorwärtsbewegt und dass nach Abschluss dieser fünf Vorwärtswellen eine Reaktion einsetzt, die in drei Wellen stattfindet. Diese acht Wellen schlossen dann einen Zyklus ab, aus dem eine neue Serie von fünf Wellen hervorging, auf die eine weitere Korrektur in drei Wellen folgte. Und schließlich entstand nach der ersten Serie von fünf Wellen, der Serie von drei Korrekturwellen, der zweiten Serie von fünf Wellen und ihrer Serie von drei Korrekturwellen eine letzte Serie von fünf Wellen, die die gesamte Phase abschloss. An diesem Punkt kam es nun statt einer weiteren Serie von drei Korrekturwellen, ähnlich den beiden bereits durchlaufenen Serien, zu einer Serie von drei Wellen, die größer waren als die beiden vorherigen Korrekturen, und diese Serie von drei Wellen korrigierte die gesamten fünf Aufwärtswellen, die sich selbst unterwegs in jeweils fünf und drei kleinere Wellen aufgeteilt hatten.

Diese Idee lässt sich am besten in Form eines Diagramms veranschaulichen. Abbildung 2 zeigt die Aufschlüsselung der „perfekten" Rundreise, wie sie im Elliott-Wellen-Prinzip visualisiert wird.

Der wichtigste Punkt, der sich aus diesem elementaren Konzept ergibt, ist, dass wir nun eine *Form* haben. Mit der Form kommt nun auch der Grad. Es ist klar, dass die auf dem Chart als B und D gekennzeichneten Korrekturwellen denselben *Grad* haben wie die als A, C und E gekennzeichneten Vorwärtswellen. Es ist jedoch auch klar, dass die als BB gekennzeichnete Korrekturwelle (die sich aus A, B und C zusammensetzt) einen höheren oder größeren Grad aufweist und als gleichwertig mit dem als AA gekennzeichneten fünfwelligen Muster angesehen werden kann, das sich aus den fünf kleineren Wellen A, B, C, D und E zusammensetzt.

Abb. 2: Aktienmarktzyklus

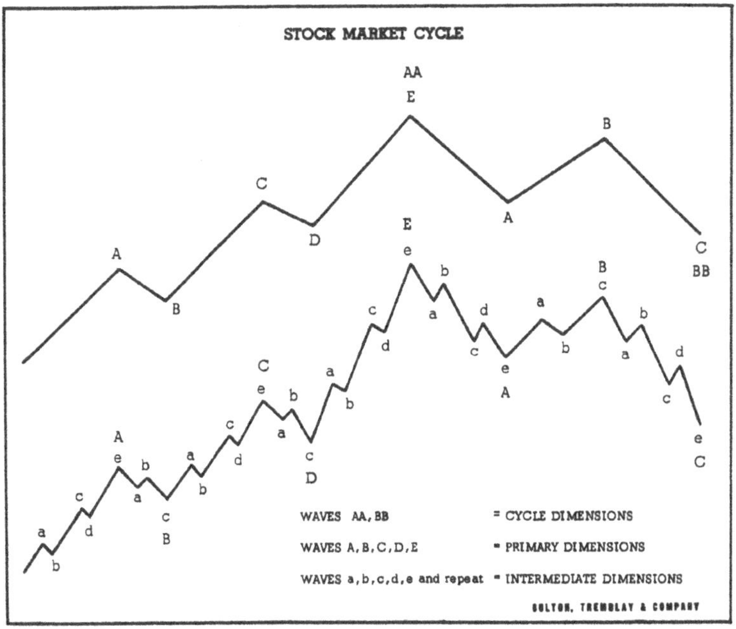

Wenn der Leser der Argumentation bis hierher gefolgt ist, werden die *Implikationen* langsam deutlich. Bei einem erkennbaren 5-Wellen-Muster sollte es möglich sein, jede der fünf Wellen in fünf und drei Wellen geringeren Grades zu unterteilen. Umgekehrt sollte man bei einer Reihe kleinerer fünf- und dreiwelliger Muster in der Lage sein, die Fortsetzung des 5-3-Musters vorherzusagen, bis eine Welle höheren Grades abgeschlossen ist, die notwendigerweise fünf Unterteilungen hat, was insgesamt 21 Unter-Unterteilungen ergibt (5 plus 3 plus 5 plus 3 plus 5).

Nachdem Elliott dies auf empirischer Basis theoretisch ausgearbeitet hatte, überprüfte er die Aktienkurse seit 1854 anhand des Axe-Houghton Index und überzeugte sich davon, dass dies zumindest im Wesentlichen zutraf. Dann galt es, all diese Wellen in *Grade* einzuteilen und Namen für die verschiedenen Grade zu finden. Elliott zeigte dabei beträchtliche Fantasie und benannte sie in der Reihenfolge ihrer zunehmenden Größe:

Subminuette
Minuette
Minute
Minor
Intermediate
Primary
Cycle
Super Cycle
Grand Super Cycle

Diese Einstufungen der Grade deckten offenbar alles ab, von der kleinsten vorstellbaren Wellenformation bis hin zu einer Formation, die 200 Jahre oder länger andauert. Praktisch gesehen haben wir hier also das Nonplusultra der alltäglichen Börsensequenzen.

Abbildung 2 zeigt jedoch nur die Wellenstufen, die wir als Zyklus, primär und intermediär bezeichnen. Sie könnten genauso gut als drei beliebige andere aufeinanderfolgende Stufen bezeichnet werden, aber im Tagesgeschehen an der Börse sind die drei genannten Stufen für den Analysten wohl am wertvollsten.

Was das Wellenprinzip in der Theorie von anderen technischen Ansätzen unterscheidet und ihm einen Vorsprung verschafft, ist in erster Linie diese Eigenschaft der *Gestaltung* oder der *Form*. Die Wellen nehmen Gestalt an; sie können theoretisch präzise definiert werden; wenn ein beliebiger Grad einer Welle erkennbar ist, wird es theoretisch möglich, diese Wellen in einen Kontext von Wellen eines größeren Grades zu stellen. Es entsteht ein Muster, das es ermöglicht, die wahrscheinlichen Auswirkungen der zukünftigen Amplitude und Zeit mit einer gewissen Genauigkeit zu beurteilen. Wenn man also die erste Primärwelle eines neuen Zyklus genau definiert hat und nun die zweite (korrigierende) Welle des Primärgrads abgeschlossen ist, *weiß* man, dass die nächste Wellenreihe die dritte Primärwelle bilden wird und dass diese Welle in ihrem Grad mit der ersten Primärwelle vergleichbar sein sowie sich in fünf Intermediärwellen aufteilen sollte. Es wird deutlich, dass zu Beginn dieser neuen (dritten) Primärwelle keine Gefahr einer größeren Umkehr besteht und daher Anlagepositionen gelassen eingegangen werden können.

Der einzige Knackpunkt ist natürlich: Weiß man immer genau, an welcher Stelle man sich in der Wellenformation befindet? Und genau hier kann man mit der von Elliott geforderten Präzision nicht einverstanden sein. Seiner Meinung nach mussten alle i-Punkte gesetzt und alle t-Striche gezogen werden, ohne dass es Raum für Diskussionen gab. Wie wir sehen werden, ist dies keineswegs der Fall, und je weiter man in einer Welle beliebigen Grades voranschreitet, desto anfälliger wird die eigene Interpretation für mögliche Abweichungen.

Zusammenfassend lässt sich also sagen, dass laut Elliotts Prinzip der Aktienmarkt nach einem festgelegten Muster expandiert und kontrahiert. Vorwärtswellen (Aufwärtswellen) beginnen sich ab einem Endpunkt der Korrektur in einer Serie von fünf Wellen zu entwickeln, gefolgt von einer Korrektur von drei Wellen und so weiter, bis jede 5-Wellen-Formation eines Grades zu einer Welle des nächsthöheren Grades wird und selbst eine 3-Wellen-Korrektur durchläuft, gefolgt von weiteren fünf Wellen desselben höheren Grades. Korrekturen finden in drei Wellen statt (mit einer Ausnahmc, auf die später eingegangen wird), aber wie wir sehen werden, unterliegt die Zusammensetzung dieser drei Wellen erheblichen Schwankungen und *Wechseln*.

Es ist bereits erkennbar, dass das Prinzip im weiteren Verlauf immer komplizierter wird. Kein Wunder also, dass viele Schüler verzweifelt aufgegeben haben!

KAPITEL IV

Von der Einfachheit zur Komplexität

Als der Autor zum ersten Mal in einer Artikelserie in der Zeitschrift *Financial World* auf das Wellenprinzip stieß, kam ihm der Gedanke, dass es sich hierbei um etwas äußerst Einfaches handelte. Man hatte immer ein 5-3-Muster. Man konnte Trendlinien zeichnen, um Veränderungen des Grades anzuzeigen. Es bestand kein Zweifel: Wenn man sich einen beliebigen Aktienkurschart der letzten 20 Jahre ansah, war das Wellenprinzip sehr deutlich zu erkennen.

Abbildung 3 zeigt die Marktentwicklung von 1921 bis Ende 1949.

Nehmen wir zum Beispiel die Jahre 1921 bis 1929. Offensichtlich handelte es sich hierbei um fünf Aufwärtswellen: 1921–1923, 1923–1924, 1924–1925, 1925–1926 und 1926–1929. Ebenso offensichtlich war der Zeitraum von 1929 bis 1932 ein 3-Wellen-Muster nach unten: 1929, 1929–1930, 1930–1932. So weit, so gut; wie wir jedoch sehen werden, gab es in diesem Muster tatsächlich gewisse *Unregelmäßigkeiten*, die erst zutage traten, wenn man versuchte, alle Wellen in Wellen kleinerer Ordnung zu unterteilen und dennoch ein unterteiltes Muster zu erhalten, das Elliotts 5-3-5-3-5-Regeln entspricht.

Auch hier ist 1932–1937 (denken Sie daran, dass wir dies aus der Rückschau von 1938–1939 betrachten, nachdem wir gerade Elliotts Artikel in *Financial World* gelesen haben) eindeutig eine fünfteilige Aufwärtswelle:

Juni 1932 – September 1932

September 1932 – März 1933

März 1933 – Juli 1933

Juli 1933 – November 1934

November 1934 – März 1937

Abb. 3: Anstiege und Rückgänge

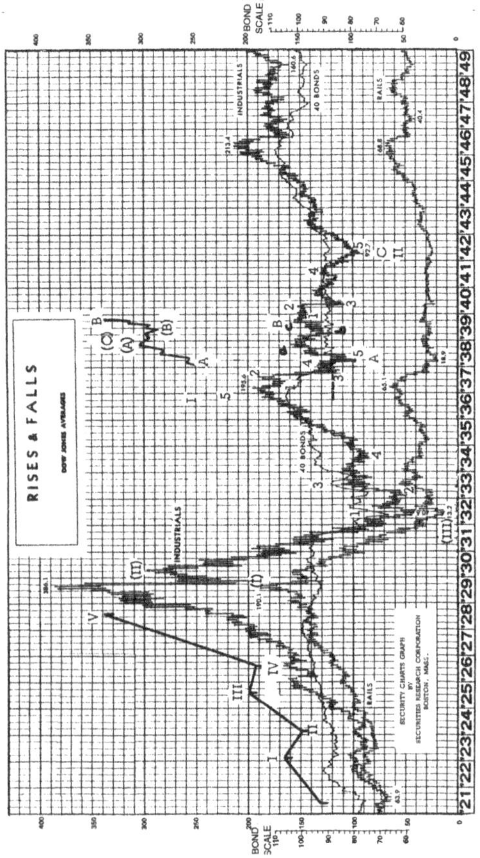

Was jedoch bei der Untersuchung der fünf Wellen der Serie von 1932–1937 im Vergleich zu den Wellen der Serie von 1921–1929 auffällt, ist, dass sie *sicherlich nicht denselben Grad haben können*. Die Serie von 1932–1937 ist sowohl zeitlich als auch in ihrer Amplitude viel kürzer. Darüber hinaus sind die zwischenzeitlichen Korrekturen viel tiefer als die von 1921–1929. Dies gibt uns einen Hinweis auf den *Grad*. Wenn 1921–1929 eine Welle vom Zyklusgrad ist (um ihr einfach einen Namen zu geben), dann ist 1932–1937 vielleicht nur eine Welle vom primären Grad.[1]

Wenn wir uns erneut den Zeitraum 1929–1932 ansehen, stellen wir fest, dass seine Größenordnung, was die Amplitude betrifft, erheblich größer ist (aber zeitlich kürzer) als die von 1921–1929. Der Zeitraum 1929–1932 beginnt dort, wo unsere Zykluswelle 1921–1929 endet, und fällt *deutlich unter* den Ausgangspunkt von 1921. Muss es dann nicht so sein, dass die Welle von 1929–1932 entweder die gesamte Welle oder zumindest ein Teil einer Welle von noch größerem Ausmaß als unsere Zykluswelle von 1921–1929 ist? Es kann keine andere Antwort geben, da es logischerweise keine Korrekturwelle geben kann, die mehr korrigiert als die Welle, die sie korrigieren soll. Daher müssen wir ihr zwangsläufig eine neue und größere Bezeichnung geben: Superzyklus. So ergibt sich das große Muster:

1921–1929 eine Welle vom Zyklusgrad
1929–1932 Superzyklus oder Teil eines Superzyklus
1932–1937 eine Primärwelle?

Jedenfalls neigen wir „irgendwann“ im Zeitraum 1938–1939 dazu, so zu argumentieren.

Und was ist dann mit 1937–1938, als der Markt 50 Prozent seines Wertes verlor? Wie klassifizieren wir das? Aus der Perspektive von Ende 1938 ist der Bärenmarkt von 1937–1938 offensichtlich ein 5-Wellen-Abwärtsmuster. Aber wir wissen, dass Korrekturwellen aus drei Wellen bestehen sollten, und es gibt keine Möglichkeit, aus dem Zeitraum von März 1937 bis März 1938 eine 3-Wellen-Korrektur abzuleiten. Daher sind wir (wie Elliott) zu einem weiteren unglücklichen Zugeständnis gezwungen. *Die Korrektur des Bullenmarkts von 1932–1937 kann, wenn dieser als primärer Bullenmarkt klassifiziert wird, noch nicht abgeschlossen sein* (Stand Dezember 1938). Das 5-Wellen-Abwärtsmuster von März 1937 bis März 1938 kann nur die *erste* von drei Wellen sein, die die vollständige 3-Wellen-Korrektur des Anstiegs von 1932 bis 1937 ausmachen werden. Aus der Perspektive eines DJIA-Stands von beispielsweise 150 Ende 1938 war dies eine wertvolle Information, die einen zumindest auf einen weiteren starken Rückgang der Aktienkurse vorbereitet hätte, der mindestens die Tiefststände von 1938 erreichen und wahrscheinlich sogar unterschreiten würde. Allein diese Prognose war Gold wert.

Wie wir später sehen werden, wenn wir uns mit den *Feinheiten* der verschiedenen Arten von Korrekturen befassen, könnten wir Ende 1938 auch zu einer anderen Schlussfolgerung kommen. Da die erste Welle der Korrektur, die im März 1937 begann, die Form einer 5-Wellen-Abwärtsbewegung hatte, müsste die gesamte Korrektur ein sogenannter *Zigzag* und kein *Flat* sein. Zigzag-Korrekturen bestehen immer aus drei Wellen der Sorte 5-3-5. Flache Korrekturen bestehen aus 3-3-5. Die nachstehenden Diagramme zeigen den wesentlichen Unterschied.

Abb. 4, 5: FLAT/ZIGZAG

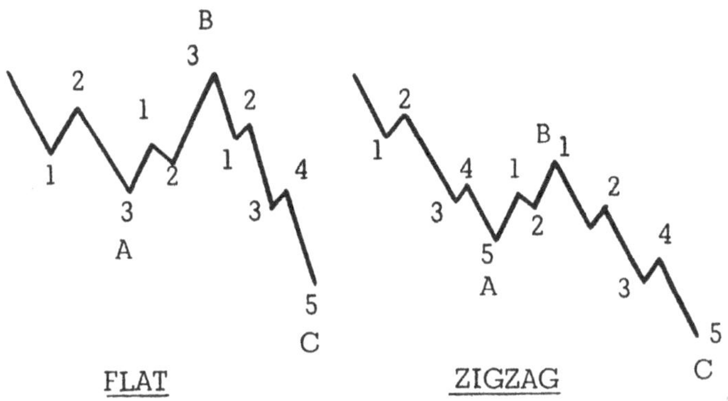

Wir stellen fest, dass die Flat-Korrektur dazu neigt, die Welle B wieder nahe an den Beginn der Korrektur oder sogar darüber hinaus zu bringen, während die Welle B des Zigzags per Definition fast sicher niedriger ist als der Beginn der Korrektur.

Somit lässt sich feststellen, dass wir aus der Perspektive von Ende 1938 mehrere Dinge „wissen“:

1. Wenn 1932–1937 als Welle I vom Primärgrad klassifiziert wird, dann muss die Korrekturwelle II aus drei Abwärtswellen bestehen, entweder Flat oder Zigzag.
2. Die Tatsache, dass Welle 1 der Welle II eine 5 ist, sagt uns mehrere Dinge:

a. Die Korrektur ist am 31. März 1938 *noch nicht* abgeschlossen.
b. Es muss sich um eine Zigzag-Korrektur handeln, also 5-3-5.
c. Die B-Welle wird eine 3-Formation sein.
d. Die C-Welle wird eine 5-Formation sein.
e. Das Hoch der B-Welle wird wahrscheinlich nicht wieder zum Anfangsstand der Welle bei DJIA 195 zurückkehren oder diesen übersteigen.

Wie bereits erwähnt, handelte es sich hierbei um *wertvolle Informationen.* Es ließ sich eine nahezu narrensichere Prognose erstellen: Bei einem Stand von 150 DJIA-Punkten Ende 1938 war die Wahrscheinlichkeit eines weiteren deutlichen Anstiegs vor einem Rückgang auf 98 oder darunter äußerst gering.

Aber es war in der Tat ein Glücksfall, dass wir einen so klar abgegrenzten 5-Wellen-Rückgang hatten. Was wäre passiert, wenn der Markt beispielsweise im November 1937 bei etwa 112 DJIA-Punkten gestoppt hätte und *dieses Niveau im Februar/März 1938 nicht unterschritten hätte*? Das ist eine gute Frage, die die *mangelnde Präzision* des Elliott-Wellen-Prinzips zu bestimmten Zeiten deutlich macht.

Betrachten wir zunächst den Dezember 1937 (decken Sie den Rest des Charts in Abbildung 3 ab). *Es gab keine Möglichkeit zu wissen, ob die*

Korrektur nach drei Abwärtswellen beendet war. Tatsächlich ging man davon aus, dass dies der Fall war, und Elliott prognostizierte sie zu diesem Zeitpunkt als abgeschlossen.[2]

Nun wäre diese Korrektur in Bezug auf den Kurs sicherlich ausreichend gewesen, um als vollständige Korrektur des Anstiegs von 1932–1937 zu fungieren. Sie hätte genau zum Hoch der Welle 3 des Anstiegs von 1932–1937 geführt, einem logischen Haltepunkt. Aus zeitlicher Sicht wäre sie natürlich kurz gewesen. Hätte man sich auf die Unzulänglichkeit des Zeitfaktors verlassen, hätte man erwarten können, dass März 1937 bis November 1937 die Welle A der Korrektur war, dass dies die gesamte Korrektur zu einer *Flat-Korrektur* (zunächst drei Wellen) machen würde, dass die Welle B den Markt nahe an oder über das Hoch von März 1937 bringen würde und dass die Welle C dann eine fünfwellige Abwärtsbewegung wäre, die schließlich die Tiefststände von 1937 durchbrechen würde. Bei einem DJIA von beispielsweise 125 Punkten im Dezember 1937 hätte man mit beträchtlichen Möglichkeiten für Kapitalgewinne (vielleicht wieder auf 195 DJIA-Punkte) gerechnet, bevor der endgültige Bärenmarkt einsetzte.

Leider waren die Erfahrungen im Februar und März 1938 sehr beunruhigend und entmutigend. Anstelle von drei Wellen, die die Welle A der Korrektur im November 1937 abschlossen, gab es fünf Wellen, die den Markt bis März 1938 auf 98 DJIA-Punkte fallen ließen. Und anstelle eines möglichen Doppeltops bei 195 deutete die Zigzag-Formation darauf hin, dass wir uns mit deutlich weniger zufriedengeben mussten.

Lassen Sie uns nun einen Schritt weiter gehen. Wenn wir uns Abbildung 3 noch einmal ansehen, sagen wir im November/Dezember 1938, wie würde dann unsere Sicht auf die Zukunft aussehen? Vom 31. März 1938 bis November 1938 finden wir eine eindeutige 5. Da es sich um eine 5 statt um eine 3 handelt, „wissen“ wir, dass die Welle B unserer Korrektur, die im April 1938 begann, *noch nicht* abgeschlossen ist. Unter Anwendung derselben Argumentation wie bei der Abwärtsbewegung deutet das fünfwellige Aufwärtsmuster darauf hin, dass dies nur die erste von drei Aufwärtswellen seit März 1938 ist, und nun suchen wir nach einem *Aufwärts-Zigzag*-Muster der Form 5-3-5 (A-B-C), wobei März–November 1938 Welle A ist.

November bis April 1939 sind natürlich drei eindeutige Wellen, die b ergeben, sodass wir nun bereit sind für einen fünfwelligen Aufwärtstrend, der im April 1939 bei etwa 120 DJIA-Punkten beginnt. Wenn alles nach Lehrbuch verläuft, sollte die Welle c irgendwo über 158 und irgendwo im Bereich von 175–185 enden, vielleicht irgendwann in der ersten Hälfte des Jahres 1940. (Diese Schätzung könnte vorgenommen werden durch Verlängerung der Trendlinien unter Verwendung von März 1938 und April 1939 als Linie durch die Tiefs und November 1938 als parallele Linie durch die Hochs. Dabei ist der große Angebotsbereich zwischen 165 und 195 sowie die Tatsache zu berücksichtigen, dass die abwärts gerichtete Zigzag-Welle A aus dem Jahr 1937 kein Doppeltop um 195 erfordert, sondern einen Wert, der deutlich unter dieser Zahl liegt.)

Zum Leidwesen unserer geistigen Gesundheit kam es zu einem Ereignis, das den Anstieg der Welle c ab März 1938 abbrach. Damals gab es dafür keine ausreichende Erklärung, außer dass die Vorbereitungen für den Zweiten Weltkrieg und dessen Ausbruch im September 1939 dazu führten, dass alle Teilwellen der Welle c unterdurchschnittlich ausfielen, sodass unser Ziel von beispielsweise 185 nie erreicht wurde und der Markt tatsächlich nur 155 oder etwas weniger als das alte Hoch der Welle A im November 1938 erreichte.

Bis zu diesem Punkt schien alles ganz einfach zu sein. Die Jahre 1932–1937 verliefen in fünf Wellen. Die Jahre 1937–1938 waren zwar eine Enttäuschung für diejenigen, die glaubten, die Korrektur sei im November 1937 vorbei, verliefen aber zumindest bis April 1938 ganz normal. Dann kam unsere zweite Enttäuschung, die zu diesem Zeitpunkt wesentlich schwieriger zu analysieren war.

Elliott war sich in seinen Schriften bis zu diesem Zeitpunkt seiner Position ziemlich sicher (eigentlich sogar zu sicher). Von diesem Zeitpunkt an wurden seine Interpretationen ziemlich ungenau, und erst einige Jahre später fand er wieder zurück auf den richtigen Weg. So kam und ging das Jahr 1942, und er interpretierte die Dauer des Rückgangs falsch und beharrte darauf, dass wir uns noch immer im Abwärtszyklus von 1937 befanden, der bis weit über das Jahr 1943 hinaus andauern würde. Die Tatsache, dass wir uns seit Mai 1942 in einem neuen Bullenmarkt befanden, wurde damals erst erkannt, als wir bereits mindestens die Hälfte davon hinter uns hatten, und dieses Ergebnis war unserer Meinung nach für einen Großteil der Skepsis hinsichtlich der Gültigkeit seiner Theorie verantwortlich, was dazu führte, dass sie in Verruf geriet. Wir sollten jedoch bedenken, dass sein Publikum zu diesem Zeitpunkt recht überschaubar war.

Der Fehler lag natürlich weniger im Prinzip selbst als vielmehr in dessen *Interpretation*. Und dies wird unserer Meinung nach der größte Fehler des Wellenprinzips sein, wenn wir uns von den Dreh- und Angelpunkten des Prinzips entfernen, die nach Ansicht des Autors die Jahre 1929, 1932, 1937, 1942, 1946 und 1949 waren. Wir werden die Bedeutung dieser Enddaten im weiteren Verlauf dieses Buches erörtern, wenn wir auf die unterschiedlichen Interpretationen eingehen, wo wir derzeit in der Darstellung des Marktumfelds anhand des Elliott-Wellen-Prinzips stehen.

---

1 Diese Darstellung ist ungenau. 1921–1929 galt ein 6-facher Multiplikator und 1932–1937 ein 5-facher Multiplikator, also *ziemlich* ähnliche Größen. Tatsächlich haben sie denselben Grad (Zyklus). Der Rest von Boltons Analyse ist korrekt und gut begründet.

2 Obwohl es keinen direkten Beweis für diese Tatsache gibt, deutet Elliott dies in „The Wave Principle" an, indem er die fünfte Abwärtswelle als „ergänzenden Zyklus" bezeichnet. In seinen Marktbriefen wird der Rückgang von 1937–1938 jedoch korrekt als „Fünf" bezeichnet.

KAPITEL V

Wellensequenzen

Wir hoffen, dass unsere Leser inzwischen die Vorstellung aufgegeben haben, das Elliott-Wellen-Prinzip sei ein einfaches Mittel, um in kürzester Zeit vom Tellerwäscher zum Millionär zu werden. Wir haben indirekt auf die Schwierigkeiten hingewiesen, Wellengrade durch Schlussfolgerungen zu ermitteln, und wir haben darauf hingewiesen, dass *Ereignisse* manchmal die Größe der Wellen so stark beeinflussen können, dass es schwierig ist, eine angemessene Perspektive zu wahren. Der Zweite Weltkrieg war ein typisches Beispiel dafür.

Dem Analysten muss auch klar sein, dass die Geschichte immer recht hat und dass, wenn die eigene Analyse der Wellen nicht mit der sich später entwickelnden Geschichte übereinstimmt, die Analyse und nicht die Geschichte falsch ist. Es ist ein bisschen wie das alte Sprichwort über den Mann, der bei einem Unfall ums Leben kam, obwohl er Vorfahrt hatte, oder das Klischee über den Arzt, dessen Operation ein großer Erfolg war, aber der Patient starb.

Elliott wandte seine wichtigsten Forschungsergebnisse auf Börsenindizes an, insbesondere auf die der Dow Jones Company. Der große Vorteil dieser Indizes gegenüber allen anderen damals verfügbaren

Indizes bestand darin, dass 1928 die tägliche Spanne des Indexkurses eingeführt wurde und ab 1932 stündliche Werte vorlagen. Diese seien notwendig, behauptete er, um die Wellen unterscheiden zu können, insbesondere Wellen kleinerer Ordnung und solche in sich schnell bewegenden Märkten.

Wir dürfen jedoch nicht vergessen, dass ein Index eben nur ein Durchschnitt ist. Der Dow Jones Industrial Average wurde schon als höchst unwissenschaftlicher Durchschnitt bezeichnet. Dieser Punkt ist zwar weniger wichtig, als viele denken. Wenn wir jedoch den Durchschnitt von 30 verschiedenen Aktien bilden, die sich jeweils in einem unterschiedlichen Marktzyklus befinden, muss klar sein, dass es höchst unwahrscheinlich ist, dass der resultierende Durchschnitt dem Elliott-Wellenmuster in allen Details genau entspricht. Dennoch ist es überraschend, wie genau die Muster in der aufgezeichneten Historie befolgt wurden.

Nachdem wir vielleicht zu unserem Leidwesen gelernt haben, dass „nicht alles Gold ist, was glänzt", wollen wir uns etwas Zeit nehmen, um zu sehen, wie Elliott das Wellenmuster schließlich in mögliche Sequenzen zerlegt hat. In diesem Zusammenhang ist Elliotts Monografie „The Wave Principle", die er 1938 veröffentlichte, ein einfaches Dokument im Vergleich zu den späteren Komplexitäten seines Werks „Nature's Law" von 1946.

Abbildung 6 zeigt Elliotts grundlegende Wellensequenzen.[1] Diese Grafik dient dazu, die meisten wichtigen Wellenformationen darzustellen, die Elliott in seiner Untersuchung der Aktienkurse seit mindestens 1854 entdeckt hat.

Was aus diesem Diagramm vielleicht nicht klar hervorgeht, aber worauf wir in Kapitel III hingewiesen haben, ist, dass auf eine 5er-Welle in Richtung des *Haupttrends* eine *Korrektur* folgt. Ein abgeschlossener *Bullenmarkt kann* also *nicht aus drei Wellen bestehen, sondern muss aus fünf Wellen* bestehen. Wenn man also ein 3-Wellen-Aufwärtsmuster findet, das groß genug ist, um als Bullenmarkt zu gelten – wie beispielsweise von März 1938 bis Oktober 1939 –, dann handelt es sich nicht um einen Bullenmarkt als solchen, sondern um zwei Bullenmärkte. Und die beiden Bullenmärkte sind in diesem Fall Teil einer Korrektur innerhalb einer Korrektur in die entgegengesetzte Richtung.

Das mag wie reine Semantik klingen, ist aber wichtig. Wir müssen ständig in den Begriffen von Elliott denken. Ebenso sind *Bärenmärkte* im Elliott-Kontext 3-Wellen-Formationen. Wir mögen in gewöhnlichen Gesprächen vom Bärenmarkt 1937–1938 sprechen, aber es handelt sich *nicht* um einen vollständigen Bärenmarkt im Sinne von Elliott, da er fünf Wellen hat. Es kann sich nur um *eine* von drei Wellen des vollständigen Bärenmarkts handeln, der in der Terminologie von Elliott den Zeitraum 1937–1942 umfasst.

Das 5-Wellen-Aufwärtsmuster lässt nur sehr wenig Flexibilität zu, was die Wellen in der Hauptrichtung betrifft. Es sind fünf, und das war's. Bei Korrekturen gibt es jedoch eine beträchtliche Vielfalt, und es ist manchmal äußerst schwierig, zu wissen, um welchen Grad es sich handelt und welche der vielen möglichen Formationen zu erwarten sind.

Abb. 6: Grundlegende Wellensequenzen

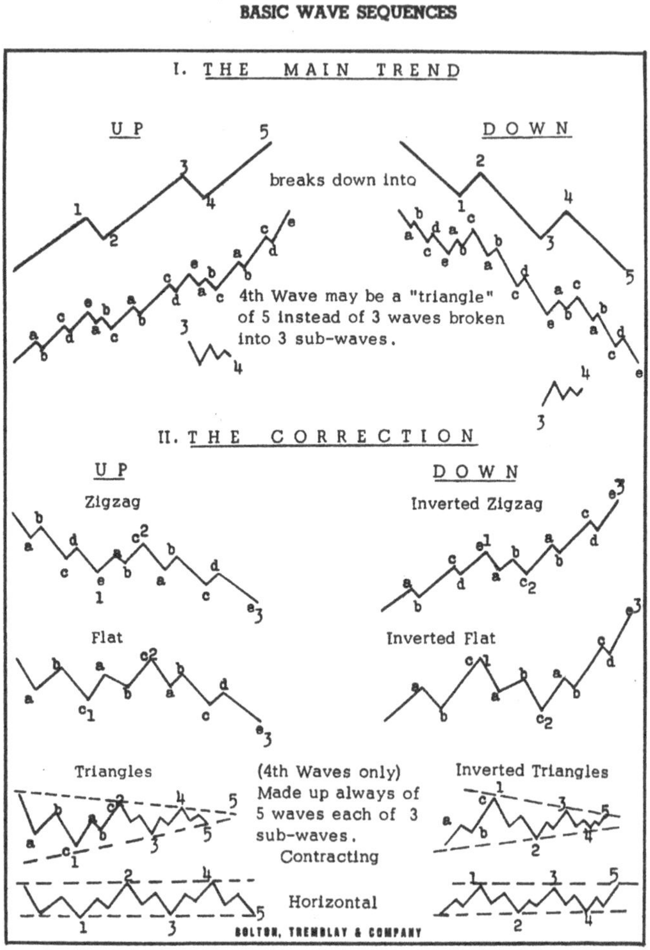

Elliott skizzierte in seiner Monografie von 1946 eine Reihe von Varianten, die in Abbildung 6 nicht aufgeführt sind. Um dem Leser eine Vorstellung davon zu geben, was bei Korrekturen passieren kann, betrachten wir zunächst die drei wichtigsten Formen: *Zigzags*, *Flat-Patterns* und *Dreiecke*.

Ein *Zigzag* kann einfach oder doppelt sein:

Abb. 7, 8:

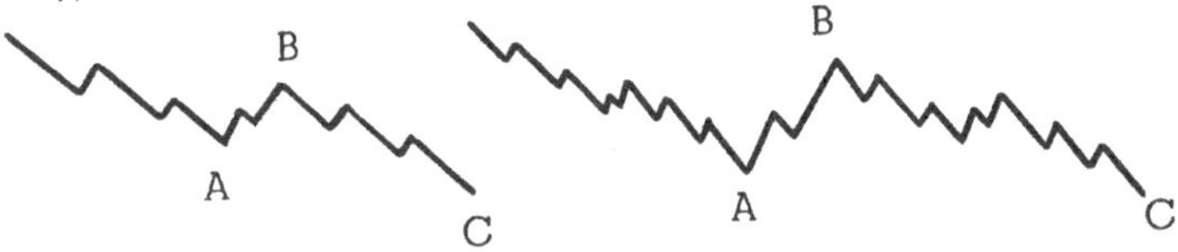

Der doppelte Zigzag wurde in Elliotts erster Monografie nicht als mögliche Form einer Korrekturwelle erwähnt. In gewisser Weise handelt es sich hierbei um eine Form der doppelten 3, die eher eine Ausnahme vom allgemeinen Prinzip darstellt, dass die dritte Welle einer Korrektur (entweder nach oben oder nach unten) immer in einer 5-teiligen Unterwellenformation endet. Die allgemeine Regel des 5-teiligen Unterwellenendes ist das, was dem Analysten oft einen Hinweis darauf gibt, dass die Bewegung beendet ist.

Natürlich kann der Zigzag auch die Korrektur eines Abwärtstrends sein. In diesem Fall sieht er wie folgt aus:

Abb. 9, 10:

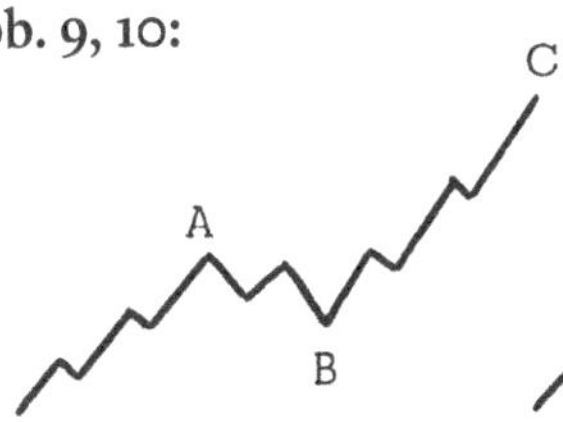

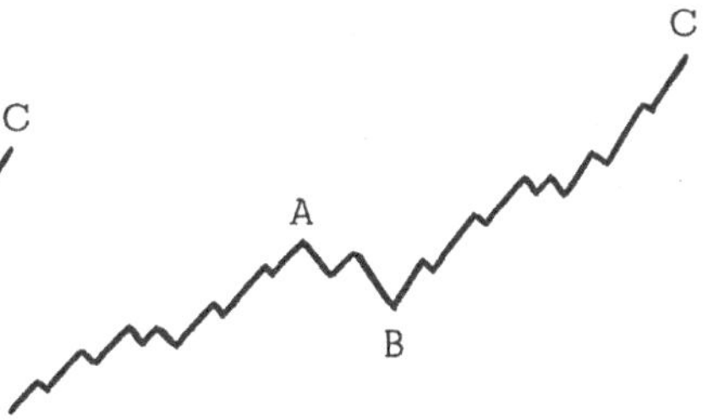

Das abwärts gerichtete Zigzag-Korrekturmuster wird einfach als Zigzag-Korrektur bezeichnet. Die aufwärts gerichtete Form wird als *umgekehrter Zigzag* (je nach Fall doppelt oder einfach) bezeichnet.

Die *Flat*-Korrektur wird so genannt, weil sie mehr oder weniger flach aussieht, obwohl sie leicht nach oben oder unten abfallen kann. Die Flat-Korrektur kann verschiedene Formen annehmen:

Abb. 11, 12, 13:

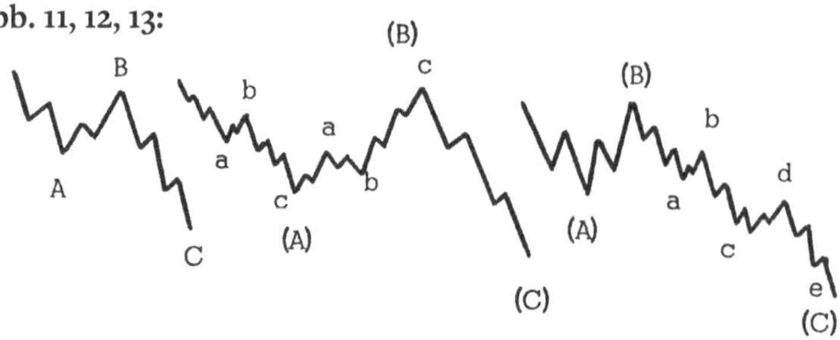

Es ist zu beachten, dass das Hauptmerkmal, das die *Flat*-Korrektur von der *Zigzag-Korrektur* unterscheidet, darin besteht, dass (a) die A-Welle der Flat-Korrektur in eine 3 zerfällt, (b) die „B"-Welle in eine 3er-Sequenz zerfällt, von der die erste und zweite wiederum in 3er unterteilt sind[2] und die letzte in 5 unterteilt ist (niemals in 3).

Invertierte Flats sind gleich, jedoch in umgekehrter Richtung, und sind Korrekturen zu vorherigen und nachfolgenden Wellen in Abwärtsrichtung.

Abb. 14, 15, 16:

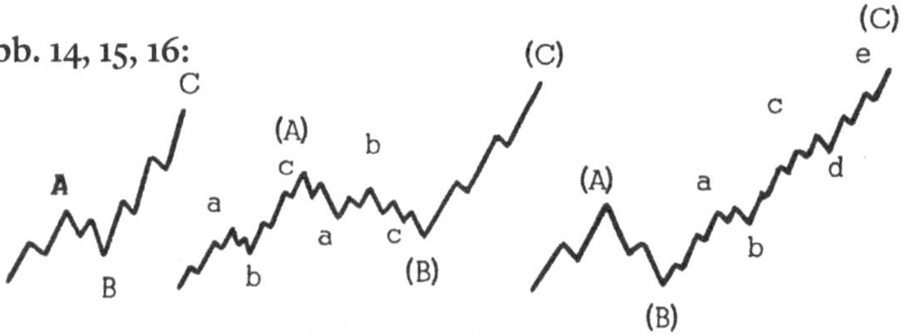

Um die Übersicht über Korrekturwellen in Unterteilungen von 3er-Formationen zu vervollständigen, müssen wir uns nun *komplexe Korrekturwellen* ansehen. So wie sich der Zigzag zu einem *doppelten Zigzag* ausweiten kann, so kann man auch *doppelte Dreier* und *dreifache Dreier* finden.

Abb. 17, 18, 19:

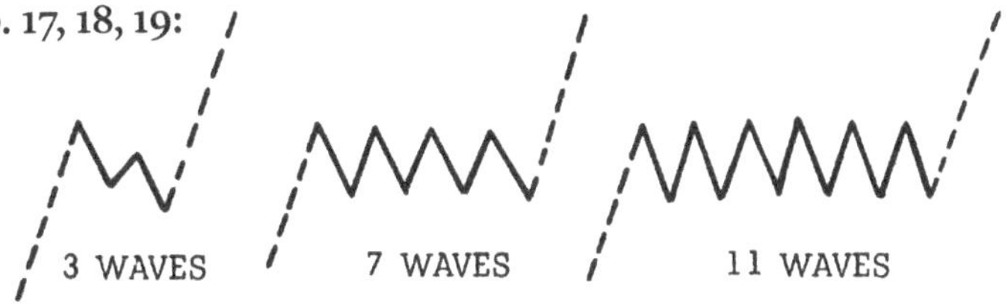

Das Gleiche findet sich in umgekehrter Richtung, das heißt *umgekehrte einfache Dreier, umgekehrte doppelte Dreier und umgekehrte dreifache Dreier.*

Es wird deutlich, dass es angesichts dieser Vielfalt an Korrekturwellen für jeden Analysten äußerst schwierig sein kann, sich über die zu erwartenden Entwicklungen Gewissheit zu verschaffen. Im Allgemeinen sind jedoch doppelte und dreifache Dreier in großen Formationen oder Graden nicht zu erwarten, sondern nur in kleineren Formationen von Minor- oder Intermediate-Größe.[3]

Um die gesamte Frage der Korrekturen zu vervollständigen, haben wir noch das *Dreieck*, das statt einer 3er-Formation eine 5er-Formation ist. Elliott behauptet, und dies wird durch die eigenen Erfahrungen des Autors bestätigt, dass Dreiecke ziemlich selten sind und, soweit bekannt, nur als Welle 4 einer beliebigen 5-Wellen-Bewegung auftreten. Dies erspart eine Menge Ärger, da sie nur an der vierten Position einer beliebigen 5-Wellen-Aufwärts- oder Abwärtsbewegung auftreten können und daher nicht in einer dreiwelligen Bewegung der oben genannten verschiedenen Arten auftreten können.[4]

Abb. 20, 21:

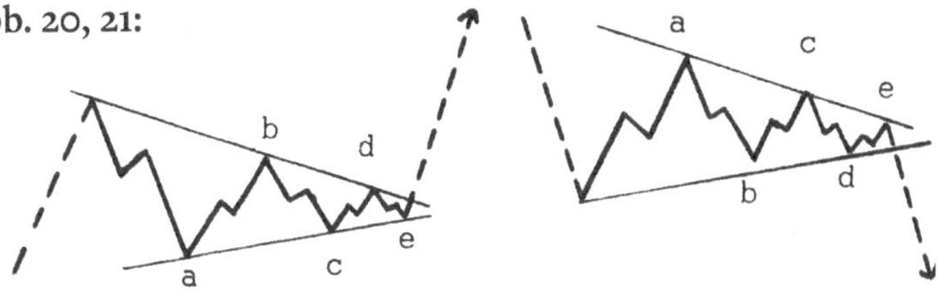

Elliott war in seiner ersten Monografie (1938) der Meinung, dass Dreiecke entweder expandierend oder kontrahierend sein können. In seiner Monografie von 1946 bezieht er sich jedoch nur auf das kontrahierende oder zulaufende Dreieck.[5]

Expandierende Dreiecke können nämlich immer als *doppelte Dreier* klassifiziert werden.[6] Dies ist die Art, die wir oben darstellen, bei der die Wellen immer kleiner werden und die Spitze des Dreiecks zu einer Art Sprungbrett wird, das einen *Thrust* in Richtung des *Haupttrends* (entweder nach oben oder nach unten) verursacht. Die vierte Welle des 5-Wellen-Abwärtszyklus von März 1937 bis März 1938 war ein Dreieck, und zwar das größte, das bis dahin aufgetreten war. Es bestätigte, dass *jede der fünf Wellen eines Dreiecks jeweils ein Dreier ist (und zu keinem Zeitpunkt ein Fünfer)*.

Dies ist laut Elliott eine wichtige Regel, die bei jeder Betrachtung größerer Dreiecke, die seit 1938 aufgetreten sind, berücksichtigt werden muss.

Zusammenfassend lässt sich sagen, dass die Komplexität von *Korrekturwellen* sehr groß ist. Ach, wie einfach ist doch die grundlegende Haupttrendwelle 5-3-5-3-5. Aber dies unterstreicht erneut die Schwierigkeiten aus praktischer Sicht, das Elliott-Wellen-Prinzip als Prognose-Instrument zu verwenden.

---

1 Siehe Fußnote 2 auf Seite 43. Beachten Sie, dass diese Abbildung gegenüber dem Original von 1957 auf Seite 41 geändert wurde. Da Bolton in seinem Text keine „horizontalen Dreiecke“ erwähnt, stellt er möglicherweise einen dreifachen Dreier dar, wie in seiner Abbildung 19 gezeigt, der sowohl für doppelte als auch für dreifache Dreier steht, bei denen es sich um Seitwärtskorrekturen handelt. Offenbar wollte er mit der unteren Abbildung auch expandierende Dreiecke einbeziehen, wie er in seiner anschließenden Erörterung von Dreiecken andeutet.

2 Die „erste“, also a von (B), muss nicht aus drei Wellen bestehen; sie kann auch fünfwellig sein, als Teil eines Zigzags.

3 Das ist nicht der Fall. Die Verteilung erscheint über alle Grade hinweg gleichmäßig, wie es für einen fraktalen Prozess angemessen ist.

4 Die Regel lautet genauer: „Dreiecke treten niemals als zweite Wellen auf.“ Tatsächlich können Dreiecke als Welle B in einem A-B-C oder als zweite Hälfte eines doppelten Dreiers auftreten und tun dies auch.

5 Sich ausdehnende oder expandierende Dreiecke sind selten, aber sie existieren.

6 Sie könnten als „*dreifache Dreier*“ klassifiziert werden, aber ihre Form ist eindeutig anders, eher dreieckig als rechteckig.

KAPITEL VI

Weitere Komplexitäten

Als ob ein Dutzend oder mehr verschiedene *Korrekturmuster* noch nicht genug wären, wollen wir uns nun eine Reihe von Unregelmäßigkeiten ansehen, die die Interpretation des Wellenprinzips noch komplexer machen.

Zu den ersten Unregelmäßigkeiten, die zu berücksichtigen sind, gehört die *Verlängerung* oder Extension. Die Verlängerung tritt auf, wenn sich *eine* der Wellen 1, 3 oder 5 verlängert, indem sie sich in weitere fünf Wellen aufteilt. Dies hat zur Folge, dass eine der drei Wellen in Richtung des 5-Wellen-Trends verlängert wird. Die folgenden Diagramme veranschaulichen dieses Konzept.

Abb. 22, 23, 24:

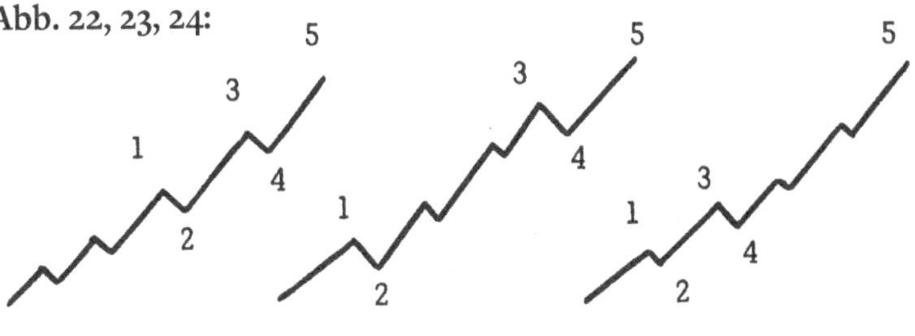

Der Effekt besteht darin, dass aus dem 5-Wellen-Muster ein *9-Wellen-Muster* wird. Manchmal ist es unmöglich, zu sagen, welche der Wellen tatsächlich die verlängerte ist.

Verlängerungen treten nicht in einer korrigierenden Welle auf. Dafür, dass eine Verlängerung in einer fünften Welle auftritt, formulierte Elliott eine Regel namens „doppeltes Retracement". Das bedeutet, dass die nachfolgende Korrektur mindestens bis zum *höchsten Punkt* der Welle zurückkehrt, die die erste der 5-Wellen-Verlängerung war, und dann wieder in die entgegengesetzte Richtung zurückläuft [siehe Abbildung 25].

Abb. 25:

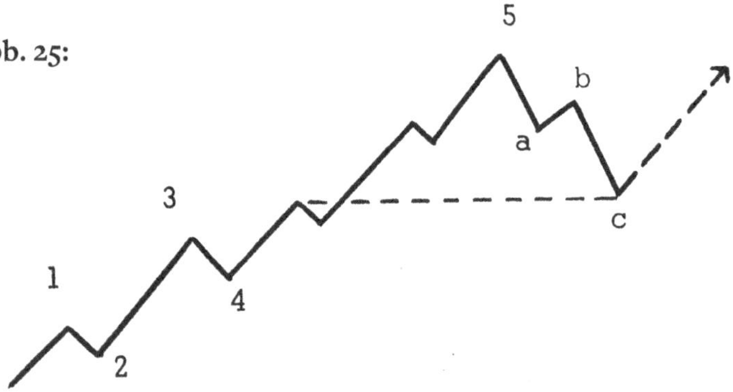

Wir haben dieses doppelte Retracement nie als besonders ungewöhnlich angesehen, da es im normalen Verlauf zwangsläufig auftritt.

Das gesamte Konzept der *Verlängerungen* ist, soweit es diese Regel betrifft, schwierig, aber sie treten von Zeit zu Zeit auf. Ein typisches Beispiel wurde in unseren Bulletins zur Verlängerung der fünften Aufwärtswelle von September 1953 bis April 1956 aufgezeigt. Diese erforderte ein Retracement auf 410 Punkte im DJIA, das Ende 1957 mit 416 Punkten fast erreicht wurde.

Von größerer Bedeutung sind *unregelmäßige Tops*. Solche Hochs entstehen, wenn nach fünf Aufwärtswellen die ABC-Korrektur dazu führt, dass die B-Welle auf einem höheren Niveau endet als das Ende der Welle 5. Dies kommt recht häufig vor, am deutlichsten vielleicht im Bullenmarkt von 1929 [siehe Abbildung 26].

Vermutlich könnte dies auch bei einem unregelmäßigen Tief passieren, aber bei genauerer Betrachtung wird deutlich, dass dies nur in einer B-Welle einer ABC-Korrektur möglich ist [siehe Abbildung 27].

Abb. 26, 27:

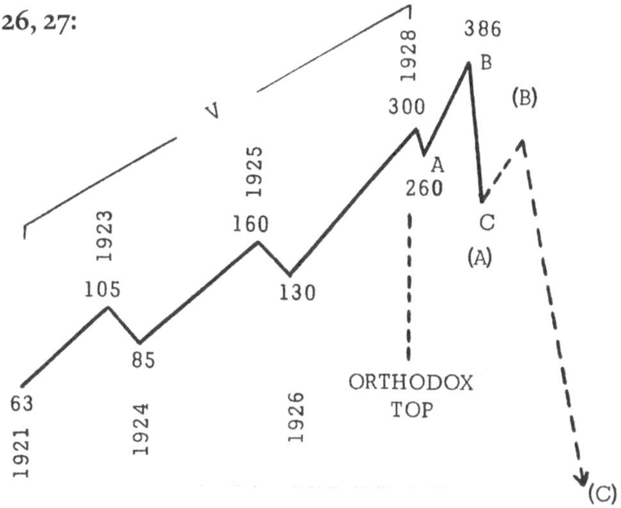

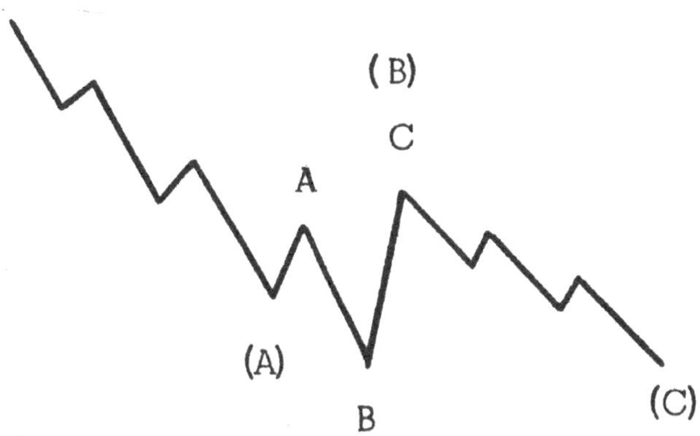

Die Unterscheidung zwischen Wellen und Wellenstufen kann eine recht komplexe Aufgabe sein, und in vielen Fällen muss der Analyst im Nachhinein seine Zählung an die tatsächlichen Gegebenheiten anpassen. Dies hat zu der Kritik geführt, dass das Wellenprinzip ohnehin wertlos sei, da es so verdreht werden könne, dass es zu jeder Situation passe. Diese Kritik ist natürlich nicht ganz unberechtigt und erklärt, warum verschiedene Analysten von Zeit zu Zeit zu unterschiedlichen Interpretationen der Wellenaufschlüsselung gelangen.

Abb. 28, 29:

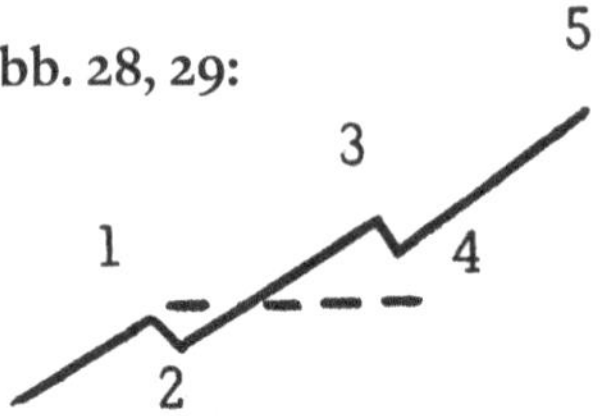

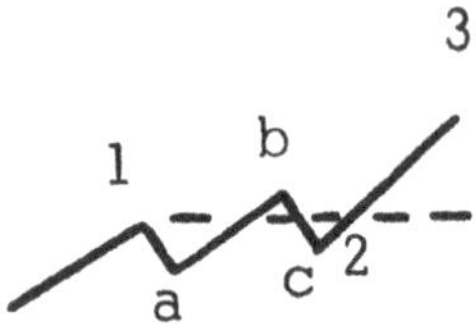

Dennoch hat Elliott einige vernünftige Regeln aufgestellt, um zu erkennen, wo man sich im Normalfall befindet. Betrachten Sie dazu die beiden oben nebeneinander stehenden Beispiele.

Abbildung 28 zeigt einen echten 5er nach oben. Da jedoch in Abbildung 29 die Welle c unter das Hoch von 1 fällt, ist dies ein Hinweis darauf, dass das, was man als Welle 3 klassifiziert haben könnte, Teil einer korrigierenden Welle 2 ist. Welle 4 sollte normalerweise nicht unter Welle 1 fallen, da sonst die zweite Welle noch in Kraft ist und Welle 4 nur eine Unterwelle c von Welle 2 wäre.

Einige von Elliotts Schriften waren jedoch etwas unverständlich, beispielsweise die berühmte Aussage in seiner Monografie von 1946, in der er feststellt, dass Welle 3 niemals kürzer sein könne als sowohl Welle 1 als auch Welle 5. Diese Aussage hat mehr Klarstellungsbedarf hervorgerufen als jede andere Aussage, die er gemacht hat. Er fährt dann fort, dass dann, wenn Welle 3 kürzer zu sein scheint als entweder Welle 1 oder Welle 5, es notwendig ist, die sogenannte Welle 3 in eine a-b-Welle einzuteilen, wie in der obigen Grafik dargestellt. Er stellt klar, dass Welle 4 Welle 1 nicht überlappen sollte, also nicht unter den Höchststand von Welle 1 fallen sollte, aber er löst zwei Probleme nicht, die häufig auftreten: (1) Sprach Elliott in Bezug auf die *Amplitude* oder Größe der Welle – beispielsweise in Punkten – oder (2) sprach er in Bezug auf die *Zeit*?

Nachdem ich alle Arbeiten von Elliott durchgesehen habe, bin ich ziemlich überzeugt, dass er von der *Amplitude* und *nicht* von der *Zeit* sprach. Der Grund für diese Schlussfolgerung basiert auf Elliotts eigener Klassifizierung des Superzyklus von 1857 bis 1928, in der er die Wellen wie folgt klassifiziert:

Zykluswelle I 1857–1864 (7 Jahre)
Zykluswelle II 1864–1877 (13 Jahre)
Zykluswelle III 1877–1881 (4 Jahre)
Zykluswelle IV 1881–1896 (15 Jahre)
Zykluswelle V 1896–1928 (32 Jahre)

Dies belegt ziemlich eindeutig, dass Elliott mit dieser Aussage den Preis und nicht die Zeit gemeint hat. Wenn man dieses Kriterium zugrunde legt, erhält man gemessen am Axe-Houghton Index die folgenden Ergebnisse:

Zykluswelle I – etwa 30 Punkte
Zykluswelle II – etwa 40 Punkte
Zykluswelle III – etwa 250 Punkte

Interessant ist auch, dass die Zykluswelle IV, die 1896 endete, nicht so tief fiel wie der Höchststand der Zykluswelle I, die 1864 endete, was Elliotts oben genannte Aussage bestätigt.

Auch hier stoßen wir jedoch auf weitere Unklarheiten. Die Welle III ist in diesem Fall größer als die Welle I, aber offensichtlich kleiner als die Welle V. Daher ist Elliotts Formulierung mit „entweder“ oder „sowohl“ eigentlich falsch. Er meinte damit, dass die Welle III nicht kleiner sein darf als sowohl die Wellen I und V einzeln betrachtet, aber kürzer sein kann als eine von ihnen.

Bei der Festlegung des Endes von Wellen verwendete Elliott auch häufig *parallele Trendkanäle*. Es scheint, dass Elliott in größeren Formationen fast ausschließlich *Verhältnis- oder logarithmische Charts* verwendete, während in kleineren Formationen *arithmetische Skalen* zum Einsatz kamen. Tatsächlich forderte Elliott so lange arithmetische Skalen als Standard, bis klar war, dass die Aufwärtstrendlinien durchbrochen wurden. Ab diesem Punkt sollten die Preise auf einer logarithmischen Skala neu dargestellt werden.

Abb. 30–35: Parallele Trendkanäle

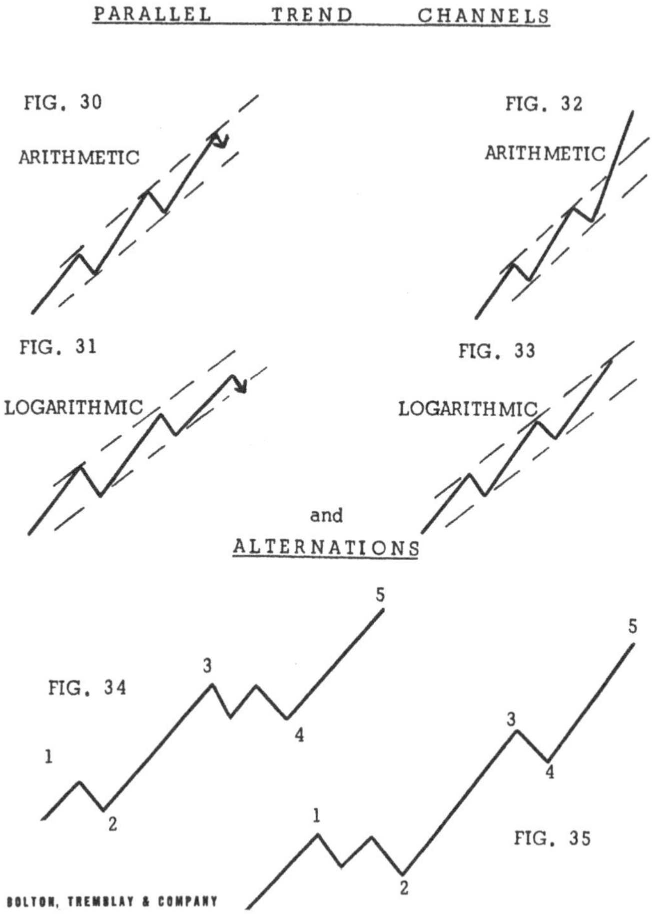

Die nun folgenden Beispiele zeigen, was passiert, wenn arithmetische und logarithmische Skalen für dieselben Daten verwendet werden [siehe Abbildungen 30-35].

Elliott wies darauf hin, dass die Notwendigkeit, *logarithmische* Skalen zu verwenden, um parallele Trendkanäle korrekt darzustellen, ein *Hinweis auf Inflation* sei. Die Tatsache, dass der Superzyklus von 1857 bis 1928 auf logarithmischen Skalen dargestellt werden musste, um parallele Trendkanäle anzuwenden, war somit ein Anscheinsbeweis für die *Inflation*, die diesen 70-jährigen Zeitraum kennzeichnete.

Eine weitere Komplexität, die Elliott insbesondere in seiner zweiten Monografie (1946) entwickelte, war das Prinzip der *Alternation*. Dieses Prinzip des Wechsels funktionierte auf unterschiedliche Weisen.

So wechseln sich Bullenmärkte mit Bärenmärkten ab. Haupttrendbewegungen von fünf Wellen wechseln sich mit Korrekturbewegungen von drei Wellen ab. Korrekturwellen wechseln sich laut Elliott in ihrer *Größe* ab. Wenn also die erste Korrekturwelle innerhalb einer 5 (Welle 2) eine *einfache* Welle ist, ist die zweite (Welle 4) *komplex, oder es ist umgekehrt.*

Eine Implikation des Musters in Abbildung 35 ist, dass *es durchaus möglich ist, dass Welle 4 kürzer ist als Welle 2*. Dies war beispielsweise in der Episode von 1921 bis 1929 der Fall, als Welle 4 im Jahr 1926 sowohl *zeitlich* als auch *von der Amplitude her* erheblich kürzer war als Welle 2.

Die Alternation in größeren Korrekturformationen findet auf unterschiedliche Weise statt. Wenn die erste Korrekturwelle eine *Flat*-Welle ist, kann die zweite eine *Zigzag-Welle* sein. Somit kann Welle A eine *Zigzag-Welle* sein, während Welle B eine umgekehrte *Flat-Welle* ist. Welle C ist dann die traditionelle 5-Wellen-Abwärtsbewegung, die die gesamte Korrektur vervollständigt.

Die Alternation wirkt sich auch auf die Abfolge von regelmäßigen und unregelmäßigen Höchstständen aus. So war beispielsweise 1919 eine **regelmäßige** Top-Formation, 1929 eine **unregelmäßige**, 1937 eine **regelmäßige** und so weiter.[1]

Der Verfasser ist *nicht* davon überzeugt, dass eine Alternation bei Wellenarten in größeren Formationen *unvermeidlich* ist, aber es gibt genügend Fälle von Alternation, die darauf hindeuten, dass man eher nach ihr suchen sollte als nach dem Gegenteil.

---

1 Trotz Elliotts Kommentar zur Alternation der Höchststände ist dies einfach nicht wahr. Die Alternation beschränkt sich auf Korrekturen gleichen Ausmaßes innerhalb derselben größeren Welle.

KAPITEL VII

Anwendung auf den Aktienmarkt, 1857 bis 1929

Bisher haben wir uns mit der Art und Weise befasst, wie sich die Wellen des Aktienmarkts aufschlüsseln lassen. Grundlegend ist natürlich das Muster von fünf Wellen in Bullenmärkten, gefolgt von dreiwelligen Korrekturen.

Abb. 36:

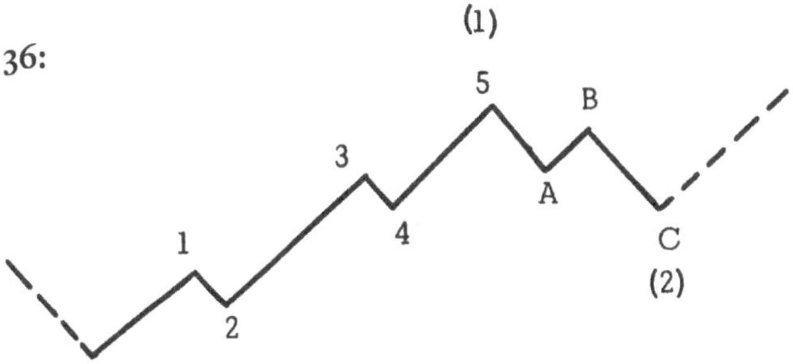

Das Nettoergebnis dieses Musters ist, dass Punkt C historisch gesehen zwangsläufig höher sein muss als der Beginn des vorherigen Bullenmarktes. Und wenn sich diese Muster fortsetzen, beginnt eine Reihe von fünf größeren Wellen zu entstehen. In der obigen Abbildung haben wir die erste dieser größeren Wellen als (1) bezeichnet, was dem Ende von 5 entspricht, (2) als das Ende von C und so weiter.

Bei der Klassifizierung des Aktienmarkts in seinen Studien Mitte der 1930er-Jahre verwendete Elliott den Axe-Houghton-Burgess Index von 1854 bis 1929 und anschließend verschiedene andere Indizes wie den Dow Jones Industrial Average, die zu dieser Zeit leichter verfügbar waren. Ob er durch die Betrachtung anderer Indizes viel weiter als bis 1854 in die Vergangenheit zurückging, ist unklar. Es genügt zu sagen, dass 1857 offensichtlich ein sehr wichtiger Tiefpunkt war, der mit dem historischen Tief dieses Jahrhunderts im Jahr 1932 vergleichbar zu sein scheint. Um dies zu untermauern, zitieren wir aus der Ausgabe vom 10. Oktober 1857 von *Harper's Weekly*:

„Dies ist ein düsterer Moment in der Geschichte. Seit vielen Jahren – im Leben der meisten Menschen, die diese Zeitung lesen – gab es keine so ernste und tiefe Besorgnis mehr; nie schien die Zukunft so unberechenbar wie derzeit. In unserem Land herrschen allgemeine wirtschaftliche Erschöpfung und Panik."

Dies hätte genauso gut und mit genau denselben Worten am Tiefpunkt der Depression im Jahr 1932 geschrieben werden können. Und es ist in der Tat ein Kommentar zu der Tatsache, dass es in den Tiefen einer Depression im Allgemeinen keine Hoffnung geben kann und dass dieser Zustand dazu führt, dass die Aktienkurse nicht weiter fallen können. Unter der Annahme, dass man in der Lage ist, das Muster zu lesen, kann das Wellenprinzip angesichts völliger Verzweiflung ein fabelhaftes Werkzeug sein.

Jedenfalls zeigt Abbildung 37 Elliotts Aufschlüsselung des Axe-Houghton Index von 1857 bis 1932, wie sie in Elliotts Monografie „Nature's Law" von 1946 dargestellt ist, und umfasst den *gesamten* Superzyklus von 1857 bis 1928 sowie die *unregelmäßige Korrekturwelle*, die Elliott ursprünglich 1938 als zweiten Superzyklus betrachtete, was er später jedoch dahingehend modifizierte, dass es sich lediglich um die Welle A einer *korrigierenden* Dreiecksformation handelte. Wir werden diese beiden Interpretationen später noch untersuchen und auch eine dritte Möglichkeit vorschlagen, die erst nach 1949, also deutlich nach Elliotts Tod, analysiert werden konnte.

Abbildung 38 zeigt Elliotts Aufschlüsselung der Zykluswelle 1896 bis 1928 aus dem Jahr 1946, wobei diese Zykluswelle die *fünfte Welle* des Superzyklus 1857 bis 1928 ist. Abbildung 39 zeigt die Interpretation von 1938.

Bei der Betrachtung dieser beiden Aufschlüsselungen fällt natürlich auf, dass sie sich an Regeln halten, grundsätzlich jeweils fünf Wellen, aber es gibt noch andere Dinge zu beachten, die die Komplexität einer laufenden Analyse in der heutigen Zeit eher erhöhen als verringern.

Abb. 37, 38, 39:

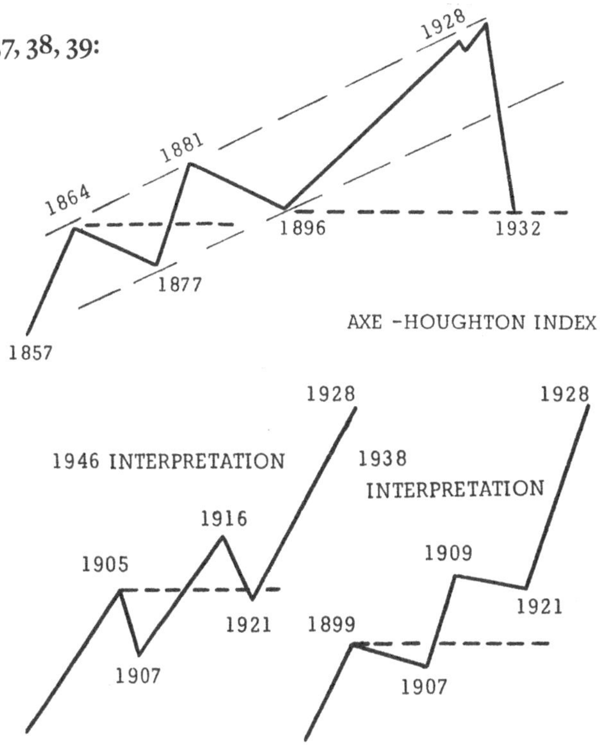

Erstens sind die Bullenmärkte der Zyklusdimension, mit Ausnahme des fünften Zyklus, im Vergleich zu den Korrekturen (Zykluswellen 2 und 4) von *kurzer* Dauer, während die primären Bullenmärkte des fünften Zyklus viel länger dauern als ihre Korrekturen. Darüber hinaus ist anzumerken, dass die vierte Primärwelle des Zyklus von 1896 bis 1928 leicht gegen die Regel verstößt, dass diese Welle 4 von 1916 bis 1921 *nicht* niedriger sein sollte als das Hoch von Welle 1. Dieser Verstoß ist jedoch relativ geringfügig, und vielleicht können wir im Zweifelsfall zu Elliotts Gunsten entscheiden. Es bleibt dennoch ein Rätsel, denn in seiner Monografie von 1938 verwendete Elliott eine ganz andere Klassifizierung der Wellen des Axe-Houghton Index (Abbildung 39), die stattdessen dem Gesamtmuster von 1857 bis 1928 mit seinen kurzen Bullenmärkten und langen Korrekturen viel näher kam. Dies ist die allgemeine Darstellung, die in Kapitel II als Abbildung 1 angegeben ist. Der Vollständigkeit halber haben wir die Daten der beiden Interpretationen hier nebeneinander aufgeführt.

Aufschlüsselung der fünften Zykluswelle 1896–1928:

Interpretation von 1946	**Interpretation von 1938**
Primärwelle 1: 1896–1905	1896–1899
Primärwelle 2: 1905–1907	1899–1907
Primärwelle 3: 1907–1916	1907–1909
Primärwelle 4: 1916–1921	1909–1921
Primärwelle 5: 1921–1928	1921–1928

Der Leser möge seine eigenen Schlussfolgerungen ziehen. Der Autor hat jedoch eine Theorie entwickelt, die nahelegt, dass Elliotts Interpretation von 1938 wahrscheinlich die richtige war. Darauf wird in einem späteren Kapitel eingegangen, in dem wir das Elliott-Wellen-Prinzip in Bezug auf den Aktienmarkt vor dem Hintergrund historischer Veränderungen der *Bankkredite des Landes* diskutieren.

An dieser Stelle genügt es zu sagen, dass der Axe-Houghton Index zwar nicht allgemein verfügbar ist, aber wenn man stattdessen den Dow Jones Industrial Average oder den Standard & Poor's Cowles Commission Index verwendet, wird deutlich, dass die Interpretation von 1946, wenn man sie weiter in Intermediärwellen innerhalb jeder Primärwelle unterteilt, denselben Fehler aufweist, dass die vierte Intermediärwelle den Höhepunkt der Welle 1 *überlappt*, was wiederum ein Argument dafür ist, zu Elliotts erster Interpretation der Zykluswelle von 1896 bis 1928 zurückzukehren.

Als abschließende Überlegung zum Superzyklus 1857 bis 1928 und seiner Unterteilung in *fünf Zyklen* möchten wir noch einmal das Thema aufgreifen, das wir bereits in anderen Diskussionen angesprochen haben: Bei jeder Analyse des Wellenmusters kommt es zwangsläufig zu einer Vielzahl von *Interpretationen*. Wenn Elliott mit allen Vorteilen der Rückschau (Ausgaben von 1946 gegenüber denen von 1938) die Zählung seiner Wellen für den Zeitraum 1896 bis 1921 drastisch ändern konnte, muss klar sein, dass uns Sterblichen, die wir uns sowohl mit der *Zukunft* als auch mit der Gegenwart und der Vergangenheit befassen müssen, verziehen werden kann, wenn wir das Muster der Vergangenheit von Zeit zu Zeit ändern, sofern die Zukunft dies ratsam erscheinen lässt.

Nebenbei bemerkt ist der Verfasser auch der Meinung, dass Elliott mit den Ereignissen der späten 1930er-Jahre und der Kriegszeit in seinen Analysen immer weniger sicher wurde und die allgemeine Qualität seiner Perspektive tendenziell abnahm. Dies sollte jedoch nichts an dem immensen Wert des Werkzeugs ändern, das er der Nachwelt hinterlassen hat, trotz seiner offensichtlichen Mängel.

Werfen wir nun einen Blick auf die fünfte Primärwelle des fünften Zyklus des Superzyklus 1857 bis 1928. Diese verlief laut Elliott von 1921 bis 1928 wie folgt:

Welle 1 Juni 1921 bis März 1923
Welle 2 März 1923 bis Mai 1924
Welle 3 Mai 1924 bis November 1925

Welle 4 November 1925 bis März 1926
Welle 5 März 1926 bis November 1928

Siehe Abbildung 3 in Kapitel IV.

Nebenbei sei auf Elliotts *Alternationsprinzip* in den Korrekturwellen 1923 bis 1924 und 1925 bis 1926 hingewiesen. Welle 2 (1923 bis 1924) ist eine doppelte 3, während Welle 4 (1925 bis 1926) eine einfache Korrektur ist. Dadurch ist die zweite Korrektur *zeitlich* kürzer als die erste. Außerdem ist festzustellen, dass Welle 3 eine größere *Amplitude* aufweist als Welle 1 (1921 bis 1923) und damit Elliotts offensichtliche Anforderung erfüllt, dass Welle 3 nicht kürzer sein sollte (gemessene Punkte) als die beiden Wellen 1 und 5, die separat betrachtet werden. Sie kann größer sein als Welle 1 oder Welle 5, darf aber nicht kürzer sein als beide.

Aus logischer Sicht schien es immer wünschenswert, dass Welle 4 eine größere Amplitude aufweist als Welle 2, da Welle 2 lediglich eine Korrektur von Welle 1 darstellt, während Welle 4 nicht nur als Korrektur von Welle 3, sondern auch von allen vorhergehenden Wellen betrachtet werden kann.[1] Tatsächlich ist es jedoch so, dass Logik im Wellenprinzip ebenso wenig immer siegt wie in anderen Bereichen des menschlichen Verhaltens.[2]

1 Logischerweise korrigiert Welle 4 eigentlich nur Welle 3.
2 Logik gilt *immer* dann, wenn Ihre Prämissen korrekt und Ihre Kenntnisse ausreichend sind.

KAPITEL VIII

Der Aktienmarkt von 1928 bis 1932

Wie wir bisher festgestellt haben, endete der Superzyklus, der in den Tiefen der Depression von 1857 begann, offiziell im November 1928. Zu diesem Zeitpunkt waren abgeschlossen:
5 Wellen der Zyklusdimension von 1857, von denen die letzte beinhaltete:
5 Wellen der Primärdimension ab 1921, von denen die letzte beinhaltete:
5 Wellen der intermediären Dimension ab Mai 1926, von denen die letzte beinhaltete:
5 Wellen der Minor-Dimension ab August 1927.

Laut Elliott waren zwei dieser Wellendimensionen Extensionen (also Verlängerungen einer Welle in fünf Unterteilungen). Dabei handelte es sich um die gesamte Primärbewegung von 1921 und die letzte Welle der Intermediärdimension ab 1926, also die gesamte Minor-Bewegung von August 1927 bis 10. November 1928.

Der 10. November 1928 war also das *orthodoxe Hoch*, von dem aus eine riesige *Korrekturwelle* mit *unregelmäßigem Verlauf* begann. Diese Welle nahm die Form der üblichen A-B-C-Formation an, wobei die B-Welle am 3. September 1929 am Höchststand des Marktes endete und die

C-Welle am 12. November 1929. Abbildung 40 zeigt die Aufschlüsselung der Wellen von November 1928 bis November 1929 sowie die weitere Entwicklung der Korrekturwelle bis 1932. Es ist zu beachten, dass wir die Korrekturwelle von 1928 bis 1932 in drei Wellen unterteilen, die wiederum in drei, drei und fünf Wellen unterteilt sind.

Die erste dieser Wellen haben wir als Welle (A) bezeichnet. Die zweite, die vom 13. November 1929 bis zum 12. April 1930 verläuft, bezeichnen wir als (B), und die dritte Welle von April 1930 bis Juli 1932 bezeichnen wir als (C). Die Unterteilung der Welle (A) ist mit A, B und C gekennzeichnet, die der Welle (B) genauso und die der Welle (C) mit A, B, C, D und E. (Diese Unterteilung stammt übrigens von uns und unterscheidet sich etwas von derjenigen, die Elliott in seiner Monografie von 1938 zeigt, führt aber im Wesentlichen zum gleichen Ergebnis.)[1]

Die Wellen (A) und (B) zeigen ebenfalls das Prinzip der *Alternation*, wobei Welle (A) ein unregelmäßiges *Flat-Top* ist, also (3-3-5), und Welle (B) ein regelmäßiger *Zigzag*, also 5-3-5. Welle (C) ist natürlich eine 5.

Abb. 40: Der Aktienmarkt 1928–32

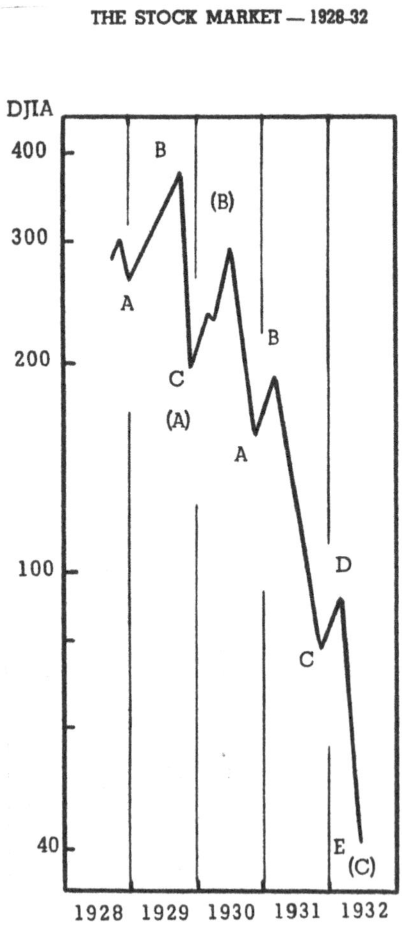

Die Wellenkorrektur von 1928 bis 1932 entspricht ebenfalls Elliotts Regel über Verlängerungen, also dass die nachfolgende Korrektur mindestens bis zu dem Punkt zurückläuft, von dem aus die Erweiterung begonnen hat. Die Verlängerung von 1921 bis 1928 begann nach der ersten Welle der Primärbewegung, also nach der Welle von 1921 bis 1923 (siehe Abbildung 3). Daher sollte die Korrektur mindestens bis zu diesem Punkt *zurücklaufen*, also bis etwa 110 im Dow Jones Industrial Average. Es ist interessant, festzustellen, dass die Welle (A) der Korrektur die Minor-Wellenverlängerung, die im August 1927 begann, vollständig zurücklief, als sie im November 1928 195 Punkte erreichte, aber die Korrektur zu diesem Zeitpunkt die Verlängerung von 1921 bis 1928 *nicht* zurückgelaufen war. Daher konnte man davon ausgehen, dass die gesamte Korrektur am Tiefpunkt im November 1929 noch nicht abgeschlossen war.

Langfristig betrachtet lässt sich anhand des Axe-Houghton Index erkennen, dass der Rückgang bis 1932 den Markt genau auf den Tiefpunkt der Welle IV von 1857 im Jahr 1896 zurückgeworfen hat (siehe Abbildung 37). Die Tatsache, dass der Markt *unter* die Tiefs von 1921 fiel, deutete natürlich darauf hin, dass das Korrekturmuster der Wellen von 1928 bis 1932 *größer* oder *von höherem Grad* war als das der Welle von 1921 bis 1928. Es handelte sich also um eine Korrekturwelle für den gesamten Superzyklus von 1857 bis 1928 und nicht nur für den Zyklus von 1921.

An dieser Stelle, im Juli 1932, sollten wir unsere Untersuchung von Elliotts Anwendung auf den Aktienmarkt vielleicht einmal beiseitelassen und uns genauer ansehen, was Elliott über die Wiederkehr von Wellen in festgelegter Form und deren Zusammenhang mit natürlichen Mustern herausgefunden hat. Der Grund dafür ist, dass wir einige der Faktoren untersuchen wollen, die Elliott dazu veranlasst haben, sich mit *Zeiträumen* und auch mit der Unterteilung von Wellen zu befassen. Diese Studien von Elliott sind vielleicht die *umstrittensten* Aspekte seiner gesamten Theorie, und nach Meinung des Autors hat er viel zu viel Gewicht auf die *Unveränderlichkeit* dessen gelegt, was er als *Naturgesetz* bezeichnete

– mit dem Ergebnis, dass er dem Wellenprinzip eine *quasizyklische* Grundlage gab, die es zwar haben mag, aber nicht in dem von ihm angenommenen Ausmaß.

Nachdem wir in sehr elementarer Form dargelegt haben, wie Elliott über die *Ursachen* des Wellenprinzips dachte, können wir uns der Analyse des Aktienmarkts ab 1932 zuwenden.

Dann wird deutlich, dass sich daraus *drei alternative Interpretationen* ergeben, von denen *zwei technisch korrekt* sind und *eine* (die von Elliott in seiner Monografie von 1946 dargelegte) *technisch falsch* ist und angesichts der heutigen Fakten aufgegeben werden muss.

---

1 1929–1932 lässt sich viel besser als einfacher 5-3-5-Zigzag zählen, genau wie Boltons (und Elliotts) (A)-(B)-(C), jedoch beginnend mit dem Hoch von 1929.

KAPITEL IX

Elliott und Zyklustheorien

Das Elliott-Wellenprinzip ist keine echte Zyklustheorie. Echte Zyklen sind beobachtete Wiederholungen von Ereignissen in festgelegten Intervallen. Bekannte Zyklen sind beispielsweise der 9-Jahres-Zyklus und das 10-Jahres-Muster bei Aktienkursen. Elliott versuchte ursprünglich nicht, an einer Theorie der Periodizität zu arbeiten. Vielmehr würden sich die Wellen *unabhängig vom zeitlichen Element* entfalten, mit der Maßgabe, dass die Wellen aufgrund ihrer *Amplitude*, die ihnen aufgrund ihrer Position im „Wellenzyklus" innewohnt, einen bestimmten *Zeitgrad* aufweisen.

So wird in Elliotts erster Monografie (1938) über das Wellenprinzip keine Grundlage für das 5-3-5-3-5-Muster erwähnt, das er an der Börse entdeckt hatte. In Elliotts Monografie von 1946 wurde jedoch viel Raum darauf verwendet, die Grundlage für das 5/3-Aufschlüsselungsmuster zu entwickeln.

In Kapitel I der Monografie von 1946, „Nature's Law", erwähnt Elliott Untersuchungen anhand von Messungen der Großen Pyramide von Gizeh, von der viele am Okkultismus Interessierte behaupten, sie beinhalte eine göttliche Botschaft der Offenbarung. Zu den erwähnten

Messungen gehört die Tatsache, dass das Verhältnis der Höhe der Pyramide zu ihrer Basis 61,8 Prozent beträgt und die Höhe in Zoll genau 5.813 beträgt, also Zahlen der unten erwähnten Fibonacci-Reihe. (Die alten Ägypter verwendeten den heutigen Zoll als Grundmaß und entwickelten das 12er-System, das heute in englischsprachigen Ländern Standard ist.)

Es ist überliefert, dass ein berühmter italienischer Mathematiker des 13. Jahrhunderts (Fibonacci, auch bekannt als Leonardo de Pisa) Ägypten besuchte und mit einer Summierungsreihe zurückkehrte, die seinen Namen trägt:

1, 2, 3, 5, 8, 13, 21, 34, 55, 89, 144 und so weiter.

Diese Reihe hat mehrere interessante Eigenschaften:

1. Die Summe zweier aufeinanderfolgender Zahlen ergibt die darüber liegende Zahl. So ergibt 3 plus 5 gleich 8, 5 plus 8 gleich 13, 8 plus 13 gleich 21 und so weiter.
2. Das Verhältnis jeder Zahl zur nächsthöheren Zahl beträgt 61,8 zu 100 (nach den ersten Zahlen, die natürlich gerundet sind).
3. Das Verhältnis jeder Zahl zur nächstniedrigeren Zahl beträgt 161,8 zu 100.
4. Das Verhältnis jeder Zahl zur zweitniedrigeren Zahl beträgt immer 261,8 zu 100 (Anmerkung: 2 plus 0,618).
5. Jede Zahl passt zweimal in die übernächste Zahl, und als Rest bleibt die Zahl darunter. So passt 34 zweimal in 89 mit einem Rest von 21, und 5 passt zweimal in 13 mit einem Rest von 3 und so weiter.
6. Es wurde festgestellt, dass in dieser Summenreihe jede Zahl zu der vorherigen Zahl gemäß der Formel $1/2\ (\sqrt{5} + 1)$ (1,618) in Beziehung steht und jede Zahl mit der darüber liegenden Zahl durch die Formel $1/2\ (\sqrt{5} - 1)$ (0,618) in Beziehung steht.
   Es ist höchst interessant, dass die Quadratwurzel aus 5 (2,236) der dominierende Faktor in der Formel ist.
7. Das Verhältnis 1,618 multipliziert mit dem Verhältnis 0,618 ergibt 1.

8. Interessant ist vielleicht auch, dass die Zahl 5.813 (die Höhe der Großen Pyramide in Zoll) in engem Zusammenhang mit der Anzahl der Tage in einem Jahr steht, da der Radius eines Kreises von 58,13 Zoll einen Umfang von genau 365,242 Zoll ergibt – die genaue Länge eines Jahres in Tagen. Dies führt zu dem mathematischen Faktor π.
9. Interessant ist vielleicht auch, dass der Winkel des „aufsteigenden Ganges" in der Großen Pyramide 26°18′ beträgt und somit dem oben erwähnten Muster in einem anderen Bereich entspricht.

Die Fibonacci-Summenreihe ist auch in der Pflanzenwelt weitverbreitet. Elliott zitiert aus Jay Hambidges „Practical Application of Dynamic Symmetry", dass die Sonnenblume 89 Kurven hat, davon 55 in die eine Richtung und 34 in die entgegengesetzte Richtung. Unterhalb der Blüte an der Spitze des Stängels befinden sich in der Regel kleinere Nebenblüten, von denen 34 in eine Richtung und 21 in die andere Richtung geneigt sind. Ähnlich kann es weiter unten eine dritte Reihe geben, und in diesem Fall gibt es 34 Kurven: 21 in die eine Richtung und 13 in die andere.

Die Börsenwellen folgen der Fibonacci-Reihe. So gibt es in einem Bullenmarkt 5 Wellen, in einer Korrektur 3. Wenn wir die 5 Wellen in 5-3-5-3-5 aufteilen, erhalten wir 21 Wellen niedrigerer Ordnung, in einer Korrektur 5-3-5 und somit 13 Wellen. Beides sind natürlich Fibonacci-Zahlen. In einem Bullenmarkt mit größerer Detailgenauigkeit haben wir 21-13-21-13-21, was insgesamt 89 Wellen ergibt, und die Korrektur ist 21-13-21, was insgesamt 55 ergibt. Der perfekte Bullen- und Bärenzyklus umfasst 5 plus 3, was 8 Wellen ergibt. Auf der nächstniedrigeren Stufe beträgt die Summe 21 plus 13 oder 34, und die nächstniedrigere Stufe beträgt 89 plus 55, was 144 ergibt, und so weiter bis ins Unendliche.

Elliott weist auch auf das Muster von 5 und 3 im menschlichen Leben hin. Der menschliche Körper hat 5 Extremitäten: 2 Arme, 2 Beine und einen Kopf, insgesamt 5. 5 Finger, 5 Zehen. In der Musik finden wir die Oktave, die auf dem Klavier aus 13 Tasten besteht, 8 weißen und 5 schwarzen.

Ohne zu weit zu gehen, scheint es doch so, als ob das 5-3-Verhältnis des Wellenprinzips, das Elliott zuerst an der Börse entdeckt hat, in vielen Bereichen des Lebens selbst gut etabliert ist.

Nachdem Elliott die Grundlagen des Wellenprinzips geschaffen hatte, begann er die Reihe anzuwenden, um zu sehen, ob sowohl *die Zeit* als auch *die Amplitude* dem Zahlenmuster entsprachen. Er fand viele Übereinstimmungen, die darauf hindeuteten, dass möglicherweise auch ein wichtiges zeitliches Gesetz am Werk war. So liegt beispielsweise der Tiefpunkt der Aktienkurse von 1921 21 Jahre vom Tiefpunkt von 1942 entfernt. Ebenso liegt das orthodoxe Hoch von 1928 21 Jahre vom Tiefpunkt von 1949 entfernt. 1932 bis 1937 sind 5 Jahre, ebenso wie 1937 bis 1942. Andere Zeiträume sind 1946 bis 1949, 3 Jahre (und etwa 34 Monate), und 1921 bis 1929, was 8 Jahre waren, ebenso wie 1949 bis 1957. Der Bärenmarkt von 1937 dauerte 13 Monate, während der Bärenmarkt von 1929 bis 1932 34 Monate andauerte. Von 1927 bis zum orthodoxen Hoch im Jahr 1928 waren es 89 Monate. Und so weiter und so fort. Neuere Beispiele sind September 1953 bis August 1956, 34 Monate, und April 1956 bis Dezember 1957, 21 Monate.

Es gibt viele weitere Beispiele für Fibonacci-Zeiträume, aber leider scheint es keine sichere Methode zu geben, diese für Prognosezwecke zu nutzen. Mit anderen Worten: Diese Zusammentreffen sind *interessant*, aber kaum ausreichend nutzbar oder genau genug, um als Grundlage für Prognosen zu dienen.

Ein weiterer interessanter Aspekt der Zahlen in der Reihe ist ihre Beziehung zur Zahl 12, die ein wichtiger Faktor in unserem Zeit-, Navigations- und Astronomiesystem und so weiter ist (12 Monate im Jahr, 60 Minuten in der Stunde, 60 Sekunden in der Minute, 24 Stunden am Tag, 360 Grad im Kreis und so weiter). Das bedeutet, dass Vielfache von 12 oft einen Rest oder einen Überhang haben, wenn sie durch eine Zahl der Fibonacci-Reihe geteilt werden, die selbst eine Zahl der Reihe ist. So sind 3 Jahre 21 Monate plus 3 Monate, 5 Jahre sind 55 Monate plus 5 Monate, 7 Jahre sind 89 Monate minus 5 Monate und so weiter.

Das Verhältnis von 61,8 zu 100 und 100 zu 161,8 wurde zu einem zentralen Bestandteil von Elliotts Theorien in Bezug auf *Zeit* und *Amplitude*. So wies Elliott auf eine Reihe weiterer Zufälle hin. Beispielsweise betrug die Anzahl der Punkte von 1921 bis 1926 [also der ersten drei Wellen] 61,8 Prozent der Anzahl der Punkte der letzten Welle von 1926 bis 1928 (dem orthodoxen Hoch). Ähnlich verhielt es sich bei den fünf Aufwärtswellen von 1932 bis 1937. Auch hier beträgt die Welle vom Hoch 1930 (DJIA 297) bis zum Tief 1932 (DJIA 40) das 1,618-Fache der Welle von 40 bis 195 (1932 bis 1937). Außerdem betrug der Rückgang von 1937 bis 1938 in DJIA-Punkten 61,8 Prozent des Anstiegs von 1932 bis 1937.

Sollte der Markt von 1949 bis heute dieser Formel folgen, dann sollte der Anstieg von 1949 bis 1956 (361 Punkte im DJIA) abgeschlossen sein, wenn 583 Punkte (161,8 Prozent der 361 Punkte) zum Tief von 416 im Jahr 1957 hinzukommen, also insgesamt bis 999 DJIA-Punkte reichen.

Alternativ würden 361 Punkte über 416 einen DJIA von 777 erfordern.

All diese und viele weitere Übereinstimmungen veranlassten Elliott, den Zeiträumen große Bedeutung beizumessen. Die Erfahrung zeigt jedoch, dass diese Zeiträume zwar tatsächlich häufig wiederkehren, wie es auch bei den Kursbewegungen der Fall ist, es jedoch äußerst schwierig ist, solche Zeiträume als Grundlage für Prognosen zu verwenden, da es keine Anhaltspunkte dafür gibt, ob diese Zeiträume zu Tiefst- und Höchstständen, Höchst- und Höchstständen, Tiefst- und Tiefstständen oder Tiefst- und Höchstständen führen werden. Die Permutationen sind tendenziell unendlich.

Abbildung 41 projiziert verschiedene Fibonacci-Zeiträume von wichtigen Zeitpunkten der Vergangenheit aus in die Zukunft. Diese deuten darauf hin, dass 1962 und 1963 wichtige Börsenjahre sein könnten, geben jedoch keinen Hinweis auf die Art der Bedeutung.

Anhand der Fibonacci-Reihe lässt sich nun erkennen, dass das Elliott-Wellen-Prinzip zwar nicht die Aspekte einer Zyklustheorie übernommen hat, aber dennoch eine Art *Brücke* zwischen der Technischen Analyse und der Zyklustheorie schlägt. Es legt tatsächlich nahe, dass eine *Periodizität* existieren wird (innerhalb des Rahmens der Reihe 3-5-8-13-21 und so weiter), dass diese Periodizität jedoch nicht unbedingt so beschaffen sein wird, dass sie Vorhersagen ermöglicht.

Abb. 41: Fibonacci-Zeiträume

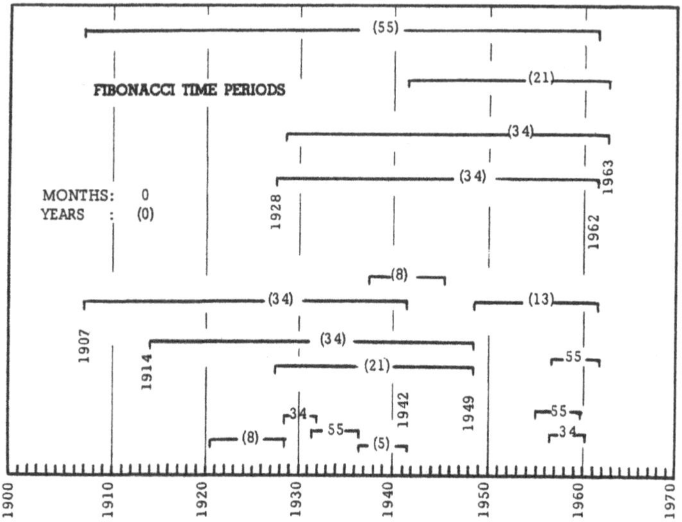

(Die nun folgende Erweiterung des Kommentars in Kapitel IX wurde als Anhang zur Beilage von 1963 veröffentlicht.)

Weitere Anmerkungen zu den Fibonacci-Zahlen

Als Ergänzung zu den „Mathematischen Grundlagen der Wellentheorie" in den oben aufgeführten Auszügen aus der Ausgabe von 1960 von „Das Elliott-Wellen-Prinzip" gibt es eine Reihe weiterer Eigenschaften der Fibonacci-Zahlen, die für mathematisch interessierte Leser von Interesse sein könnten. Diese sind in einem kleinen Buch enthalten und werden darin diskutiert, das kürzlich in einer englischen Übersetzung aus dem Russischen veröffentlicht wurde: N.N. Vorobev, „Fibonacci Numbers“, Braisdell Publishing Company, New York, 1961.

1. Die Summe der Quadrate einer beliebigen aufeinanderfolgenden Reihe von Fibonacci-Zahlen ab 1 ist immer gleich der letzten Zahl der gewählten Reihe multipliziert mit der nächsthöheren Zahl. Zum Beispiel:

   $1^2 + 1^2 + 2^2 + 3^2 = 3 \times 5$;
   $1^2 + 1^2 + 2^2 + 3^2 + 5^2 + 8^2 = 8 \times 13$ und so weiter

2. Das Quadrat einer Fibonacci-Zahl minus das Quadrat der zweiten Zahl darunter in der Reihe ist immer eine Fibonacci-Zahl. Zum Beispiel:

   $8^2 - 3^2 = 55$
   $13^2 - 5^2 = 144$ und so weiter

3. Das Quadrat einer beliebigen Fibonacci-Zahl ist gleich der Zahl in der Reihe davor multipliziert mit der Zahl in der Reihe danach, +1 oder -1. Somit gilt:

   $5^2 = (3 \times 8) + 1$,
   $8^2 = (5 \times 13) - 1$,
   $13^2 = (8 \times 21) + 1$,

   wobei sich +1 und -1 immer abwechseln.

KAPITEL X

Die Folgen der Weltwirtschaftskrise

Das Jahr 1932 stellte für eine Generation zurück und bislang auch für eine Generation nach vorn den Tiefpunkt des Aktienmarkts dar. Es ist daher logisch, dass es das Ende einer Welle von hohem Grad und den Beginn einer neuen Welle von ähnlichem Grad darstellen sollte. Und so klassifizierte Elliott es in seiner Monografie von 1938: Am 8. Juli 1932 endete ein Superzyklus, der die vollständige Korrekturwelle des vorherigen Superzyklus von 1857 bis 1928 darstellte. Logischerweise sollte eine neue Welle der Art 5-3-5-3-5 beginnen. Und so war es auch, wie aus Abbildung 42 ersichtlich ist.

Jede dieser Wellen erfüllte die von Elliott festgelegten wesentlichen Merkmale. Die Wellen in der Hauptrichtung der Bewegung, also die mit I, III und V nummerierten, unterteilten sich eindeutig in fünf Wellen geringeren Grades. Die erste Korrekturwelle II wurde als *Zigzag* klassifiziert, während die Welle IV eine *Flat-Welle* war, wodurch sich das Prinzip der *Alternation* entwickelte.

Das gesamte Muster des Dow Jones Industrial Average von Juli 1932 bis März 1937 war im Vergleich zum *unregelmäßigen Höchststand* von 1929 äußerst *regelmäßig* und bildete erneut eine *Alternation*.

Abb. 42:

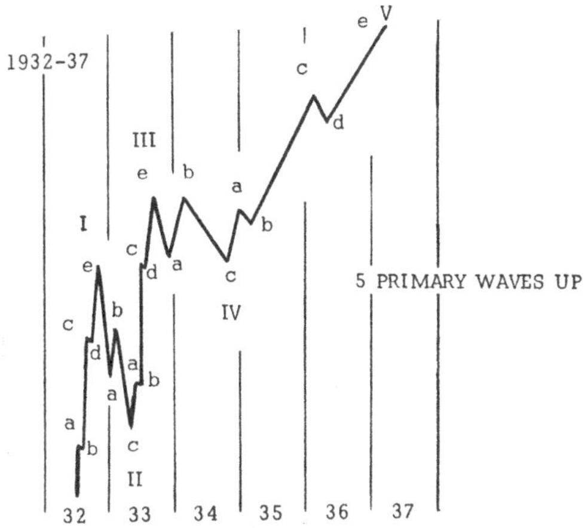

Der Bärenmarkt von 1937 verlief völlig orthodox, und Elliott stufte diesen 13-monatigen Marktrückgang als Welle A des Bärenmarkts ein. Da es sich um eine 5-Wellen-Abwärtsbewegung handelte, *musste* es sich entweder um die erste oder dritte Welle eines 3-Wellen-Musters handeln, und da sie unmittelbar auf den vorangegangenen Bullenmarkt folgte, musste es sich natürlich um die erste Welle handeln. Der Bärenmarkt konnte im März 1938 noch nicht *abgeschlossen* sein. Es folgte die Korrektur der 5-Wellen-Abwärtsbewegung von 1937, und Ende 1939 begann die letzte oder dritte Welle des 5-jährigen Bärenmarkts von März 1937 bis Mai 1942.

Hätte Elliott zu diesem Zeitpunkt seine Interpretation der Natur des gesamten Musters von 1928 bis 1942 nicht von einem neuen Bullenmarkt, der 1932 begann, zu einem „13-jährigen Dreieck" (tatsächlich 14 Jahre) geändert, hätte er zweifellos die Jahre 1942 bis 1946 als fünf Aufwärtswellen und damit als Fortsetzung des 1932 begonnenen Bullenmarkts klassifiziert. Und diese Interpretation erscheint logisch, *wenn man bereit ist, eine dreijährige Korrektur nach einem 71-jährigen Superzyklus als angemessen zu akzeptieren.* Elliott hatte offenbar Zweifel daran und versuchte, die gesamte Bewegung von 1928 bis 1942 als *Korrektur vom*

Typ Dreieck zu klassifizieren. Wir werden dies weiter unten analysieren, aber lassen Sie uns in der Zwischenzeit davon ausgehen, dass wir immer noch mit dem orthodoxen „*Vor-Dreieck*"-Konzept arbeiten.

Ein neuer Bullenmarkt, der 1942 begann, hätte bis 1946 fünf Aufwärtswellen abgeschlossen. In den Charts sieht dies eher wie eine 3 als wie eine 5 aus, aber in den Tagescharts kann es als 5 klassifiziert werden. Wie später noch zu sehen sein wird, glauben wir, dass es sich hierbei eher um eine 3 als um eine 5 handelt. Siehe Abbildung 3 in Kapitel IV.

Nachdem jedoch bis 1946 fünf Wellen abgeschlossen waren, war nun ein Bärenmarkt zu erwarten, der wie erwartet von 1946 bis 1949 in drei leicht erkennbaren Wellen eintrat. Diese Welle von 1942 bis 1946 konnte jedoch aus mehreren Gründen unmöglich vom gleichen Grad sein wie die Welle von 1932 bis 1937. Erstens sollte die Korrektur einer dritten Welle (1942 bis 1946 als dritte Welle nach 1932 bis 1937 und 1937 bis 1942 klassifiziert) den Höchststand der ersten Welle nicht wesentlich überschreiten. Außerdem lag der Höchststand von 1946 kaum über dem Höchststand von 1937 (DJIA 212 gegenüber 195).

Auch hier ist es höchst ungewöhnlich, dass die Amplitude einer dritten Welle geringer ist als die einer ersten Welle, was hier offensichtlich der Fall ist (92 bis 212 DJIA gegenüber 40–195 DJIA in den Jahren 1932 bis 1937).

Wenn also diese fünf Wellen nicht den gleichen Grad wie 1932 bis 1937 haben, bedeutet dies, dass die 1942 beginnende Welle 3 nur *teilweise abgeschlossen* war, also dass bis 1946 die Welle 1 von 5 stattgefunden hatte. Wir sehen also, dass die *dritte Welle* des neuen Superzyklus, der 1932 begann, zwangsläufig eine lange Angelegenheit sein musste und sich, soweit unsere Zählung entlang dieser Linien geht, immer noch in der *Mitte* der fünf Wellen befindet, die ab 1942 erwartet wurden, und sich dem Ende der *mittleren oder dritten* Welle der 5 nähert, wie in Abbildung 43[1] schematisch dargestellt.

Dieses Versagen des Marktes von 1942 bis 1946, eine ausreichende Größe zu entwickeln, um als Gegenstück zu 1932 bis 1937 zu gelten, brachte die Wellenanalysten zu Fall, die dachten, dass 1956 das große Top sei. *Nach keiner dem Verfasser bekannten Interpretation war es möglich*, 1956 oder 1957 als das *große Top zu bestimmen*. Dies wurde damals ausgesagt und erwies sich als die richtige Interpretation.

Aus der Sicht der späten 1930er-Jahre waren Elliotts Vorhersagen durchaus sinnvoll. Ab 1932 hatte ganz klar eine neue Wellenreihe eingesetzt, und ebenso klar wiesen die Jahre 1932 bis 1937 alle Merkmale einer 5er-Aufwärtsbewegung auf. Darauf folgte ab 1938 eine 3er-Abwärtskorrektur, deren erste Welle die Jahre 1937 bis 1938 waren, und wie sich später herausstellte, waren die Jahre 1939 bis 1942 die dritte und letzte Abwärtswelle.

Abb. 43:

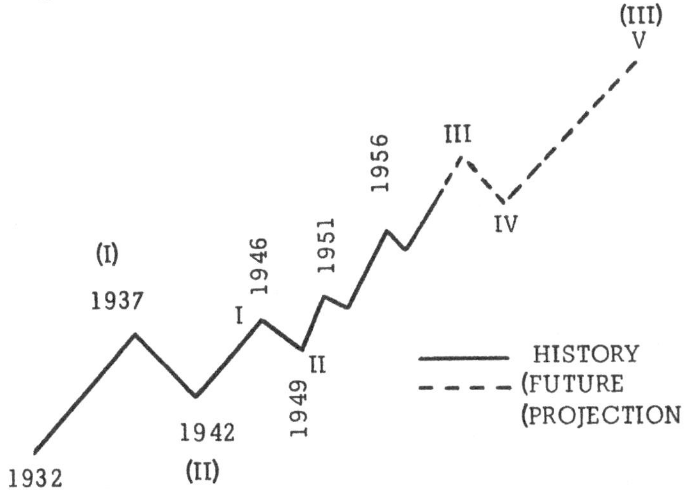

Der wichtigste Vorbehalt, den man haben könnte, wäre einfach: Reichen die Jahre 1929 bis 1932 aus, um den gesamten Anstieg von 1857 bis 1929 zu korrigieren? Aus mehreren Blickwinkeln könnte dies gerechtfertigt sein. So brachte der Rückgang von 1929 bis 1932 die Aktienkurse zurück auf die Tiefststände von 1896 (Axe-Houghton Index), was eine logische Erwartung für eine so große Korrektur war. *Zeitlich* gesehen erschien und erscheint dieser Zeitraum jedoch völlig unzureichend. Wir müssen uns natürlich bewusst sein, dass Elliott nicht davon ausging, dass die Zeit unbedingt mit der Amplitude als Funktion des Wellenprinzips übereinstimmen muss. Daher können Wellen ihre eigene Zeit zur Entwicklung benötigen und man kann nicht erwarten, dass sie sich in ordentliche Schubladen einordnen lassen.

Dass Elliott jedoch begann, sich mit dem Zeitfaktor zu beschäftigen, wird deutlich, als er nach einer größeren Korrektur als nur der von 1929 bis 1932 suchte. So begann er irgendwann in den 1940er-Jahren, das gesamte Muster ab 1928 als Teil einer größeren *Dreiecksformation* zu betrachten.

Elliott sah damals ein großes 13-jähriges Dreieck (1929 bis 1942) vor sich, das eine Plattform für einen Aufwärtstrend bieten würde. Das bis dahin größte Dreieck war eine vierte Dreieckswelle im Bärenmarkt von 1937 bis 1938, von November 1937 bis Februar 1938. Diese Welle hatte seine Theorie bestätigt, dass Dreieckswellen in 5 unterteilt sind, die wiederum in 3 unterteilt sind, was insgesamt 15 Wellen ergibt. Dies untermauerte seine Theorie, dass Dreieckswellen nur als vierte Welle in einer Reihe von fünf Wellen (entweder aufwärts oder abwärts) auftreten.

Wenn Elliotts 13-jähriges Dreieck (1929 bis 1942) zutraf, dann ergab sich daraus ein weiterer wichtiger Gedanke, nämlich dass 1857 bis 1928 ein Superzyklus war, auf den jedoch ein Dreieck (1929 bis 1942) folgte. Dieses Dreieck müsste dann der *vierte* Superzyklus sein, sodass 1857 bis 1928 der *dritte* Superzyklus wäre und alles nach 1942 der *fünfte* Superzyklus. Elliott prognostizierte, dass dieser wahrscheinlich bis weit ins 21. Jahrhundert hinein andauern würde.

Somit haben wir nun zwei Interpretationen:

1. Dass im Jahr 1932 eine neue Reihe von Superzykluswellen begann. 1932 bis 1937 war der *erste* Zyklus, 1937 bis 1942 war Welle 2 und ab 1942 ist Welle 3.
2. Dass der Superzyklus zwischen 1929 und 1942 abgeschlossen wurde, was zu einer neuen Reihe von Wellen führte, die 1942 begann.

Somit war 1942 bis 1946 gemäß dieser Denkweise der erste Zyklus. Die Konstruktion des Dreiecks von 1928 bis 1942 würde laut Elliott die Form von fünf Wellen annehmen, und zwar wie folgt:

1928–1932
1932–1937
1937–1938
1938–1939
1939–1942

Von den beiden Interpretationen erschien diese im Nachhinein sinnvoller. Sie beinhaltete eine Neuberechnung bestimmter Wellen. Während beispielsweise die Schule, die „1932 als neuen Superzyklus" ansah, davon ausging, 1932 bis 1937 sei ein 5-Wellen-Muster gewesen, war nun klar, dass es sich nicht um eine 5er-Welle handelte, sondern um eine 3er-Welle.[2] Somit war 1932 bis 1933 eine Drei (5-3-5 oder *umgekehrter Zigzag*), gefolgt von einer Korrektur (in 3) bis November 1934 und anschließend einem 5er-Aufschwung bis März 1937. Somit wurde der gesamte Anstieg von 1932 bis 1937 zu einem *umgekehrten Flat*, also zu einer 3-3-5-Kombination, im Unterschied zu der ursprünglichen Annahme, dass es sich um 5-3-5-3-5 handelte.

Abbildung 44 zeigt die neu gezählten Wellen von 1932 bis 1937, die mit Abbildung 42 verglichen werden sollte.

Abb. 44:

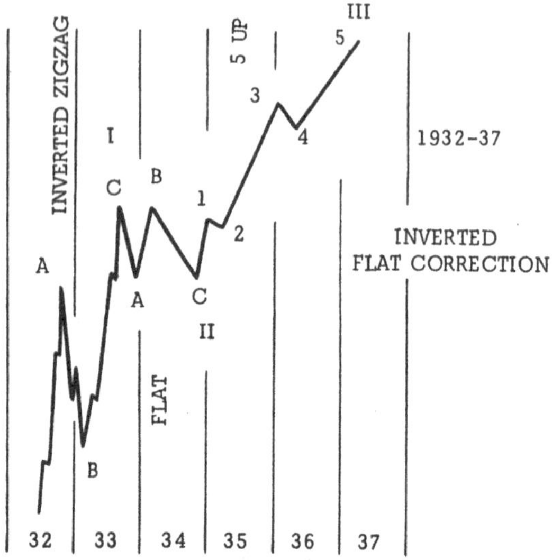

Leider stellte Elliott fest, dass sein Dreieck, damit seine fünf Wellen bis 1942 passten, wie folgt aussehen musste:

1928–1932, 1932–1937, 1937–1938, 1938–1939, 1939–1942.

Alle diese Wellen ließen sich eindeutig in drei Unterwellen unterteilen, *mit Ausnahme derjenigen von* 1937 bis 1938, die eindeutig eine unveränderliche 5-Wellen-Abwärtsbewegung darstellte. Somit musste entweder die gesamte Theorie der Dreiecke als fünf in drei Unterwellen unterteilte Wellen verworfen werden, oder das musste auf andere Weise unter einen Hut gebracht werden. Elliott versuchte daraufhin, verschiedene seltsam anmutende Dreier in das Muster einzufügen, indem er beispielsweise 1928 bis 1938 als *Flat*, 1938 bis 1939 als *Zigzag* und 1939 bis 1942 als *Flat* bezeichnete. All dies war ein Versuch, aus etwas, das ohne Änderung der Regeln nicht in eine solche Konfiguration gebracht werden konnte, ein echtes Elliott-Dreieck zu machen.

Dies hatte den Autor dazu veranlasst, die Korrektur von 1928 bis 1942 als mögliches Elliott-Dreieck zu verwerfen und zur ursprünglichen Theorie von 1938 zurückzukehren. In den frühen 1950er-Jahren schien sich jedoch tatsächlich ein 21-jähriges Dreieck entwickelt zu haben. Im

Vergleich zu der einzigen anderen möglichen Interpretation, nämlich dem Beginn eines neuen Superzyklus im Jahr 1932, und im Vergleich zu dem Problem, ein Dreieck von 1928 bis 1942 technisch funktionsfähig zu machen, hat das 21-jährige Dreieck gewisse Vorteile:

1. Alle Wellen des 21-jährigen Dreiecks lassen sich leicht in Dreiergruppen unterteilen. Darüber hinaus folgen sie dem von Elliott dargelegten Prinzip der *Alternation*.
2. Das Zeitelement von 21 Jahren Korrektur für einen Superzyklus von etwa 70 Jahren Dauer (1857 bis 1928) erscheint angemessener als nur drei bis vier Jahre (1928 bis 1932).
3. Das Jahr 1949 stellte wahrscheinlich den Höhepunkt der Unterbewertung von Wertpapieren dar.[3]
4. 1949 war eindeutig der Beginn der Rückkehr zur freien Marktwirtschaft nach den Erfahrungen mit Sozialismus in der Depression und mit der Kriegsfinanzierung.
5. Das gesamte Muster seit 1949 entspricht dem Konzept eines *raschen Thrusts* in Richtung des Trends, den Elliott als die zu erwartende Reaktion nach einem absteigenden Dreieck dieser Art angenommen hat.[4]

Auf jeden Fall bleibt man eindeutig mit einer von zwei möglichen Interpretationen zurück. Entweder akzeptiert man die Korrektur von 1929 bis 1932 als angemessen für 70 Jahre Vorgeschichte, und in diesem Fall begann 1932 ein neuer Superzyklus. Oder man akzeptiert das 21-jährige Dreieck (beachten Sie die damit verbundenen Fibonacci-Zahlen) als Korrektur, aus der der neue Superzyklus im Juni 1949 hervorgegangen ist.

Anhang A enthält die Argumente, die eher für das 21-jährige Dreieck als für das 13-jährige Dreieck sprechen. Diese stammen aus unserer früheren Monografie „Elliotts Wellenprinzip 1959“. Wie man in anderen Kreisen sagt: „Wer bezahlt, der bestimmt.“

Angesichts der Wahl zwischen diesen beiden Interpretationen ist es äußerst interessant, nebeneinander zu betrachten, wie gut sie funktionieren. Daher zeigen Abbildung 45 und Abbildung 46 einen Vergleich zwischen den beiden Interpretationen. Im Endeffekt unterscheiden sich die Ergebnisse nicht wesentlich. Unter der Annahme, dass die Zählung ab 1949 korrekt ist, fällt auf, dass die Welle I der 21-Jahres-Dreieckstheorie mit der Welle III der Welle (III) der *ursprünglichen* Theorie übereinstimmt. Dies erscheint völlig logisch, da es eine bekannte Tatsache ist, dass die erste Welle einer Serie in der Regel eine geringere Amplitude und Dauer hat als die späteren Wellen.

Aus praktischer Sicht sind die Unterschiede natürlich nicht allzu groß. In beiden Interpretationen ist die aktuelle Welle seit 1949 noch unvollständig, und es ist zu erwarten, dass sie sich im Zuge der Entwicklung des aktuellen Aufwärtsmarkts noch stärker angleichen. Die Korrektur von Welle I des 21-jährigen Dreiecks könnte durchaus umfangreich sein und vielleicht sogar fünf Jahre dauern, aber dasselbe gilt auch für die Welle III von (III), die ebenfalls fünf Jahre dauern könnte, wenn man bedenkt, dass die Welle II von (III) von 1946 bis 1949 drei Jahre lang andauerte.

Alles in allem können wir also zu Recht damit zufrieden sein, dass die beiden „richtigen" Interpretationen – also (1) ein neuer Superzyklus begann 1932 und (2) ein neuer Superzyklus begann 1949 – nebeneinander bestehen können, ohne anachronistische oder unvereinbare Eigenschaften zu erzeugen.

Abb. 45: Elliott: Analyse der Kursentwicklung 1928–1960 und Prognose für die Zukunft (basierend auf dem ursprünglichen Konzept von 1938)

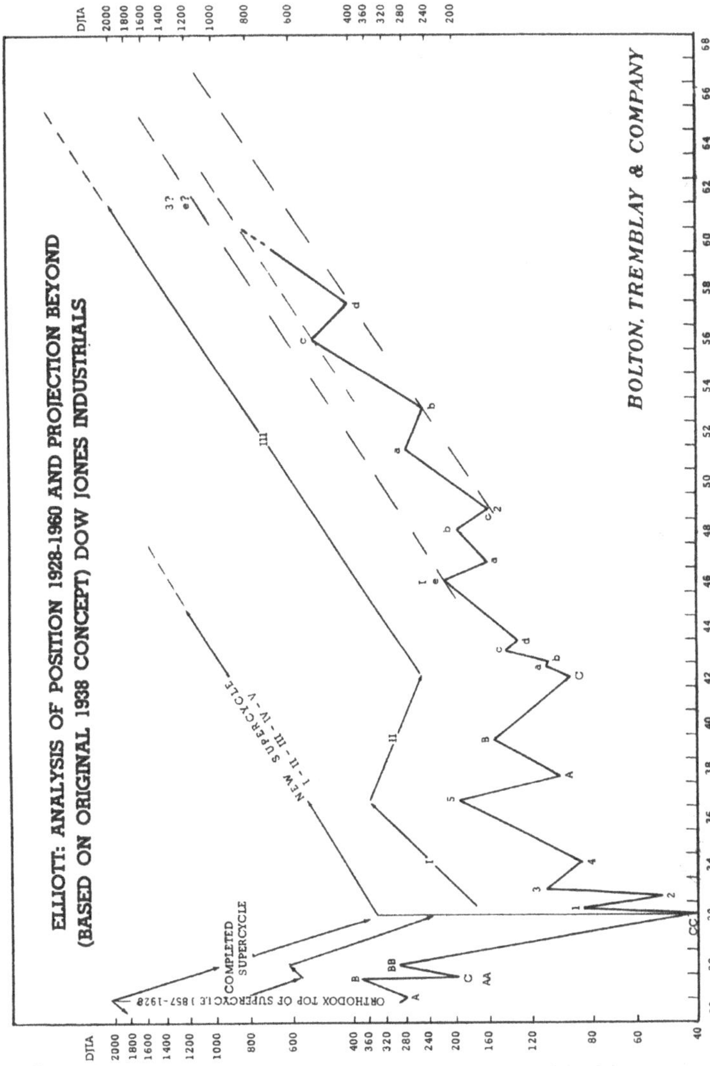

Abb. 46: Elliott: Analyse der Position 1928–1960 – alternatives 21-jähriges Dreieck, gefolgt von einem „Thrust" ab 1949

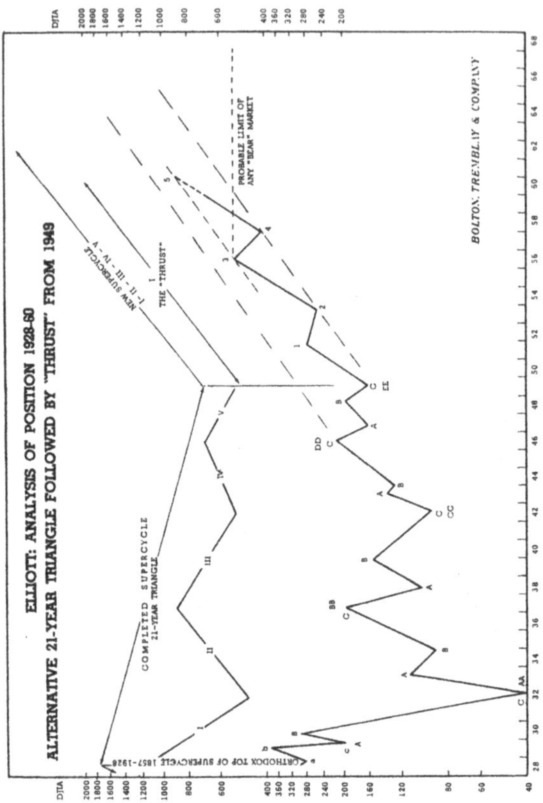

Die nächste Frage, die man sich stellen könnte, lautet: Wenn man das oben Gesagte akzeptiert, wie können die beiden unterschiedlichen Interpretationen zu einem gemeinsamen Ende kommen? Mit anderen Worten: Wie gelangen der Zyklus V der Interpretation (1) und der Zyklus V der Interpretation (2) jemals zu einem hohen Top, das in seiner Größenordnung mit dem von 1929 vergleichbar ist?

Die Antwort lautet offen gesagt, dass wir die Zukunft nicht kennen, aber trotzdem könnten wir einfach die in Abbildung 47 dargestellte „stilisierte" Grafik betrachten.

Abb. 47:

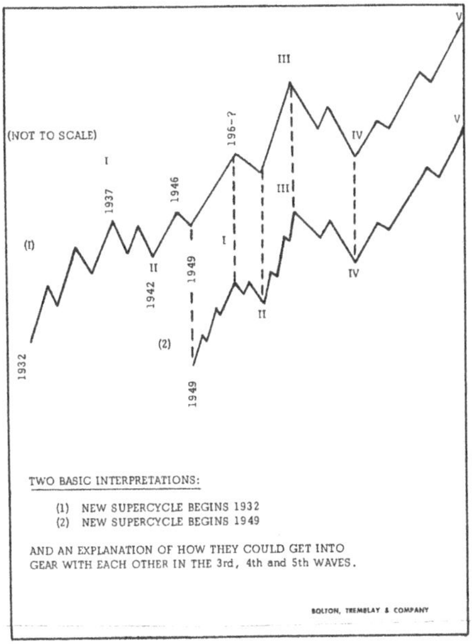

Dieses Diagramm wirft das ganz große Problem auf, das Elliott-Schüler bis heute beschäftigt: Wie lässt sich in der Elliott-Wellen-Theorie der *Wellengrad* wirklich ermitteln? Auch hier müssen wir wieder zugeben, dass wir uns zum jetzigen Zeitpunkt nicht absolut sicher sein können. Dies verleiht der Wellentheorie von Elliott eine Unbestimmtheit, die eine wirklich wissenschaftliche Herangehensweise an die Interpretation des Aktienmarkts ausschließt, auch wenn Elliott das Gegenteil beteuerte.

---

1 Dies ist eine ausgezeichnete Beschreibung der genauen Position des Marktes.

2 Wie in „Elliott Wave Principle" von Frost und Prechter erläutert, zerstört diese Art des Denkens das Wellenprinzip, da es jede „Fünf" in eine falsche 3-3-5-Flat-Welle verwandeln kann. Das Problem an der vermeintlichen „Flat-Welle" ist, dass sie keine ist!

3 Dieser und die nächsten beiden Absätze beschreiben auf brillante Weise den zugrunde liegenden korrigierenden Charakter des Zeitraums, der die korrekte Zählung für den inflationsbereinigten Dow Jones Industrial Average darstellt.

4 Im inflationsbereinigten Dow Jones hielt sich der Thrust an die Regeln, erreichte 1966 einen Höhepunkt und hat diesen Spitzenwert bis heute nicht überschritten.

KAPITEL XI

Der Aktienmarkt der Nachkriegszeit

Wie es scheint, begann der große Aktienmarkt der Nachkriegszeit im Juni 1949. Dies war die Zeit der größten Unterbewertung in der Geschichte. 1932 waren die Preise niedriger, aber es gab keine Ertragskraft, die die Werte untermauerte. Die Preise waren 1942 real niedriger, aber es stellte sich die Frage, wie die Zukunft der amerikanischen Wirtschaft aussehen würde. Die Reglementierung während des Krieges machte jede Vorhersage über die Entwicklung der Ertragskraft unmöglich. Die Steuern auf Überschussgewinne verhinderten eine verlässliche Einschätzung dessen, was die Aktionäre von ihrer Investition erwarten konnten. Im Jahr 1949 wurden jedoch alle Kriegsbeschränkungen aufgehoben. Natürlich gab es große Befürchtungen hinsichtlich einer *unvermeidlichen Nachkriegsdepression*. Diese Befürchtungen wurden jedoch vor allem von den Anlegern gehegt. Die Industrie schenkte ihnen keine Beachtung. Die Pläne für Investitionen wurden ungeachtet der Anlegerstimmung unbehindert weiterverfolgt.

In dieser Zeit erreichte der Dow Jones Industrial Index seinen historischen Tiefststand – *gemessen an der Ertragskraft*.

Aus diesen Anfängen entwickelte sich *der größte Bullenmarkt der Geschichte*. Im Jahr 1960, elf Jahre später, hält dieser Bullenmarkt immer noch an. Wenn wir Elliotts Theorien als gültig akzeptieren, wird dieser grundlegende Bullenmarkt im weitesten Sinne wahrscheinlich während des gesamten Jahrhunderts anhalten.

Abbildung 48 zeigt eine aktualisierte Darstellung unserer Interpretation der Wellenentwicklung von 1949 bis zum Frühjahr 1960. Daraus geht hervor, dass der Rückgang von Juli 1959 bis April 1960 (DJIA von 684 auf 597) die Intermediärphase 4 der fünften Primärphase seit Juni 1949 darstellt. Eine Möglichkeit, die jedoch nicht übersehen werden darf, ist, dass der Zeitraum von Juli 1959 bis April 1960 nur die Welle A einer Gesamtkorrektur sein könnte, die die Welle B bis auf das Niveau der Welle A und vielleicht sogar deutlich darüber hinaus führen könnte, worauf dann ein Bärenmarkt im traditionellen Sinne von beträchtlichem Ausmaß folgen könnte.

Abb. 48: Aufschlüsselung des DJIA seit 1949

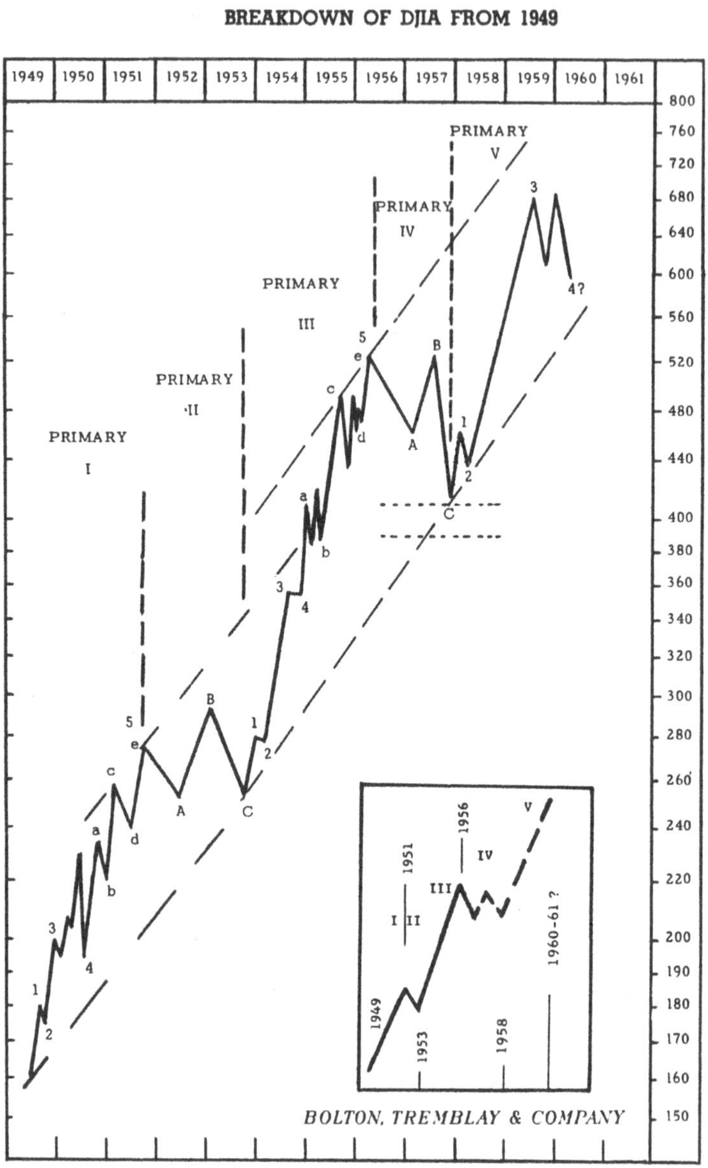

Je weiter wir im Aktienmarktzyklus seit 1949 voranschreiten, desto deutlicher wird, dass die möglichen zukünftigen Permutationen und Kombinationen gegen unendlich tendieren. Es wird auch immer deutlicher, dass es äußerst zweifelhaft ist, ob die Elliott-Wellen-Theorie uns täglich eine Antwort liefern kann. Als Beispiel für die möglichen Permutationen an diesem Punkt zeigen wir die Abbildungen 49, 50 und 51. Und das ist erst der Anfang.

Abb. 49–51:

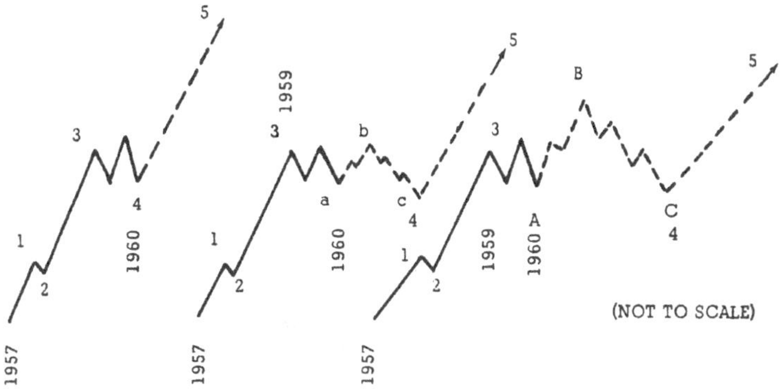

Alle diese Interpretationen sind zum jetzigen Zeitpunkt möglich, und tatsächlich gibt es noch unzählige andere Feinheiten, die von nun an eintreten könnten. Wer weiß?

Wir können uns durchaus fragen: Wie können wir die Implikationen des Wellenprinzips mit den *offensichtlichen Tatsachen des Lebens* in Einklang bringen, in dem die amerikanische Wirtschaft nicht nur von der russischen Wirtschaft, sondern auch von allen anderen Mitgliedern der zunehmend mächtigen britischen und europäischen Wirtschaftssysteme von allen Seiten bedrängt wird?

Die offensichtlichen Tatsachen des Lebens sind natürlich seit einigen Jahren bekannt und stellen Konzepte dar, die zwar eine langfristige Bedeutung haben können, aber in keinem Zeitraum einen wichtigen

Einfluss haben. Der Markt wird also nicht durch Tatsachen geschaffen, sondern durch die Summe dessen, was die Menschen über diese Tatsachen denken. Wie sonst lässt sich die offensichtliche *Unterbewertung* in einem Zeitraum wie 1948 bis 1950 erklären? Oder auch die Überbewertung von 1928 bis 1929 und ihr heutiges Gegenstück? Offensichtlich gibt es Zyklen geistiger Verirrung, in denen es durchaus möglich ist, dass es zu einer längeren Phase der *groben Unterbewertung* von Wertpapierkursen kommt, auf die zu gegebener Zeit (vielleicht nach einem Jahrzehnt oder mehr oder weniger) eine Phase der *groben Überbewertung* folgt. Die Fundamentalisten beklagen die heutige Überbewertung der Wertpapierpreise. Es ist jedoch zweifelhaft, ob sie sich mit der Unterbewertung in der Vergangenheit wohler gefühlt haben. Wie sollte man den Kauf einer Aktie rechtfertigen, deren Wert um 50 Prozent sank, nachdem eine sorgfältige Analyse ihre hervorragenden Eigenschaften aufgezeigt hatte? Und noch vor wenigen Jahren war dies „ganz normal“.

Zu Beginn des Jahres 1960 hat sich die Marktstimmung radikal gewandelt: Von einer ironischen Zuversicht ist man zu Skepsis hinsichtlich der Grundlagen für weitere Kursanstiege übergegangen. Die Meinungen sind jedoch noch nicht eindeutig: Man kann heute nicht sagen, dass alle optimistisch oder alle pessimistisch seien. Solche Gegensätze sind einfach nicht möglich. Sicherlich gibt es derzeit keinen grassierenden Optimismus. Aber es gibt auch nicht den übermäßigen Pessimismus, der Mitte 1949, 1953 und Ende 1957 vorherrschte. Wir bleiben in einer *Zwickmühle*. Fakt ist jedoch – wenn unsere Interpretation des Elliott-Wellen-Prinzips richtig oder auch nur annähernd richtig ist –, dass wir die letzte Phase des großen Bullenmarkts von 1949–? *noch nicht* gesehen haben. Wird sie sich um mehrere Jahre verzögern, oder werden wir sie ungefähr im nächsten Jahr abschließen? Diese Fragen bleiben unbeantwortet.

KAPITEL XII

Merkmale seit 1949

Die Merkmale des Aktienmarkts seit 1949 stimmen sehr gut mit der Vorstellung eines *Thrusts* überein, wie er nach einem Elliott-Dreieck zu erwarten wäre. Abbildung 52 zeigt den Dow Jones Industrial Average seit dem Tiefpunkt im Jahr 1949. Dieser Tiefpunkt kann je nachdem sein:

der Beginn der Welle I nach einem 21-jährigen Dreieck

oder

der Beginn von Welle III der Welle (III) ab dem Tiefpunkt 1932.

Um wirklich als *Thrust* zu gelten, muss er eine außergewöhnliche Stärke aufweisen. Dies ist tatsächlich *auch elf Jahre nach* seinem Beginn noch der Fall. Zur Untermauerung dieser These möchten wir auf folgende Faktoren hinweisen:

1. Die Darstellung in Abbildung 52 ist logarithmisch, was auf einen hohen *Inflationsfaktor* hindeutet, der für einen *Thrust* spricht.
2. Die Basislinie von 1949 bis zum Tief 1953 wurde weder 1957 noch bis heute durchbrochen.
3. Die Tiefs der jeweiligen Wellen 4 der Primärwellen I und III lagen deutlich über den Hochs der Wellen 1.

4. Die vierte Welle des gesamten Zyklus, also der Tiefpunkt der Primärwelle IV Ende 1957, lag weit über dem Höchststand der ersten Welle des Zyklus, also dem Höchststand der Primärwelle I im September 1951.

Abb. 52: Merkmale seit 1949

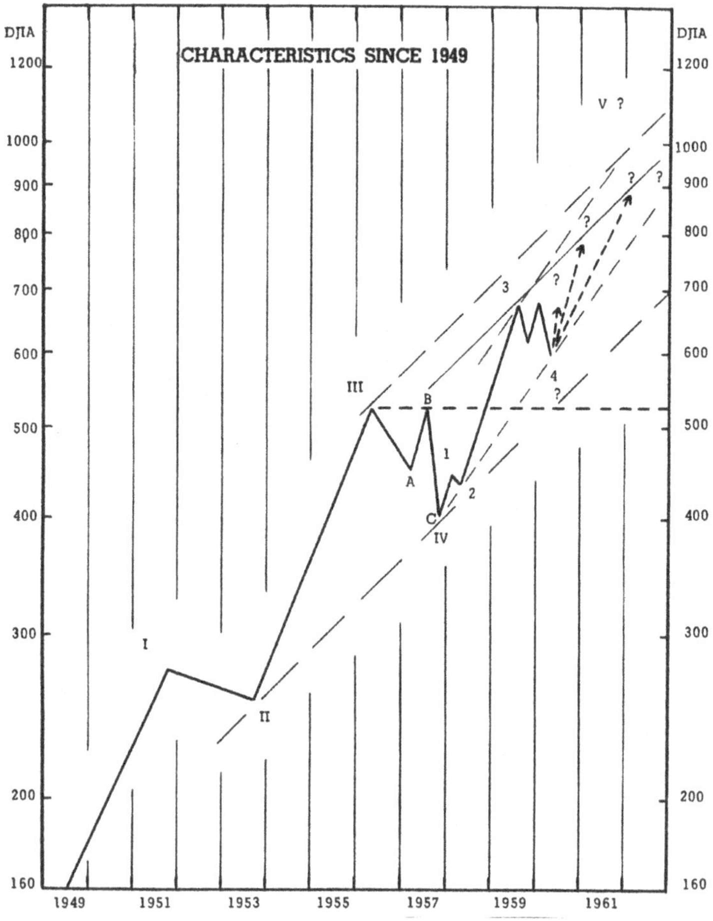

Märkte ändern ihre Gewohnheiten meist nur langsam. Anfang 1960 herrscht große Besorgnis, dass wir uns in einem *bedeutenden Bärenmarkt* befinden könnten. Einige Dow-Theoretiker behaupten mit Blick auf die Vergangenheit, dass Mitte 1959 der gesamte Bullenmarkt seit 1949 zu Ende gegangen sei. Dies basiert auf der Bestätigung des Rail Average und des Industrial Average im Frühjahr 1960, als beide neue Tiefststände unterhalb der Tiefststände vom September 1959 erreichten. Die Entwicklung des Marktes scheint jedoch nach Elliotts Auffassung und nach seiner Interpretation, so gut man sie eben in seiner Abwesenheit prognostizieren kann, zum Zeitpunkt der Abfassung dieses Artikels (Mai 1960) noch nicht in einen neuen Bärenmarkt übergegangen zu sein. Dies wird durch die folgenden Faktoren gestützt:

1. Es scheint nicht möglich zu sein, seit dem Herbst 1957 eine 5-wellige Zählung für den Markt zu entwickeln. Somit scheint die Primärwelle V unvollständig zu sein.
2. Unsere Zählung deutet darauf hin, dass die Hochs von 1959 nur die Welle 3 von Primärwelle V abgeschlossen haben. Welle 4 könnte noch andauern, aber es besteht die Möglichkeit, dass die Tiefs vom April 1960 die gesamte Welle 4 von Primärwelle V abgeschlossen haben.
3. Diese Annahme wird durch die Tatsache bestätigt, dass der Rückgang von Januar bis April in fünf Abwärtswellen unterteilt werden kann, wobei die letzte Welle ebenfalls ein klares Muster aus fünf Unterwellen aufweist. (Der Rail Average weist ebenfalls ein klares Muster aus fünf Unterwellen auf, und oft ist es ein Zeichen für das Ende der Bewegung, wenn beide zusammenwirken.)

Sollte sich dies als richtig erweisen, würden wir eine der folgenden Möglichkeiten erwarten:

1. Welle 5 von Primärwelle V entwickelt sich nun schnell. In diesem Fall wären bis Ende 1960 wahrscheinlich neue Höchststände zu erwarten.

2. Der April 1960 wird sich einfach als Welle A von I erweisen. Dies würde eine schnelle A-B-C-Formation erfordern, wobei B wahrscheinlich ein Dreifach-Top (wie 1957) und C wahrscheinlich eine fünfwellige Abwärtsbewegung auf ein neues Tief, vielleicht irgendwo um 570 DJIA-Punkte, wäre. All dies würde natürlich etwa sechs Monate bis ein Jahr oder noch länger dauern.
3. Es ist möglich, dass Welle 4 von Primärwelle V kurzfristig betrachtet noch nicht abgeschlossen ist. Daher könnte sich ein Abwärtsimpuls für die Minor-Welle entwickeln, die im April 1960 ihren Abwärtstrend begann. Wenn dies der Fall ist, muss es praktisch sofort geschehen, da die Zeit und die Saison sowie die Dynamik offenbar ablaufen.

Zu welchen Schlussfolgerungen können wir also kommen? Es ist immer äußerst gefährlich, dogmatisch zu sein. Die uns vorliegenden Anhaltspunkte deuten darauf hin, dass die Primärwelle V seit 1949 noch nicht abgeschlossen ist. Basierend auf der in der Vergangenheit nachgewiesenen Dynamik und den prognostizierten Trendkanälen sowie abhängig vom Zeitfaktor *könnte* der *DJIA* Ende 1960 oder im Frühjahr 1961 irgendwo im Bereich von 760 bis 800 das orthodoxe Hoch von Primärwelle V des Zyklus I (21-Jahres-Dreieck-Interpretation) erreichen.

Angesichts dieser Möglichkeit und unter der Annahme, dass dies eintritt, wäre dies dann der endgültige Höchststand für die nächsten Jahre? *Nicht unbedingt*, und dies aus dem einfachen Grund, dass die gesamte *inflationäre Charakteristik des Aufwärtsschubs* seit 1949 voller Beispiele ist, bei denen Welle B der A-B-C-Korrekturformation *höher* ist als der Höchststand der vorherigen fünf Wellen.

Wenn wir also erneut von unserer Hypothese ausgehen, dass sich Ende 1960 oder Anfang 1961 ein Höchststand einstellen sollte, würden wir einen sehr erheblichen Rückgang erwarten, vielleicht in der Größenordnung von 15 Prozent, wodurch Welle (A) abgeschlossen würde, gefolgt von einem weiteren raschen Anstieg auf ein neues Hoch über dem vorherigen Höchststand, wodurch Welle (B) abgeschlossen würde, gefolgt von einem möglicherweise ziemlich katastrophalen Rückgang in fünf kleineren Wellen, wodurch die Welle (C) abgeschlossen würde.[1]

Der *Zeitpunkt* und die *Amplitude*? Das kann nur vermutet werden. Die Welle (B) könnte bis 1963 abgeschlossen sein, die Welle (C) bis 1965/1966. Aufgrund der historischen Entwicklung des *Thrusts* seit 1949 wäre stark zu vermuten, dass der DJIA-Stand von 522[2] so ziemlich das tiefste Niveau wäre, das man für den Markt erwarten könnte. (Während der Bullenmärkte seit 1949 fiel die Korrektur einer ganzen 5-Wellen-Bewegung in keinem Fall tiefer als der Höchststand der Welle 3. Es besteht auch die Vermutung, dass die Basislinie von 1949–1953–1957 auf dem logarithmischen Chart durchbrochen *würde*. Bei Wellen dieses Grades war dies in der Vergangenheit immer der Fall.)

Damit endet unser Ratespiel zum Stand im Mai 1960.[3] Es könnte sich als unzutreffend erweisen, aber ebenso gut als völlig korrekt.

---

1 Dies ist eine nahezu perfekte Beschreibung dessen, was sich von dieser Zeit bis 1962 ereignete.
2 Das Intraday-Tief von 1962 lag bei 524,55.
3 In einer späteren Ausgabe des Buches fügte Bolton hier folgende Fußnote hinzu: „Das Obige wurde geschrieben, bevor Chruschtschow in Paris über Spione und Spionage sprach. Die spätere Entwicklung legt nahe, dass Welle 4 im April 1960 abgeschlossen war."

KAPITEL XIII

Ist „Elliott“ eine exakte Wissenschaft?

Unabhängig vom Ausgang der aktuellen Zykluswelle und ihrer Position in Bezug auf die Primärwellen können wir uns einige wichtige allgemeine Aspekte ansehen. Weiter oben in diesem Buch haben wir gesagt, dass Elliott-Prognosen nicht immer spezifischer werden, sondern es viel wahrscheinlicher ist, dass sich mit zunehmender Entfernung von 1932 bis 1949 immer mehr unterschiedliche Interpretationen entwickeln lassen.[1] Lassen Sie uns dies einmal theoretisch betrachten.

Ausgehend von einem bestimmten historisch belegten Startpunkt, beispielsweise 1929, 1932, 1949 und so weiter, beginnen sich die Elliott-Wellen zu entwickeln. Je schneller es nach oben (oder unten) geht, desto größer sind die Korrekturen auf dem Weg dorthin. Das ist völlig logisch. Die Indizes setzen sich natürlich aus einer Kombination verschiedener Aktien zusammen, aber nicht jede Aktie folgt oder entspricht zwangsläufig dem jeweiligen Index. Die Tatsache, dass die Indizes einem Gesamtmuster entsprechen, ist interessant, sollte aber nicht als völlig schicksalhaft angesehen werden. Je weiter man sich von einem *Endpunkt* entfernt, desto wahrscheinlicher ist es, dass der Interpret den Wald vor lauter Bäumen nicht mehr sieht. Aus diesem Grund ist der Verfasser der

Meinung, dass Elliott für die Entwicklung grober Richtungsimpulse nützlich ist, dass es jedoch sinnlos ist, sich über die Beendigung kleinerer Wellen oder deren Fehlen zu streiten. Der Börsenkurs einer einzelnen Aktie weist viele Merkmale eines *lebenden Organismus* auf. Die Indizes tun dies jedoch weniger. Dennoch geben die Indizes von Standard & Poor's, Dow Jones und so weiter zusammen mit ihren Vorgängern einen Überblick über die Historie, der bei einzelnen Aktien nicht verfügbar ist.

„Elliott" ist keine exakte Wissenschaft. Das wird es auch nie sein. Die beiden großen *Enddaten* des Jahrhunderts sind offensichtlich 1929 und 1932. Wir entfernen uns immer weiter von ihnen. Wenn die von uns diskutierten Implikationen von Elliott eintreten, wird das Interesse an der Interpretation von Elliott viel größer werden. Neue Schüler werden sich daran versuchen. Es wird nicht nur *einen* Experten geben, sondern mehrere, so wie es heute mehrere Dow-Theorie-Experten gibt, von denen einige nicht miteinander übereinstimmen.

Die Zeit ist reif für eine solche Entwicklung. Es wird viel mehr Forschung zu den Feinheiten von Elliott betrieben werden. Das wird jedoch nicht unbedingt zu mehr Wahrheiten führen. Der Autor empfiehlt den Studenten, sich stets *um Einfachheit* zu bemühen. „Elliott" allein wird jedoch nicht funktionieren. Es sollte mit der Wirtschaft und anderen technischen Marktstudien in Verbindung gebracht werden. Insbesondere muss es zusammen mit den Veränderungen der Bankkredite studiert werden.

---

1 Das ist richtig, aber nur für eine gewisse Zeit. Das Wellenprinzip hat die bemerkenswerte Eigenschaft, den Analysten von einem Zustand der Unsicherheit zu einem Zustand völliger Klarheit zu führen, sobald eine Welle abgeschlossen ist. Der Grund dafür ist, dass „Elliott" eine Studie über Muster ist, und wenn man ein abgeschlossenes Muster vor Augen hat, ist es schwer, es zu verkennen.

KAPITEL XIV

Bankkredite und die Wellentheorie

Der Verfasser hatte keine Zeit, sich eingehend mit den Möglichkeiten von Zyklen (Periodizität) bei Bankkrediten zu befassen. Es wurde auch nicht versucht zu untersuchen, ob das Elliott-Wellen-Prinzip effektiv auf die Expansion und Kontraktion des Kreditaufkommens angewendet werden kann. Da die Expansion und Kontraktion der Bankkredite für unser kapitalistisches Wirtschaftssystem von grundlegender Bedeutung sind, scheint es sehr wahrscheinlich, dass diese Veränderungen in Wellen stattfinden, die nach den Regeln von Elliott klassifiziert werden könnten.

Unabhängig davon lassen sich gewisse Analogien zwischen dem Verhalten von Bankkrediten und dem von Aktienkursen in den letzten 130 Jahren ziehen.[1]

Elliott verwendete für seine Analyse der Wellen im vorigen Jahrhundert den Axe-Houghton-Burgess Index der Aktienkurse von 1854 bis 1929. Wenn man diesen Index mit dem Ayres Index der Aktienkurse für den Zeitraum von 1831 bis 1870 zusammenfügt, also diesen Index von 1831 bis 1854 verwendet und ihn mit dem Axe-Houghton Index verknüpft, wird deutlich, dass von 1836 bis 1857 (21 Jahre) ein *großer Bärenmarkt* stattfand. Wie wir bereits in früheren Besprechungen des Elliott-Wellen-Prinzips erwähnt haben, kam es in den Vereinigten Staaten nach dem Landboom der frühen 1830er-Jahre zu einem Zusammenbruch der Bankkredite in einem Ausmaß, das mit dem Zusammenbruch der Bankkredite nach dem Aktienmarktkredit-Boom der späten 1920er-Jahre vergleichbar ist. Darüber hinaus gab es zwischen 1835 und 1845 sowie zwischen 1930 und 1940 keinen Zusammenbruch der Bankkredite in vergleichbarem Ausmaß.

Eine Besonderheit, auf die wir jedoch hinweisen möchten, ist, dass unabhängig davon, welchen Aktienindex man verwendet, ob Axe-Houghton-Burgess oder Cowles Commission in Verbindung mit dem Ayres Index, die großen Bullenmärkte des letzten Jahrhunderts und im Allgemeinen bis etwa 1914 *kurz* waren und *schnell* von *langen Korrekturen* gefolgt wurden, während die Bullenmärkte seit etwa dem Ersten Weltkrieg *lang* waren und von *kurzen Korrekturen* gefolgt wurden.

Wir verweisen Sie zurück auf Kapitel VI, in dem wir gezeigt haben, dass Elliotts Zählung des Superzyklus (III) wie folgt aussah:

		Kurz	**Lang**
Zykluswelle I	1857–1864	7 Jahre	
Zykluswelle II	1864–1877		13 Jahre
Zykluswelle III	1877–1881	4 Jahre	
Zykluswelle IV	1881–1896		15 Jahre
Zykluswelle V	1896–1928		32 Jahre

Nur Zykluswelle V war im Verhältnis zu den darauf folgenden Korrekturen lang, und man kann sagen, dass der Übergang von kurzen orthodoxen Bullenmärkten und langen Korrekturen im Wesentlichen um den Ersten Weltkrieg herum stattfand.

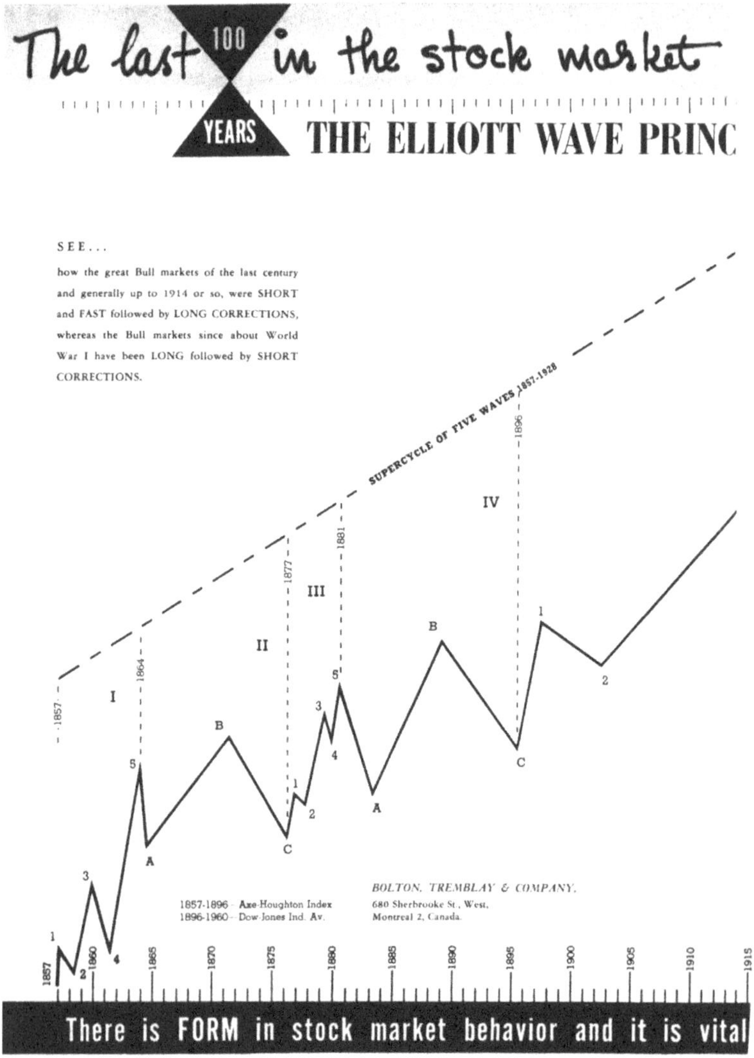
The last 100 YEARS in the stock market
THE ELLIOTT WAVE PRINC
SEE...
how the great Bull markets of the last century and generally up to 1914 or so, were SHORT and FAST followed by LONG CORRECTIONS, whereas the Bull markets since about World War I have been LONG followed by SHORT CORRECTIONS.
SUPERCYCLE OF FIVE WAVES 1857-1928
I
II
III
IV
1857
1864
1877
1881
1896
1857-1896 – Axe-Houghton Index
1896-1960 – Dow-Jones Ind. Av.
BOLTON, TREMBLAY & COMPANY,
680 Sherbrooke St., West,
Montreal 2, Canada.
1857
1860
1865
1870
1875
1880
1885
1890
1895
1900
1905
1910
1915
There is FORM in stock market behavior and it is vital

along the lines of

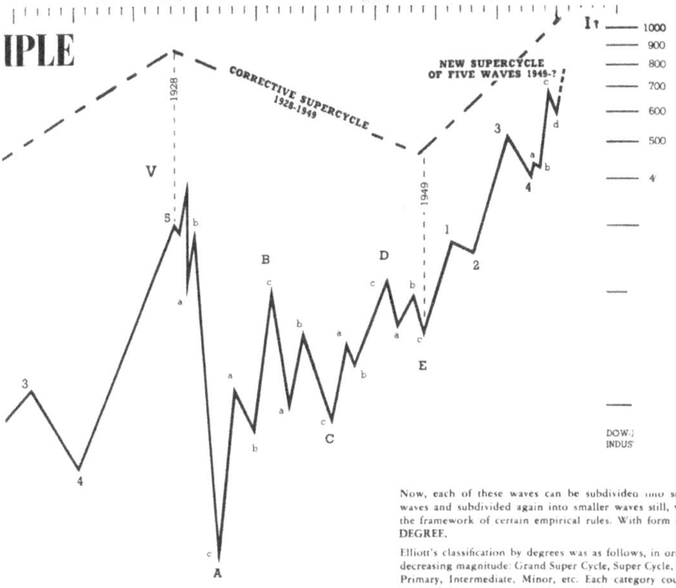

During an illness in the middle 1930's, the late R. N. Elliott discovered the basic rhythm in the Stock Market and elsewhere which he called the "Wave Principle" and, later, "Nature's Law".

In a series of articles in the Financial World in 1938-39, Elliott pointed out that observation on his part — going back over at least 80 years — proved to his satisfaction that, generally speaking, the market moved in cycles of 21 waves: 5 up, 3 down, 5 up, 3 down and 5 up. To qualify, only waves 1, 3 and 5 of the UP series are up; 2 and 4 being actually down (corrective) waves. Likewise, only waves A and C of the DOWN series are down; wave B being actually up (corrective). The concept which emerges from this elementary description is one of **FORM.**

Now, each of these waves can be subdivided into smaller waves and subdivided again into smaller waves still, within the framework of certain empirical rules. With form comes **DEGREE.**

Elliott's classification by degrees was as follows, in order of decreasing magnitude: Grand Super Cycle, Super Cycle, Cycle, Primary, Intermediate, Minor, etc. Each category could be subdivided into set patterns of waves of the next lesser degree. For instance, the 1857-1928 Super Cycle can be broken down into 5 Cycles (1857-64, 1864-77, 1877-81, 1881-96, 1896-1928), and each of the 5 Cycles can be broken down into either 5 or 3 Primaries in accordance with Elliott's law.

Elliott's Wave Principle differs from other cycle theories in that it does not hinge upon periodicity of recurring cycles. Within the framework of the Principle, waves may extend or contract in time over very considerable periods. Thus the patterns are far more flexible than under orthodox cycle theories.

One of the interesting facets to Elliott's Wave Principle is the fact that the whole concept is one of GROWTH. The main direction can be considered as always upward, the downward waves always being corrections. Thus in the stock market, one starts a new cycle of waves on a small scale, and these then become parts of larger waves in set patterns.

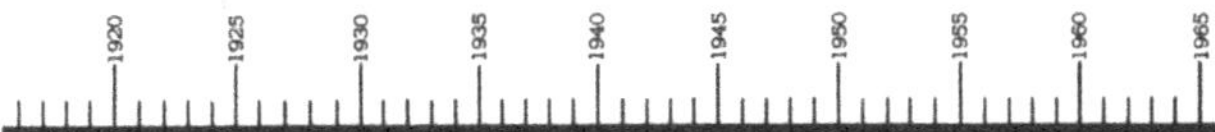

to KNOW WHERE WE ARE IN THE INVESTMENT CYCLE.

Wir könnten vielleicht den Ersten Weltkrieg, die Weltwirtschaftskrise und den Zweiten Weltkrieg für diese Veränderung verantwortlich machen, aber tatsächlich ist die Veränderung in erster Linie auf die *Umstellung des Bankensystems* zurückzuführen, die mit der Gründung des Federal Reserve System im Jahr 1914 stattfand.

Vor der Federal Reserve gab es das National Banking System. Dieses System war sehr unflexibel und einer der Gründe, warum die Börsencrashs im 19. und frühen 20. Jahrhundert oft so schwerwiegend waren. Im Wesentlichen lief es so ab: Am Ende einer Depression wurde Geld sehr leicht verfügbar und Kredite wurden gewährt. Da die Unternehmen das Geld nicht benötigten, begannen Spekulanten, die den Wandel der Zeit spürten, mithilfe von Bankkrediten Wertpapiere zu kaufen. Die Aktienkurse stiegen dann schnell aus den Tiefen der Depression heraus. Aber nach nur wenigen Jahren benötigten Unternehmen und Industrie wieder Kredite. Da die Möglichkeiten der Kreditausweitung aufgrund des hochentwickelten internationalen Goldstandards, der von 1875 bis 1914 in vollem Umfang galt, sehr begrenzt waren, mussten die spekulativen Kredite eingeschränkt werden, wenn die Unternehmenskredite zu wachsen begannen. So kam es, dass in jenen Tagen die Höchststände an den Aktienmärkten den Höchstständen in Industrie und Wirtschaft in der Regel mit großem Abstand *vorausgingen*. Der gesamte Anstieg der Aktienkurse fand innerhalb kurzer Zeit statt, und von da an folgten über lange Zeiträume Bärenmärkte, gefolgt von Bullenmärkten, die jedoch insgesamt nicht sehr weit kamen. Diese sogenannten Bullen- und Bärenmärkte nahmen gemäß Elliotts Regeln ausnahmslos die Form langer Korrekturmuster an (das heißt drei statt fünf Wellen).

Mit der Gründung der Federal Reserve im Jahr 1914 und insbesondere mit dem endgültigen Zusammenbruch des Goldstandards in den USA im Jahr 1933 wurde jedoch der Weg für eine *nahezu unbegrenzte* Ausweitung der Bankkredite geebnet, was für die Zukunft bedeutete, dass es zumindest für lange Zeit nicht mehr zu solchen Zusammenbrüchen der Bankkredite kommen würde, wie sie in der Zeit zwischen 1836 und 1933 vorherrschten. Diese Tatsache wurde durch den enormen Zusammenbruch der Bankkredite von 1929 bis 1933 und durch die Besonderheit der Kreditausweitung im Zweiten Weltkrieg, die fast ausschließlich in Form von staatlichen Krediten und nicht von privaten Bankkrediten erfolgte, in ihrer Prognosewirksamkeit noch weiter verstärkt.

Die Ausweitung der Bankkredite des staatlichen Sektors im Zweiten Weltkrieg und das extrem niedrige Niveau der Bankkredite des privaten Sektors im Jahr 1945 stellten sicher, dass es in der unmittelbaren Nachkriegszeit zu keinem wirtschaftlichen Zusammenbruch kommen würde. Tatsächlich sorgte dies dafür, dass es im Bankensystem für nahezu unbegrenzte Zeit reichlich Mittel geben würde und dass auf dieser Grundlage ein enormer Aufschwung der Wirtschaft und vermutlich auch der Aktienkurse aufgebaut werden könnte.

Die Situation im Jahr 1949, als der Nachkriegsboom der Aktienkurse wirklich begann, war also so beschaffen, dass sie zu langen Bullenmärkten und kurzen Korrekturen führte, basierend auf:

a. Extrem niedrigen Aktienbewertungen
b. Extrem geringer Kreditvergabe durch Privatbanken
c. Einem extrem großen Reservoir (dem größten in der Geschichte) an ungenutztem Geld in Form von Einlagen, die durch die Monetarisierung der Staatsschulden durch die Banken entstanden waren
d. Einem politischen Umfeld, das nicht mehr durch die alten Fesseln des internationalen und nationalen Goldstandards eingeschränkt war und das nach der Depression der 1930er-Jahre *inflationistisch ausgerichtet* war. Trotz der Bemühungen des Federal Reserve Board, die aggressiveren Verfechter der Inflation im Kongress zu mäßigen, konnte dieser immer noch als viel eher geneigt angesehen werden, eine monetäre Inflation und Defizitfinanzierung zu befürworten als die strengere Medizin der Haushaltskontrolle und der schrittweisen Deflation der Geldmenge.

Auch gibt es zum gegenwärtigen Zeitpunkt keinen Grund zu der Annahme, dass eine deflationäre Bankkreditpolitik in den Vereinigten Staaten toleriert würde. Es gibt nur noch eine einzige automatische Beschränkung, nämlich den eher schwachen Zusammenhang, der nach wie vor zwischen den Einlagen bei der Federal Reserve, dem Geldumlauf und den Goldreserven besteht, wobei Letztere laut Gesetz mindestens 25 Prozent der beiden erstgenannten Posten zusammen betragen müssen (derzeit liegt das Verhältnis bei etwa 40 Prozent).[2]

Die Kredit-Ingredienzen, die durch die Kredit-Monetarisierung im Zweiten Weltkrieg zusammengebraut wurden, sind in der Geschichte der Vereinigten Staaten einzigartig. Sie führten bereits ab 1949 zu einem Boom der Aktienkurse, der bei führenden Indizes wie dem Dow Jones, dem Standard and Poor's und so weiter innerhalb von elf Jahren etwa eine Vervierfachung bewirkte. Angesichts der Expansion der Bankkredite im privaten Sektor und der Tatsache, dass noch wichtige Reserven für eine zukünftige Expansion vorhanden sind, scheint es jedoch wahrscheinlich, dass das Nachkriegsmuster langer Perioden steigender Preise und kürzerer sowie unterdurchschnittlicher Perioden von Börsenkorrekturen gemäß Elliott im Vergleich zu den rasanten Aufschwüngen und langen Perioden relativer Stagnation, die die Trends im 19. und frühen 20. Jahrhundert prägten, der vorherrschende Trend sein wird.

Nichtsdestotrotz dauert der aktuelle Aktienboom (der 1949 begonnene Zyklus) nun schon seit elf Jahren an. Wir haben unsere Überzeugung zum Ausdruck gebracht, dass er die fünfte Phase (Primärwelle V) noch nicht abgeschlossen hat. Es fehlen offensichtlich einige Elemente. Nach einer so starken Zufuhr von Bankkrediten in die Wirtschaft wäre eine letzte Phase der spekulativen Überhitzung zu erwarten. Diese ist jedoch noch nicht eingetreten. Es könnte durchaus noch dazu kommen.

Es ist vielleicht bezeichnend, dass der Höhepunkt des Kapitalbooms (Expansion der Investitionsgüter) 1956/1957 erreicht wurde. Es wird allgemein als unwahrscheinlich angesehen, dass wir auch im verbleibenden Teil dieses Konjunkturzyklus einen so starken relativen Anstieg erleben werden. Mittel, die für die Förderung der Kapitalexpansion zur Verfügung stehen, können leicht für andere Zwecke verwendet werden. Die Federal Reserve kontrolliert die Einschusskredite an den Aktienmärkten streng (derzeit, im Mai 1960, 90 Prozent). Dennoch können diese Vorschriften durch die Bereitstellung von Mitteln außerhalb der Kontrolle des Bankensektors umgangen werden.[3] Wenn also Geld verfügbar ist und brachliegt, kann es dazu verwendet werden, das zu fördern, was auch eine Erhöhung der Bankkredite fördern würde. Dann geschieht es, dass das Geld schneller in Umlauf gebracht wird. Das Bankensystem hat keine Kontrolle darüber, wie schnell die Allgemeinheit ihre Bankguthaben umschichtet. Die Bankpolitik kann lediglich die Ausweitung neuer Kredite begrenzen oder vielleicht sogar die bestehenden Kredite abschwellen lassen, aber sie kann nicht kontrollieren, wie schnell das Geld verwendet wird.

Die Zutaten für einen Spekulationsboom sind vorhanden: ein enormer Anstieg der privaten Bankkredite, die durch steigende Zinsen geweckte Lust, Geld zu investieren, das Spektakel steigender Aktienkurse und fallender Anleihepreise, der inflationäre Kostendruck durch die Arbeiterschaft, die offensichtliche politische Neigung zur Inflation oder zumindest zur Nicht-Deflation (niemand würde eine Deflationspolitik wie in den frühen 1930er-Jahren tolerieren – siehe die Broschüre des Autors „1929 and Now“) und die Tatsache, dass wir eine neue Generation haben, für die 1929 und seine Folgen lediglich aufgezeichnete Geschichte und keine lebendige Erfahrung sind.

Wird es in der kommenden Zeit zu einem solchen Boom kommen? Die Voraussetzungen sind gegeben, und das *Muster der Zykluswelle* seit 1949 *scheint noch unvollständig zu sein*. Eine sichere Vorhersage ist nicht möglich, dennoch scheinen die Chancen dafür zu sprechen. Aus Sicht von Elliotts Theorien lassen sich einige Überlegungen zu den Elementen Zeit und Amplitude anstellen:

1. Viele wichtige Zeiträume aus Schlüsseljahren der Vergangenheit deuten auf 1962 und 1963 als Schlüsselperioden hin. (Vergleichen

Sie verschiedene Fibonacci-Zahlen, also 3, 5, 8, 13, 21, 34, 55 und so weiter, mit wichtigen Elliott-Wendepunkten in der Vergangenheit wie 1928, 1929, 1942, 1949 und so weiter). Es gibt keine Anzeichen dafür, ob Höchst- oder Tiefststände zu erwarten sind, aber wie auch immer man es betrachtet: Das Zusammentreffen von Zeitreihen, die diese Jahre in gewisser Weise als *Endpunkt* anzeigen, ist eine kontinuierliche Untersuchung wert.

2. Die Art des *Thrusts* seit 1949 und der wirtschaftliche Kreditkontext sowie die Zählung der Primär- und Intermediärwellen seit 1949 deuten darauf hin, dass entweder das Hoch von Primärwelle V oder das anschließende Hoch einer unregelmäßigen Welle B des Korrekturzyklus eine oder mehrere der oberen Parallelen zur Basislinie von 1949–1953–1957 erreichen dürfte (siehe Abbildung 48 in Kapitel XI). Das Muster (maßstabsgetreu) ist in Abbildung 52 in Kapitel XII zusammengefasst.

Je nach Länge des Zeitelements können wir die Höhe des Index prognostizieren. Elliott verwendete diese Technik der Basislinien und Parallelen in seiner gesamten Arbeit als mögliche Ziele für Wellenabschlüsse in allen Phasen und Graden.

Eine *logische Folge* dieses scheinbaren Höhepunkts des Booms ist jedoch die Annahme, dass der anschließende Rückgang des Aktienmarkts möglicherweise erheblich größer ausfallen könnte als alles, was in der gesamten Nachkriegszeit zu beobachten war:

1. Der gesamte Zyklus seit 1949 wird abgeschlossen sein. Dies erfordert eine Zykluswelle II seit 1949.
2. Die Zykluswelle II sollte offensichtlich eine größere Amplitude und Dauer haben als die Primärwellen II und IV der Zykluswelle I.
3. Wir haben darauf hingewiesen, dass es aufgrund des Charakters eines *Thrusts* unwahrscheinlich ist, dass Zyklus II unter den Höchststand von Primärwelle III von Zyklus I fallen wird. Sollte

jedoch eines der in Abbildung 52 dargestellten Ziele erreicht werden, würde ein solcher Rückgang einen Rückgang des Index um 30 bis 40 Prozent bedeuten und damit unsere Vermutung bestätigen, dass es zum ersten Mal in der Nachkriegszeit zu einem *erheblichen Rückgang des Aktienmarkts* kommen wird.[4]

4. Der Hintergrund der Bankkredite deutet darauf hin, dass wir in den nächsten Jahren zum ersten Mal in der Nachkriegszeit in eine Währungskrise geraten könnten (siehe unsere fortlaufenden Studien zu diesem interessanten Trend im *Bank Credit Analyst* von Bolton-Tremblay), wenn die Bankreserven schließlich bis zur Gefahrenzone aufgebraucht sind.

Dies scheint also die gemeinsame Botschaft sowohl der Elliott-Wellen-Theorie als auch der Bolton-Tremblay-Bankkreditstudien zu sein: Es steht ein weiterer Boom an den Aktienmärkten bevor, gefolgt vom stärksten Rückgang der Aktienkurse seit dem Zeitraum 1937 bis 1942.

---

1 Die beigefügte Grafik „Die letzten 100 Jahre am Aktienmarkt nach dem Elliott-Wellen-Prinzip" erschien ursprünglich in der Beilage von 1961, wurde jedoch zur Veranschaulichung dieser Diskussion erstellt, weshalb wir sie in diesen Teil des Buches verschoben haben.

2 Diese Beschränkung ist längst passé.

3 Oder durch eine Änderung der Regeln, was auch geschehen ist.

4 Diese Prognose bezieht sich auf den sich anbahnenden Bärenmarkt von 1966 bis 1974.

KAPITEL XV

Ist „Elliott“ auf einzelne Aktien anwendbar?

Das Problem bei der Anwendung des Wellenprinzips auf einzelne Aktien ist die offensichtliche Tatsache, dass jede Aktie ihre eigene Geschichte hat. Eine Aktie wie U.S. Steel hat offensichtlich eine längere Börsenhistorie als beispielsweise General Motors, und Letztere hat eine längere Geschichte als beispielsweise Minneapolis Honeywell. Theoretisch befindet sich daher jede Aktie zu unterschiedlichen Zeitpunkten in einer anderen Position in Bezug auf Primär-, Intermediär- und Zyklusgrade und so weiter.

Die Geschichte einer einzelnen Aktie lässt sich am besten anhand eines Diagramms darstellen – in der Regel eines Balkencharts, bei dem die Preisspanne auf der vertikalen Achse und die Zeit (Tage, Wochen, Monate und so weiter) auf der horizontalen Achse angegeben sind. Eine Reihe von Investmentdienstleistern stellt solche Hintergrundinformationen zur Verfügung.

Beispiele für die Anwendung des Elliott-Wellen-Prinzips gibt es zuhauf. In den Abbildungen 53 und 54 geben wir zwei Beispiele zur Veranschaulichung. Bei einzelnen Aktien kann man kein umfassendes

Bild wie das des Superzyklus von 1854 bis 1928 entwickeln, sodass man nicht den Vorteil einer langfristigen Perspektive hat. Die vielleicht bedeutendste Anwendung von Elliott bei einzelnen Aktien ist das Auftreten des 5-Wellen-Musters. Der Autor hat festgestellt, dass man, wenn man ein klares 5-Wellen-Muster entstehen und sich vollenden sieht, fast sicher sein kann, dass dies das *Ende der Bewegung* ist. Dies kann insbesondere nützlich sein, um Investitionen in eine Aktie zu vermeiden, die sich offensichtlich *bereits weit in ihrer fünften Welle befindet.*

Natürlich ist der Grad der Welle, der durch die Amplitude der vorangegangenen Wellen angezeigt wird, von größter Bedeutung. Eine Investition in die fünfte Welle einer Aktie, die durch fünf Wellen von 20 auf 150 gestiegen ist, ist wahrscheinlich weitaus gefährlicher als eine Investition in eine kleinere fünfte Welle einer Aktie, die von 20 auf 30 gestiegen ist.

Es muss noch viel weitere Forschung zur Anwendung des Wellenprinzips auf einzelne Aktien betrieben werden. Elliott wies stets darauf hin, dass man bei der Anwendung des Wellenprinzips auf einzelne Aktien darauf achten sollte, Aktien auszuwählen, die sich wie die Indizes entwickeln.

Ein weiterer Vorschlag wäre, das Wellenprinzip in Bezug auf geschlossene *Investmentgesellschaften* zu untersuchen.

Abb. 53:

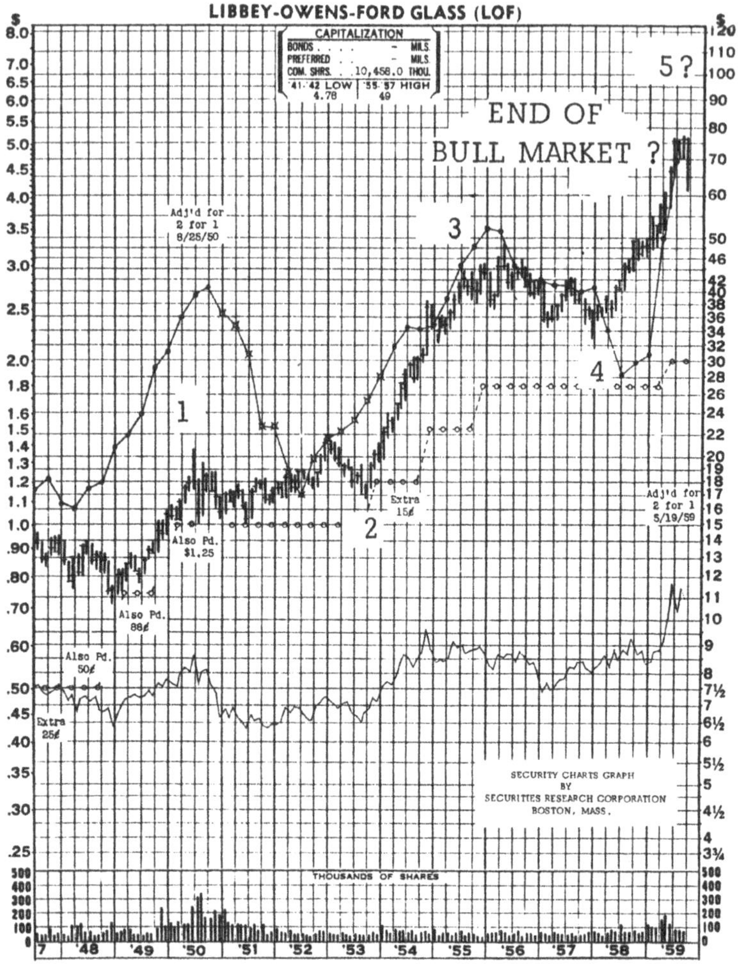
LIBBEY-OWENS-FORD GLASS (LOF)
CAPITALIZATION
BONDS - MILS.
PREFERRED - MILS.
COM. SHRS. 10,456.0 THOU.
'41-'42 LOW 4.78
'55-'57 HIGH 49
END OF
BULL MARKET ?
5?
3
1
2
4
Adj'd for 2 for 1 8/25/50
Adj'd for 2 for 1 5/19/59
Also Pd. $1.25
Also Pd. 88¢
Also Pd. 50¢
Extra 25¢
Extra 15¢
SECURITY CHARTS GRAPH
BY
SECURITIES RESEARCH CORPORATION
BOSTON, MASS.
THOUSANDS OF SHARES
'48
'49
'50
'51
'52
'53
'54
'55
'56
'57
'58
'59

Abb. 54:

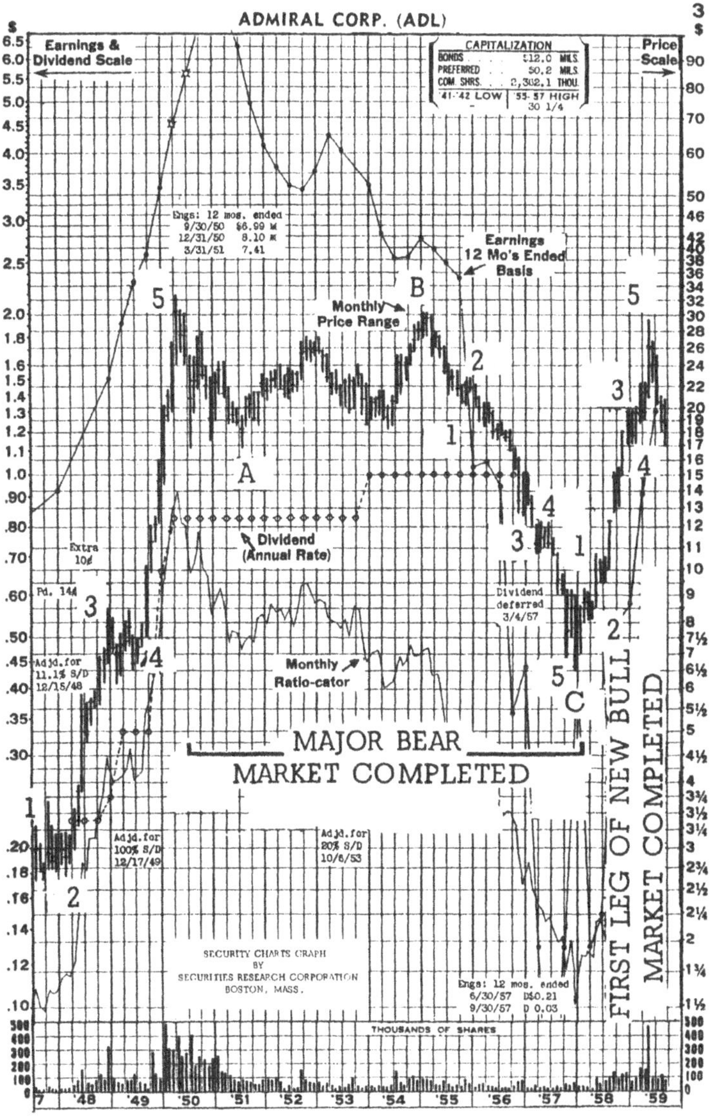
ADMIRAL CORP. (ADL)
Earnings & Dividend Scale
Price Scale
CAPITALIZATION
BONDS $12.0 MILS.
PREFERRED 50.2 MILS.
COM. SHRS. 2,302.1 THOU.
'41-'42 LOW
'55-'57 HIGH 30 1/4
Engs: 12 mos. ended
9/30/50 $6.99 M
12/31/50 8.10 M
3/31/51 7.41
Earnings 12 Mo's Ended Basis
Monthly Price Range
Dividend (Annual Rate)
Monthly Ratio-cator
Extra 10¢
Pd. 14¢
Adjd. for 11.1% S/D 12/15/48
Adjd. for 100% S/D 12/17/49
Adjd. for 20% S/D 10/6/53
Dividend deferred 3/4/57
Engs: 12 mos. ended
6/30/57 D$0.21
9/30/57 D 0.03
SECURITY CHARTS GRAPH BY SECURITIES RESEARCH CORPORATION BOSTON, MASS.
THOUSANDS OF SHARES
MAJOR BEAR MARKET COMPLETED
FIRST LEG OF NEW BULL MARKET COMPLETED
1
2
3
4
5
A
B
C
'48
'49
'50
'51
'52
'53
'54
'55
'56
'57
'58
'59

KAPITEL XVI

Elliott: Fakt oder Fantasie?

In einer Zusammenfassung dieser Art können wir der vor uns liegenden Aufgabe nur unzureichend gerecht werden. Um einen so komplizierten und doch logischen Mechanismus wie das Wellenprinzip zu entwickeln, muss Elliott in den etwa zwölf Jahren, in denen er an seiner Theorie arbeitete (1935? bis 1947), kaum etwas anderes getan haben, als Wellen zu beobachten, sie zu unterteilen, zu klassifizieren und so weiter. Dass sein Prinzip die *ultimative Wahrheit* ist, dürfen wir durchaus bezweifeln. Dennoch können wir, nachdem wir dies gesagt und eine gewisse übertriebene Begeisterung für den kosmischen Einfluss berücksichtigt haben, Elliotts Arbeit vielleicht als ein Musterbeispiel für Präzision bewerten. Im Vergleich dazu bietet etwa die moderne Schule der Dow-Theorie mit ihren ständigen Einschränkungen und faktischen Meinungsverschiedenheiten zwischen verschiedenen Gruppen dem intelligenten und professionellen Anleger wenig von großem Wert.

Elliott begann Mitte der 1930er-Jahre, als sein grundlegendes Werk Gestalt annahm, mit einer *empirischen Theorie*. Er verlieh der Aktienmarktanalyse einen Sinn für Form, den sie zuvor nie gehabt hatte. Seine Arbeit, die sich mit der Vergangenheit befasste, war notwendigerweise begrenzt. Vor 1928 gab es keine täglichen Preisspannen der Indizes. Vor 1897 gab es keine Tageskurse, da nur der Dow Jones Industrial Average und der Dow Jones Railway Average als konsistente Vehikel zur Verfügung standen.

Von allen verfügbaren Wirtschaftsdaten waren die Aktienkurse zwar die besten, aber dennoch spärlich. Wir hatten den Axe-Houghton-Burgess Index der Kurse von Industrie-Aktien von 1854 bis heute. Nach 1938, als Elliott sein Prinzip entwickelt hatte, erhielten wir die Aktienkursindizes der Cowles Commission, die die Standard & Poor's-Indizes tatsächlich von 1919 bis 1871 zurückrechnen, aber das war eine spätere Entwicklung. Die Federal Reserve Bank of New York entwickelte den Dow Jones Industrial Average ebenfalls bis in die 1870er-Jahre zurück. Und schließlich entwickelte Col. Ayres von der Cleveland Trust Company einen umfassenden Aktienindex (Banken, Kanalaktien, Eisenbahnen, Industrieunternehmen und so weiter), den er 1919 mit dem Cowles Commission Index und dem Standard and Poor's Index zusammenführte, um einen langfristigen *monatlichen* Aktienindex für den Zeitraum von 1831 bis heute zu erstellen.

Von einem solchen Index kann man nicht erwarten, dass er die Feinheiten des Elliott-Wellen-Prinzips hervorhebt. Dennoch war dies der Hintergrund, vor dem Elliott seine Theorie entwickeln musste. Es versteht sich von selbst, dass wir, wenn wir heute über die Informationen für vergangene Tage verfügen würden, die wir für die letzte Generation erstellen können, zweifellos zu besseren Grundregeln gelangen könnten, als wir sie derzeit haben.

(Nebenbei sei erwähnt, dass keine anderen Wirtschaftsdaten auch nur annähernd so viele Analysemöglichkeiten bieten wie Aktienkurse, was die Menge der verfügbaren Daten angeht.)

Elliotts Theorien sind plausibel. Mit der Zeit beginnen wir zu erkennen, dass an den Zyklustheorien etwas dran ist. In den 1930er-Jahren, als Elliott sein Prinzip vorstellte, und insbesondere 1945, als er in seiner zweiten Monografie „Nature's Law" versuchte, die Ursachen des Phänomens des Wellenprinzips zu ergründen, wurde die Vorstellung, dass „okkulte“ Faktoren wie Sonnenflecken das menschliche Verhalten beeinflussen könnten, belächelt. Das ist auch heute noch so, wenn auch vielleicht nicht mehr so vehement wie früher. Nelson von der Radio Corporation of America erschütterte Anfang der 1950er-Jahre die Welt, als er bewies, dass er die Empfangsqualität von Radiosendungen mit einer Genauigkeit von 80 bis 95 Prozent vorhersagen konnte, indem er sich auf die Analyse astronomischer Zyklen und deren Auswirkungen auf die Sonne stützte, die wie eine Turbine das Leben auf der Erde am Laufen hält. Edgar Lawrence Smiths jüngeres Werk „Common Stocks and Business Cycles“ untersucht noch tiefer die Ursachen von Veränderungen im Massenverhalten und sein bekanntes „Decennial Pattern“ sowie den 9-Jahres-Zyklus der Aktienkurse. Die Arbeit von Edward Dewey bei der Foundation for the Study of Cycles beginnt Früchte zu tragen. Was diese verschiedenen Themen mit Elliotts Wellenprinzip zu tun haben, mag umstritten sein. Es ist jedoch klar, dass alle Zyklustheorien, einschließlich der von Elliott, auf dem Prinzip beruhen, dass sich in der Welt, in der wir leben, und im Universum um uns herum *Formen* bilden.

Natürlich lässt sich anhand beliebiger Statistiken leicht beweisen, dass dies der Fall ist oder eben nicht. Das National Bureau of Economic Research unter Wesley Mitchell und Arthur Burns lehnt es ab, sich mit Überlegungen zu Periodizität oder Formen auseinanderzusetzen. Vielleicht haben sie recht. Vielleicht sind alle Veränderungen in der Wirtschaftsszene auf zufällige Impulse zurückzuführen, die sich insgesamt zu einem Nettoergebnis aus positiven und negativen Faktoren ohne Sinn und Verstand summieren. Andererseits deutet nichts in der Natur darauf hin, dass das Leben formlos wäre. Wenn das Leben eine Form hat, dann ist es eine logische Annahme, dass auch die Wirtschaft (die eine Form des Lebens ist) eine Form hat.

Elliotts Theorie hat etwas zu bieten. Sie ist sicherlich nicht das präzise Instrument, das er sich erhofft hatte. Und wie wir in den vorangegangenen Kapiteln erklärt haben, wird ihre Anwendung, was den Aktienmarkt betrifft, mit zunehmender Entfernung von den wichtigen Enddaten des Jahrhunderts, also 1929 und 1932, tendenziell noch vorläufiger werden.

Die meisten von uns diskutieren das Elliott-Wellen-Prinzip mit einer gewissen Ironie. Wenn es manchmal nicht funktioniert, können wir wahrscheinlich im Nachhinein einen Grund dafür finden. Das Problem ist jedoch, dass es in den letzten Jahren die ziemlich einzigartige Angewohnheit hatte, die richtige Antwort zu liefern. Sofern wir nicht versuchen, es zu etwas zu zwingen, wozu es nicht gedacht ist, also sofern wir es ausschließlich als Werkzeug und nicht als System verwenden, um „den Markt zu schlagen“, sehen wir keinen Grund, warum es in den kommenden Jahren nicht äußerst wertvoll sein sollte. Zweifellos wird es zunehmend kontrovers diskutiert werden, aber es könnte sich auch als solide Stütze für den geistig offenen Anleger erweisen.

Zusammenfassend: Fakt oder Fantasie? In der Überzeugung, dass man Zufälle zu weit treiben kann, und basierend auf unserer eigenen Anwendung des Wellenprinzips, wie sie seit 1953 in unseren jährlichen Bulletins dargelegt wird, scheint die Erfolgsquote zu seinen Gunsten auszufallen. Oft sind wir hinsichtlich der Details verwirrt. Selten, wenn überhaupt, haben wir jedoch eine grundlegend falsche Analyse vorgenommen. Ohne Form wird das Leben sinnlos. Das Elliott-Wellen-Prinzip verleiht der Anlage- und Marktanalyse eine gewisse Form.

Wir vermuten, dass das Elliott-Wellen-Prinzip mehr Fakt als Fantasie ist.

Mai 1960

ANHANG A

Daten und Bibliografie

R.N. Elliott, der Entdecker des Wellenprinzips, formulierte während einer Krankheit in den 1930er-Jahren die nach ihm benannte Wellentheorie. Elliott starb 1947. Über das Wellenprinzip ist nur sehr wenig geschrieben worden. Der Autor hat jedoch die folgenden Quellen verwendet:

R.N. Elliott

1. Monografie „The Wave Principle" (1938)
2. Monografie „Nature's Law" (1946)
3. „Special Letters" (1938–1947)
   „Interpretive Letters" (1938–1947)
   „Forecast Letters" (1946)
   Diese Briefe wurden von Zeit zu Zeit veröffentlicht ,
   wenn es die Ereignisse erforderten.

Zusätzlich zu den oben genannten Werken gab es 1939 eine Artikelserie in der Zeitschrift *Financial World*, zu der der Autor jedoch in letzter Zeit keinen Zugang hatte. Soweit er sich erinnert, warfen diese Artikel auch kein neues Licht auf das Thema, das nicht bereits in der Monografie von 1938 zu sehen gewesen wäre.

Alle diese Quellen sind vergriffen. Sie sind jedoch wahrscheinlich in der New York Public Library zu finden. Auch Buchhändler, die mit gebrauchten Finanzbüchern handeln, könnten bei der Suche nach Exemplaren behilflich sein.

Weitere Quellen sind die Ausgaben von 1948 und 1954 von Garfield Drews „New Methods for Profit in the Stock Market“, in denen mehrere Seiten Elliott im Kontext des zeitgenössischen Denkens gewidmet sind.

Darüber hinaus hat Bolton, Tremblay & Company seit 1953 jedes Jahr im Frühjahr einen Jahresrückblick veröffentlicht, in dem versucht wurde, die damalige Lage zu interpretieren. Auszüge aus diesen Bulletins sind in Anhang C[1] zu finden, und ein Großteil des zuvor in diesen Bulletins vorgestellten Materials wurde detaillierter in die aktuelle *kritische Bewertung* aufgenommen.

Mai 1960

ANHANG B
Das 21-jährige Dreieck 1928 bis 1949

(Den vollständigen Text mit Diagrammen finden Sie in der Beilage von 1959)

1 Auszüge aus früheren jährlichen „Elliott“-Beilagen finden Sie am Ende dieses Buches.

Das Elliott-Wellen-Prinzip: Eine kritische Bewertung

Nachtrag zur ersten Ausgabe

(Der folgende Text ist ein Auszug aus der Ausgabe vom Oktober 1960 von *The Bank Credit Analyst*.)

Es ist nicht unsere Gewohnheit, das Elliott-Wellen-Prinzip zu kommentieren, außer in unseren jährlichen Rückblicken. Angesichts unseres kürzlich erschienenen Buches zu diesem Thema und der darin geäußerten Vermutung, dass die Korrektur ab Juli 1959 seit dem 2. Mai 1960 abgeschlossen sein könnte, sind jedoch vielleicht einige weitere Anmerkungen angebracht.

Seit dem 2. Mai haben wir im Juli einen weiteren Test dieses ungefähren Niveaus (Dow Jones Industrial Average 596) und im September einen Durchbruch des Index auf – während ich dies schreibe – circa 570 Punkte erlebt. Wie passt dies zu den Prämissen?

Lassen Sie uns zunächst noch einmal betonen, was wir bereits sehr deutlich gemacht haben: Wir kennen die ganze Geschichte nie (oder nur selten) vorab, sondern erst „im Nachhinein“.

Zweitens lautet die Prämisse, dass wir seit 1949 den größten Teil von fünf Primärwellen hinter uns gebracht haben und dass die fünfte Primärwelle Ende 1957 begann. Wir haben wie gesagt festgestellt, dass es keine Zählung der Wellen gibt, die zu einem Ende der fünften Unterwelle dieser fünften Primärwelle entweder im Juli 1959 oder im Januar 1960 führen würde. Dies wurde mit verschiedenen Elliott-Schülern überprüft, die die Wellen gemäß den Regeln von Elliott verfolgen. Nach unseren Berechnungen wurde im Juli 1959 nur die dritte Welle der fünften Primärwelle abgeschlossen. Es gab keinen Anstieg von September 1959 bis Januar 1960, der die Primärwelle zu diesem späteren Zeitpunkt hätte beenden können. Daher gehen wir davon aus, dass alles, was seitdem geschehen ist, Teil von Welle 4 der fünften Primärwelle ist. (Eine Übersicht hierzu finden Sie in Abbildung 48, „Aufschlüsselung des DJIA seit 1949".)

Vierte Wellen jeglichen Grades können durchaus *Dreiecke* sein. Es gibt Gründe für die Annahme, dass die aktuelle vierte Welle ein Dreieck ist, das aus fünf Wellen mit jeweils drei Unterwellen besteht. Darauf deutet die Tatsache hin, dass alle Wellen seit Juli 1959 eindeutig in Dreiergruppen unterteilt werden können, wie aus dem beigefügten Diagramm hervorgeht.[1]

Abb.: Das Elliott-Wellen-Prinzip im DJIA

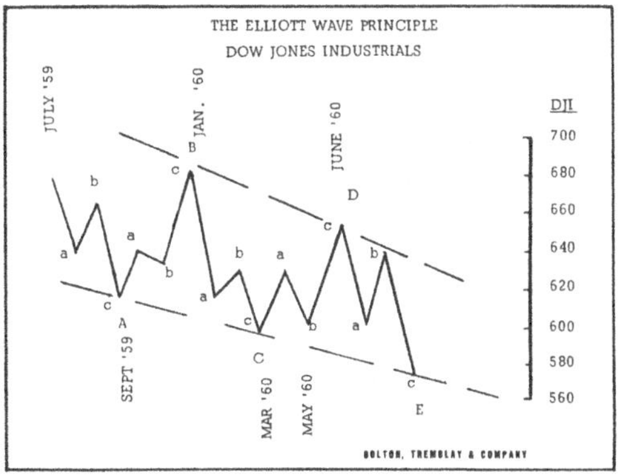

Interessanterweise scheint das Tief vom 2. Mai nun das Tief der zweiten Welle von D zu sein. Dies war zu diesem Zeitpunkt verwirrend, da klar war, dass die Unterwelle c der Welle D eine 5 nach oben war. Zu diesem Zeitpunkt sah dies wie der Beginn einer neuen Minor-Aufwärtswelle der letzten fünften Welle der Primärwelle aus. Die Wellen a und b von D waren jedoch 3er. Somit nahm die Welle D die Form einer umgekehrten Flat-Welle (3-3-5) an. In ähnlicher Weise waren die Wellen a und b von E 3er-Wellen. Sollte sich die Welle c von E als eine Minor-5er-Abwärtswelle herausstellen, wie es im Stundenchart wahrscheinlich erscheint, könnte Punkt E das Dreieck an oder nahe der unteren Trendlinie beenden, wie angegeben.

Alternativ könnte sich die Korrektur vom Juli 1959 natürlich auch in Form einer 7-Wellen-Bewegung fortsetzen (siehe Abbildung 18 für den Prototyp). Die Tatsache, dass es sich um eine vierte Welle handelt und dass nun fünf Wellen mit jeweils drei Unterteilungen aufgetreten sind, deutet jedoch darauf hin, dass die Korrektur in Kürze enden wird.

28. September 1960

---

1 Dies ist kein legitimes Dreieck, da beide Trendlinien abfallen. Es handelt sich um einen dreifachen Zigzag.

ELLIOTTS
WELLENPRINZIP

1961

DAS ELLIOTT-WELLEN-PRINZIP DES AKTIENMARKTVERHALTENS, BEILAGE 1961

Der aktuelle Stand

Um den aktuellen Status des Aktienmarkts im Hinblick auf das Elliott-Wellen-Prinzip zu skizzieren, müssen wir den Aktienmarkt seit dem letzten bedeutenden Endpunkt im Juni 1949 betrachten.

Seit Juni 1949 befinden wir uns gemäß der Elliott-Wellen-Theorie in einem großen Bullenmarkt von Zyklusdimension. Darüber hinaus ist Juni 1949 gemäß einer Interpretation, die wir bevorzugen, auch der Beginn eines Superzyklus, der sich aus fünf Zykluswellen zusammensetzen wird. Der Begriff „Zyklus" sollte weder mit „zyklisch" im üblichen Geschäftsjargon noch mit „Zyklen" im Sinne von Auf- und Abwärtsbewegungen über feste Zeiträume (zum Beispiel dem 10-Jahres-Zyklus oder dem zehnjährigen Muster bei Aktienkursen) verwechselt werden.

Zykluswellen werden nach Elliotts Definitionen in Primärwellen unterteilt. Somit wird die Zykluswelle von 1949 aus fünf Primärwellen bestehen, drei Aufwärtswellen und zwei Konsolidierungswellen dazwischen. Die Primärwellen werden wiederum in Intermediärwellen unterteilt. Jede Aufwärts-Primärwelle wird aus fünf Intermediärwellen bestehen. Die erste absteigende Primärwelle (Welle 2) hat drei Intermediärwellen, und die zweite absteigende Primärwelle (Welle 4) kann entweder drei oder fünf (Dreieck) Intermediärwellen haben.

Aufschlüsselung des DJIA seit 1949

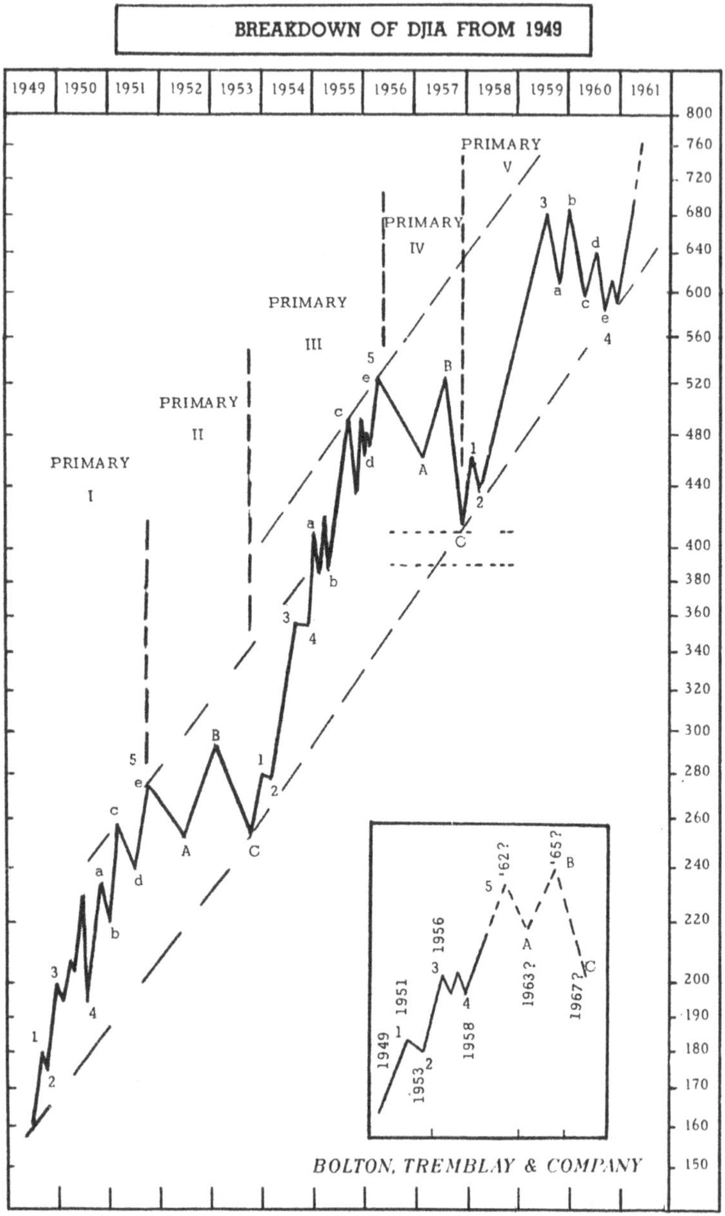

Der Verlauf des Bullenmarktes wird durch das Diagramm auf der vorherigen Seite veranschaulicht, das Abbildung 48 aus der Ausgabe von „Das Elliott-Wellen-Prinzip“ von 1960 aktualisiert. Wenn man dieses Diagramm nun mit dem aus dem letztjährigen Buch vergleicht, sieht man, dass wir Ende April 1960 eine 4? am Ende der Welle hatten, während wir jetzt die 4 definitiv am Tiefpunkt vom 24. Oktober 1960 haben und uns nun in der fünften und letzten Primärwelle 5[1] seit 1949 befinden. Mit dem Abschluss dieser fünften Primärwelle, der voraussichtlich irgendwann im Jahr 1962 zu erwarten ist, wird auch die *erste Zykluswelle* seit 1949 abgeschlossen sein. Dann wird eine größere Korrektur fällig sein.

Da diese Korrektur den gesamten Bullenmarkt seit 1949 betreffen würde, also vielleicht 13 Jahre und 600 Punkte im Dow Jones Industrial Average, wäre eine minimale Korrektur von einem Drittel (200 Dow-Jones-Punkte)[2] und eher eine Korrektur von 40 Prozent zu erwarten. Aus zeitlicher Sicht könnte man logischerweise davon ausgehen, dass sich die Korrektur über fünf Jahre erstrecken könnte. Das bedeutet nicht, dass es einen 5-jährigen kontinuierlichen Bärenmarkt gäbe, sondern dass es möglicherweise zwei große Bärenmärkte mit einem Bullenmarkt dazwischen geben könnte.

Seit 1949 zeigt der Marktanstieg eine Struktur, bei dem die erste Zykluswelle zum „Thrust“ aus dem unterbewerteten Bereich wird. Dies steht in Verbindung mit dem Bullenmarkt zwischen dem orthodoxen Höhepunkt von Primärwelle 5 der Zykluswelle I und dem Tiefpunkt von Primärwelle 3 der Zykluswelle II, von der wir annehmen können, dass sie 1967 endet (fünf Jahre nach unserem hypothetischen Höhepunkt im Jahr 1962 und eine Fibonacci-Zahl, die dem hypothetischen 13-jährigen Anstieg seit 1949 entspricht – natürlich alles reine Spekulation). Daher wäre es keineswegs überraschend, wenn dieser dazwischenliegende Bullenmarkt die Preise über den Höhepunkt von Primärwelle 5 hinaustreiben würde. Dies lässt sich anhand der Einfügung in der unteren linken Ecke des Diagramms „Aufschlüsselung des DJIA seit 1949“ veranschaulichen.[3]

Wie wir jedoch in der Ausgabe von „Das Elliott-Wellen-Prinzip" von 1960 erwähnt haben, werden die möglichen Permutationen und Kombinationen dessen, was der allgemeine Markt von hier aus tun könnte, immer größer. Eines scheint ziemlich klar zu sein: Die lange logarithmische Trendlinie von den Tiefs 1949, 1953, 1957 und 1960 sollte entscheidend durchbrochen werden. Unter der Annahme, dass der Dow Jones Industrial Average letztendlich auf das Niveau von 800 bis 1.000 steigt, entweder am Ende von Primärwelle 5 oder alternativ am Hoch von Welle B (siehe vorstehende Grafik), wäre ein logischer Bereich, in dem das Tief des folgenden Bärenmarkts zu erwarten wäre, etwa das Niveau von 520, das 1956/1957 den Höchststand darstellte. Es sollte bedacht werden, dass 520 Punkte im Vergleich zu den im Oktober 1960 erreichten 565 zwar nicht weit entfernt zu sein scheinen, im Vergleich zu beispielsweise 900 jedoch fast katastrophal erscheinen werden. Die heutige Generation hat noch keinen Markteinbruch dieser Größenordnung erlebt. Daher könnte es zu viel „Heulen und Zähneklappern" kommen.

Dies ist also das Muster, das sich gemäß dem Elliott-Wellen-Prinzip im Frühjahr 1961 abzeichnet: weitere Anstiege, gefolgt von Bärenmärkten mit größerer Amplitude und Dauer, als wir sie in der Nachkriegszeit gesehen haben.

Die fünfte Welle

Ein Konzept, das derzeit unter den versierteren Dow-Theoretikern viel diskutiert wird, ist das der dritten Phase. Charles Dow hat offenbar nie von der *dritten Phase* gesprochen, der Ausdruck ist eine Erfindung von William Peter Hamilton. Die dritte Phase ist die spekulative Phase. In dieser Phase stürzt sich die Allgemeinheit in den Aktienmarkt und treibt die Preise weit über ihren realistischen Wert hinaus in die Höhe. Investoren werden zu Spekulanten, einfach weil sie Aktien nur kaufen, um sie zu einem höheren Preis an jemand anderen zu verkaufen. Der Schwerpunkt liegt ausschließlich auf Kapitalgewinnen um jeden Preis, ohne Rücksicht auf die Erträge, die das Kapital erzielen wird.

Nun ist das Investieren zum Zwecke des Kapitalgewinns eine völlig legitime Beschäftigung, aber wenn man die richtige Perspektive behalten will, muss es darum gehen, ein steigendes Kapital zu erwirtschaften, das letztendlich eine wachsende Rendite bringt. Einfach nur zu investieren, um eine Aktie zu einem höheren Preis an jemand anderen weiterzugeben, ist reine Spekulation, und genau das passiert in allen dritten oder abschließenden Phasen.

Es sollte klar sein, dass die *fünfte* Welle von Elliott der dritten oder letzten Phase der Dow-Theoretiker entsprechen sollte, mit dem Unterschied, dass Elliott die fünfte Welle viel genauer beschreiben konnte als die meisten Dow-Theoretiker.

Aufgrund der zunehmenden Spekulationen in den Jahren 1955 und 1956 waren einige Dow-Theoretiker beispielsweise davon überzeugt, dass die spekulativen Märkte von 1956/1957 eine echte dritte Phase darstellten und dass die Baisse-Signale von 1957 ernst zu nehmen waren. Elliott sah das anders. Zu diesem Zeitpunkt war klar, dass der Höchststand von 1956 nur die *dritte* von fünf *Wellen* abschloss und dass sich aus dieser Situation keine größere Baisse entwickeln konnte.

Ähnlich verhielt es sich 1959/1960, als im Frühjahr 1960 (und erneut im Herbst desselben Jahres) ein Verkaufssignal nach der Dow-Theorie gegeben wurde. Dies wurde in einigen Kreisen als Zeichen dafür gewertet, dass der Bullenmarkt vorbei war, dass die dritte Phase im Juli des Vorjahrs abgeschlossen worden war und dass ein großer Bärenmarkt bevorstand. Wie bereits 1956/1957 wurde das Bärenmarktsignal im September 1960 erneut bestätigt, als der Dow Jones die Marke von 596 Punkten durchbrach und damit nur etwa fünf Prozent vom endgültigen Tiefststand von 565 Punkten entfernt war. Allgemein wurde ein Preisverfall erwartet, doch dann entwickelte sich ein bedeutender Bullenmarkt. Auch diese Bärenmarktsignale waren weder präzise noch prognostisch aussagekräftig und standen natürlich nicht im Einklang mit dem Elliott-Wellen-Prinzip.[4]

Im Jahr 1956 hatte die Marktentwicklung ab 1949 erst die dritte Primärwelle des gesamten Zyklus abgeschlossen. Im Juli 1959, als sich der Markt in der fünften und letzten Primärwelle des Zyklus befand, war er nach unseren damaligen Interpretationen, die später bestätigt wurden, lediglich in der dritten Intermediärwelle dieser Primärwelle. Das macht einen großen Unterschied und zeigt, wie die allgemeine Marktinterpretation durch die Anwendung der Grundprinzipien der Elliott-Wellen-Theorie präzisiert werden kann.

Jetzt, Anfang 1961, beginnen wir zu erkennen, wie eine echte „dritte Phase“ aussieht, und es scheint kaum Zweifel daran zu geben, dass das, was einige Dow-Theoretiker 1951, 1956 und erneut 1959 fälschlicherweise als Merkmale der dritten Phase interpretierten, nur Teile einer unvollständigen Elliott-Welle von Zyklusdimension waren.

Die Elliott-Interpretation, die wir konsequent vertreten haben, lautet, dass die vierte Primärwelle im Dezember 1957 endete und die *fünfte* Primärwelle zu diesem Zeitpunkt begann. Bis zum Frühjahr 1960 hatte sie drei von fünf Intermediärwellen abgeschlossen. Somit markierte der Höchststand des Marktes im Juli 1959 den Abschluss der dritten Intermediärwelle und den Beginn der vierten Intermediärwelle, die nach unserer Einschätzung in unserem Elliott-Buch bis Anfang Mai 1960 abgeschlossen sein könnte. Tatsächlich erwies sich dies jedoch als falsch, und die gesamte vierte Intermediärwelle war erst am 24. Oktober 1960 abgeschlossen.

Das Elliott-Wellen-Prinzip im DJIA

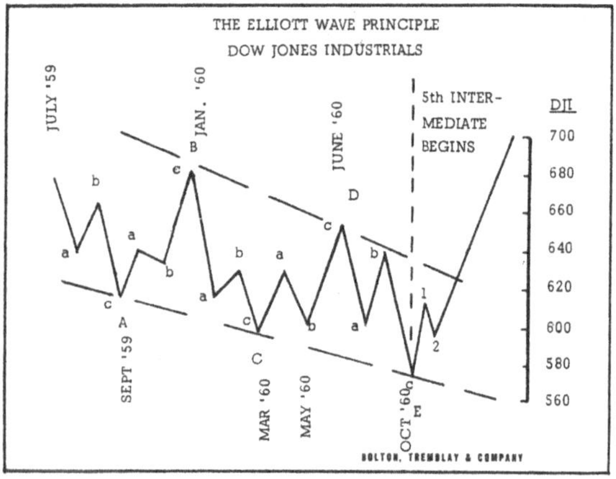

Wir geben oben eine aktualisierte Grafik wieder, die in unserer Oktoberausgabe von *The Bank Credit Analyst* erschienen ist. Am 24. Oktober wurde die Intermediärwelle 4 abgeschlossen (in Form eines Dreiecks, das nur als vierte Welle auftritt), und ab diesem Datum begann das, was nun als die eigentliche *dritte Phase* erscheint.

Man kann sich zu Recht fragen, warum der Markt von 1958/1959 nicht als echte dritte Phase angesehen werden kann. Die Antwort ist klar: Diese Marktphase wies nur wenige Merkmale auf, die nicht einfach eine Wiederholung von 1955/1956 waren. Das Marktvolumen, ein entscheidender Faktor, stieg nie auf ein Niveau, das weit über das von 1955 hinausging. Vier Millionen Aktien pro Tag waren eine Seltenheit, im Allgemeinen waren drei Millionen die Norm.

Jetzt jedoch sehen wir, dass der Markt seit Oktober 1960 aus der Konsolidierung von 1959/1960 herauskommt und das Volumen auf sechs bis sieben Millionen Aktien pro Tag ansteigt, also fast doppelt so hoch wie das Spitzenvolumen von 1955/1956 und 1958, genau so, wie es in einer ordentlichen dritten Phase sein sollte. Darüber hinaus sind auch alle Merkmale einer zunehmenden Aufwärtsdynamik zu erkennen, und führende Indizes, darunter Standard & Poor's und der Dow Jones Industrial Average, haben kürzlich neue Allzeithochs erreicht.

Die nächste Frage, die sich natürlich stellt, lautet: Wie weit sind wir in der fünften Intermediärwelle der fünften Primärwelle der Zykluswelle seit 1949?

Anhand der Tages- und Stundencharts des Dow Jones Industrial Average wird deutlich, dass die erste Minor-Welle der fünften Intermediärwelle im November 1960 bei 612 abgeschlossen war, woraufhin uns die zweite Minor-Welle Ende November wieder auf 592 zurückbrachte. Ab diesem Zeitpunkt scheint die dritte Minor-Welle der fünften Primärwelle begonnen zu haben, und diese Welle ist offenbar noch immer in Kraft. Das bedeutet also, dass wir uns etwa in der Mitte oder vielleicht etwas weiter als in der Mitte der fünften Intermediärwelle der fünften Primärwelle befinden. Wir gehen daher davon aus, dass diese fünfte

Primärwelle wahrscheinlich bis Mitte 1962 abgeschlossen sein wird. Wir sehen kaum eine Möglichkeit, dass diese fünfte Welle vor dem Spätherbst 1961 abgeschlossen sein könnte, und sie könnte sich bis ins Jahr 1963 hinein ausdehnen.

Die Botschaft lautet also: Wir befinden uns derzeit mitten in der fünften Welle, was tatsächlich der dritten Phase der Dow-Theorie entspricht. Dies dürfte eine Zeit großer Aktivität und Spekulation sein, auf die möglicherweise ein bedeutender Börsencrash folgen wird. Es scheint jedoch sehr unwahrscheinlich, dass dies vor dem Zeitraum von Mitte 1962[2] bis Mitte 1963 eintreten wird.

---

1 Der Text bezieht sich auf Primärwellen mit arabischen Ziffern und Zykluswellen mit römischen Ziffern, aber das Diagramm stellt Primärwellen mit römischen Ziffern dar.

2 Wieder einmal eine nahezu perfekte Vorhersage des Rückgangs von 1962.

3 In diesem und den beiden folgenden Absätzen geht Bolton zwar von einer falschen Schlussfolgerung aus (dass die Zykluswelle I endet), doch seine Skizze der folgenden Ereignisse ist bemerkenswert genau.

4 Die Beilage von 1962 druckte den größten Teil dieses Abschnitts erneut ab, weshalb wir diese Wiederholung im Kapitel über 1962 weggelassen haben. Boltons einzige zusätzliche Anmerkung hierzu lautete: „Es sei darauf hingewiesen, dass die im obigen Absatz geäußerte Ansicht nicht auf nachträglichen Erkenntnissen beruht. In der im Sommer 1960 veröffentlichten Ausgabe von ‚Das Elliott-Wellen-Prinzip' hieß es: ‚Seit 1949 gab es drei orthodoxe Dow-Theorie-Baisse-Signale: September 1953, Februar 1957 (im Herbst 1957 bestätigt) und zuletzt im Februar 1960. Diese Signale standen im Widerspruch zum Elliott-Wellen-Prinzip. Es wird äußerst interessant sein zu sehen, wie dieser Kampf zwischen Goliath und David ausgehen wird.'"

ELLIOTTS
WELLENPRINZIP

1962

DAS ELLIOTT-WELLEN-PRINZIP DES AKTIENMARKTVERHALTENS, BEILAGE 1962

Einleitung

Es ist seit Langem eine Tradition unseres Unternehmens, jedes Jahr im späten Frühjahr eine Beilage zum Elliott-Wellen-Prinzip zu veröffentlichen. Diese Tradition begann 1953 und wird seitdem jedes Jahr fortgesetzt. Ziel dieser Beilage ist es, einer wachsenden Öffentlichkeit dieses relativ unbekannte technische Instrument für den Aktienmarkt näherzubringen.

Im Juni 1960 beschlossen wir, ein über 100 Seiten starkes Buch zu veröffentlichen, das sich ausschließlich mit dem Wellenprinzip befasst. Dieses Buch erschien uns notwendig, da es nur wenige Informationen aus Originalquellen gab. Der Titel „Das Elliott-Wellen-Prinzip: Eine kritische Bewertung" verdeutlicht den Charakter des Werkes. Dieses Buch, das nach wie vor gedruckt wird und bei unserer Organisation erhältlich ist, ist unseres Wissens die einzige authentische Kritik am Elliott-Wellen-Prinzip, die es gibt. Sein Inhalt und Umfang sind auf der Rückseite des Einbands aufgeführt, und für jeden, der sich mit Elliott vertraut machen möchte, ist es (wenn wir das so sagen dürfen) ein Muss, dieses Buch zu studieren.

Die vorliegende Beilage versucht, Elliott auf den Stand des zweiten Quartals 1962 zu bringen. Sie knüpft an die verschiedenen Überlegungen an, die in der damaligen Situation (Mai 1960) sowie in der Beilage von 1961 (Mai 1961) hinsichtlich der voraussichtlichen Entwicklung des Aktienmarkts geäußert wurden.

Mit der Zeit werden auch Prognosen darüber abgegeben, was sich ergeben könnte, wenn wir uns in der fünften und letzten Welle des langen Bullenmarkts seit 1949 befinden. Es wird auf die Möglichkeit hingewiesen, dass sich 1962 und 1963 als kritische und spannende Jahre für den Markt erweisen könnten, und es wird auch dargestellt, was beispielsweise in einem Jahr ein Dilemma sein könnte.

Um einen Überblick über die allgemeinen Grundsätze der Elliott-Theorie zu geben, werden in der Beilage ausführlich kurze Auszüge aus dem Buch von 1960 verwendet. Wir hoffen, dass diese Auszüge es dem Leser ermöglichen, zumindest die Grundlagen der Elliott-Theorie nachzuvollziehen.

Abschließend ist noch eine Warnung angebracht. Das Elliott-Wellen-Prinzip hat in den Nachkriegsjahren eine ausgezeichnete Bilanz vorzuweisen. Zu keinem Zeitpunkt war es möglich, das bevorstehende Eintreten eines größeren Bärenmarkts vorherzusagen. Diese Situation ändert sich nun. In der Sprache von Elliott scheinen wir uns bereits weit in der „fünften Welle der fünften Welle“ zu befinden. Auch wenn derzeit scheinbar keine Grenzen gesetzt sind, wird wahrscheinlich in nicht allzu ferner Zukunft ein Tag der Abrechnung kommen. Wenn es so weit ist, erwarten wir jedoch, dass er von einem deutlich höheren Niveau aus kommen wird.

27. April 1962

Der Stand seit 1949

Der Verlauf des Bullenmarkts wird in der nächsten Grafik veranschaulicht, die Abbildung 48 aus der Ausgabe von „Das Elliott-Wellen-Prinzip“ von 1960 aktualisiert. Mit dem Abschluss dieser fünften Primärwelle wird auch die *erste Zykluswelle* seit 1949 abgeschlossen sein. Dann wird eine größere Korrektur fällig.

Da diese Korrektur den gesamten Bullenmarkt seit 1949 betreffen würde, also einen Zeitraum von etwa 13 Jahren und rund 600 Punkten im Dow Jones Industrial Average, wäre mit einem Rückgang von mindestens einem Drittel, also etwa 200 Punkte, des Dow Jones Industrial Average zu rechnen, wahrscheinlich sogar mit einem Rückgang von 40 Prozent. Aus zeitlicher Sicht könnte man logischerweise davon ausgehen, dass sich die Korrektur über fünf Jahre erstrecken könnte. Das bedeutet nicht, dass es einen 5-jährigen kontinuierlichen Bärenmarkt gibt, sondern dass es möglicherweise zwei große Bärenmärkte mit einem Bullenmarkt dazwischen geben wird.

Aufschlüsselung des DJIA seit 1949

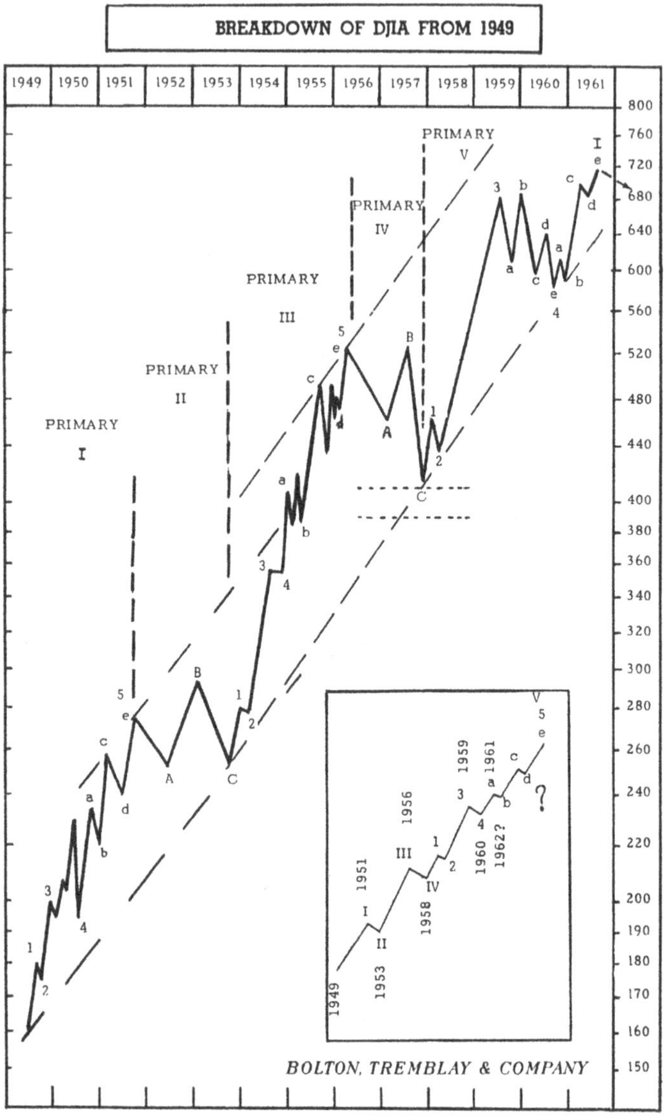

Eine aktualisierte Fassung von Abbildung 48 aus „Das Elliott-Wellen-Prinzip: Eine kritische Bewertung“.

Wie wir in der Ausgabe von „Das Elliott-Wellen-Prinzip" aus dem Jahr 1960 erwähnt haben, werden die möglichen Permutationen und Kombinationen dessen, was der allgemeine Markt von hier aus tun könnte, immer größer. Eines scheint ziemlich klar zu sein: Die lange logarithmische Trendlinie aus den Tiefstständen von 1949, 1953, 1957 und 1960 dürfte entscheidend durchbrochen werden. Unter der Annahme, dass der Dow Jones Industrial Average schließlich auf ein Niveau von 800 bis 1.000 Punkten steigt, wäre ein logischer Bereich, in dem der Tiefpunkt des folgenden Bärenmarkts zu erwarten wäre, etwa das Niveau von 520 Punkten, das 1956/1957 den Höchststand darstellte. Es sollte bedacht werden, dass 520 im Vergleich zum aktuellen Niveau des Aktienmarkts zwar nicht allzu weit entfernt erscheint, im Vergleich zu einem Wert von beispielsweise 900 jedoch fast katastrophal wirken würde. Die heutige Generation hat noch keinen Markteinbruch dieser Größenordnung erlebt. Daher könnte es zu viel „Heulen und Zähneklappern" kommen.

Dies ist also das Muster, das sich gemäß dem Elliott-Wellen-Prinzip im Frühjahr 1962 abzeichnet: weitere Anstiege, gefolgt von Bärenmärkten, die in ihrer Amplitude und Dauer größer sind als alles, was wir in der Nachkriegszeit gesehen haben.

Die fünfte Welle

Auf der vorherigen Seite haben wir eine aktualisierte Grafik aus unserer Ausgabe von *The Bank Credit Analyst* vom Oktober 1960 wiedergegeben. Am 24. Oktober wurde die Intermediärwelle 4 (in Form eines Dreiecks, das nur als vierte Welle auftritt) abgeschlossen, und ab diesem Datum begann die nun offenbar echte dritte Phase. Es scheint noch ein langer Weg vor uns zu liegen.

Das Elliott-Wellen-Prinzip im DJIA

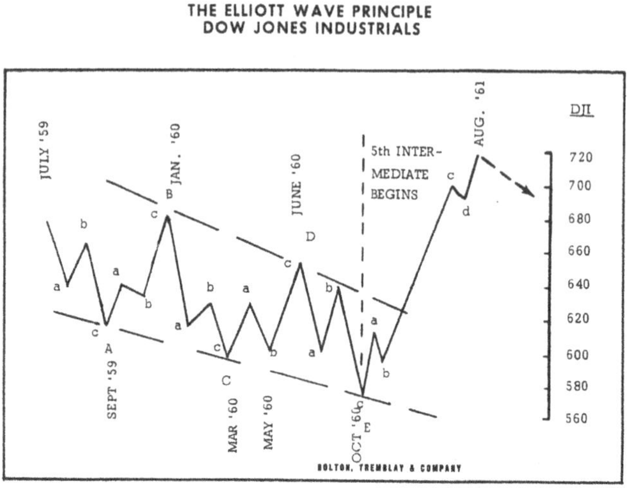

Die fünfte Welle der fünften Welle

Die Interpretation von Elliott, die uns am besten gefällt, ist, dass 1949 eine neue Serie von Zykluswellen begann. Dieser Zyklus seit 1949 könnte der erste eines enormen Superzyklus sein, der im Juni desselben Jahres begann. Einige Analysten von Elliotts Theorien ziehen es vor, den Beginn des Superzyklus auf 1932 zu datieren. Andere bevorzugen 1942 als Ausgangspunkt, da dies Elliotts eigene Interpretation vor seinem Tod war. Diese diversen Unterschiede wurden in „Das Elliott-Wellen-Prinzip" aus dem Jahr 1960 ausführlich behandelt. Aus praktischer Sicht macht dies zum jetzigen Zeitpunkt kaum einen Unterschied. In Abbildung 47 des Buches wird aufgezeigt, wie die beiden wichtigsten Interpretationen der Startpunkte des neuen Superzyklus (1932 und 1949) in späteren Jahren sehr gut miteinander in Einklang gebracht werden können.

Wie bereits in der Beilage erwähnt, haben wir konsequent die Ansicht vertreten, dass der 24. Oktober 1960 der Beginn der fünften Welle war.

Allerdings sind einige Klarstellungen erforderlich. Es handelt sich um die fünfte Welle der fünften Welle.

Die fünfte Primärwelle der ersten Zykluswelle begann Ende 1957. Bis Juli 1959 hatte sie drei Intermediärwellen abgeschlossen. Die vierte Intermediärwelle wurde im Oktober 1960 in Form eines Dreiecks (einige Analysten betrachten sie als doppelte 3) abgeschlossen. Die letzte Intermediärwelle (die fünfte Welle der fünften Welle) begann daher im Oktober 1960.

Als wir letztes Jahr mit der Beilage 1961 in Druck gingen, waren wir der Ansicht, dass wir die Minor-Wellen 1 und 2 abgeschlossen hatten und in Welle 3 weit fortgeschritten waren, was bedeutet hätte, dass 4 (eine Korrektur) und 5 noch kommen würden, um die „fünfte Welle der fünften Welle" abzuschließen. Nach der Veröffentlichung wurde jedoch deutlich, dass die fünf sogenannten Minor-Wellen ziemlich schnell abgeschlossen wurden.

Wir sind nun der Ansicht, dass die fünf Aufwärtswellen im August 1961 bei 726 Punkten im Dow Jones Industrial Average abgeschlossen waren und dass es sich bei den Entwicklungen seit August 1961 um eine Korrektur des Anstiegs seit Oktober 1960 handelt. (Ein Analyst, dessen Meinung wir sehr schätzen, ist der Ansicht, dass die fünf Wellen im Mai 1961 abgeschlossen waren und dass es sich bei den Entwicklungen seitdem um eine Korrektur handelt. Die Unterschiede in der Interpretation sind nicht allzu bedeutend, zumal wir uns beide über den grundlegenden Verlauf der letzten Welle einig zu sein scheinen.)

Die Frage, die sich aus dem obigen Absatz natürlich ergibt, lautet: Beendet die Vollendung der fünf Aufwärtswellen seit Oktober 1960 im August (oder, wenn Sie so wollen, im Mai 1961) die „fünfte Welle der fünften Welle"? Unserer Ansicht nach lautet die Antwort *nein*.

Um zu verstehen, warum, müssen wir uns auf das vorangegangene Diagramm mit dem Titel „Aufschlüsselung des DJIA seit 1949" beziehen, das eine Aktualisierung des Diagramms ist, das als Abbildung 48 in „Das Elliott-Wellen-Prinzip", Ausgabe 1960, erschien. Für Abonnenten könnte es interessant sein, die beiden Diagramme zu vergleichen, da es sich um eine zweijährige Entwicklung des Marktes seit der Veröffentlichung dieses Diagramms handelt.

Aus dieser Grafik wird sofort ersichtlich, dass, wenn August 1961 das Ende der „fünften Welle der fünften Welle" ist, das gesamte Muster das einer Maus ist, während wir nach dem Muster eines Löwen suchen!

Das erinnert den Autor ein wenig an die Situation von 1946. Damals versuchten einige Analysten, die Welle von 1942 bis 1946 in dasselbe Muster wie 1932 bis 1937 einzuordnen. Allerdings lag der Markt 1946 (bei 212 Punkten im Dow Jones Industrial Average) kaum über dem Höchststand von 195 aus dem Jahr 1937. Offensichtlich handelte es sich damals um eine Welle (1942–1946) mit einem *anderen Grad* oder einer *anderen* Größe als die von 1932 bis 1937. (Beachten Sie, dass damals noch niemand die Idee eines Dreiecks von 1928 bis 1949 entwickelt hatte, wie in Anhang B von „Das Elliott-Wellen-Prinzip" erläutert. Ähnlich verhält es sich mit dem Höchststand im August 1961 bei 726, der kaum höher ist als das Hoch der dritten Welle (der fünften Welle) im Juli 1959 (681).

Die einzige Schlussfolgerung, zu der wir an dieser Stelle gelangen können, ist, dass die *fünf Wellen bis August 1961 die erste Minor-Welle*[1] *der fünften Intermediärwelle* (die im Oktober 1960 begann) *der fünften Primärwelle* (die Ende 1957 begann) *der Zykluswelle* (die im Juni 1949 begann) *abgeschlossen haben.*

Seit August 1961 haben wir eine seitwärts gerichtete Konsolidierung der Aktienkurse, die alle in ein Muster von 3er-Wellen zu fallen scheinen. Die Schwierigkeit bei allen Korrekturen besteht darin, dass es unmöglich ist, mit Sicherheit zu wissen, wie lange sie andauern werden. Um aus der Ausgabe von 1960 von „Das Elliott-Wellen-Prinzip" zu zitieren:

> „Zusammenfassend lässt sich sagen, dass die Komplexität von *Korrekturwellen* sehr groß ist. Ach, wie einfach ist doch die grundlegende 5-3-5-3-5-Welle des *Haupttrends.*"

Jedes Jahr, wenn sich die Elliott-Muster weiterentwickeln, müssen wir versuchen, unser Denken an die sich entwickelnden Fakten anzupassen. Dafür entschuldigen wir uns nicht. Wir haben keine Kristallkugel, die uns genau sagt, was passieren wird. Die Kenntnis der Wellentheorie vermittelt jedoch ein gewisses Maß an Sicherheit bei der Interpretation im Rahmen der allgemeinen Grundsätze, die Elliott in seinen beiden Monografien „The Wave Principle" (1938) und „Nature's Law" (1946) sowie in seinen verschiedenen *Interpretative Letters* und *Forecasting Letters* dargelegt hat, die er im Zeitraum 1938 bis 1947 veröffentlichte.

Zurück zur aktuellen Situation: Was steht uns bevor? Ausgehend von der letzten Intermediärwelle, die am 24. Oktober 1960 begann, sieht es nun so aus, als hätten wir die erste Minor-Phase (August 1961) und möglicherweise auch die zweite Minor-Phase (Januar–April 1962) abgeschlossen. Die dritte von fünf Minor-Wellen sollte sich daher jetzt entwickeln, spätestens jedoch innerhalb der nächsten zwei oder drei Monate. Eine logische Erwartung wäre, dass der Dow Jones Industrial Average die steigende Trendlinie nicht durchbrechen sollte (siehe nächste Grafik).

Die Minor-Welle 1 verlief von 565 Punkten im Dow Jones Industrial Average bis 730 (August 1961) oder alternativ 715 (Mai 1961), insgesamt 150 bis 165 Punkte.

Nach der Elliott-Regel sollte die dritte Welle nicht wesentlich kleiner sein als die erste Welle (siehe „Das Elliott-Wellen-Prinzip" für einen Versuch, diese Unklarheit zu beseitigen). Je nachdem, wo die Minor-Welle 3 beginnt, ist daher mit einem Anstieg von etwa 150 Punkten zu rechnen. Wenn dies der Fall ist und man 685 als Ausgangspunkt nimmt, sollte die dritte Welle den Dow Jones deutlich über die 800er-Marke bringen.

Dies wäre jedoch erst die *dritte Welle*. Wenn diese Zählung seit dem Herbst 1960 korrekt ist, wird es offensichtlich sehr lange dauern, bis die letzte Intermediärwelle (1960 bis heute) der letzten Primärwelle (1957 bis heute) der ersten Zykluswelle (1949 bis heute) abgeschlossen ist.

Wir gehen derzeit davon aus, dass fünf Minor-Wellen seit Herbst 1960 *weder 1962 noch 1963 abgeschlossen werden können.*

An dieser Stelle beginnen wir, eine bessere Perspektive zu gewinnen als bei unserer Analyse vom letzten Jahr (Beilage von 1961). Damals sah es so aus, als könnten die gesamten fünf Aufwärtswellen seit Oktober 1960 bis etwa Ende 1962 oder Anfang 1963 abgeschlossen sein. Nun scheint es, dass der gesamte Prozess der Vollendung der Intermediärwelle 5 der Primärwelle V der Zykluswelle 1 noch in weiter Ferne liegt.

Aufschlüsselung des DJIA seit 1957

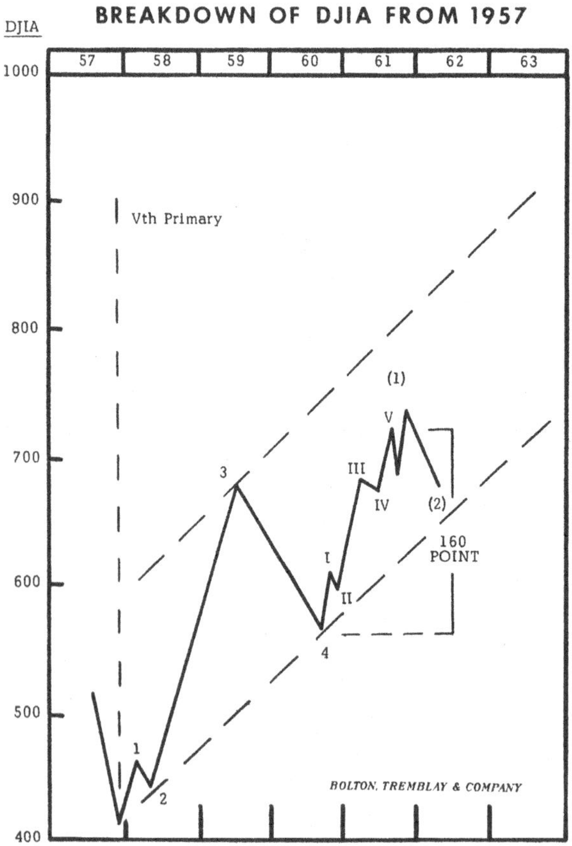

(In diesem Zusammenhang ist es vielleicht nicht unangebracht, dass der gesamte Konjunkturzyklus, der ausgehend von der Wende Ende 1960 eigentlich Anfang 1962 abgeschlossen sein sollte, nun beklagt und sein Ende auf unbestimmte Zeit verschoben wird, da die aktuellen Ergebnisse [Anfang April 1962] eher enttäuschend ausfallen.)

Die beigefügte Grafik bietet einen weiteren Blickwinkel auf die *fünfte Welle*. Wir beginnen diesen Chart mit dem Beginn von Primärwelle V. (Zum Vergleich siehe die aktualisierte Abbildung 48 in der vorherigen Grafik auf S. 248.) Wenn diese gesamte Analyse zutrifft, sollte der Markt, gemessen am Dow Jones Industrial Average, die Basislinie 1949–1953–1957 nicht durchbrechen, *bevor* die Intermediärwelle 5 von Primärwelle V abgeschlossen ist. Darüber hinaus scheint dies einen sehr deutlichen Anstieg der Minor-Welle 3 (die nun bevorsteht) zu erfordern. Dies wird durch die Tatsache angezeigt, dass Minor-Welle 3 nicht weniger als beispielsweise 150 bis 165 Punkte von dem Tiefpunkt entfernt sein sollte, der Anfang 1962 erreicht wird. Zeitlich gesehen ist es schwer vorstellbar, dass Minor-Welle 3 vor Ende 1962 oder Anfang 1963 abgeschlossen sein könnte. Aus konjunktureller Sicht wird 1963 als nächstes Rezessionsjahr für die Wirtschaft angesehen. Angesichts einer Rezession in den Jahren 1963/1964, die mit einer Minor-Welle 4 einhergehen würde, würden wir davon ausgehen, dass die Minor-Welle 5 frühestens im Zeitraum 1964/1965 auftritt.

Tatsächlich scheint sich hier der große Bullenmarkt, der 1949 begann, zeitlich zu verlängern. Angesichts des enormen Kreditaufbaus, der auf allen Seiten stattgefunden hat, ist dies durchaus plausibel. Irgendwann dürfte Zykluswelle 1 (1949 bis heute) in einem Blow-off von großem Ausmaß enden. Was wird dies verursachen? Wird es eine multilaterale Abwertung der Währungen sein? Oder wird es eine neue, noch ungeahnte Ära im Atomzeitalter sein? Niemand weiß das zum jetzigen Zeitpunkt.

Der Leser sollte jedoch bedenken, dass es nicht nur einen Weg gibt, wie sich der Elliott-Wellen-Zyklus entwickeln kann, da sich Wellen oft entsprechend den lokalen politischen und wirtschaftlichen Bedingungen ausdehnen oder korrigieren. Wir halten zwar den Kreditaufbau für förderlich für die unten vorgeschlagenen Prognosen, möchten Sie jedoch auch auf Kapitel XI von „Das Elliott-Wellen-Prinzip" von 1960 und insbesondere auf die alternativen Charts in den Abbildungen 49, 50 und 51 aufmerksam machen. Wir halten zwar das Grundmuster in Abbildung 49 für wahrscheinlicher, können jedoch die Möglichkeit, dass Abbildung 51 korrekt sein könnte, nicht völlig ausschließen.[2] Der entscheidende Punkt ist derzeit, ob die grundlegende langfristige Trendlinie aus dem Jahr 1949 im Jahr 1962 entscheidend nach unten durchbrochen wird.[3]

27. April 1962

---

1 Boltons Schlussfolgerung ist angesichts seiner umfassenderen Sichtweise, dass der Superzyklus 1949 begonnen hat, gerechtfertigt, auch wenn er dadurch seine frühere Schlussfolgerung, dass es 1962 zu einem Crash kommen würde, aufgeben muss. Seine zweitbeste Einschätzung ist, dass die fünfte Intermediärwelle vorbei ist.

2 Was tatsächlich der Fall ist.

3 Dies war praktisch Boltons „Stoppkurs" für seine Meinung, der einige Wochen später auf einem komfortabel hohen Niveau ausgelöst wurde. Obwohl seine Meinung ein seltener Fehler war, hielt das Wellenprinzip den Schaden auf ein Minimum beschränkt.

NACHTRAG ZUR BEILAGE VON 1962

28. MAI 1962

ELLIOTTS
WELLENPRINZIP

1962

Wie jedes Jahr um diese Zeit haben wir im vergangenen Monat die jährliche Beilage zum Elliott-Wellen-Prinzip 1962 herausgegeben. Die Ereignisse seitdem, die in mehreren Marktabschwüngen gipfelten, legen nahe, dass ein Nachtrag zu dieser Beilage wünschenswert ist, um die ziemlich erstaunlichen Entwicklungen nachzuzeichnen, die sich seit dem 1. Mai durch das Marktgeschehen deutlich gezeigt haben.

Die Abonnenten sollten sich der oft wiederholten Tatsache bewusst sein, dass das Elliott-Wellen-Prinzip kein Prognose-Instrument ist. Es kann jedoch von Anlegern genutzt werden, um sich vor Problemen zu schützen. So kann es beispielsweise oft verhindern, dass zum falschen Zeitpunkt verkauft wird, und es kann verhindern, dass man „der Masse folgt". Daher ist es vielleicht angebracht, die Historie der Wellen an der Stelle fortzusetzen, an der wir Ende April aufgehört haben.

Was in der Beilage von 1962 stand

Ausgehend vom Wellenmuster ab 1949, dem letzten wichtigen Ausgangspunkt eines Bullenmarkts vom Grad eines Zyklus (und wahrscheinlich eines Superzyklus), haben wir den Dow Jones Industrial Average verfolgt, um das Prinzip anhand von vier oder fünf Aufwärtswellen zu veranschaulichen. Somit ergibt sich:

- Primärwelle I: Juni 1949 bis September 1951 (5 Intermediärwellen); 160 bis 275
- Primärwelle II: September 1951 bis September 1953 (3 Intermediärwellen nach unten); 275 bis 255

Beachten Sie, dass das Hoch der zweiten Welle, die im Januar 1952 endete, höher war als der Endpunkt von Primär I, 295 gegenüber 275. Dies wird als „unorthodoxe" Top-Formation bezeichnet und ist recht verbreitet, da es bereits 1929 und 1946 zu zwei weiteren wichtigen Spitzen kam, um nur zwei Beispiele zu nennen.

- Primärwelle III: September 1953 bis April 1956 (5 Intermediärwellen nach oben); 255 bis 522

- Primärwelle IV: April 1956 bis Dezember 1957 (3 Intermediärwellen nach unten); 522 bis 419
- Primärwelle V: Dezember 1957 bis heute; 419 bis ?

Diese Welle sollte aus fünf Wellen bestehen, von denen wir berechnet hatten, dass vier bereits realisiert worden waren und wir uns nun in der fünften und letzten Welle befanden. Der Ablauf der fünften Primärwelle wurde wie folgt vorgeschlagen:

- Intermediärwelle 1: Anfang 1958 – 420 bis etwa 455 (siehe Abbildung 48 in der Ausgabe von 1960 des Buches „Das Elliott-Wellen-Prinzip: Eine kritische Bewertung“)
- Intermediärwelle 2: 455 bis 435
- Intermediärwelle 3: 435 bis 685 Mitte Juli 1959
- Intermediärwelle 4: 685 bis 565 im Oktober 1960
- Intermediärwelle 5: 565 bis heute

Es ist zu erkennen, dass sich die Wellen im Verlauf des Zyklus tendenziell ausbreiteten, sodass zu Beginn der fünften Primärwelle im Dezember 1957 die Intermediärwellen praktisch genauso groß waren wie die Primärwellen zu Beginn des Zyklus.

Die fünfte Welle der fünften Welle

Der Zeitraum von Oktober 1960 (565) bis heute sollte sich ebenfalls in fünf Wellen entwickeln, wie es nach den Regeln von Elliott sein muss. Da das 5-Wellen-Muster, das im August 1961 bei etwa 725 endete, nur geringfügig über dem Ende der Intermediärwelle 3 im Juli 1959 bei etwa 685 lag, wurde außerdem angenommen, dass dies nur die erste von insgesamt fünf Wellen war. Aufgrund der Natur dieser Wellen wäre es daher höchst unwahrscheinlich, dass der endgültige Höchststand des Bullenmarkts vor

Mitte der 1960er-Jahre erreicht werden könnte, wenn man den erforderlichen Zeitfaktor berücksichtigt. So lautete bis vor Kurzem die *Annahme*.

Diese Interpretation erscheint nun unwahrscheinlich und muss aus den folgenden Gründen als fragwürdig angesehen werden:

a. Die Korrektur der 5-welligen Minor-Welle von Oktober 1960 bis August 1961 hat den Anstieg auf dem aktuellen Marktniveau um 100 Prozent zurückgeführt. Dies deutet darauf hin, dass es sich nicht um eine einfache Korrektur handelt, sondern um die erste Welle einer Reihe von Korrekturwellen.
b. Die langfristige Trendlinie auf semilogarithmischem Papier, die durch die Tiefs von 1949 und 1953 gezogen wurde, wurde kürzlich entscheidend durchbrochen, als der Dow Jones unter die 640er-Marke fiel. Dies wurde in der Beilage von 1962 als möglicher Schlüsselfaktor hervorgehoben, obwohl es sich dabei nicht um die reine Elliott-Methode handelt.

Weder einzeln noch zusammen beweisen diese beiden Faktoren gemäß den Elliott-Regeln, dass die Welle von Oktober 1960 bis August 1961 notwendigerweise die vollständige fünfte Welle der fünften Welle war, aber sie lassen vermuten, dass dies der Fall sein könnte. Der entscheidende Faktor ist jedoch der nachfolgende Punkt (c), vorausgesetzt natürlich, dass unsere Interpretation an dieser Stelle korrekt ist, was wir weiter unten noch genauer diskutieren werden.

c. Die Korrektur der 5-Wellen-Aufwärtsbewegung (Oktober 1960 bis August 1961) ist eindeutig eine 3-Wellen-Bewegung und wird als „Flat“ bezeichnet, also drei Abwärtsbewegungen, drei Aufwärtsbewegungen, fünf Abwärtsbewegungen.

Die ersten drei Abwärtswellen verliefen von August 1961 bis Januar 1962, die zweiten drei Aufwärtswellen bis Mitte März 1962 und die letzten fünf Abwärtswellen vom 15. März bis heute. Dieses letzte 5-Wellen-Muster wurde jedoch verlängert, und eine der Regeln von Elliott in diesem Zusammenhang ist als zweifacher Rücklauf bekannt (siehe Kapitel VI der Ausgabe von 1960 von „Das Elliott-Wellen-Prinzip“). Diese Regel ist sehr wichtig, da sie uns viel über den wahrscheinlichen Charakter des bevorstehenden Marktes verrät und als solche eine gute Bewährungsprobe für die gesamte Elliott-Theorie darstellen dürfte.

Verlängerungen und zweifacher Rücklauf

Verlängerungen – auch als Erweiterungen oder Extensionen bezeichnet – nach unten sind selten. Verlängerungen treten nur in Wellen mit fünf Unterwellen auf, niemals in Wellen vom dreiteiligen Typ. Die von Elliott formulierte Regel lautet: Wenn eine fünfte Welle (jeglichen Grades) verlängert wird, dreht der Markt nach Abschluss dieser Verlängerung um und läuft 100 Prozent (oder mehr) der verlängerten Welle zurück (Retracement)[1]. Danach wird er zu einem späteren Zeitpunkt das zuvor einmal zurückgelaufene Niveau zweifach zurücklaufen. Betrachten wir dies anhand stilisierter Diagramme.

Beachten Sie, dass Elliott sagte, dass ein zweifaches Retracement nur dann angezeigt sei, wenn die fünfte Welle verlängert wurde, nicht die erste oder dritte Welle eines 5-Wellen-Musters. Er stellte jedoch klar, dass diese Rückläufe und doppelten Rückläufe später in herkömmliche Gesamtmuster passen, dass es sich also nicht um ein paar zusätzliche Wellenmuster handele, die bequem als eine Art Pause zwischen zwei Wellenfolgen hinzugefügt werden könnten – als zusätzliche Wellen, die ignoriert werden können, wobei die Elliott-Zählung nach einer solchen Pause von vorn beginnt. Vielmehr würden die herkömmlichen Wellenmuster bestehen bleiben.

Betrachten wir nun die aktuelle Marktentwicklung.

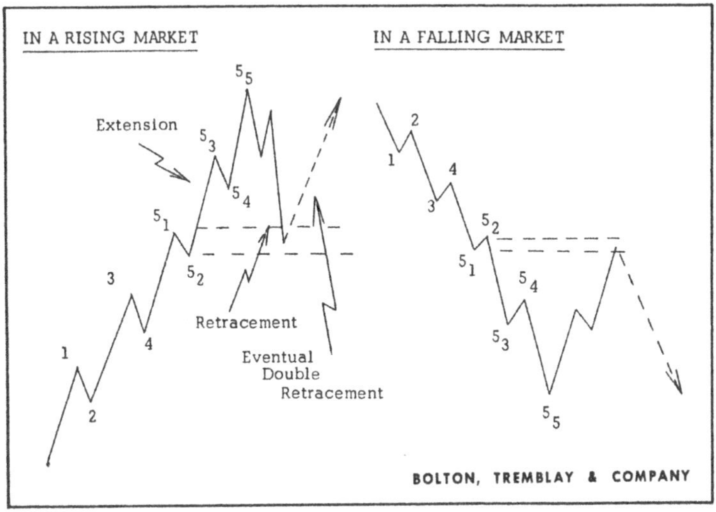

Normale Korrektur bis April

Die Marktentwicklung von Oktober 1960 bis August 1961 lässt sich bequem als fünf Aufwärtswellen analysieren. Lassen wir einmal außer Acht, ob diese fünf Wellen eher Minor-Wellen oder Intermediärwellen sind. Fünf Aufwärtswellen erfordern eine 3-Wellen-Korrektur. Eine solche Korrektur läuft normalerweise ein Drittel bis zwei Drittel des Anstiegs zurück, aber es gibt kein Elliott-Gesetz, das besagt, dass die Korrektur einem bestimmten prozentualen Retracement entsprechen muss. In der Nachkriegszeit betrugen die Korrekturen aufgrund des Inflationsfaktors während des Krieges jedoch sogar weniger als ein Drittel und bis 1962 nie mehr als 50 Prozent.

Das Muster der Korrektur ab August 1961 ist eindeutig eher ein Flat als ein Zigzag. Eine Flat-Korrektur ist eine 3-3-5-Entwicklung, eine Zigzag-Korrektur eine 5-3-5-Entwicklung. Das sieht so aus:

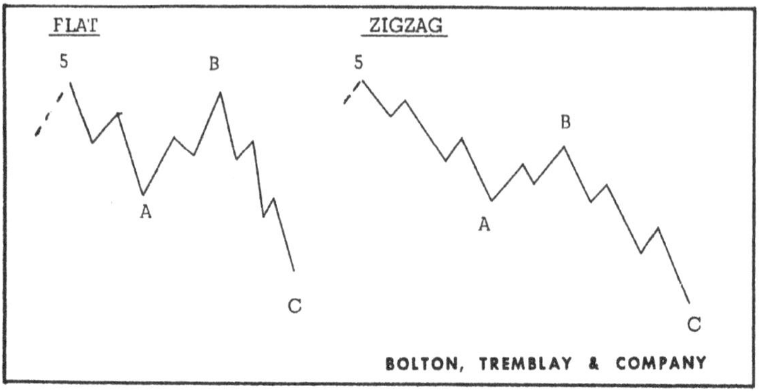

Das Muster seit Mitte 1961 lässt sich nicht in ein 5-3-5- oder Zigzag-Muster unterteilen.

Sowohl *Flats* als auch *Zigzags* sind 3-Wellen-Korrekturen der Form A, B, C, wie angegeben. Bei einem Flat-Muster tendiert die Welle B jedoch dazu, nahe an das vorherige Ende der fünften Welle zurückzukehren (etwas darunter oder etwas darüber), während bei einem Zigzag-Muster die Welle B in der Regel deutlich niedriger ist.

Die Analyse der Flat-Korrektur ab August 1961 ist im nächsten Chart dargestellt. Als wir mit der Drucklegung des Nachtrags für 1962 begannen, verlief die Korrektur ab August völlig normal, und tatsächlich entwickelte sich die dritte Welle der Korrektur als normale 5-Wellen-Abwärtsbewegung, die unter normalen Bedingungen bei 659 Dow-Jones-Punkten hätte enden müssen. Tatsächlich war dies jedoch nicht der Fall.

Was auch immer die Gründe dafür sein mögen, die fünfte Welle der letzten Welle der flachen Korrektur verlängerte sich, und wir hatten bisher vier zusätzliche Wellen in einem normalen Abwärtskanal.

Eine perfekte Verlängerung nach unten?

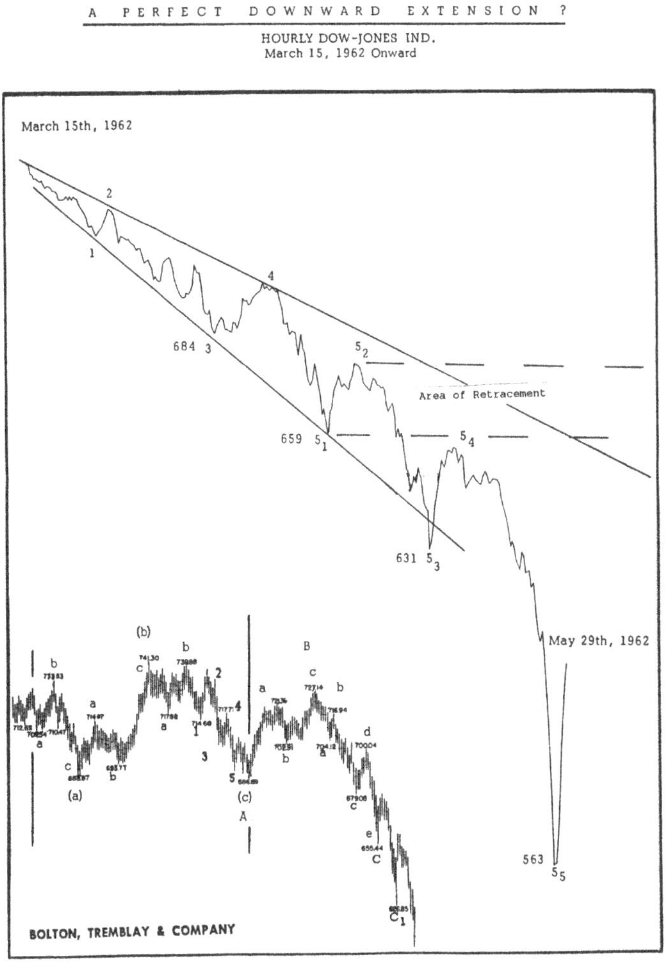

(Anmerkung der Redaktion: Es gehört nicht zur Elliott-Theorie, zu sagen, dass die jüngste dieser Abwärtswellen in gewisser Weise eine der am stärksten überverkauften Situationen in der Geschichte hervorgerufen hat. Auch wenn dies im Elliott-Kontext keine Rolle spielt, untermauert es doch die These eines wahrscheinlichen *Retracements* in den kommenden Wochen oder Monaten.)

Die Analyse des Dow Jones Industrial Average auf Stundenbasis vom 15. März bis heute ist im Chart ebenfalls dargestellt.

Dieses Diagramm zeigt sowohl den Wert als auch die Grenzen der Elliott-Wellen-Theorie auf. Seit vielen Monaten war klar, dass eine Korrektur des Anstiegs von Oktober 1960 bis Mitte des Sommers 1961 bevorstand, und dementsprechend konnte davon ausgegangen werden, dass diese in drei Wellen erfolgen würde. Im Frühjahr 1962 verlief daher alles nach Plan. Verschiedene Methoden wie Trendlinien, Widerstandsniveaus und so weiter konnten verwendet werden, um abzuschätzen, wie tief die Korrektur ausfallen könnte. Die meisten dieser Einschätzungen führten zu der Überzeugung, dass die Reaktion irgendwo im Bereich von 650 bis 680 Punkten des Dow Jones Industrial Average enden sollte. Nach Elliotts Theorie hätte beispielsweise angesichts der seit 1949 unterdurchschnittlichen Amplitude der Korrekturen (obwohl klar war, dass diese Korrekturen mit der Zeit tendenziell tiefer ausfielen) eine Korrektur um 38 Prozent (100–62, ein Fibonacci-Verhältnis) als „normal" angesehen werden können. Eine solche Korrektur des Anstiegs um 177 Punkte (564 bis 741 im Tagesverlauf) im Dow Jones Industrial Average hätte einen Referenzwert von 674 ergeben. (Anmerkung der Redaktion: Ein solches Ziel [675] wurde tatsächlich Ende 1961 in unserem *Bank Credit Analyst* als wahrscheinliches Ziel vorgeschlagen, jedoch nicht bewusst aus den gleichen Gründen.)

Ein solches Ziel wurde Ende April 1962 grundsätzlich erreicht, als der Markt nach der Kennedy-Steel-Affäre am 1. Mai auf 659 Punkte fiel. Zu diesem Zeitpunkt konnten fünf Abwärtswellen seit dem Hoch Mitte März gezählt werden. In jeder Hinsicht würden Elliott-Wellen-Analysten zu dem Schluss kommen, dass „es das gewesen war". Man konnte beispielsweise beobachten, wie sich der Index um die Trendlinie herum bewegte. Die Kennedy-Affäre war „Vergangenheit", die Wellen summierten sich, der Verkaufshöhepunkt wies zumindest einen Großteil der Merkmale einer abgeschlossenen Korrektur vom „intermediären Typ" auf, und es wäre normal und vernünftig gewesen, wenn die Korrektur hier geendet hätte. Tatsächlich war dies jedoch nicht der Fall. „Warum“, wird vielleicht erst im Nachhinein bekannt werden.

Stattdessen kam es nach Abschluss der orthodoxen 5-Wellen-Abwärtsbewegung ab März 1962 zu einer Reihe zusätzlicher Abwärtswellen. Dadurch „verlängerten“ sie die fünfte Welle der 5-Wellen-Abwärtsbewegung ab März 1962 und durchbrachen die langfristige Trendlinie, die die Tiefs von 1949 und 1953 verband, als in den letzten Tagen die Marke von etwa 640 durchbrochen wurde. Damit schufen sie eine Situation, die nach Elliotts Regeln ein doppeltes Retracement erfordert.

Elliott formulierte seine Theorie des zweifachen Rücklaufs eher in Bezug auf Aufwärtsbewegungen als auf Abwärtsbewegungen. Es kann daher zu Recht infrage gestellt werden, ob er das „doppelte“ oder „zweifache“ Retracement überhaupt formulieren musste. Warum nicht einfach „Retracement“ und den Rest der Zukunft überlassen? Darauf gibt es keine Antwort, außer zu sagen, dass er einen wichtigen Punkt hervorhob, nämlich dass es in jedem Fall ein Retracement und dann ein doppeltes Retracement zurück geben musste (und gab). Tatsächlich nannte er eine Reihe solcher Fälle, die wir hier erwähnen möchten.

In der Vergangenheit eingetretene Verlängerungen

Elliott erwähnt nur zwei vergangene Verlängerungen nach unten. Die erste fand in der Abwärtsbewegung des Marktes von September bis November 1929 statt, auf die im Frühjahr 1930 ein Retracement und danach ein doppeltes Retracement folgte. Die zweite erfolgte im Herbst 1937, nahe dem Tiefpunkt im Oktober, auf den sofort ein zweifaches Retracement folgte. In beiden Fällen erreichte der Markt später neue Tiefs, jedoch nicht unbedingt sofort.

Elliott erklärte, dass er keine Regeln entdeckt habe, die ihm sagen würden, wann eine Verlängerung stattfinden würde.

Wie sieht es heute aus?

Kehren wir zur Gegenwart zurück. Von Oktober 1960 bis August 1961 gab es fünf Aufwärtswellen. Wie wir in der Beilage von 1962 analysiert haben, war dies wahrscheinlich die erste von fünf Wellen der „fünften Welle der fünften Welle“. Es könnte sich auch um die gesamte „fünfte Welle der fünften Welle“ handeln. Dies wäre eine eher ungewöhnliche Interpretation, zumal eine solche fünfte Welle des gesamten Anstiegs seit 1949 nicht annähernd die obere Parallele des Aktienkurskanals von 1949 bis heute erreicht hat. Es erscheint eher unwahrscheinlich, dass wir die Welle von Oktober 1960 bis August 1961 einfach als die erste von fünf Wellen betrachten können, auf die in dieser Phase des Investitionszyklus noch vier weitere folgen werden. Grund dafür ist die Ausdehnung der 3-Wellen-Korrektur seit August 1961, die nun den gesamten Anstieg seit Oktober 1960 zurückgelaufen ist, und die Tatsache, dass sich die dritte Welle dieser Korrektur offenbar verlängert hat, was einen doppelten Rücklauf erforderlich macht, der zweifellos viel Zeit in Anspruch nehmen und einen beträchtlichen Ausschlag erzeugen wird (grob geschätzt wahrscheinlich 100 Punkte nach oben und weitere 100 Punkte nach unten). Die Logik legt nahe, dass diese Korrektur zu groß ist, um einfach nur ein Rückschlag vom Typ Welle 2 zu sein.

Steht uns ein großer Bärenmarkt bevor?

Unserer Meinung nach ist die wichtigste Botschaft des Durchbruchs durch die Trendlinie von 1949 bis 1953 nicht, dass ein großer Bärenmarkt unmittelbar bevorsteht. Im Gegenteil, das derzeitige Marktniveau deutet darauf hin, dass wir einen sehr starken Pullback erleben werden, der den Markt in den nächsten Monaten wahrscheinlich wieder nahe an die alten Hochs bringen wird, möglicherweise gefolgt von noch höheren Hochs. Wenn wir das Gesamtbild betrachten, scheint es nur drei mögliche langfristige Interpretationen zu geben. Die erste besagt, dass der neue Superzyklus 1932 begann, die zweite (Elliotts Interpretation vor seinem Tod) 1942 und die dritte (unsere Interpretation) 1949.

Interpretation (A) beinhaltete eine tiefe Welle II (1937 bis 1942, ein Rückgang um 50 Prozent) und könnte folglich eine tiefe Welle IV erwarten lassen. Aber zum jetzigen Zeitpunkt ist eine Welle IV noch lange nicht in Sicht. Die Unterwellen von Welle III waren alle unterdurchschnittlich, daher sollte dies auch für die vierte Welle zu erwarten sein, die wir nun als 1961 beginnend annehmen.

Drei unterschiedliche langfristige Interpretationen

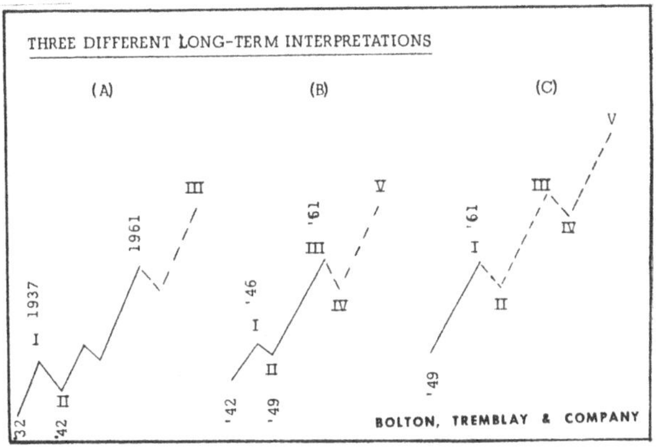

Interpretation (B), die wir allein aus technischen Gründen ausgeschlossen haben, die aber dennoch weiterhin ihr hässliches Haupt erhebt, weist eine kleinere Welle II auf, wie es dem inflationären Umfeld vom Zweiten Weltkrieg bis heute entspricht, mit einer Korrektur um etwa 25 Prozent von 1946 bis 1949. Welle IV dürfte ebenfalls flach ausfallen, da der gesamte Zyklus ab 1942 ein Ausbruch aus einem Dreieck war. Siehe Anhang B der Ausgabe von 1960 des von unserer Firma veröffentlichten Buches „Das Elliott-Wellen-Prinzip“.

Wir müssen uns den Tatsachen stellen und dürfen nicht in einer Traumwelt verharren. Als sich die fünfte Welle der im März 1962 begonnenen Korrektur verlängerte, war dies ein wichtiges Signal. Es bedeutete, dass wir uns nun in einem verlängerten „handelsorientierten Markt“ befinden sollten, der wahrscheinlich nach unten bei etwa 575 oder darunter und nach oben bei 740 oder darüber begrenzt ist, wobei der erste Teil davon die Welle seit August 1961 ist, die derzeit abgeschlossen wird.

Natürlich weiß zu diesem Zeitpunkt niemand, wie die Zukunft aussehen wird. Wenn wir jedoch jetzt eine Korrektur des gesamten Anstiegs seit 1949 begonnen haben, könnte diese mehrere Jahre dauern und wird aller Wahrscheinlichkeit nach eine unregelmäßige Korrektur sein. Sie muss in Form von drei Wellen erfolgen, aber aufgrund der Neigung in Form von drei Wellen von 1961 bis Mitte 1962 muss sie zwangsläufig die Form einer Flat-Welle annehmen, nicht die einer Zigzag-Welle. Da in den 1950er-Jahren Korrekturwellen dazu neigten, ihre ersten Abwärtsbewegungen in der zweiten Welle zurückzulaufen und in den meisten Fällen neue Hochs zu erreichen, können wir bei den Indizes immer noch neue Hochs erwarten, bevor der abschließende Bärenmarkt beginnt. Um eine Vorstellung davon zu vermitteln, was zu erwarten ist, lassen Sie uns zwei mögliche Kombinationen in Form eines Diagramms darstellen. Dies sind jedoch nicht die einzigen möglichen Kombinationen.

Möglicher Verlauf der Elliott-Wellen

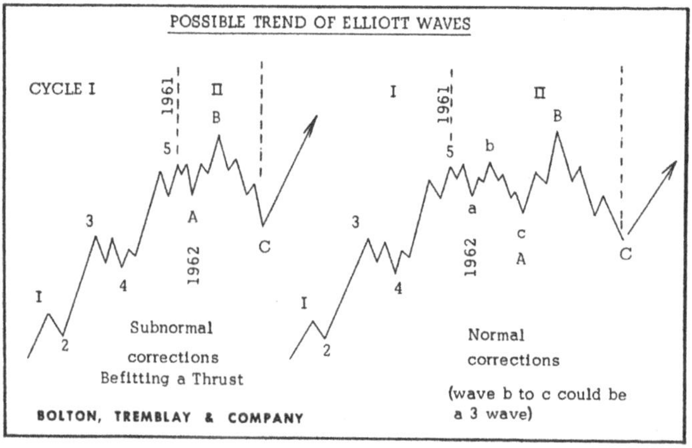

Interpretation (C) ist ebenfalls ein *Thrust*, dessen Basis im Jahr 1949 statt im Jahr 1942 liegt und der ebenfalls die Folge eines (21-jährigen) Dreiecks ist. Es handelte sich tatsächlich um eine Reihe von steilen Aufwärtswellen, auf die unterdurchschnittliche Korrekturen folgten, was vollkommen zum Konzept eines Thrusts passt. Die Welle II sollte keine Ausnahme bilden. Das wahrscheinliche Muster, das sich aus dem Abschluss der Zykluswelle I von 1949 ergibt, ist eine flache Zykluswelle II, die höchstens 40 Prozent des Indexanstiegs um 160 Punkte von 1949 bis zu einem zukünftigen Hoch zurücklaufen könnte und die tatsächlich auf einen Rückgang von nur 25 Prozent begrenzt sein könnte.

Fazit

1. Es ist nun möglich, dass das *orthodoxe Hoch* des Aktienmarkts von 1949 bis heute im Jahr 1961 erreicht wurde.

Faktoren, die dafür sprechen, sind:

a. Der Bruch der Trendlinie
b. Die Zweidrittel-Korrektur der letzten Welle
c. Die Verlängerung nach unten und die Implikationen eines doppelten Retracements

Dagegen sprechen:

d. Der „Maus“-Charakter der fünften Welle 1960/1961
e. Das passt nicht in einen Fibonacci-Zeitraum, also beispielsweise 12 Jahre statt 13 Jahre. (Das galt jedoch auch für die Marktentwicklung von 1921 bis 1928, die sieben statt acht Jahre dauerte.)

2. Die erste Welle der Korrektur ist nun fast vorbei. Angesichts der Art der Wellen (eher Flat als Zigzag) wäre es töricht, den Markt zum jetzigen Zeitpunkt zu verkaufen, da der zweite Teil der

Flat-Korrektur den Markt zwangsläufig wieder viel näher an die alten Hochs von 1961 bringen sollte.

3. Wir könnten in eine Reihe von breiten und schnellen Handelsspannen eintreten, in denen die Amplituden der Anstiege und Rückgänge viel größer sein werden als in der gesamten Zeit seit 1949.[2] Dies erfordert andere Anlagetechniken und belohnt möglicherweise besonders das Timing der Anlagen. Es wird auch eine harte Probe für das individuelle und professionelle Anlagemanagement sein.
4. Käufe, die zum gegenwärtigen Zeitpunkt getätigt werden, dürften sich als äußerst zufriedenstellend erweisen.

---

1 Diese Regel wurde in „Das Elliott-Wellen-Prinzip: Eine kritische Bewertung" genauer formuliert.
2 Dieser Satz beschreibt die nächsten 20 Jahre sehr gut.

ELLIOTTS
WELLENPRINZIP

1963

DAS ELLIOTT-WELLEN-PRINZIP DES AKTIENMARKTVERHALTENS, BEILAGE 1963

Einleitung

Seit 1952 interpretiert Bolton, Tremblay & Company das Elliott-Wellen-Prinzip im Nachhinein. Das war eine sehr bereichernde Erfahrung. Im Jahr 1960 organisierte der Herausgeber die Veröffentlichung von „Das Elliott-Wellen-Prinzip: Eine kritische Bewertung“. Dieses Buch ist nach wie vor beim Verlag erhältlich. Darin finden sich die Grundprinzipien, auf denen Elliott seine Theorie aufgebaut hat. In dem Buch und in den jährlichen Beilagen wurde kein Versuch unternommen, Elliott zu „verbessern“. Es wurde jedoch darauf hingewiesen, dass mit zunehmender Entfernung vom letzten Enddatum, also von Mitte Juni 1949, das Prinzip aufgrund der Umstände zwangsläufig mit immer mehr konkurrierenden Interpretationen konfrontiert würde. Aus diesem Grund haben wir immer wieder geschrieben, dass jede Interpretation von Elliott, die zu diesem Zeitpunkt versucht, eine Prognose zu erstellen, von nun an als relativ vorläufig betrachtet werden muss. Wir brauchen uns nur daran zu erinnern, was 1962 passiert ist, um zu zeigen, dass selbst sogenannte Experten sich irren können. Wir zitieren den letzten Satz der Einleitung aus dem letzten Jahr:

„Abschließend ist noch eine Warnung angebracht. Das Elliott-Wellen-Prinzip hat in den Nachkriegsjahren eine ausgezeichnete Bilanz vorzuweisen. Zu keinem Zeitpunkt war es möglich, das bevorstehende Eintreten eines größeren Bärenmarkts vorherzusagen. Diese Situation ändert sich nun. In der Sprache von Elliott scheinen wir uns mitten in der ‚fünften Welle der fünften Welle' zu befinden. Auch wenn derzeit scheinbar keine Grenzen gesetzt sind, wird wahrscheinlich in nicht allzu ferner Zukunft ein Tag der Abrechnung kommen. Wenn es so weit ist, erwarten wir jedoch, dass er von einem deutlich höheren Niveau aus kommen wird."

Hätten wir den letzten Satz weggelassen, wäre unsere Bilanz in Bezug auf die Prognosen von Elliott deutlich besser ausgefallen. Wir haben jedoch wiederholt jeden Versuch bedauert, mithilfe von Elliotts Prinzipien eine präzise und perfekte Prognose zu erstellen. Der allgemeine Trend lässt sich oft mit beträchtlicher Genauigkeit bestimmen, aber die Details entziehen sich oft der Erkenntnis, außer eben im Nachhinein. So wurde beispielsweise in der Beilage von 1962 deutlich darauf hingewiesen, dass wir uns in der fünften Primärwelle seit 1949 befanden, die Ende 1957 begann, und dass wir uns ferner in der fünften Intermediärwelle der fünften Primärwelle befanden, die im Herbst 1960 begann. Ohne weitere Hintergrundinformationen scheint es im Nachhinein klar, dass wir die fünfte Intermediärwelle der fünften Primärwelle und damit die gesamte Zykluswelle seit 1949 als im August 1961 abgeschlossen hätten interpretieren sollen. Stattdessen haben wir in den Diagrammen angedeutet, die fünfte Intermediärwelle habe erst ihre erste von fünf Wellen abgeschlossen. Damit haben wir den Vorbehalt bestätigt, der sich durch alle unsere jährlichen Beilagen und die „Kritische Bewertung" von 1960 zieht, nämlich dass es sich nicht lohnt, sich über irgendetwas zu sicher zu sein.

Als entscheidender Faktor erwies sich der im letzten Satz der Analyse des letzten Jahres erwähnte: „Der entscheidende Punkt ist derzeit, ob die grundlegende langfristige Trendlinie von 1949 im Jahr 1962 entscheidend nach unten durchbrochen wird."

Mit anderen Worten: Wäre diese Trendlinie 1962 nicht entscheidend durchbrochen worden (ein entscheidender Durchbruch bedeutete einen Rückgang auf etwa 640 oder weniger gemessen am Dow Jones Industrial Average), gäbe es Grund zu der Annahme, dass der endgültige Verlauf darin bestanden hätte, weitere vier Wellen innerhalb der Intermediärwelle 5 der Primärwelle V der Zykluswelle zu durchlaufen, die Mitte 1949 begann. Leider sollte es nicht so kommen, und rückblickend ist nun die traurige, aber wahre Tatsache offensichtlich, dass der große orthodoxe Bullenmarkt vom Zyklusgrad im Sommer 1961 zu Ende ging und wir uns daher technisch gesehen seit diesem Zeitpunkt in einem Bärenmarkt vom Zyklusgrad befinden, der wahrscheinlich noch einige Jahre andauern wird.

Bedeutet dies, dass die Index- und Aktienkurse im Allgemeinen sofort (1963) neue Tiefststände erreichen werden? Wenn wir uns ausschließlich auf das Elliott-Wellen-Prinzip verlassen würden, gäbe es keine Möglichkeit, dies zu wissen. Tatsächlich gibt es jedoch technisch gesehen viele Alternativen, nachdem entschieden wurde, dass August 1961 der orthodoxe Höhepunkt der Zykluswelle 1949 bis 1961 war, sodass jeder Schüler dies für sich selbst herausfinden muss. Einige dieser Alternativen können, wie wir sehen werden, auf der Grundlage der Ereignisse seit Juni 1962 ziemlich sicher ausgeschlossen werden, andere müssen jedoch – streng nach Elliott und ohne Rückgriff auf andere Studien wie Geld und Kredit – als Möglichkeiten zugelassen werden. Diese Beilage zu Elliott wird daher aufzeigen: (a) verschiedene Möglichkeiten unter der Annahme, dass unsere Interpretation, wonach August 1961 der wahre orthodoxe Höhepunkt des Bullenmarktes war, richtig ist; (b) eine weitere Möglichkeit, die bedeuten könnte, dass die Zykluswelle ab 1949 technisch noch nicht abgeschlossen ist, und (c) einige weitere Gedanken zu den gesamten Wellentheorien der Elliott-Schule.

A. Hamilton Bolton

Mai 1963

Die Elliott-Wellen-Theorie

Es ist nun etwa drei Jahre her, seit „Das Elliott-Wellen-Prinzip: Eine kritische Bewertung“ veröffentlicht wurde. Daher ist es vielleicht angebracht, Elliotts grundlegende Gedanken etwas detaillierter darzulegen. Elliott hat tatsächlich nur sehr wenig über das Wellenprinzip geschrieben, das noch erhalten ist. Zwei Monografien, eine aus dem Jahr 1939 und eine aus dem Jahr 1946, eine Reihe von Artikeln in *The Financial World* im Sommer 1939 und bestimmte Interpretations- und Prognosebriefe an, wie wir vermuten, eine kleine Gruppe von Abonnenten sind alles, was erhalten geblieben ist. Nur ein Teil dieser Literatur befindet sich tatsächlich im Besitz des Herausgebers, und was fehlt, sind die Artikel aus *The Financial World*, die sicherlich in den Archiven des Verlags zu finden sind, sowie bestimmte Prognosebriefe aus dem Zeitraum 1940 bis 1945.

Elliott glaubte, ein sehr einfaches Prognoseprinzip entwickelt zu haben. Zwei Dinge führten ihn zu dieser Schlussfolgerung. Erstens gab es erst seit 1928 Marktaufzeichnungen vom Typ „High-Low-Close“, und zweitens war das Muster von 1929 bis 1938, als er seine erste Monografie schrieb, hinsichtlich der Entwicklung der Wellenmuster relativ unkompliziert.

Für die Vergangenheit stützte sich Elliott auf zwei grundlegende Indizes: (1) den Dow Jones Industrial Average seit 1897 und (2) den Axe-Houghton Industrial Stock Price Average seit 1854. Letzterer war sicherlich ein Sammelsurium, aber wer kann schon sagen, dass er weniger repräsentativ sei als der spätere Cowles Commission Index of Stock Prices von 1871, der auf der Standard-&-Poor's-Formel (die dem S&P Industrial Index von 1926 bis heute zugrunde liegt) basiert und mit dem der Cowles-Index verknüpft wurde?

Wir hoffen, zu einem späteren Zeitpunkt einen detaillierten Vergleich dieser beiden Indizes durchführen zu können: des Axe-Houghton Index von 1854 bis heute und des Cowles Commission Index von 1871 bis heute. Letzterer wurde von der Cleveland Trust Company sogar noch weiter bis ins Jahr 1831 zurückverfolgt, indem Aufzeichnungen über Eisenbahn-, Bank- und Kanalaktien beschafft wurden. Darüber hinaus ist nicht allgemein bekannt, dass der Dow Jones Industrial Average selbst, der nur bis ins Jahr 1897 zurückreicht, von der Federal Reserve Bank of New York bis in die 1870er-Jahre zurückgerechnet wurde.

Aus diesen verschiedenen Quellen für Aktienkurse geht klar hervor, dass es nicht allzu schwierig sein dürfte, fast jeden beliebigen Ausgangspunkt für eine Wellentheorie zu finden. Elliott nutzte das, was ihm zur Verfügung stand – den Axe-Houghton Index – und begann seine Welle an ihrem tiefsten Punkt: dem der berühmten Depression von 1857. (Es ist ziemlich interessant, dass die spätere Kursreihe der Cowles Commission und von Cleveland Trust ihren Tiefpunkt erst während der Depression der 1870er-Jahre und insbesondere im Jahr 1877 erreichte.

Wir weisen auf diese Anomalien hin, um unseren Lesern bewusst zu machen, dass es sich bei dem Elliott-Wellen-Prinzip nicht um eine Wissenschaft handelt, sondern lediglich um eine *Tendenz*. Es ist ja leicht, eine detaillierte Untersuchung der Vergangenheit zu überblicken und unzählige Stunden damit zu verbringen, die komplexen Bewegungen der Gegenwart zu studieren, so als ob alles bis jetzt oder zumindest in der jüngsten Vergangenheit Geschehene absolut erklärbar wäre. Wir sollten daher bedenken, dass wir es nur mit einer Tendenz zu tun haben und nicht mit einer unumstößlichen wissenschaftlichen Tatsache.

Wir sind der Meinung, dass das Elliott-Wellen-Prinzip mit den Daten, die Elliott zur Verfügung standen, nicht bewiesen werden kann, aber dass es so viele interessante Merkmale aufweist, dass sich daraus ein Muster für das Verhalten der Aktienmärkte ableiten lässt. Seit 1953 interpretieren wir beispielsweise in einer Reihe von jährlichen Bulletins öffentlich die Wellentheorien von Elliott. Unsere Absicht war es, Elliotts Gedanken weiterzuführen, nicht eine neue Theorie zu entwickeln. Tatsächlich stellen wir beim erneuten Lesen dieser Interpretationen (trotz ihrer Mängel) fest, dass Elliotts Prinzipien und vielleicht auch seine Vision im Grunde genommen richtig waren (von völliger Sorglosigkeit angesichts der Marktniveaus in den Jahren 1953 bis 1954, als der Dow Jones Industrial Average zwischen 250 und 300 Punkten schwankte, bis hin zu wachsendem Misstrauen, aber noch ohne den Wunsch, das Handtuch zu werfen, während dieser Index die 700-Punkte-Marke überschreitet). Anhang A enthält Auszüge aus unseren Jahresberichten seit dem ersten Kommentar im Februar 1953 mit einigen entsprechenden Fußnoten, die auf Rückblicken basieren.[1]

Grundlegende Wellensequenzen

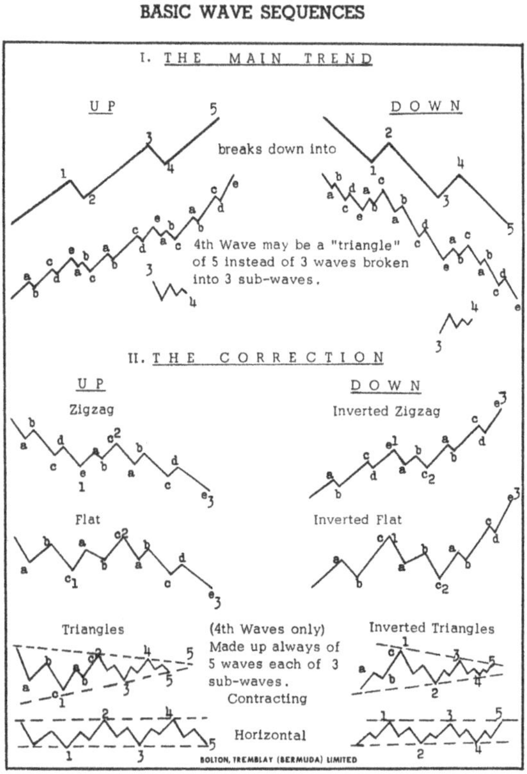

Diese Grafik wurde der 1960 erschienenen Ausgabe von „Das Elliott-Wellen-Prinzip: Eine kritische Bewertung" entnommen.

Elliotts grundlegende Theorie ist recht einfach. Bullenmärkte entwickeln sich in 5-Wellen-Mustern: drei Wellen in Richtung des Haupttrends (also nach oben), unterbrochen von zwei Korrekturmustern. Diese Art von Muster ist in der beigefügten Grafik „Grundlegende Wellensequenzen" dargestellt. Jedes 5-Wellen-Aufwärtsmuster wird dann durch eine 3-Wellen-Sequenz „korrigiert". Aus dieser 3-Wellen-Sequenz entwickelt sich dann ein weiteres 5-Wellen-Aufwärtsmuster.

Wenn man das 5-Wellen-Muster eines Elliott-Bullenmarkts aufschlüsselt, stellt man fest, dass sich die Aufwärtswellen (1, 3 und 5) jeweils in fünf kleinere Wellen unterteilen, während sich die beiden dazwischenliegenden Wellen (2 und 4) in der Regel in drei kleinere Unterteilungen unterteilen.

Während die Hauptwellen in Richtung des Trends (also die Wellen 1, 3 und 5) insofern einfach sind, als sie sich in 5er-Unterteilungen niedrigerer Ordnung oder niedrigeren Grades unterteilen, treten bei den sogenannten Korrekturwellen alle möglichen Komplikationen und Komplexitäten auf. Diese können zu einer der folgenden Formen führen (und wahrscheinlich noch zu vielen weiteren):

Zigzag-Wellen	Dreier, unterteilt in 5-3-5
Flat-Wellen	Dreier unterteilt in 3-3-5
Doppelte Dreier	Dreier unterteilt in 3-3-3-3-3-3-3
Dreieck	Fünfer unterteilt in 3-3-3-3-3

Korrekturen in Bärenmärkten, also Rallys in einfachen Elliott-Bärenmärkten, sind umgekehrte Formen der oben genannten: umgekehrte Zigzags, umgekehrte Flats, umgekehrte doppelte oder dreifache Dreier und umgekehrte Dreiecke.

Es besteht kein Zweifel daran, dass Korrekturwellen bei Weitem am schwierigsten zu interpretieren sind. Sie scheinen sich an wirtschaftliche und politische Ereignisse anzupassen. Ein Blick auf die Abbildungen 1 und 2 zeigt beispielhaft die Schwierigkeit der Interpretation.

Abbildung 1 zeigt eine einfache und relativ normale Korrektur eines 5-Wellen-Bullenmarkts. Am Punkt C in Abbildung 1 kann man jedoch (zu Recht oder zu Unrecht) davon ausgehen, dass der Bärenmarkt vorbei ist. Nach den Regeln von Elliott gibt es jedoch absolut keine Möglichkeit, dies mit Sicherheit zu wissen, auch wenn es den einen oder anderen Hinweis geben mag.

Abb. 1 und 2:

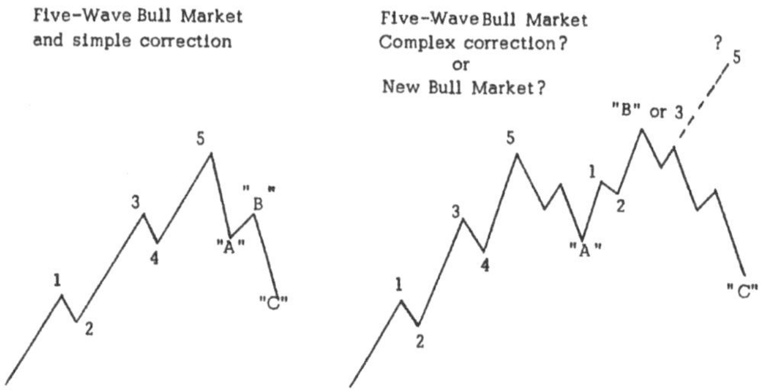

Nehmen wir an, wir sind bei Welle C in Abbildung 1 angelangt. Dies wird in der Regel durch eine 5-Wellen-Abwärtsbewegung von B zu C angezeigt. (Wenn die Welle von B nach C nicht als 5-Wellen-Abwärtsbewegung gezählt werden kann, ist es äußerst zweifelhaft, dass es sich um das Ende des Bärenmarkts handelt.) Was hier passiert, ist nun besonders wichtig. Wenn sich eine eindeutige 5-Wellen-Aufwärtsbewegung entwickelt, ist dies wahrscheinlich ein Hinweis auf einen neuen Bullenmarkt. Aber alles muss in einer vernünftigen Perspektive betrachtet werden. Eine 5-Wellen-Aufwärtsbewegung mit einer Amplitude von nur zehn Punkten kann nicht mit einer BC-Welle (Abbildung 1) von 100 Punkten gleichgesetzt werden. Eine solche 5-Wellen-Aufwärtsbewegung wäre nur eine Unterwelle und daher von zweifelhaftem interpretatorischem Wert. Aber drei von solchen fünf Aufwärtswellen in einer 5-3-5-3-5-Sequenz von A bis B, wie in Abbildung 2 dargestellt, würden ausreichen, um die Wahrscheinlichkeit einer großen Hausse anzuzeigen.

Nun ist ein Elliott-Bullenmarkt die eine Sache, und ein traditioneller Bullenmarkt ist etwas ganz anderes (oder kann etwas ganz anderes sein). In Abbildung 2 ist A bis B Teil eines Elliott-Bärenmarkts A-B-C, aber im gewöhnlichen Sprachgebrauch handelt es sich wahrscheinlich um einen bedeutenden Bullenmarkt. Das Problem tritt erst dann deutlich auf, wenn B (in Abbildung 2) erreicht wird. An diesem Punkt gibt es keine eindeutige auf Elliott basierende Antwort. Wird die gesamte Welle von A (Abbildung 2) bei B in Form einer umgekehrten 3 abgeschlossen sein, oder stellt A bis B nur drei Wellen eines neuen Bullenmarkts ab A dar, der eher in einer 5 als in einer 3 enden wird?

Auch auf diese Frage hat Elliott keine Antwort.[2] Eine weitere Alternative ist beispielhaft in Abbildung 3 dargestellt.

Punkt 5 (5) in Abbildung 3 stellt das Ende eines langen Bullenmarkts dar (ähnlich wie 1949 bis 1961), wobei 5 das Ende der letzten von fünf Wellen und (5) das Ende der gesamten Serie ist. Wenn wir es nur mit einer Korrektur der Wellen 1, 2, 3, 4, 5 zu tun hätten, würden wir an Punkt C (A) erwarten, dass der Bärenmarkt vorbei ist. Aber Punkt C (A) dauert nur etwa ein Jahr, während ein Bullenmarkt eher Jahre dauert. Der gesunde Menschenverstand sagt uns, dass ein Bullenmarkt mit einer Dauer von zwölf Jahren nicht innerhalb eines Jahres korrigiert werden kann. So etwas passiert einfach nicht.[3] Die Korrektur wird wahrscheinlich mehrere Jahre dauern, nicht nur ein Jahr. Nehmen wir nun an, das Muster entwickelt sich wie in Abbildung 3. Von C (A) aus findet eine fünfwellige Aufwärtsbewegung bis a (1) statt, aber dann eine 3-wellige Korrektur bis (2) und eine weitere 5-wellige Aufwärtsbewegung bis c (3). An diesem Punkt kann sich, wie in Abbildung 2, ein großer Bärenmarkt in fünf Abwärtswellen bis zu neuen Tiefstständen unterhalb von Punkt C in Abbildung 3 entwickeln. Dies muss jedoch nicht der Fall sein, und die orthodoxe Elliott-Theorie gibt kaum Aufschluss darüber, ob dies eintreten wird oder nicht. Anstatt dass sich B in fünf Abwärtswellen bis zu C entwickelt, wie in Abbildung 2, kann sich auch Endwelle c (3) A nach der Korrekturwelle B d (4) – Abbildung 3 – bis zu (B) C e 5 entwickeln![4]

Abb. 3:

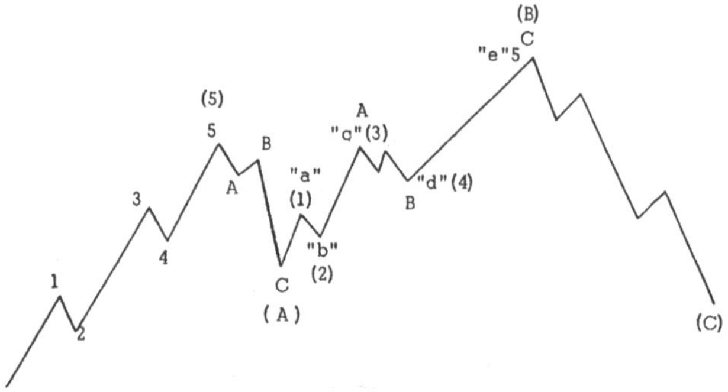

Wenn jemand glaubt, dass Elliott das „A und O“ der Aktienmarktprognosen sei, dann möge er dem jetzt abschwören!

Betrachten wir nun erneut Abbildung 3. Der Punkt 5 (5) wird als Ende eines langen Bullenmarkts festgelegt. (In der heutigen Terminologie setzen wir 5 (5) auf August 1961, bezogen auf den langen Bullenmarkt von 1949 bis 1961.) Angenommen, es gibt eine Korrekturphase von 5 (5) bis C (A), die wir auf den 26. Juni 1962 datieren, was geschieht dann seit diesem Zeitpunkt? An dieser Stelle *weiß es* laut Elliott *niemand*. Nehmen wir der Argumentation halber an, dass sich das Muster (A) bis (B) entwickeln wird (Abbildung 3). (Wir müssen nicht extra darauf hinweisen, dass wir, wenn sich das Muster A bis B aus Abbildung 2 einstellt, diesen Markt zu diesem Zeitpunkt aktiv verkaufen müssen, aber leider gibt uns Elliott keine wesentlichen Hinweise außer im Nachhinein.) Das Muster (A) bis (B) in Abbildung 3 kann als 3-Wellen-Muster (invertierte Korrektur) A zu B zu C oder als 5-Wellen-Muster (1) zu (2) zu (3) zu (4) zu (5) betrachtet werden.[5] Die einzige Regel, die in einem solchen Zusammenhang ein 3-Wellen-Muster von einem 5-Wellen-Muster unterscheidet, ist, dass in einem 5-Wellen-Muster die Welle (4) nicht unter das Hoch der Welle (1) fallen darf. Dies beweist jedoch nicht, dass es sich zwangsläufig um ein 5-Wellen-Muster handelt, sondern nur, dass es sich dann nicht um ein 5-Wellen-Muster handelt, wenn die Welle (4) unter den Höhepunkt der Welle (1) fällt.

Diese kleine Übung ist vielleicht zwecklos. Warum sich die Mühe machen? Die Antwort lautet: Ja, warum eigentlich? Unser einziges Ziel ist hier, die Flexibilität der Interpretation an fast jedem Punkt hervorzuheben, insbesondere jedoch bei der Betrachtung von Korrekturwellen. Im nächsten Abschnitt entwickeln wir die *orthodoxe* Interpretation, dass der Zyklus von 1949 im Jahr 1961 endete, gefolgt von einer mehrjährigen Korrektur in drei Teilen, von denen der erste im Juni 1962 endete und der zweite derzeit im Gange ist. Wir sind derzeit der Meinung, dass diese zweite Phase des Elliott-Bärenmarkts wahrscheinlich noch recht jung ist und dass Punkt (B) in Abbildung 3 den Markt schließlich (um mehr als eine Nasenlänge) auf ein neues Hoch bringen dürfte, wie es unsere führenden Aktienmarktindizes bereits verzeichnen. Ist (A) bis (B) in Abbildung 3 eine 3 oder eine 5? Wenn wir die orthodoxe Interpretation akzeptieren, sollte es eine 3 sein. Was aber, wenn wir die alternative Interpretation eines der ursprünglichen Mitarbeiter von Elliott[6] akzeptieren, nämlich dass der gesamte Zeitraum vom Hoch 1956 bis zum Tief 1962 eine unregelmäßige und stark inflationäre Korrekturwelle ist? In diesem Fall könnten wir durchaus zu dem Schluss kommen, dass der neue Bullenmarkt, der auch nach Ansicht dieses Kommentators Ende Juni 1962 begann, eher in fünf als in drei Wellen verlaufen sollte. Wenn sich das Muster so entwickelt wie in Abbildung 3, ist klar, dass die Interpretation von Mister X mit fünf Aufwärtswellen und die Darstellung in Abbildung 3 völlig übereinstimmen werden.

Der Versuch, die Grundlagen der Elliott-Wellen-Theorie in wenigen Zeilen zu beschreiben, ist natürlich lächerlich. Jeder, der sich jemals damit beschäftigt hat, wird erkennen, wie vorläufig sie ist. Unsere eigene Meinung ist, wie bereits gesagt, dass es sich eher um eine Tendenz als um ein Prinzip handelt.[7]

Wir empfehlen unseren Lesern, Kapitel XII von „Das Elliott-Wellen-Prinzip: Eine kritische Bewertung“ zu lesen. Es wurde im Frühjahr 1960 geschrieben und hat daher nicht den Vorzug einer Rückschau von drei weiteren Jahren. Das darin vorgeschlagene Muster scheint jedoch recht genau zu sein. Wir glauben, dass es Elliott in Bezug auf seine allgemeinen Prinzipien bestätigt. Der Ende 1960 oder Anfang 1961 prognostizierte Höchststand scheint im Sommer 1961 erreicht worden zu sein. Die erwartete Korrektur von 15 Prozent fiel natürlich deutlich größer aus und belief sich auf mehr als 25 Prozent. Im vorletzten Absatz wurde die Vermutung angestellt, dass aufgrund der seit 1949 geltenden *Thrust*-Theorie „die Marke von 522 Punkten im DJIA so ziemlich das Tiefste sein würde, was man vom Markt erwarten könnte".

Als *vorläufige* Prognose lag diese wie üblich etwas daneben,[8] aber angesichts der Unwägbarkeiten der Zukunft der 1960er-Jahre nicht allzu weit daneben. Seitdem ist nämlich viel passiert. Chruschtschow nahm im September 1960 an einer Sitzung der Vereinten Nationen teil und schlug in einem Wutanfall mit seinem Schuh auf den Tisch. (Es scheint kaum Zweifel daran zu geben, dass er zu diesem Zeitpunkt plante, einen Menschen ins All zu schicken, was jedoch scheiterte und erst im April 1961 zum ersten Mal gelang.) Der Ende Oktober 1960 einsetzende Bullenmarkt wurde durch den fieberhaften Freiverkehrshandel im Frühjahr 1961 jäh beendet. Die Stahlkrise im April 1962 bildete den Hintergrund für den psychologischen Bärenmarkt von April bis Juni 1962. Der Dow Jones Industrial Average erreichte im Tagesverlauf tatsächlich einen Tiefststand von 524 Punkten, „so tief, wie man es vom Markt vernünftigerweise erwarten konnte". Objektiv betrachtet scheint diese Marke von 524 Punkten im Dow Jones Industrial Average eine Barriere zu sein, die in den nächsten Jahren nicht und vielleicht nie wieder nach unten durchbrochen wird.[9]

Der Bärenmarkt 1962 und darüber hinaus

Nach unserer Interpretation des Elliott-Wellen-Prinzips erreichte der Nachkriegs-Bullenmarkt, der 1949 mit einer Zykluswelle begann und einen Superzyklus aus fünf Zykluswellen einleitete, im August 1961 seinen orthodoxen Höhepunkt. Der Zyklus dauerte zwölf Jahre und somit annähernd 144 Monate (eine Zahl aus der mathematisch durch Aufsummieren entstehenden Fibonacci-Folge).

Nach dieser Interpretation befinden wir uns derzeit in der zweiten Zykluswelle dieses fünfwelligen Superzyklus und werden wahrscheinlich noch mehrere Jahre darin verbleiben. Dieser Korrekturzyklus sollte die Form von drei Primärwellen annehmen, beginnend mit dem Hoch vom August 1961, und wir schätzen, dass die *erste* dieser Wellen von primärer Bedeutung Ende Juni 1962 in Form von drei Abwärtswellen abgeschlossen wurde.

Die Aufschlüsselung der fünf Primärwellen des Nachkriegs-Bullenmarkts vom Zyklusgrad 1949 bis 1961 ist im nächsten Chart dargestellt, der die Aufschlüsselung der Primär- und Intermediärwellen (der nächstniedrigeren Stufe unterhalb der Primärwellen) seit 1949 zeigt.

Aufschlüsselung des DJIA seit 1949

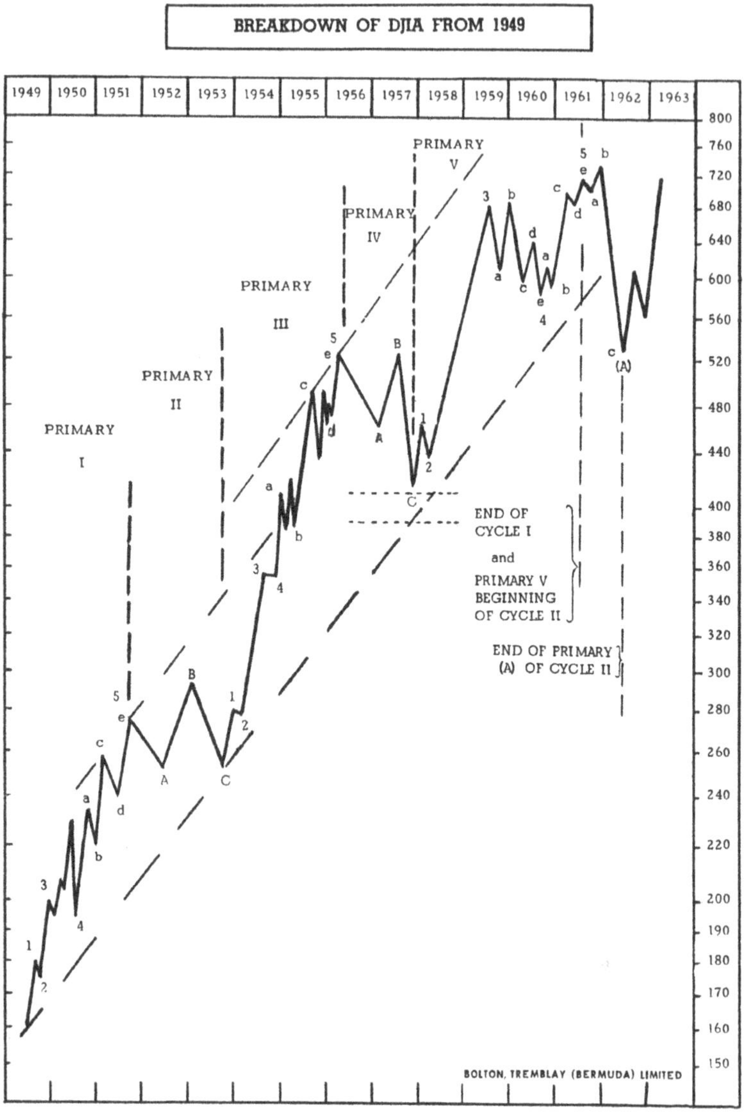

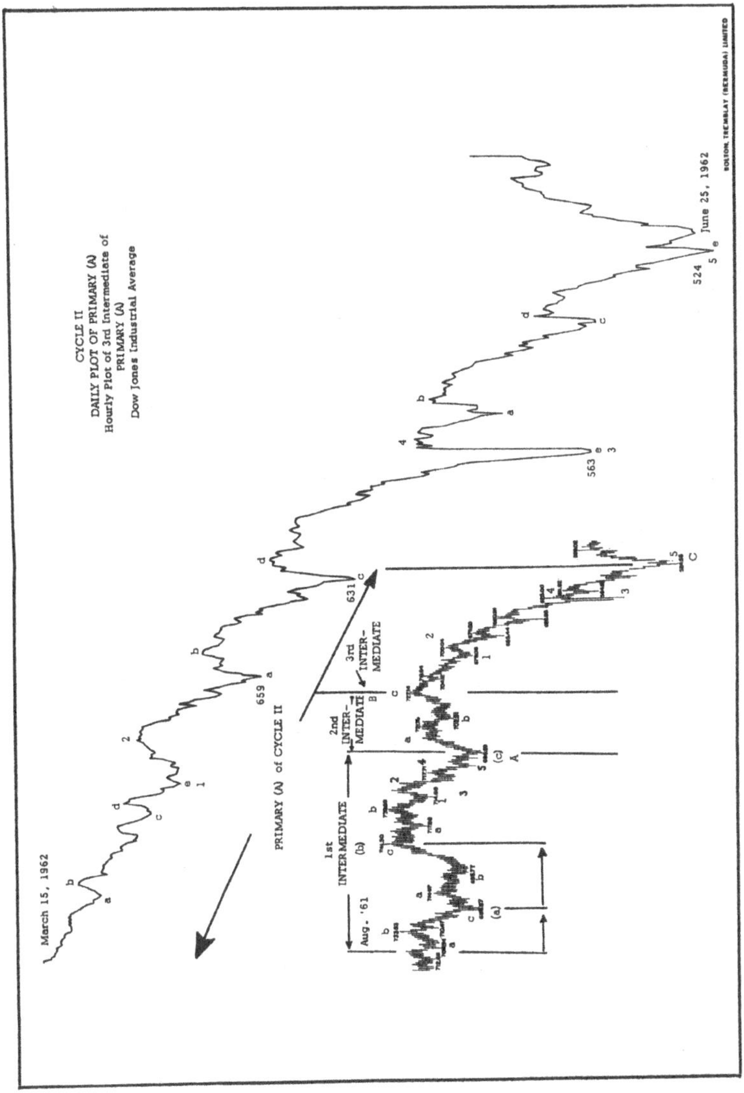

CYCLE II
DAILY PLOT OF PRIMARY (A)
Hourly Plot of 3rd Intermediate of
PRIMARY (A)
Dow Jones Industrial Average
March 15, 1962
June 25, 1962
659
631
563
524
PRIMARY (A) of CYCLE II
1st INTERMEDIATE
2nd INTER-MEDIATE
3rd INTER-MEDIATE
Aug. '61
BOLTON, TREMBLAY (BERMUDA) LIMITED

Primärwelle (A) von Zykluswelle II

Nach unserer Zählung wurde die Primärwelle (A) von Zykluswelle II Ende Juni 1962 in jeder Hinsicht abgeschlossen. Dies erfolgte in Form von drei Wellen (anstelle von fünf) vom Intermediärgrad, die mit A, B und C bezeichnet werden. Diese Art der Korrektur wird als *Flat* bezeichnet und hat die Form von Abbildung 4.

Abb. 4:

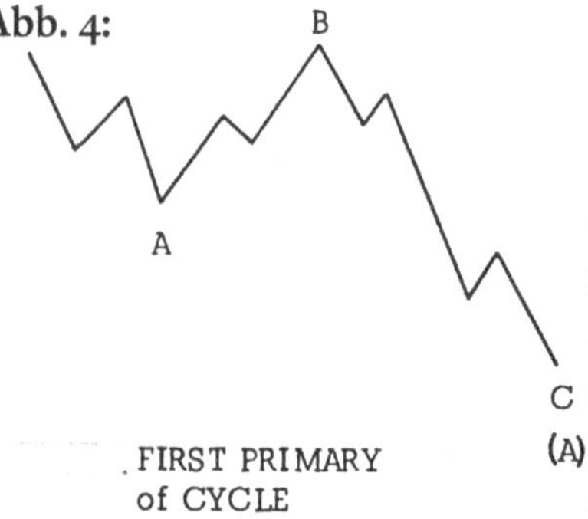

Die tägliche Darstellung der drei Intermediärwellen, aus denen sich Primärwelle (A) zusammensetzt, ist für den Dow Jones Industrial Average im obigen Diagramm angegeben. Es ist zu beachten, dass die erste Intermediärwelle ein aus drei Unterwellen bestehendes Muster in Form von (a), (b) und (c) im Diagramm ist. Dies liefert den Schlüssel dazu, von welchem Typ Primärwelle (A) sein wird. Wäre die erste Intermediärwelle eine fünfwellige statt eine dreiwellige Abwärtswelle gewesen, hätte dies auf eine wahrscheinliche 5-Wellen-Primärwelle (A) statt einer 3-Wellen-Primärwelle hingedeutet. Und dies hätte eine Zykluswelle II in Form eines Abwärts-Zigzags impliziert, wie in Abbildung 5 dargestellt, bestehend aus den Primärwellen (A), (B) und (C).

Abb. 5:

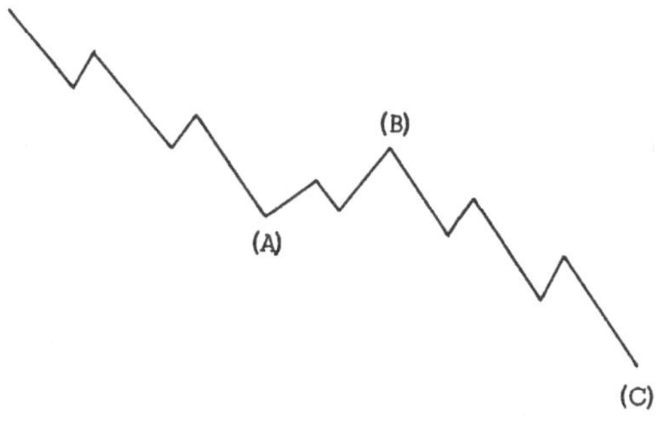

Für schnelllebige Märkte empfahl Elliott, Indexwerte auf Stundenbasis zu zeichnen, und dies wurde für die dritte Intermediärwelle von Primärwelle (A) der Zykluswelle II in demselben Diagramm wie dem mit den täglichen Indexständen der gesamten Primärwelle getan.

Die Implikationen einer dreiteiligen (3-3-5) Primärwelle nach unten sind, dass die Formation wahrscheinlich die Form einer Flat-Welle *vom nächsthöheren Grad (Zyklus) annehmen und sicherlich kein* Zigzag *sein wird.*

Da die Primärwelle (A) in Form von drei Intermediärwellen vorliegt, muss auch die Primärwelle (B) aus drei Intermediärwellen bestehen. *Dies erfordert auch eine Rückkehr zu einem Niveau, das zumindest nicht weit unter dem alten Hoch (733) vom August 1961 liegt, und im Höchstfall könnte die Primärwelle (B) sehr viel höher reichen als das orthodoxe Hoch von Zykluswelle I (August 1961), wie es beispielsweise 1929 der Fall war. (Siehe beispielsweise Abbildung 26 in „Das Elliott-Wellen-Prinzip: Eine kritische Bewertung".)*

Daher ist klar, dass der erste Teil der Implikationen derzeit mit der Erholung des Marktes von seinem Tief bei 524 auf mehr als 720 übereinstimmt und dass daher die Primärwelle (B) nun zu Ende gehen könnte. Es könnte auch sein, dass das, was wie der Abschluss der Primärwelle (B) in drei Wellen seit Juni 1962 aussieht, nur der Abschluss der *Intermediärwelle A von Primärwelle (B)* ist (siehe Abbildung 3).

Alternation deutet auf das Hoch einer unregelmäßigen Primärwelle (B) hin

Wie wir im Abschnitt „Die Elliott-Wellen-Theorie" festgestellt haben, könnte sich die gesamte Primärwelle (B) zu einer *unregelmäßigen* zweiten Welle ausdehnen, wie es 1929 der Fall war, nachdem Ende 1928 das orthodoxe Hoch erreicht worden war. Es gibt keine sichere Methode, dies zu wissen, außer dass es durch Elliotts Theorie der *Alternation* angedeutet werden könnte. Elliott sagte, dass Wellenmuster, einschließlich regelmäßiger und unregelmäßiger Höchststände, dazu neigen, sich abzuwechseln – zu alternieren. (Siehe „Das Elliott Wellen-Prinzip“, Ausgabe von 1960.) Seit 1919 haben sich die großen Hochs in Abständen von etwa acht bis zehn Jahren wie folgt zwischen *regelmäßigen* und *unregelmäßigen* Formationen abgewechselt:

1919 Regelmäßig
1929 Unregelmäßig
1937 Regelmäßig
1946 Unregelmäßig
1956 Regelmäßig
1964–65(?) Unregelmäßig (?)

Ein weiterer Aspekt von Elliott, der darauf hindeutet, dass Primärwelle (B) in Form von drei Intermediärwellen (von denen wir uns gerade erst dem Ende der Intermediärwelle A nähern) auf neue Hochs steigen könnte, ist das zeitliche Element. *Es erscheint nicht logisch, zu erwarten, dass Zykluswelle II beispielsweise in zwei bis drei Jahren abgeschlossen sein wird* (das wäre impliziert, wenn sich Primärwelle (B) nun ihrem Ende nähern und Primärwelle (C) – eine Baisse-Bewegung unter das Juni-Tief von 524 – circa im nächsten Monat beginnen würde), *wenn Zykluswelle I bis zum Abschluss zwölf Jahre gebraucht hat, von 1949 bis 1961.*

Abgesehen von dieser Überlegung gibt es jedoch kaum Anhaltspunkte bei Elliott, die uns Aufschluss über die Dauer des aktuellen Bullenmarkts geben könnten, der Anfang Juli 1962 begann und den wir als Primärwelle (B) bezeichnet haben.

(Studien zu Bankkrediten und andere langfristige technische Studien deuten darauf hin, dass der im letzten Sommer begonnene Bullenmarkt noch in den Kinderschuhen steckt, aber diese können nur die beiden Lichtblicke bestätigen, die Elliott hinsichtlich der Stärke und Dauer des Bullenmarkts in Form von Primärwelle (B) aufzeigt.)

Unter Berücksichtigung aller Faktoren, einschließlich Elliott, Geld und Krediten sowie anderer technischer Faktoren, sind wir der Meinung, dass wir uns bisher nur in der Intermediärwelle A von Primärwelle (B) befinden, dass darauf eine korrektive Intermediärwelle B (drei Minor-Wellen) folgen wird und dass einige Zeit später im Jahr 1963 oder möglicherweise Anfang 1964 die Intermediärwelle C (diesmal in fünf Aufwärtswellen) beginnen wird, die nach ihrem Abschluss die Primärwelle (B) beenden wird. Vielleicht wird diese letzte Zwischenphase diejenige sein, die den Dow Jones Industrial Average über 900 treiben wird, wie es einige der eher langfristig optimistischen Analysten in den letzten Jahren erwartet haben (Abbildung 3).

Alternative Lösungen

Nicht alle Analysten, die sich mit dem Wellenprinzip befassen, stimmen vollständig mit den verschiedenen lang- und kurzfristigen Analysen überein, die von diesem Interpreten veröffentlicht wurden. Dies ist ein gesunder Trend. Je mehr Meinungsverschiedenheiten es gibt, desto geringer ist die Chance, dass die breite Öffentlichkeit das Elliott-Prinzip erfolgreich für korrekte Prognosen nutzt. Wir wissen, dass ein Werkzeug, sobald es zu erfolgreich wird, Bedingungen auf dem Markt schafft, unter denen es in Zukunft versagen wird. Je mehr Fehlschläge es auf seinem Weg gibt, desto besser ist das Werkzeug für diejenigen, die es richtig lesen können. Dies ist eigentlich eine Erweiterung von Humphrey Neills Theorie der gegensätzlichen Einschätzung.

Wir haben in „Das Elliott-Wellen-Prinzip“ (Ausgabe von 1960) darauf hingewiesen, dass die Wellentheorie umso offener für alternative Interpretationen wird, je weiter wir uns von einem Enddatum entfernen. Beispiele für Abweichungen lassen sich daran erkennen, dass wir in den letzten Jahren das Jahr 1949 als letzten wichtigen Endpunkt für den Beginn eines neuen Superzyklus genommen haben, während andere 1932 nehmen. Andere Analysten sind wiederum der Meinung, dass 1942 das Datum ist und dass wir den „Fehlschlägen“

große Aufmerksamkeit schenken müssen. Fehlschläge sind im Grunde genommen Wellen, die in Trendkanälen nicht das vollenden, was sie eigentlich vollenden sollten.[10]

Ein Fehlschlag im Jahr 1962?

Manche Analysten[11] sind der Meinung, dass der tatsächliche Tiefpunkt des Bärenmarkts von 1962 im Oktober lag, der in dem vom Hoch im August 1962 ausgehenden 5-Wellen-Abwärtsmuster „gipfelte". Die von uns verwendete Zählung endet am Tief im Juni, nicht im Oktober, aber es ist möglich, den Anstieg von Juli bis August als 3 zu zählen, gefolgt von einer letzten 5 nach unten, die es „nicht schafft", ein neues Tief zu erreichen. Einige Indizes erreichten im Oktober tatsächlich neue Tiefststände. Misserfolge auf der Abwärtsseite deuten auf eine große Stärke in die entgegengesetzte Richtung hin, und sicherlich war der Markt seit dem kubanischen „Fehlschlag", wenn es denn einer war, außerordentlich stark.

„Die Fünfte begann im Juni 1962"

Ein Kommentator, der sich über Jahre hinweg intensiv mit diesem Thema beschäftigt hat, ist der Meinung, dass die berühmte fünfte Welle nicht 1961 endete, sondern erst im Juni 1962 begann. Um zu diesem interessanten Ergebnis zu gelangen, setzt er den Höhepunkt von Primärwelle III wie wir auf 1956 und betrachtet alles, was von da an bis Juni 1962 folgt, als unregelmäßige Primärwelle IV,[12] wodurch die Tür für den Beginn von Primärwelle V Mitte 1962 geöffnet wird. Dies ist eine ungewöhnliche Interpretation, die sich jedoch technisch rechtfertigen lässt. Wenn sie richtig ist, bedeutet dies ebenfalls eine enorme Stärke für die Primärwelle V mit einer endgültigen Wahrscheinlichkeit von 900 bis 1.200 Punkten im Dow Jones Industrial Average.[13]

1 Im Wesentlichen am Ende dieses Buches zitiert.
2 Tatsächlich gibt es viele Hinweise. Die beiden wichtigsten sind Steigung und Breite. B-Wellen höherer Grade sind fast immer weniger steil, als man es von einer dritten Welle erwarten würde. Sie weisen auch fast immer eine schlechtere statt einer besseren Breite auf als die vorherige Impulswelle desselben Grades.
3 Manchmal ist dies der Fall, beispielsweise 1929 bis 1932.
4 Gemäß Fußnote 2 in Kapitel X von „Das Elliott-Wellen-Prinzip: Eine kritische Bewertung" sollte Bolton dieses Beispiel ändern, um die Welle (B) zu einem doppelten Zigzag zu machen, indem er nach der Welle d ein e – f – g hinzufügt.
5 Siehe Fußnote 2 in Kapitel X von „Das Elliott-Wellen-Prinzip: Eine kritische Bewertung".
6 Das war Charles J. Collins, der zu diesem Zeitpunkt offenbar anonym bleiben wollte. Siehe Beilage von 1966.
7 Bolton hat dies oft gesagt, aber ich würde sagen, dass das Prinzip ein *Prinzip* des menschlichen Sozialverhaltens ist, das eine *starke Tendenz hat*, sich in der Kursbewegung von Aktienindizes zu wiederholen.
8 Seine Grenze war auf zwei Dow-Punkte genau richtig.
9 Weniger als ein Jahr nach diesem Ereignis machte Bolton eine Vorhersage, die bis heute, also seit 30 Jahren, Bestand hat.
10 Ein „Fehlschlag" ist etwas Bestimmtes: eine verkürzte fünfte Welle, also eine Welle, die das Ende der dritten Welle nicht überschreitet.
11 A.J. Frost erkannte diesen Tiefpunkt der Kubakrise, der mit einer klaren Fünf nach unten endete, während Hammy in Griechenland war.
12 Dies ist eine falsche Interpretation. Um die richtige Zählung zu erhalten, ändern Sie „1956" in „1959". Ebenso kann „Juni 1962" in „Oktober 1962" geändert werden.
13 Diese Beilage enthielt einen Anhang, der in diesem Buch am Ende von „Das Elliott-Wellen-Prinzip: Eine kritische Bewertung" abgedruckt ist.

ELLIOTTS
WELLENPRINZIP

1964

DAS ELLIOTT-WELLEN-PRINZIP DES AKTIENMARKTVERHALTENS, BEILAGE 1964

Das Muster des Dow Jones Industrial Average

Die derzeitige Lage

Nachdem der Dow Jones Industrial Average nun die 800er-Marke überschritten hat, erscheint der Bärenmarkt von 1962 weniger als Anomalie. Die Menschen gewöhnen sich wahrscheinlich allmählich daran und passen sich zunehmend an die neue Bullenmarkt-Theorie an, die Mitte 1962 – gelinde gesagt – leicht ins Wanken geraten war.

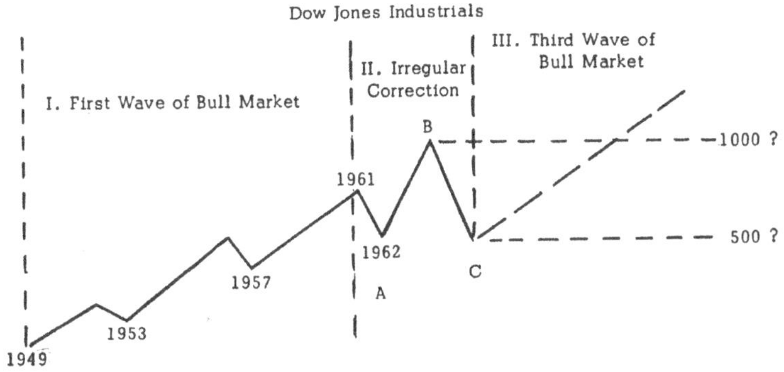

Als die lange Trendlinie der Tiefs seit 1949 im Frühjahr 1962 durchbrochen wurde (als der Dow Jones Industrial Average von seinem damaligen Allzeithoch von etwa 740 auf etwa 540 fiel), wurde deutlich, dass der *orthodoxe Elliott-Bullenmarkt* beendet war und dass die Abwärtsbewegung von 1961/1962 die erste Welle einer größeren Korrektur des gesamten Kursanstiegs seit 1949 war. Die Ereignisse der letzten zwei Jahre bestätigen tendenziell, dass wir uns derzeit in der Aufwärtswelle einer gigantischen Korrektur des gesamten Anstiegs von 1949 bis 1961 befinden. Dies wird hier anhand des allgemeinen Kursverlaufs des Dow Jones Industrial Average dargestellt.

Der Hintergrund

Die einzige einigermaßen vollständige und derzeit verfügbare Studie zum Elliott-Wellen-Prinzip wurde 1960 vom Herausgeber des vorliegenden Artikels veröffentlicht. Sie erläuterte die grundlegenden Theorien von R. N. Elliott und führte sie fort, ohne zu versuchen, seine Grundsätze zu verbessern oder zu ändern.

Das Elliott-Konzept der fünf Wellen von 1857 bis 1929

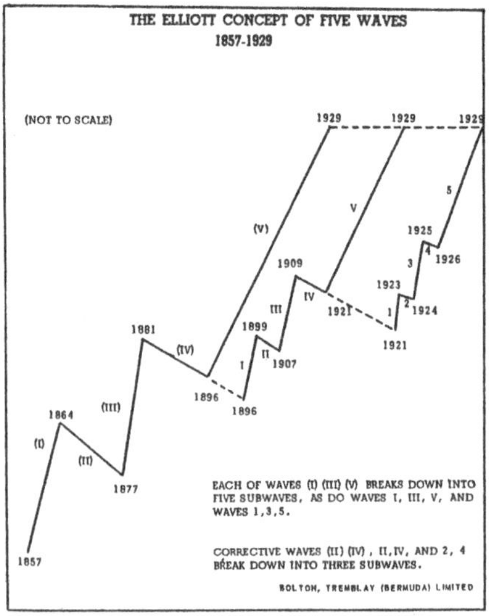

Das grundlegende Elliott-Konzept besagt, dass sich große Bullenmärkte in fünf Wellen entwickeln. Dieses Konzept wird durch das vorstehende Diagramm aus dem oben genannten Buch veranschaulicht.

Von 1929 bis 1949 entwickelte sich ein Korrekturmuster in einem riesigen 21-jährigen Dreieck. Dies wird auf der nächsten Seite in einer weiteren Grafik, Abbildung 46 aus demselben Buch, veranschaulicht.

Seit der Veröffentlichung von Abbildung 46 vor vier Jahren scheint sich das Muster des Bullenmarkts seit 1949 leicht verändert zu haben. Dieses Muster deutete darauf hin, dass das Hoch von Welle 5 des Bullenmarkts wahrscheinlich nicht weit unter 1.000 Punkten im Dow Jones Industrial Average liegen würde. Der Abwärtstrend im Jahr 1962 deutete jedoch eindeutig auf einen verkürzten *orthodoxen* Bullenmarkt hin, der bereits im August 1961 bei 700 Punkten endete.

Anstatt dass die fünfte Welle seit 1949 bei etwa 1.000 Punkten endete, scheint nun eine *unregelmäßige* Korrektur stattzufinden. Solche Korrekturen sind keineswegs selten und hätten im Zusammenhang mit dem *Ausbruch* aus dem 21-jährigen Dreieck 1949 sogar erwartet werden können.

Sekundäre Bestätigung

Das von Elliott entwickelte Prinzip der *Alternation* scheint die Wahrscheinlichkeit eines *unregelmäßigen* Tops zu bestätigen. Große Tops bilden in der Regel in abwechselnden Zeitzyklen regelmäßige und unregelmäßige Merkmale aus. So war 1919 ein *regelmäßiges* Top, während 1929 *unregelmäßig* war. Ein regelmäßiges Top ist ein Top, bei dem die fünfte Welle aus historischer Perspektive eindeutig als höchster erreichter Punkt hervorsticht. Ein unregelmäßiges Top bedeutet, dass die zweite Welle der Korrektur (Welle B der ABC-Korrekturformation) höher ist als der Endpunkt des *orthodoxen* Tops (also das Hoch der fünften Welle).

Nach dem unregelmäßigen Hoch im Jahr 1929 war das Hoch im Jahr 1937 *regelmäßig*, das Top im Jahr 1946 jedoch *unregelmäßig*. In der

Elliott: Analyse der Position 1929–60 – alternatives 21-jähriges Dreieck, gefolgt von einem „Thrust“ ab 1949

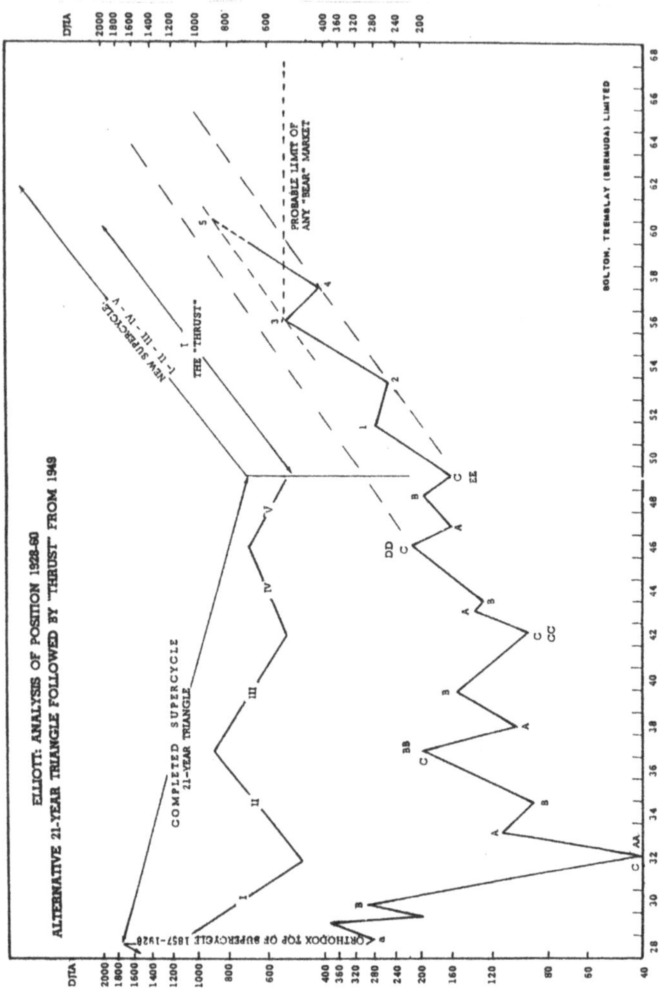

Nachkriegs-Bullenmarktphase war das große Top im Jahr 1956 *regelmäßig*; dementsprechend konnte man davon ausgehen, dass das Hoch im Jahr 1961, wie es sich anschließend entwickelte, *unregelmäßig* sein würde, und dies scheint auch der Fall zu sein.

Wie hoch?

Es gibt keine sichere Methode, um anhand der Elliott-Theorie zu bestimmen, wie hoch der Dow Jones Industrial Average vom Tief 1949 bis zum unregelmäßigen Hoch (Welle B der ABC-Korrektur) in den 1960er-Jahren steigen wird.

In Kapitel IX von „Das Elliott-Wellen-Prinzip: Eine kritische Bewertung“ wird jedoch die Beziehung zwischen der Elliott-Theorie und der Fibonacci-Zahlenreihe dargelegt. Das folgende Zitat, das lange vor dem Überschreiten der 700er-Marke im Industrial Average geschrieben wurde, könnte von Interesse sein:

„Sollte der Markt von 1949 bis heute dieser Formel folgen, dann sollte der Anstieg von 1949 bis 1956 (361 Punkte) [...] zum Tief von 416 im Jahr 1957 addiert werden, was insgesamt 999 DJIA-Punkte ergibt.“

„Alternativ würde 361 über 416 einen Wert von 777 im DJIA bedeuten.“

Da wir nun deutlich über dem Niveau von 777 liegen, sieht es so aus, als könnten 1.000 Indexpunkte unser nächstes großes Ziel sein.

Wie tief geht es danach?

Dieser Chart deutete 1960 darauf hin, dass die wahrscheinliche Grenze eines nachfolgenden Bärenmarkts das Hoch von 522 im Dow Jones Industrial Average von 1956/1957 sein würde. Tatsächlich fiel Welle A der großen Korrektur von 1962 später auf Tagesbasis auf 525 und bestätigte damit unsere Prognose.

Die Prognose basierte darauf, dass bei einem *Ausbruch* aus einem langen Dreieck, wie es seit 1949 zu beobachten war, die Wellenkorrekturen tendenziell unterdurchschnittlich ausfallen sollten. Daher ist es unwahrscheinlich, dass die vollständige Korrektur deutlich unter das Hoch der dritten Aufwärtswelle des gesamten orthodoxen Bullenmarkts fällt. Diese dritte Aufwärtswelle wurde 1956 bei 522 Indexpunkten abgeschlossen.

Es ist jedoch zu beachten, dass es seit 1962 vier Aktiensplits bei Dow-Jones-Aktien gegeben hat. Aufgrund der Konstruktion dieses Index zieht ein Split tendenziell einen höheren Boden als zuvor unter dem Index ein. Das liegt daran, dass eine Aktie wie Chrysler, wenn sie bei Kursen um die 90 im Verhältnis 2:1 gesplittet wird, anschließend mit etwa 45 in den Index eingeht. Ein Rückgang, der bei den alten Kursen von 90 bis 45 gereicht hätte, würde bei den neuen Kursen einen Rückgang nur von 45 auf 22,5 bedeuten. Unter sonst gleichen Umständen würde der DJIA also nicht wieder auf den Stand zurückkehren, den er hatte, als die Aktie bei 45 stand. Wenn der DJIA heute, nach vier Aktiensplits seit 1962, wieder auf 525 zurückkehren würde, würde dies bedeuten, dass der gesamte Markt, gemessen an diesen 30 Aktien, deutlich niedriger stünde als zuletzt 1962 auf dem Niveau von 525.[1] Es könnte also durchaus sein, dass in einem späteren Bärenmarkt die Marke von 525 nicht mehr erreicht wird.

Das aktuelle Wellenmuster

Hier drucken wir noch einmal die Grafik aus unserem Nachtrag zur letztjährigen Beilage vom 11. November 1963 ab.[2] Das war einige Wochen vor der Ermordung von Präsident Kennedy.

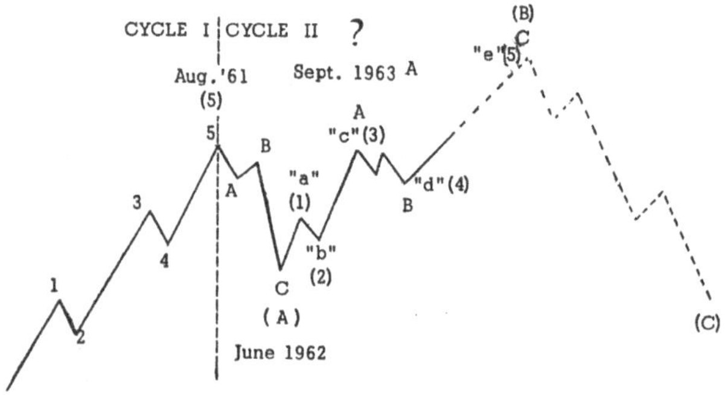

Derzeit gehen wir davon aus, dass Welle A wie angegeben im September 1963 und Welle B Ende November abgeschlossen wurde. Wenn dies zutrifft, befinden wir uns derzeit in Welle C, die nach ihrem Abschluss die größere Welle (B) der (A)(B)(C)-Formation seit dem orthodoxen Höchststand im August 1961 beenden wird.

Es lässt sich nicht sagen, wie lange diese Welle andauern wird, aber andere Anzeichen wie die oben genannten deuten darauf hin, dass wir uns wahrscheinlich in den letzten 20 Prozent des Anstiegs des Dow Jones befinden. Innerhalb dieses Rahmens könnte es jedoch noch Spielraum für eine beträchtliche Kapitalwertsteigerung geben, bevor sich der Haupttrend umkehrt.

Wie sieht es bei den Eisenbahngesellschaften aus?

Jahrelang waren die Eisenbahngesellschaften nur Spekulationsobjekte von ansonsten geringem Interesse. Die jüngsten Veränderungen im „politischen“ Klima deuten darauf hin, dass sie wieder zu „Investments“ werden könnten.

DOW-JONES RAIL AVERAGE

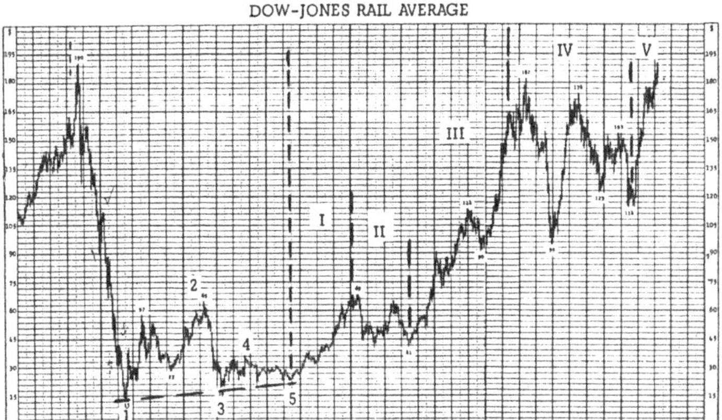

Aus charttechnischer Sicht war die Lage beim Dow Jones Railroad Index schon immer verwirrend. Der oben stehende Chart, der aus dem „Stock

Picture“ von M.C. Horsey & Company stammt, könnte jedoch eine plausible Interpretation sein. Im Gegensatz zu den Industriewerten scheinen die Eisenbahngesellschaften ihr Dreieck Mitte 1942 nach 13 Jahren (statt 21 Jahren) abgeschlossen zu haben. Von hier aus haben wir die erste große Aufwärtswelle (I) in fünf Wellen bis 1946, gefolgt von einer Zigzag-Korrektur bis 1949. Welle III führt zu einem orthodoxen Hoch im Jahr 1955, und eine sehr unregelmäßige Dreiecksformation scheint sich von 1955 bis 1962 zu erstrecken. Die fünfte Welle (V) scheint derzeit im Gange zu sein, ist aber wahrscheinlich noch lange nicht abgeschlossen.

Eine alternative Zählung könnte darin bestehen, die Korrektur zu Welle III (also Welle IV) als Ende 1957 abgeschlossen zu betrachten. In diesem Fall wäre 1957 bis 1959 wahrscheinlich Welle 1, 1959 bis 1962 Welle 2 und 1962 bis heute Welle 3 der letzten Welle V. Auch in diesem Fall scheinen die Eisenbahngesellschaften noch erhebliches Aufwärtspotenzial zu haben.

Der zeitliche Verlauf von Gruppen

Gruppenwellen fallen nicht zusammen

Edmund Tabell, Direktor für institutionelle Forschung bei Walston & Company, hielt kürzlich einen Vortrag vor den San Francisco Security Analysts, in dem er freundlicherweise auf unsere Arbeit zur Elliott-Theorie Bezug nahm. (Siehe auch „The Case for Technical Analysis“ von Edmund und Anthony Tabell im *Financial Analysts Journal* vom März/April 1964.) Gleichzeitig wies er auf eine sehr logische Methode zur Interpretation von Elliott in dem großen Bullenmarkt hin, der bei den verschiedenen Indizes von 1949 bis 1961 zu beobachten war (wie am Anfang dieser Übersicht erläutert). Es hieß, dass zwar der Index von 1949 bis 1961 ein 5-Wellen-Aufwärtsmuster bildete und alles, was seitdem passiert ist, korrektiv ist, dass jedoch verschiedene wichtige Gruppen ihre 5-Wellen-Aufwärtsbewegung von der Basis aus vollzogen haben, die im Zeitraum 1947 bis 1949 gebildet wurde, einige auch noch 1956 bis 1957 (Chemiewerte, Ölgesellschaften und so weiter), einige bis 1959 (Stahlaktien und so weiter), einige bis 1961 (Elektronik und so weiter) und einige bis 1963/1964 (wahrscheinlich Automobile und so weiter). Während sich das Indexmuster 1961 herauskristallisierte und verschiedene Gruppen vor und nach diesem Zeitpunkt ihre Höchststände erreichten, war die Spanne zwischen den Hochs der verschiedenen Gruppen sehr groß, und es könnte durchaus sein, dass bestimmte Gruppen wie die Eisenbahnunternehmen ihre 5-Wellen-Aufwärtsziele noch nicht erreicht haben.

Die nachstehenden Kursdiagramme einzelner Aktien mit erläuternden Kommentaren stellen eine Auswahl bekannter Aktien aus dem oben genannten Aktienbuch dar und zeigen insbesondere recht klare Beispiele für das 5-Wellen-Muster. Es ist auch zu beachten, dass in vielen Fällen die relative Entwicklung der jeweiligen Aktie (ihr Kurs im Verhältnis zum S&P-Index) ebenfalls oft eindeutige Elliott-Muster durchläuft, was in einigen Fällen hilfreich ist, um den Grad des Wellenmusters zu bestimmen, wenn das Aktienmuster selbst nur marginal erscheint.

Edmund Tabells Interpretation der Gruppenbewegungen legt nahe, dass viele der Gruppen, die 1956, 1957 oder 1959 ihren Höchststand erreichten, ihren anfänglichen Abwärtstrend wahrscheinlich bis 1960 oder 1962 in drei Wellen abgeschlossen hatten und bereit waren für entweder einen neuen Bullenmarkt oder, was wahrscheinlicher ist, für eine größere B-Welle nach oben, auf die später die letzte C-Welle nach unten folgen würde. So wie die Indizes von Zeit zu Zeit einfache Korrekturen gefolgt von komplexen Korrekturen durchlaufen, ist auch bei einigen Aktien und Gruppen zu erwarten, dass sie entweder einfach (oder in kurzer Zeit) korrigieren oder aber komplexer reagieren. Zu wissen, welche Art von Korrektur zu erwarten ist, ist sicherlich keine leichte Aufgabe. Allerdings lässt sich allgemein sagen, dass dann, wenn die Korrekturwellen, beispielsweise von 1959 bis 1962, eindeutig die Form einer 5-Wellen-Abwärtsbewegung hatten (vorausgesetzt, es handelte sich nicht um eine C-Welle einer unregelmäßigen A-B-C-Formation), dies eine weitere Korrekturformation in Form eines 3-Wellen-Musters nach oben und danach eine Fortsetzung des Rückgangs in einer dritten Abwärtswelle mit fünf Wellen bedeuten würde. Eine solche Entwicklung dauert normalerweise mehrere Jahre. Beispiele hierfür sind auch unter den einzelnen Diagrammen aufgeführt.

Wie sieht es mit einzelnen Aktien aus?

Es ist eine merkwürdige Tatsache, dass es schwieriger ist, das Elliott-Wellen-Prinzip auf einzelne Aktien anzuwenden als auf den „Gesamtmarkt", wie er durch die führenden Aktienmarktindizes dargestellt wird.[3] Wahrscheinlich ist es dieser Faktor, der eine umfassendere Anwendung des Wellenprinzips bei der technischen Marktanalyse einzelner Unternehmen verhindert.

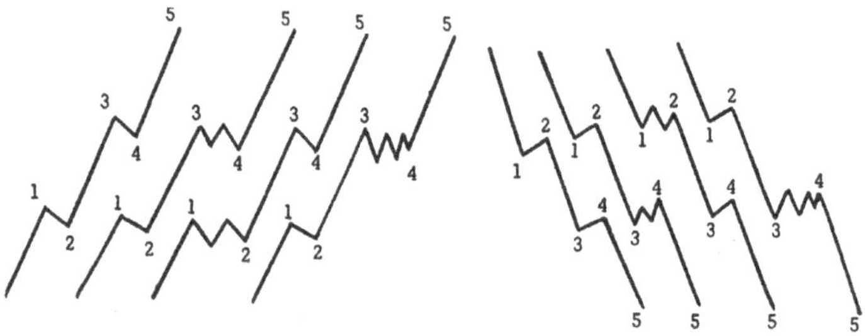

Die 5-Wellen-Charakteristik

Für jede Richtung sind in der obigen Abbildung vier Versionen dieses Musters dargestellt. Das sind nicht die einzigen Möglichkeiten, aber sie umfassen wahrscheinlich 90 Prozent der Fälle, in denen ein 5-Wellen-Muster vorliegt. Das wichtigste zu beachtende Merkmal ist die Tatsache, dass für die Gültigkeit dieses Musters Welle 4 Welle 1 nicht überlappen darf. In dem Moment, in dem dies geschieht (es sei denn, es handelt sich um einen rein momentanen, kleinen Vorgang), müssen die Wellen neu gezählt werden, und aus dieser Neuzählung geht oft hervor, dass eine weitere Welle hinzukommt.

In der Ausgabe von 1960 von „Das Elliott-Wellen-Prinzip: Eine kritische Bewertung“ schrieb Ihr Herausgeber ein kurzes Kapitel (XV) zu dem Thema „Ist Elliott auf einzelne Aktien anwendbar?“. In diesem Kapitel könnte folgendes Zitat vier Jahre später von Interesse sein.

„Die vielleicht bedeutendste Anwendung von Elliott bei einzelnen Aktien ist das Auftreten des 5-*Wellen-Musters.* Der Autor hat festgestellt, dass man, wenn man ein klares 5-Wellen-Muster entstehen und sich vollenden sieht, fast sicher sein kann, dass dies das *Ende der Bewegung* ist. Dies kann insbesondere nützlich sein, um Investitionen in eine Aktie zu vermeiden, die sich offensichtlich *bereits weit in ihrer fünften Welle befindet.*“

Es wurden zwei Beispiele für die mögliche Anwendung des 5-Wellen-Prinzips von Elliott genannt, die zufällig ausgewählt wurden. Dabei handelte es sich um Abbildung 53 von Libbey-Owens-Ford Glass und Abbildung 54 von Admiral Corp., die aus den damals aktuellen Charts der Securities Research Corporation aus Boston in Massachusetts stammen.

Der Leser sollte bedenken, dass wir nicht versucht haben, die Zukunft von Libbey-Owens-Ford und Admiral Corp. vorherzusagen. Vielmehr wurde darauf hingewiesen, dass L-O-F bis Mitte 1959 wahrscheinlich einen *bedeutenden fünfwelligen Elliott-Bullenmarkt* (siehe Abbildung unten) abgeschlossen hatte, nachdem der Kurs von 11 Ende 1948 auf 77 im Jahr 1959 gestiegen war. Jede der ungerade nummerierten Wellen konnte in fünf Unterwellen unterteilt werden, wobei insbesondere die letzte Welle von Ende 1957 bis Mitte 1959 sehr regelmäßig verlief. Natürlich bestand immer die Möglichkeit einer „Verlängerung“ des Anstiegs in der letzten Welle auf 9, aber angesichts des Ausbruchs nach unten auf Tiefststände um die 60 zum Zeitpunkt der Erstellung dieses Charts schien dies unwahrscheinlich.

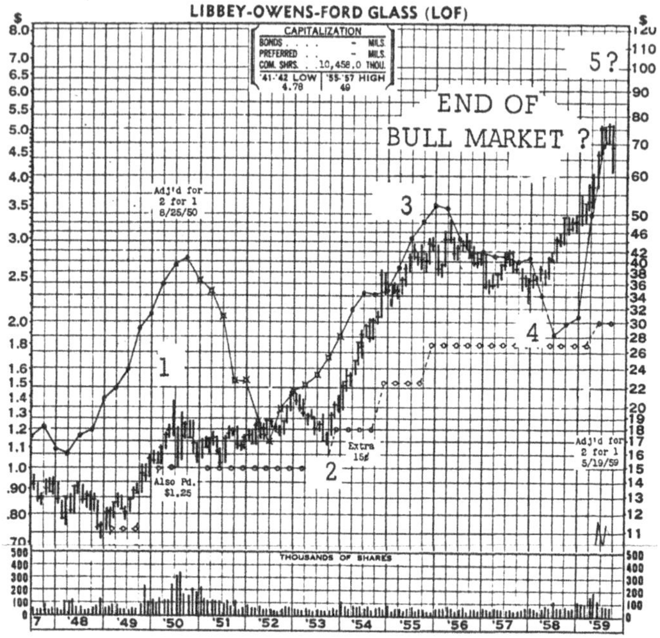

Schauen wir uns an, was in den nächsten viereinhalb Jahren geschah. Wir zeigen nun ein aktuelles Diagramm derselben Aktie aus derselben Quelle. Wir haben nur die letzten fünf Wellen nummeriert, um sie mit dem ursprünglichen Diagramm abzustimmen. Hier sehen wir, dass unsere Vermutung richtig war. Die Aktie fiel von etwa 77 Mitte 1959 auf einen Tiefststand von knapp unter 44 im Oktober 1962 und erholte sich im Chart bis Ende März 1964 auf etwa 55. Im Vergleich zum Industrial Average war dies eine relativ schlechte Performance. Dennoch waren sowohl die relative Performance (ein von vielen Marktanalysten verwendetes Instrument) als auch die Ertragsentwicklung auf dem Höhepunkt deutlich besser als im Durchschnitt.

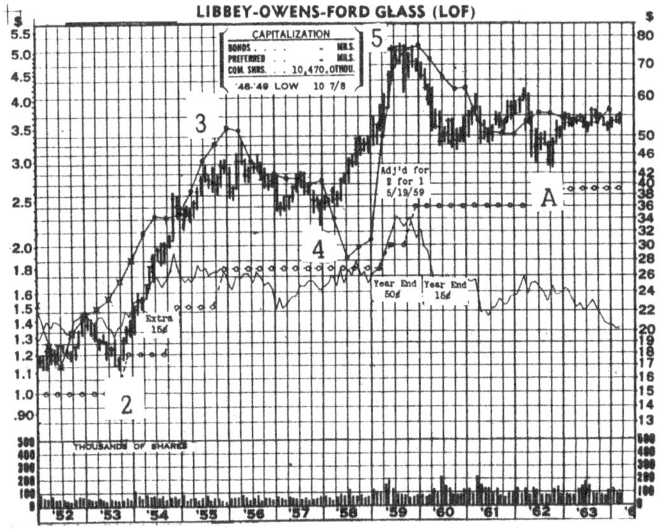

Im Fall von Admiral Corp. haben wir eine andere, aber ebenso aufschlussreiche Geschichte. Aus dem Chart von Admiral aus dem Jahr 1960, der auf der nächsten Seite wiedergegeben ist, geht klar hervor, dass 1950 das Ende eines großen Bullenmarkts (5 Aufwärtswellen) war und dass darauf eine 3-Wellen-A-B-C-Korrektur der *Flat*-Variante (3-3-5) folgte. Die C-Welle zerfiel ebenfalls eindeutig in eine 5-Wellen-Abwärtsbewegung ohne Unregelmäßigkeiten, was, wie in der Grafik dargestellt, auf *das Ende* eines *großen Bärenmarkts* hindeutete. Von diesem Zeitpunkt an begann die *erste Phase eines neuen Bullenmarkts*, die wiederum im Zeitraum von 1957 bis 1959 *abgeschlossen wurde*, wobei die Aktie in einem sehr klaren 5-Wellen-Muster von 6,5 auf 29 stieg.

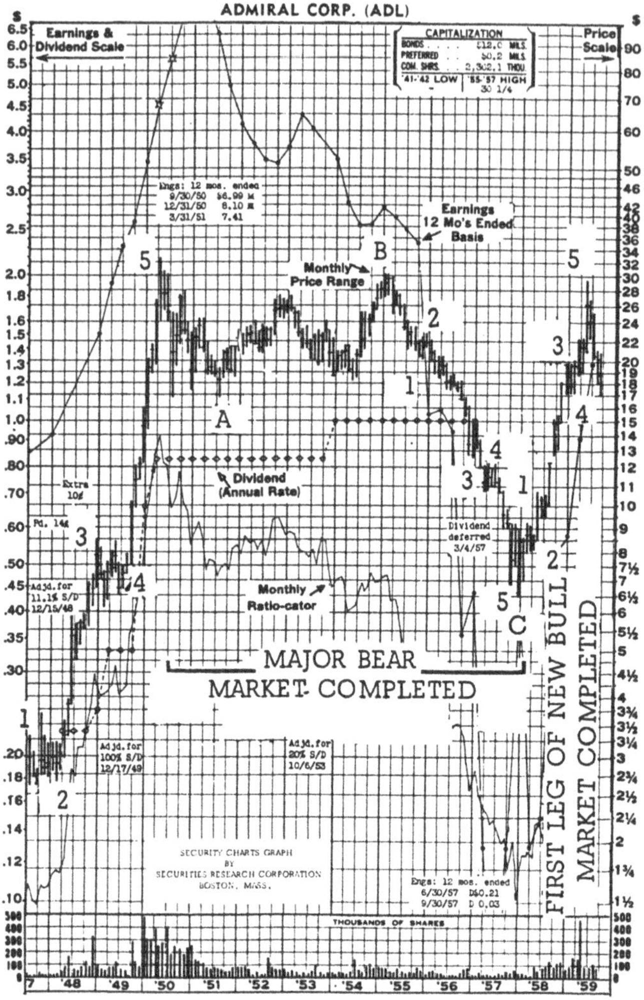

Auch hier deutete der Ausbruch nach unten darauf hin, dass es keine Verlängerung geben würde und dass eine Korrektur der gesamten neuen ersten Bullenmarktwelle von 1957 bis 1959 einsetzen würde.

Wie im Fall von L-O-F bringen wir auch hier die Geschichte des Falls auf den neuesten Stand (siehe nächste Seite). Beachten Sie den einsetzenden Bärenmarkt. Vom Hoch im Jahr 1959 bis Oktober 1962 sehen wir eine scheinbare *Flat*-Korrektur (3-3-5), die als a-b-c markiert werden kann. Welle c zerfällt erneut deutlich in fünf Wellen, was kaum Zweifel daran lässt, dass dies das Ende der Bewegung war und in enger Übereinstimmung mit dem allgemeinen Markt in den Jahren 1961/1962 steht, mit der Ausnahme, dass diese Aktie wie L-O-F zu den Nachzüglern gehörte und ihren Tiefpunkt im Oktober statt im Juni 1962 erreichte. Im Gegensatz zu 1957 bis 1959 scheint Admiral jedoch von 1962 bis heute keine Welle 5 nach oben durchlaufen zu haben, und tatsächlich sieht diese Welle verdächtig nach einer umgekehrten *Flat*-Welle in einer 3-3-5-Formation aus. Wenn dem so ist, dann befinden wir uns bei Admiral weiterhin in einer Korrekturphase seit dem Höchststand von 1959 und sind noch nicht bereit für den Beginn des zweiten Bullenmarkts nach Elliott (der in der Regel der dynamischste ist) seit 1957. Dementsprechend haben wir 1962 nur als Welle A der Korrektur markiert, wobei Welle B Ende 1963 endete.

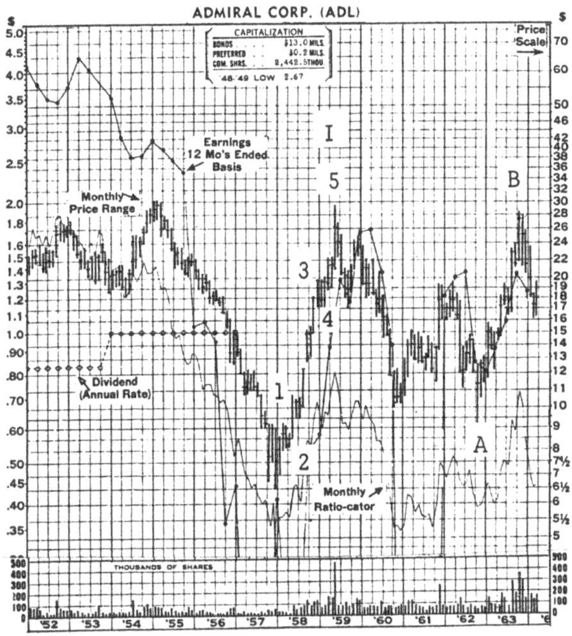

Wir möchten noch einmal betonen, dass es sich hierbei nicht um Prognosen handelt, sondern lediglich um wahrscheinliche Tendenzen, eine aktuelle Auswertung beider Charts, die lediglich darauf hindeutet, dass diese Unternehmen wahrscheinlich nicht die Gewinner des Nachkriegs-Bullenmarkts sein werden.

Zum Abschluss dieser Erörterung der beiden Fallbeispiele sei noch einmal wiederholt, dass bei einzelnen Aktien das 5-Wellen-Muster und nicht das 3-Wellen-Muster der Elliott-Wellen-Theorie von Nutzen ist. Der Grund dafür ist, dass das 5-Wellen-Muster weitaus seltener auftritt und das 3-Wellen-Muster zu viele Varianten zulässt, die sich oft so sehr in die Länge ziehen, dass man nicht wissen kann, wann sie enden. Immer wieder (aber dennoch nur bei einer Minderheit der Aktienmuster) tritt ein 5-Wellen-Muster auf. Fast immer ist dieses 5-Wellen-Muster das Ende dieser konkreten Bewegung, wenn man es in Bezug auf seinen Grad betrachtet.

Aus der aktuellen Ausgabe der „3-Trend Cycle-Graphs" der Security Research Corporation haben wir eine Reihe von Charts ausgewählt, die die 5-Wellen-Tendenz zeigen, und diese mit kurzen Kommentaren und Nummerierungen versehen. Diese werden im Anhang zu dieser Studie erläutert.

Fazit

Die Kurshistorie einzelner Aktien ist oft zu kurz und zu vielfältig, um sicher zu sein, dass sich die Tendenzen des Elliott-Wellen-Prinzips wie gewünscht zeigen. Darüber hinaus stellen Indizes eine langfristige und im Grunde inflationäre Sichtweise auf Aktien im Zeitverlauf dar. Wenn Aktien an Beliebtheit verlieren, werden sie in Indizes wie dem Dow Jones Industrial Average oft ersetzt. Dies ergibt eine langfristige Aufzeichnung von Kursen, die dann in die allgemeine Elliott-Theorie eingepasst werden kann, die ja zunächst auf Indizes aufgebaut wurde, bevor sie auf einzelne Papiere angewendet wurde.

Unserer Ansicht nach ist ihr individueller Nutzen streng begrenzt, doch die oben und im Anhang aufgeführten Beispiele deuten darauf hin, dass es möglich ist, Verhaltensmuster bestimmter Aktien zu skizzieren. Sicherlich bieten die angeführten Beispiele, die nur einen kleinen Prozentsatz der gesamten Aktien aus dem Angebot des genannten Chartdienstes ausmachen, einige zusätzliche Anhaltspunkte, an denen man sich orientieren kann. An bestimmten Punkten jeder Aktie kann die Elliott-Theorie, insbesondere ihr 5-Wellen-Konzept, ein gewisses Maß an Sicherheit oder Zurückhaltung vermitteln, wenn andere Analyseverfahren, seien es technische oder fundamentale, mit ihr übereinstimmen oder ihr widersprechen.

Was den Markt als Ganzes betrifft (von dem viele sagen, es gebe ihn gar nicht, der aber für Anleger durch die Nutzung offener oder geschlossener Investmentfonds tatsächlich verfügbar ist), bietet Elliott eine Philosophie, die einen gewissen Wert hat. So scheint es beispielsweise derzeit logisch zu sein, dass der Dow Jones Industrial Average vor Abschluss der Welle B einen Stand von etwa 1.000 Punkten erreichen wird. Dies setzt voraus, dass die derzeitige Expansion in angemessener Zeit ihren Verlauf nimmt und dass wir uns nicht sofort in eine totale Währungsinflation (monetäre Inflation) im Stil einer Hyperinflation begeben oder in einen ruinösen Weltkrieg eintreten, der das gleiche Ergebnis hervorbringen würde.[4]

Es ist immer schwierig und gefährlich, einen Zeitrahmen und ein Preisniveau für das Ende festzulegen. Wir haben gesehen, dass sich Elliott-Muster tendenziell ausdehnen, um sich politischen und wirtschaftlichen Ereignissen anzupassen. Wir gehen jedoch davon aus, dass die oben genannte Welle B innerhalb der nächsten 12 bis 24 Monate abgeschlossen sein könnte. Aus Gründen, die in „Das Elliott-Wellen-Prinzip: Eine kritische Bewertung" (Ausgabe von 1960) erläutert werden, ist es unwahrscheinlich, dass die Aktienkurse in absehbarer Zukunft unter irgendwelchen Umständen unter 525 fallen werden, und falls wirtschaftliche Schwierigkeiten durch bewusste geldpolitische Manipulationen gelöst werden sollten, könnte es sein, dass die Welle C nicht unbedingt das niedrige Niveau der Welle A von 1962 erreicht.

Die einzelnen Aktiencharts wurden mit freundlicher Genehmigung der Securities Research Corp., 211 Congress Street, Boston, Mass., nachgedruckt.

27. April 1964

Anhang Elliott-Anmerkungen zu ausgewählten Aktienmustern

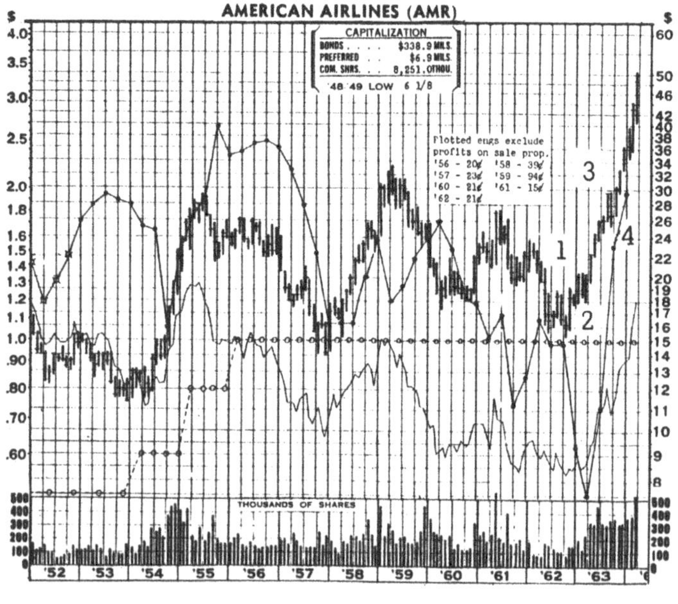

American Airlines – Ein Beispiel für eine Aktie (und Gruppe), die offenbar einen Aufschwung erlebt. Der Rückgang von 1961/1962 scheint ein 5-Wellen-Rückgang zu sein, der die Voraussetzungen für diesen wahrscheinlich bedeutenden Anstieg geschaffen hat. Somit ist alles seit dem Hoch von 1946 (*nicht* im Chart dargestellt) wahrscheinlich eine Korrektur des großen Bullenmarkts während des Krieges. Ist es *zu* spät, um in Fluggesellschaften und AMR zu investieren? Aus mittelfristiger Sicht (Intermediärwelle) wahrscheinlich ja, da wir uns offenbar in der fünften Minor-Aufwärtswelle seit dem Tiefpunkt im Oktober 1962 befinden. Wenn dies jedoch ein gültiger neuer Ausgangspunkt im Oktober 1962 ist, dann gibt es in den 1960er-Jahren noch viel Raum für Expansion. (Siehe auch Delta Airlines.)

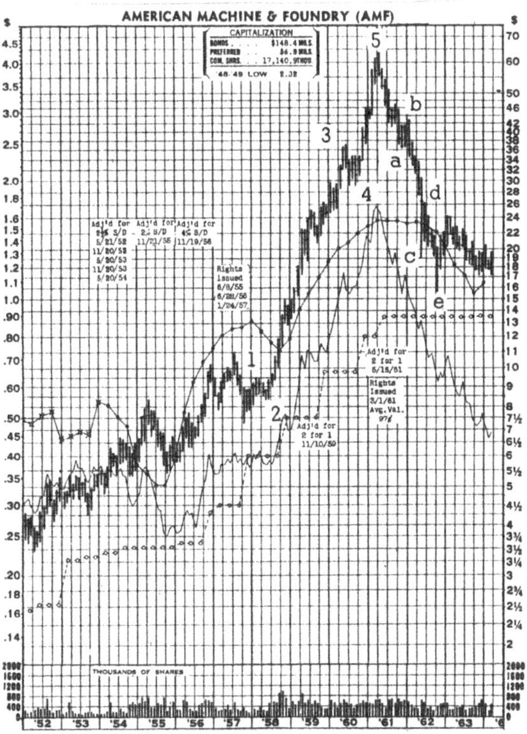

American Machine & Foundry – Hier sehen wir die tragischen Folgen eines großartigen Wachstumswerts aus dem Zeitraum 1957 bis 1961. Wenn die Muster unklar sind, hilft es manchmal, sich ein verwandtes

Unternehmen anzusehen, wobei wir Brunswick Corp. (siehe unten) als geeignet erachten würden. Seit 1954 verzeichnet Brunswick fünf Aufwärtswellen bis zu seinem fantastischen Höchststand von über 70 im Jahr 1961. Wir kalkulieren, dass die letzte der fünf Wellen in eine 9er-Aufwärtswelle zerfiel. Seit dem Höchststand scheinen wir uns bei Brunswick und damit wahrscheinlich auch bei AMF in einer 5er-Abwärtswelle zu befinden. Fünf Abwärtswellen dieser Art sind in der Regel nur die erste A-Welle eines grundlegenden Bärenmarkts, es sei denn, sie entstehen aus einem unregelmäßigen Top, was weder auf AMF noch auf BC zuzutreffen scheint. Jegliches Interesse an einer dieser Aktien scheint derzeit aufmerksamen Tradern vorbehalten zu sein.

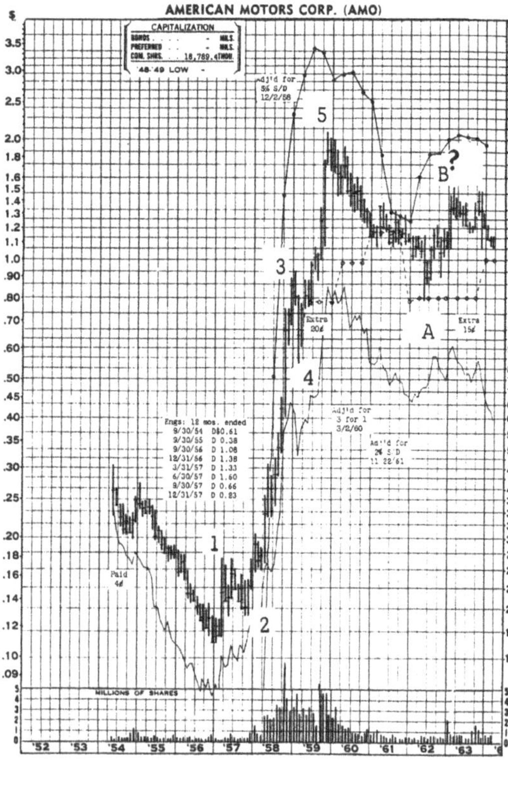

American Motors – Die Aktie befindet sich seit 1959 in einem grundlegenden Elliott-Bärenmarkt. Nach einem deutlichen 5-Wellen-Anstieg seit Ende 1956 können wir nur davon ausgehen, dass das Tief von 1962 den Tiefpunkt der Welle A (also der ersten von drei) darstellte und dass das Hoch von Anfang 1963 wahrscheinlich das Ende von Welle B war.

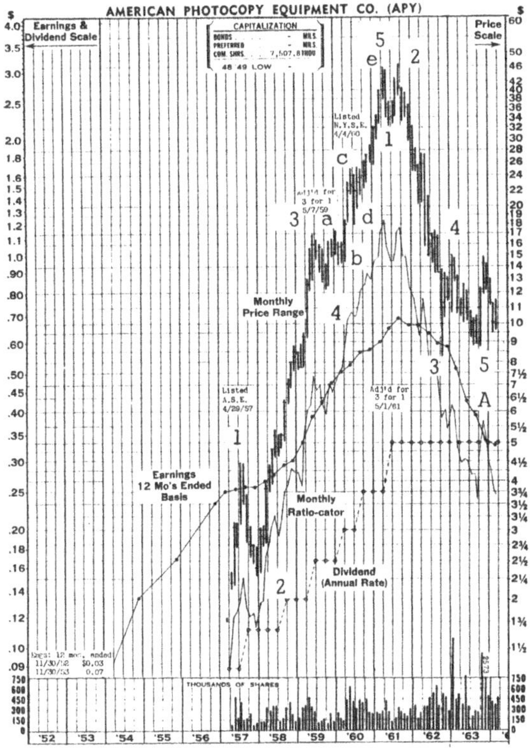

American Photocopy – Ein weiteres Beispiel für eine Aktie mit großem Wachstumspotenzial im Zeitraum 1957 bis 1961. Hinsichtlich der korrekten Zählung dieser Aktie gibt es durchaus berechtigte Zweifel. Wir gehen davon aus, dass die 5-Wellen-Abwärtsbewegung von Anfang 1961 Ende 1963 abgeschlossen wurde. Wenn dies der Fall ist, gibt es zwar Trading-Möglichkeiten, aber kaum mehr als das. Aus Elliott-Sicht hat diese Aktie „ausgedient".

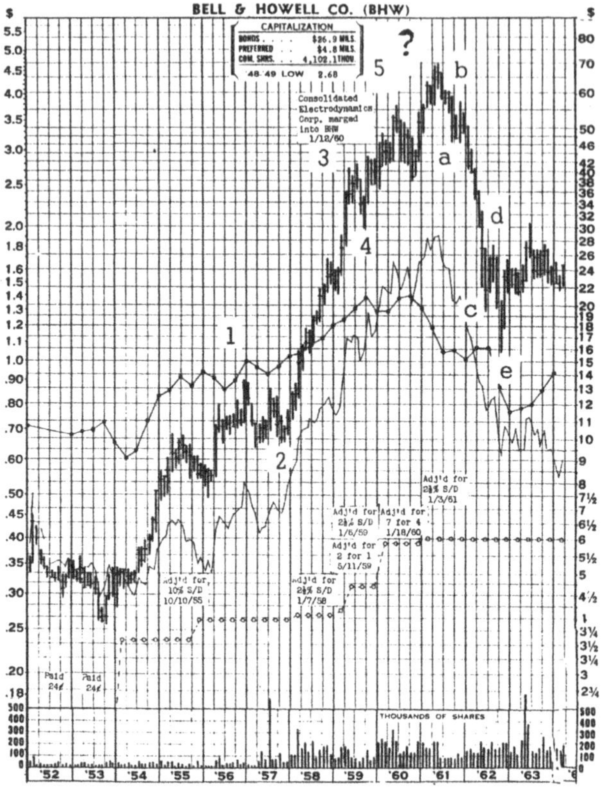

Bell & Howell – Eine weitere Aktie in einem grundlegenden Elliott-Bärenmarkt. Von 1961 bis Ende 1962 haben wir einen typischen 5-Wellen-Abwärtstrend. Es ist interessant, zu beobachten, wie viele der großen Favoriten der Jahre 1958 bis 1961 dieses Muster entwickelt haben. Siehe beispielsweise die Charts von American Machine & Foundry, American Photocopy, Brunswick, Cenco, IBM, Korvette, Polaroid und Zenith.

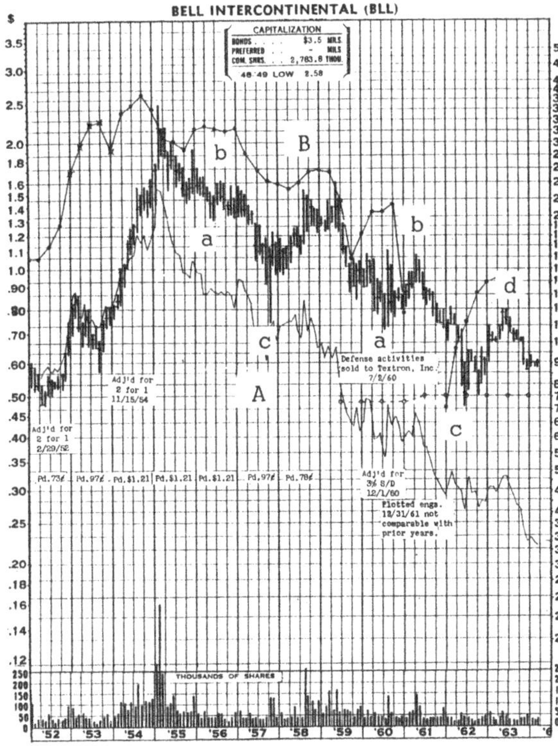

Bell Intercontinental – Dies ist ein langer Bärenmarkt im Sinne von Elliott, der Anfang 1955 begann. (Übrigens widerlegt dies die These, dass ein Bullenmarkt niemals bei maximalem Volumen vollendet wird.) Er könnte sich durchaus in seiner letzten Intermediärwelle abwärts befinden. Dieses Muster veranschaulicht übrigens einige Grundsätze von Elliott. Welle A ist in drei Wellen (a-b-c) unterteilt. Dies ist jedoch zum Zeitpunkt selbst nicht bekannt, sondern erst im Nachhinein, wenn Hoch B deutlich über Intermediärwelle a hinausgeht. Welle C entwickelt sich wahrscheinlich in einer „5 nach unten“ (a-b-c-d-e), von der bis auf e noch alle zu sehen sind. Wie lange es dauern wird, bis dieser bereits neun Jahre andauernde Bärenmarkt vorbei ist, kann niemand sagen.

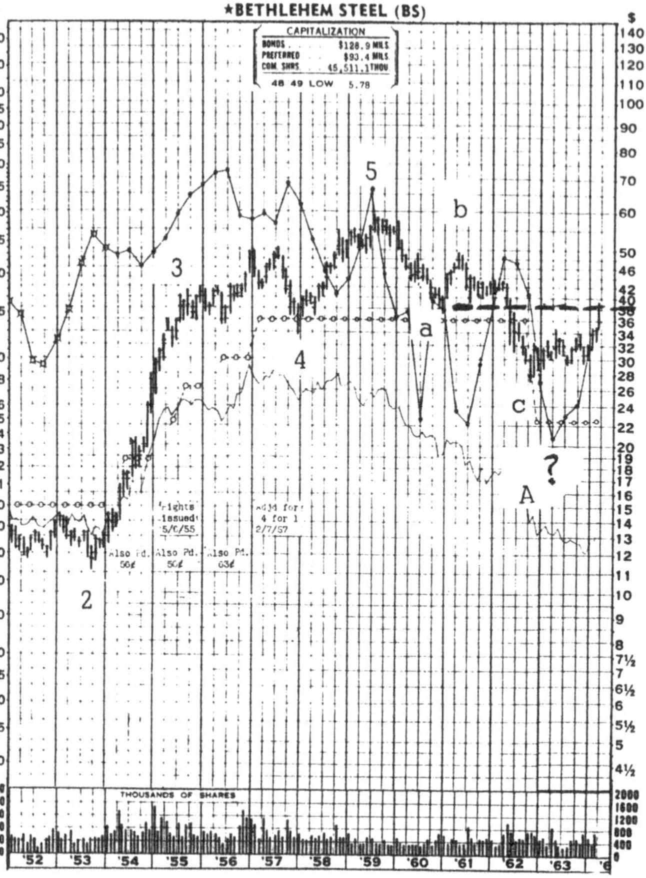

Bethlehem Steel – BS ist typisch für viele Stahlunternehmen. Siehe auch weiter unten Lukens. Ausgehend vom Top von 1959 scheint es, als hätten wir erst drei von fünf Abwärtswellen gesehen, aber dies könnte ein Problem darstellen und weist auf eine der grundlegenden Schwierigkeiten der Elliott-Prognose hin. Wenn der aktuelle Aufschwung BS deutlich über das Tief von 1961 hinaustreibt, beispielsweise auf das Hoch von 1961 um die 50, werden Elliott-Anhänger zu dem Schluss kommen, dass der Oktober 1962 bei den Stahlaktien im Allgemeinen die Welle A eines grundlegenden Bärenmarkts war, der Mitte 1959 begann. In beiden

Fällen (unter der Annahme eines „5er-Rückgangs" seit 1959 oder nur eines „3er-Rückgangs") wird der Anleger, wenn er Elliott Beachtung schenkt, lange bevor die alten Höchststände von 1959 erreicht sind, nach einem „Ausweg" suchen. Nach Elliott werden diese für lange, lange Zeit nicht mehr erreicht werden.

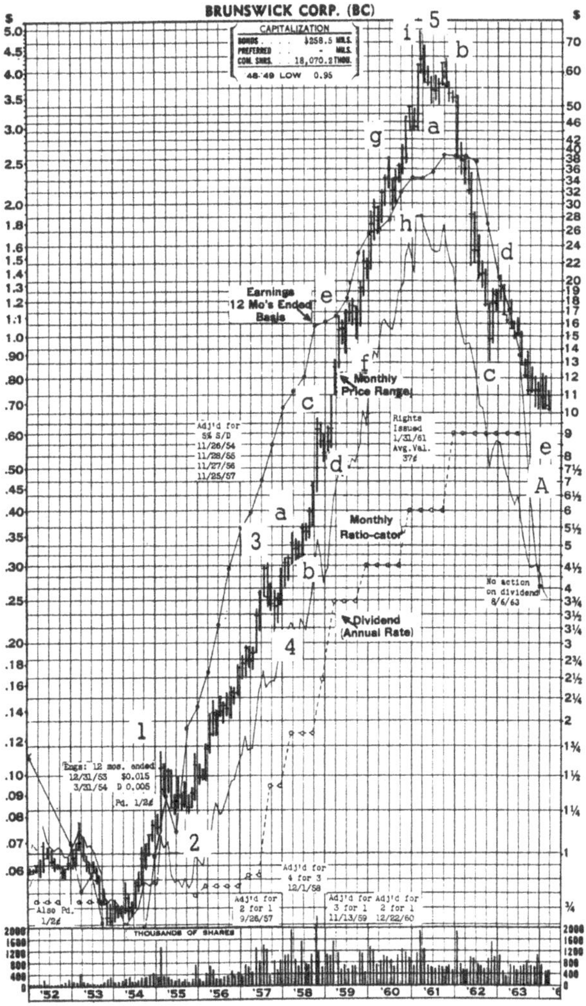

Brunswick Corporation – Siehe American Machine & Foundry.

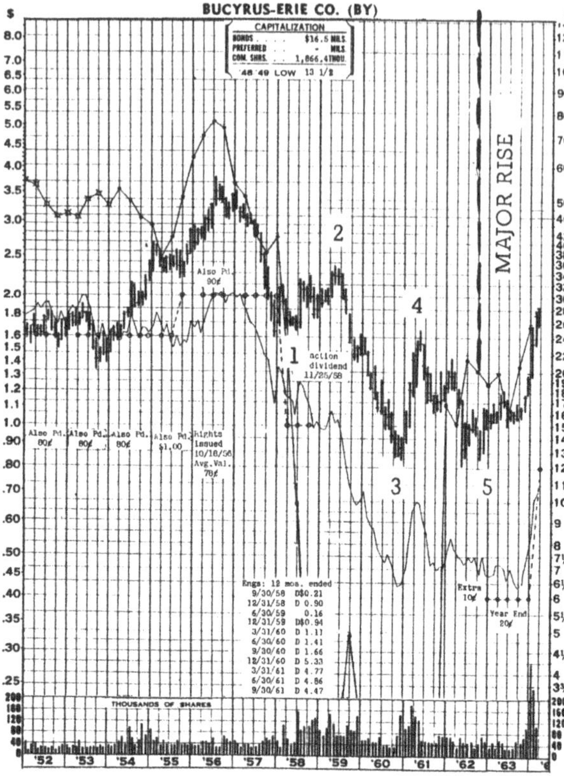

Bucyrus-Erie Co. – Das Unternehmen war ab 1956 in einem grundlegenden Bärenmarkt und scheint seit Oktober 1962 einen neuen Bullenmarkt mit neuen Höchstständen begonnen zu haben. Auf dieser Grundlage scheint es, dass BY drei von fünf Intermediärwellen zurückgelegt hat. Somit könnte 1962 – in der Terminologie der Elliott-Theorie – der Beginn einer großen Umkehr sein.

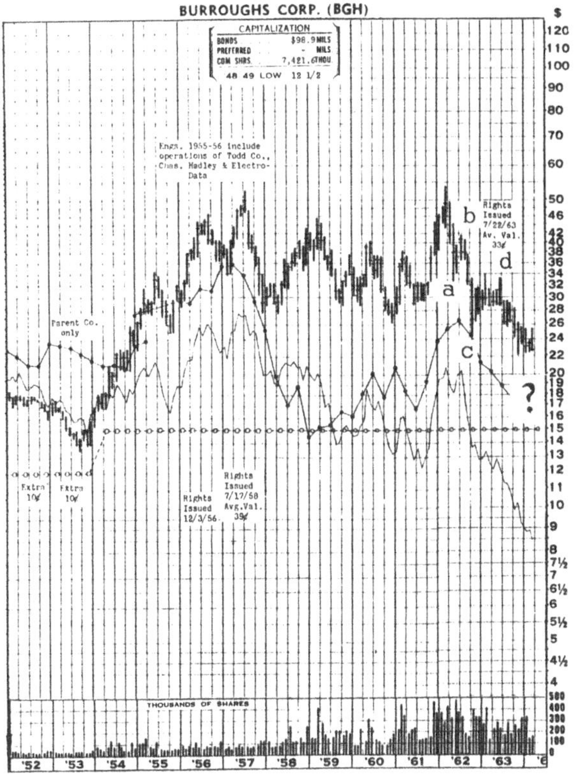

Burroughs – Ein unübersichtliches Bild. Alles, was sich sagen lässt, ist: Wenn das Hoch von 1957 das Ende des vorherigen Bullenmarkts darstellt, ist alles, was seitdem passiert ist, korrektiv – eine Reihe von 3er-Wellen bis zum Höchststand Anfang 1962. Seitdem scheint sich eine 5er-Abwärtswelle zu entwickeln. Nichts an den Gewinnen oder der relativen Performance deutet darauf hin, dass diese bereits vorbei ist, aber wer weiß? Fünf Abwärtswellen haben die Eigenschaft, eine neue Basis für eine zumindest beträchtliche (50 Prozent oder mehr) Korrektur zu schaffen.

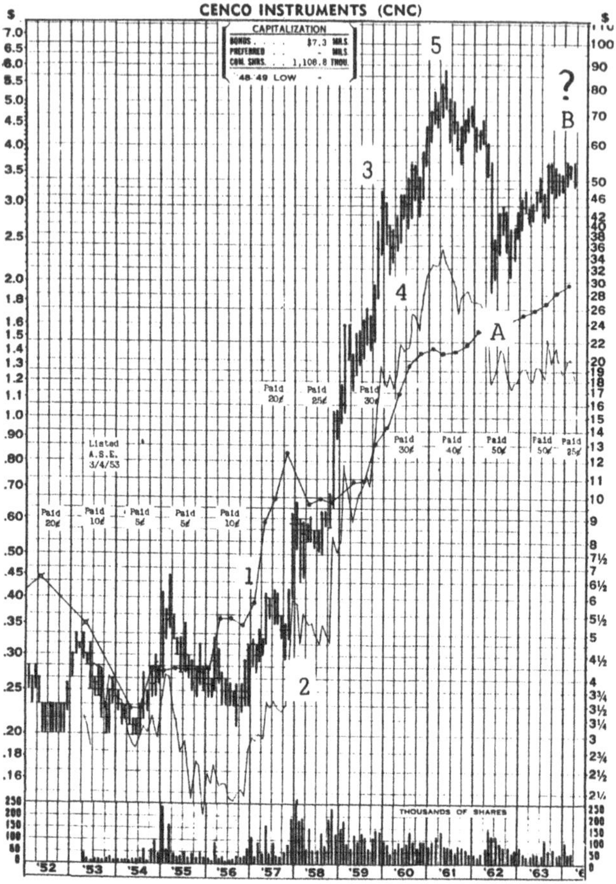

Cenco Instruments – Eine weitere Wachstumsaktie, die eine Reihe von Menschen getäuscht hat. Der Höchststand von 1961 scheint das Ende der Fahnenstange zu sein. Das Tief von 1962 sieht aus wie ein a-b-c-A-Boden. Der Anstieg von 1963/1964 sieht aus wie eine typische B-Welle. Insgesamt deutet die Elliott-Analyse darauf hin, dass Perlen anderswo zu finden sind.

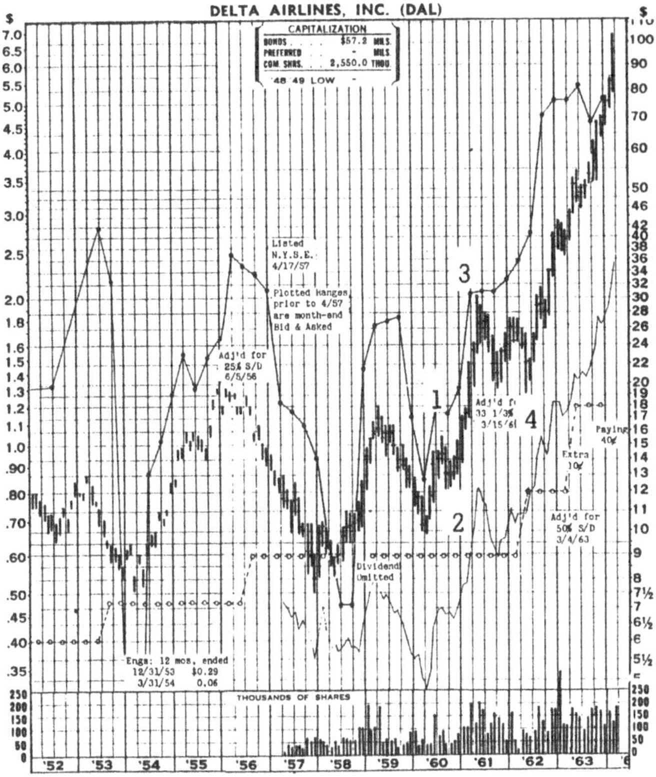

Delta – Siehe American Airlines. Seit Anfang 1960 in der fünften Welle weit fortgeschritten, daher derzeit für Investitionen tückisch.

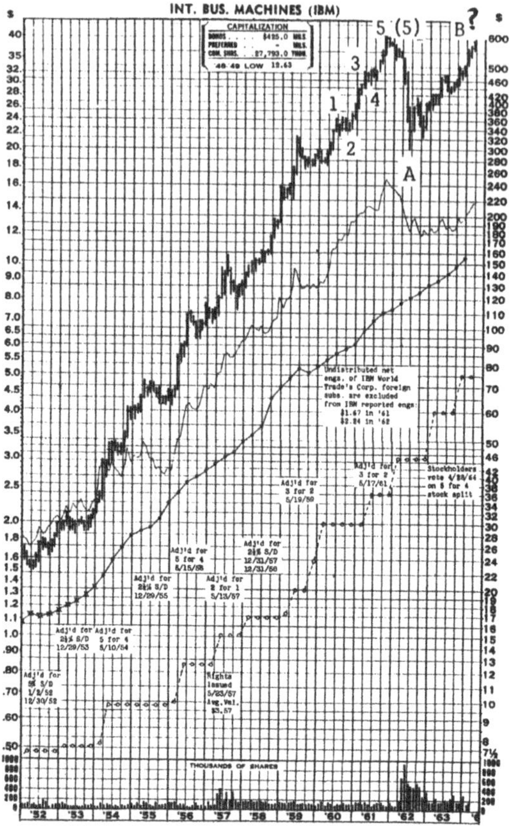

IBM – Hier haben wir *den* Klassiker vor uns. Jemand von der Wall Street hat einmal gesagt, IBM sei keine Wachstumsaktie mehr: Sie sei zu einer Religion geworden. Die Zählung ist schwierig, aber ganz klar ist, dass es sich bei der Zeit von Anfang 1960 bis Ende 1961 um eine typische 5er-Welle aufwärts handelt, aus der ein großer Abwärtstrend hervorging. Das Top Ende 1961 sieht wie das Ende aus. Wir würden die Abwärtsbewegung von 1961/1962 als Welle A klassifizieren, sodass derzeit Welle B im Gange ist. Oftmals laufen B-Wellen bei Wachstumsaktien wie IBM, Minneapolis Honeywell und so weiter etwas höher als das orthodoxe Top, aber davon sollte man sich nicht irritieren lassen. Nach B sollte C kommen, und das ist eine Abwärtsbewegung.

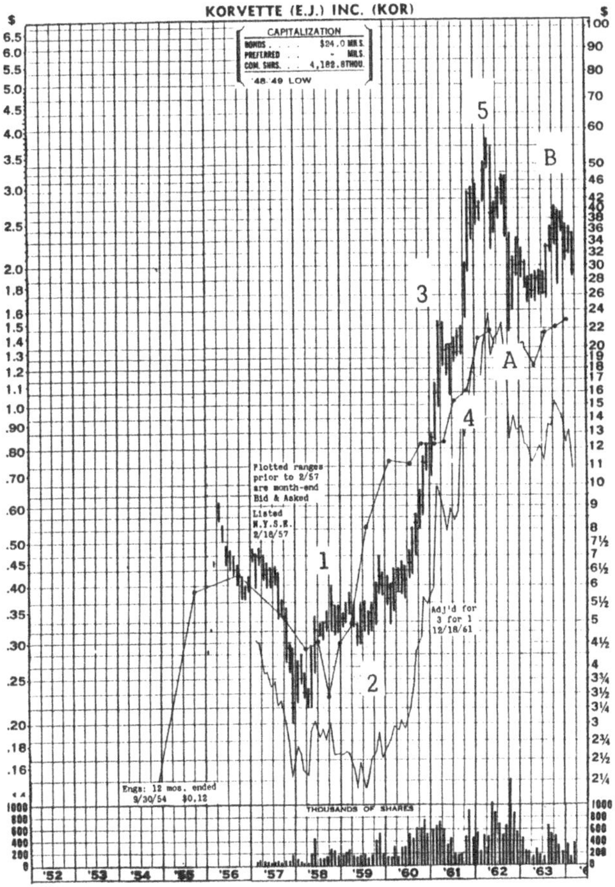

Korvette – Dies ist ein echter Klassiker unter den Wachstumsaktien, die in den Jahren 1958 bis 1961 so beliebt waren. Fünf Wellen aufwärts seit Ende 1957, direkt vom Boden aus. Alles, was seit 1962 passiert ist, steht im Zusammenhang mit einem großen Elliott-Bärenmarkt. Auf Welle B wird wahrscheinlich die unvermeidliche Welle C folgen.

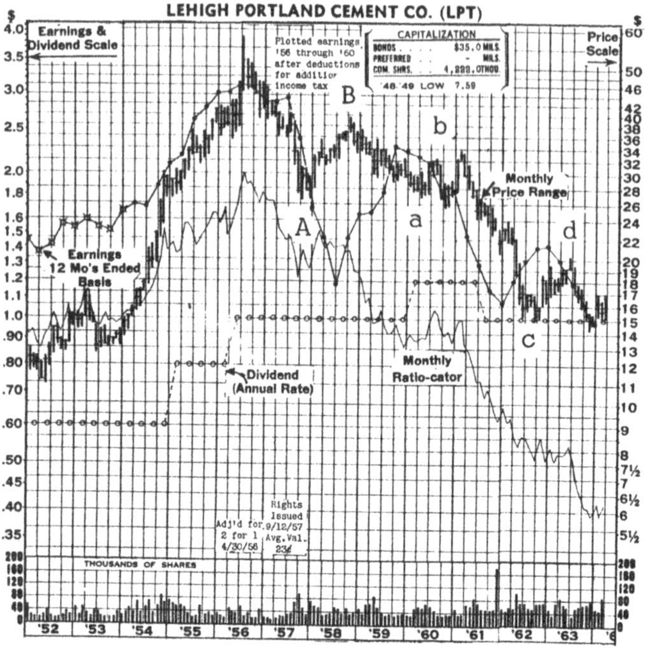

Lehigh Portland Cement – Das Muster seit 1956 ist das eines bedeutenden Elliott-Bärenmarkts. Bei einem Muster vom Typ 3-3-5 (Flat) scheint LPT zumindest kurz vor einem wichtigen intermediären Boden und möglicherweise sogar einem Major-Boden zu stehen.

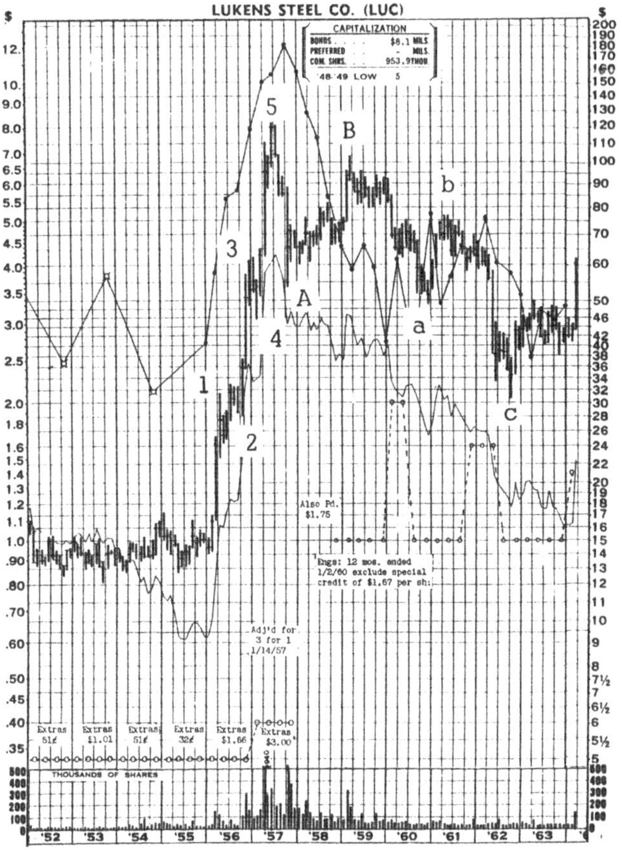

Lukens Steel – Lukens ist typisch für Stahlunternehmen, sowohl einzeln als auch als Gruppe. Siehe beispielsweise Bethlehem Steel. Hier gibt es jedoch eine Anomalie. Das Hoch von 1957 (zwei Jahre vor dem Hoch der durchschnittlichen Stahlaktie) scheint sich zu einer ABC-Folge entwickelt zu haben, deren C-Welle eine 5er-Abwärtsbewegung sein sollte. Dies scheint sich so zu entwickeln, außer dass Welle d bereits über den Tiefpunkt von Welle a hinausgegangen ist, was nach der strengen Elliott-Theorie nicht der Fall sein sollte. Das Muster ist also in der Schwebe. Wenn jedoch andere Aktien wie Bethlehem ein Schlüssel sind, betrachten wir das aktuelle Muster als zweifelhaft.

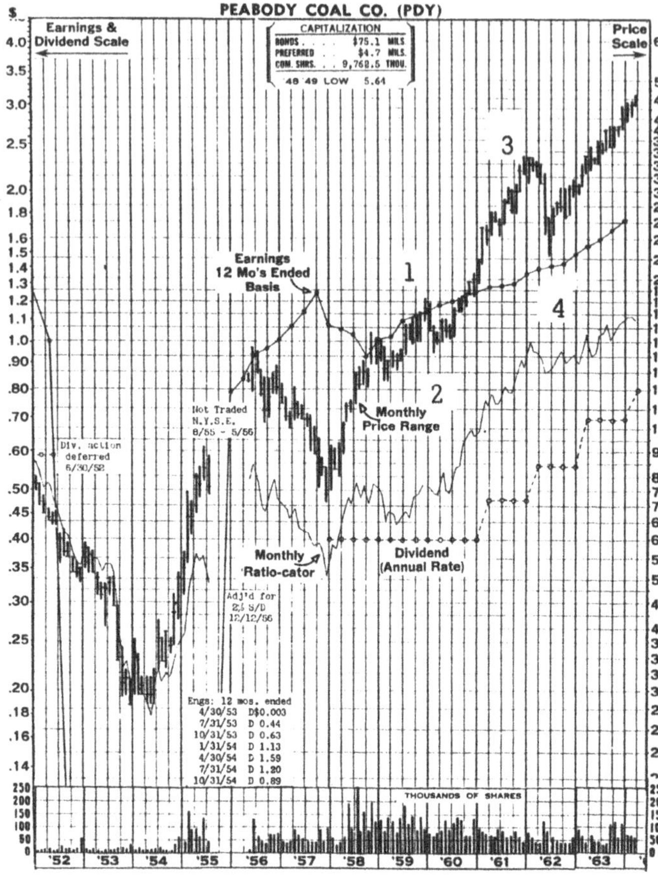

Peabody Coal Co. – Nach der großen Major-Welle aufwärts von 1954 bis 1956 begann 1957 eine weitere Aufwärtswelle. Sie scheint sich bereits in ihrer fünften Welle zu befinden und ist daher verdächtig. Unter der Annahme, dass 1954 der Beginn von fünf Aufwärtswellen ist, von denen die dritte im aktuellen Aktienmarktzyklus abgeschlossen sein wird, sieht die Zukunft rosig aus, aber in der Zwischenzeit wird jede angemessene Korrektur einer Aktienwelle, die von etwa 7 auf etwa 50 gelaufen ist, zwangsläufig schmerzhaft sein. Dementsprechend werden wir abwarten.

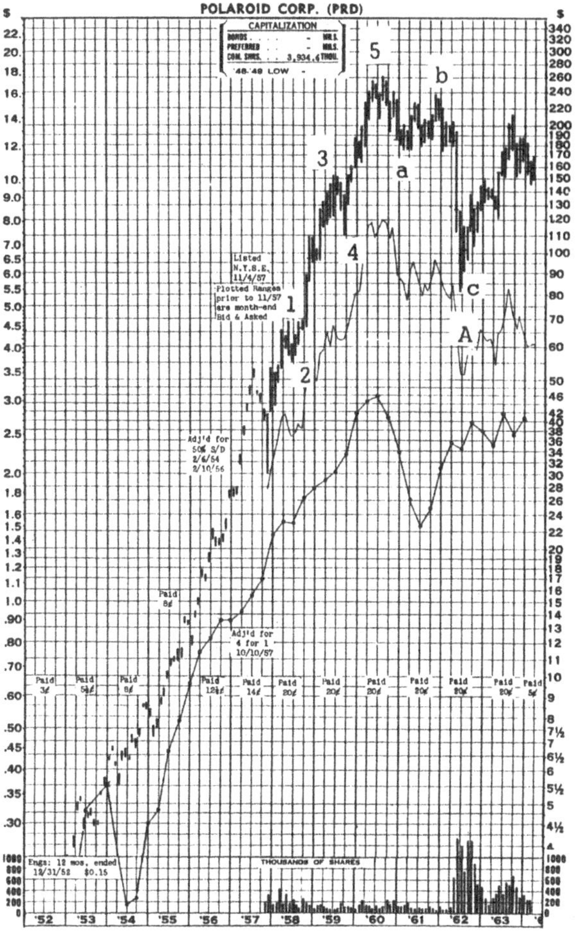

Polaroid – Eine weitere klassische Wachstumsaktie, die es aus Sicht der Elliott-Theorie „bereits hinter sich hat“. Der Zeitraum 1960 bis 1962 kann als dreiwellige Korrektur angesehen werden, aber dies ist wahrscheinlich nur die erste Abwärtswelle einer größeren dreiwelligen Korrektur. Die Entwicklung von 1960 bis heute sieht wie eine große Flat-Welle (3-3-5) aus, von der wir die ersten drei und wahrscheinlich auch die zweiten drei (aufwärts) bereits gesehen haben. Der Rest bleibt abzuwarten, aber es besteht wenig Anlass für langfristigen Optimismus.

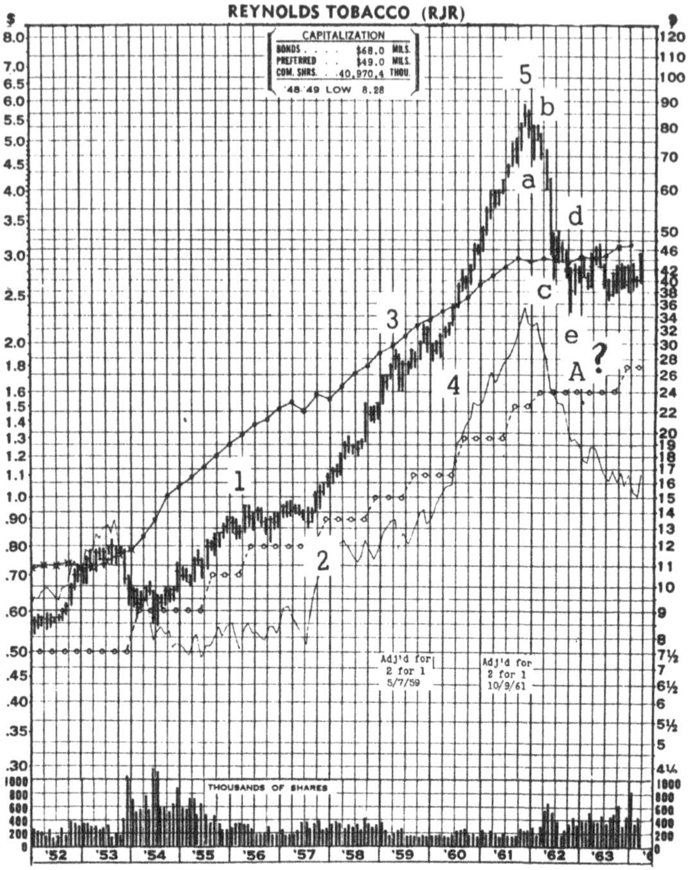

Reynolds Tobacco – Dies ist ein Rätsel. Was wie eine 5-Wellen-Aufwärtsbewegung seit 1954 (1-2-3-4-5) aussieht, hat sich in eine sofortige 5-Wellen-Abwärtsbewegung (a-b-c-d-e) verwandelt. Daraus hat sich eine Seitwärtsbewegung entwickelt, die alles Mögliche bedeuten könnte. Sie deutet jedoch auf begrenztes Aufwärtspotenzial hin, bis sich das Muster klärt.

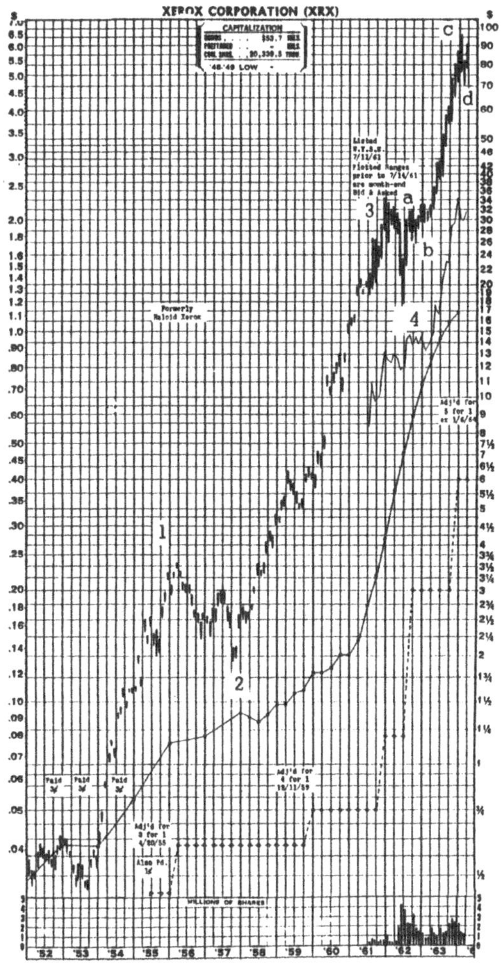

Xerox – Ein weiterer Klassiker, der schwer zu definieren ist. Es sieht so aus, als befänden wir uns mitten in Welle 5, die jedoch noch nicht ganz abgeschlossen ist. Welle 5 scheint Mitte 1962 begonnen zu haben und ist nun weit fortgeschritten, wobei die Unterwelle c wahrscheinlich abgeschlossen ist. Auf jeden Fall erscheint ein Neukauf auf diesem Niveau riskant. Das Muster verdeutlicht jedoch die Schwierigkeit, bei einer Highflyer-Aktie die Wellen zu definieren.

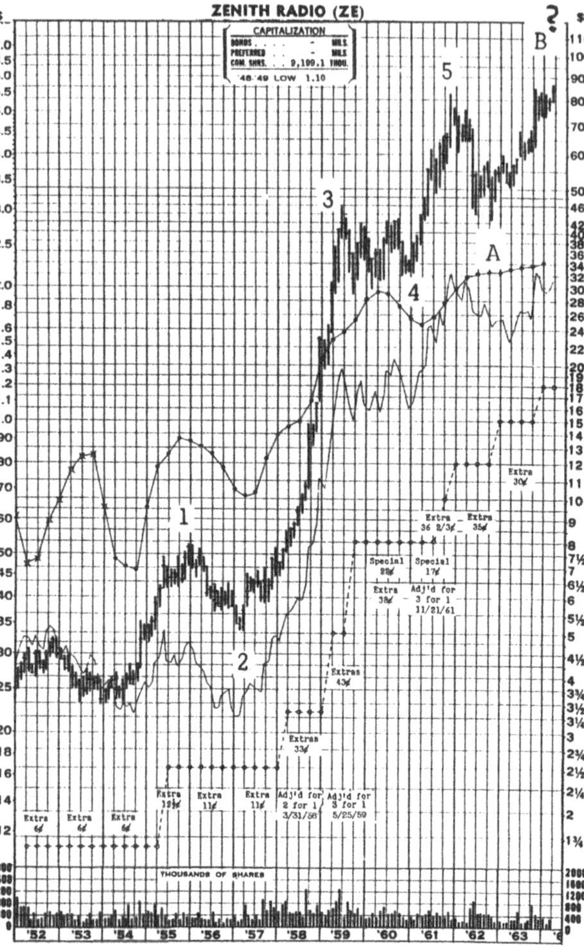

Zenith – Eine weitere klassische Wachstumsaktie. Das orthodoxe Hoch scheint 1961 erreicht worden zu sein (wie bei so vielen Aktien dieser Art), woraufhin sich bis Oktober 1962 eine 5-Wellen-Abwärtsbewegung entwickelte. Diese stufen wir als Welle A der langfristigen Korrektur ein. Wir gehen davon aus, dass sich Welle B derzeit entwickelt und wie so viele andere auch neue Höchststände erreichen wird. Aus Sicht der Elliott-Theorie sollte man diese Art von Muster meiden.

Das Faszinierende am Elliott-Wellen-Prinzip ist nicht das 3-Wellen-Muster, sondern vielmehr die 5-Wellen-Aufwärts- oder -Abwärtsbewegung. Eine Reihe von erfahrenen Markttechnikern hat vorgeschlagen, das 5-Wellen-Muster zu vergessen und sich ausschließlich auf das 3-Wellen-Muster zu konzentrieren, da Letzteres weitaus häufiger vorkommt. Das ist Ansichtssache. Elliott hat sicherlich von Zeit zu Zeit viel geschrieben, um sein 5-3-5-3-5 zu erklären. Wir sind jedoch der Meinung, dass die hier vorgestellten Beispiele von Aktienkurscharts deutlich zeigen, dass es definitiv ein 5-Wellen-Muster gibt, auch wenn diese Beispiele nur einen kleinen Teil der börsennotierten Aktien repräsentieren.

Welchen Wert hat die Elliott-Theorie in Bezug auf einzelne Wertpapiere? Wahrscheinlich insgesamt einen geringen. Es gibt jedoch Fälle (vielleicht Polaroid), in denen eine Aktie einen starken Rückgang verzeichnet hat und sich die Frage stellt, zu welchem Kurs sie verkauft werden sollte. Das Ende einer starken Abwärtswelle (wie bei Polaroid 1960 bis 1962) führt fast automatisch – ungeachtet von Gewinnen, relativer Performance und so weiter – zu einem Anstieg auf ein weitgehend kalkulierbares Niveau. Und das ist die B-Welle der A-B-C-Kombination. Sobald dieses Niveau jedoch erreicht ist (bei Polaroid etwa das Niveau 180 bis 220), werden die Chancen für einen weiteren Anstieg immer geringer. Langfristig gesehen ist der Bullenmarkt vorbei. Es scheint besser zu sein, in Aktien zu investieren, bei denen das große 5-Wellen-Aufwärtsmuster noch nicht abgeschlossen ist.

---

1 Diese Diskussion ergibt nur Sinn, wenn man der Meinung ist, dass bestimmte Aktien für den bevorstehenden Bärenmarkt verantwortlich sein werden. Der DJIA als Ganzes ist nach Aktiensplits nicht mehr oder weniger anfällig für Rückgänge (oder Anstiege), da gleichzeitig der Divisor des Dow Jones geändert wird. Die Gewichtung verlagert sich lediglich auf höherpreisige Komponenten.

2 Dies ist das einzige Dokument, das in unserer Sammlung fehlt, daher ist es schön, dass Bolton dieses Diagramm reproduziert, das wahrscheinlich im Mittelpunkt dieses Dokuments stand.

3 Wenn das Wellenprinzip die Massenpsychologie bestimmt, dann ist diese „merkwürdige Tatsache" genau das, was man erwarten sollte.

4 Die bullishe Position des Superzyklus schloss beide Ereignisse aus.

ELLIOTTS
WELLENPRINZIP
1965

DAS ELLIOTT-WELLEN-PRINZIP DES AKTIENMARKTVERHALTENS, BEILAGE 1965

Elliott kurz gefasst

Hintergrundinformationen

Das Elliott-Wellen-Prinzip war vor wenigen Jahren noch weitgehend unbekannt. Vor allem dank unserer seit 1953 jedes Jahr im Frühjahr erscheinenden jährlichen Beilagen ist es, wenn auch nicht zu einem allgemeinen Begriff, so doch zumindest zu einer anerkannten Börsentheorie geworden.

Mit Ausnahme seiner Artikel aus dem Jahr 1939 in der Zeitschrift *Financial World* sind alle Schriften von Elliott vergriffen.[1] Zusätzlich zu den Artikeln in *Financial World*, die einen ziemlich umfassenden Überblick über alles geben, was Elliott zumindest bis zu diesem Zeitpunkt über das Wellenprinzip wusste, verfasste er zwei Monografien: „The Wave Principle" (1938) und „Nature's Law" (1946), die beide privat veröffentlicht wurden.

Bis 1960 gab es keine gründliche Untersuchung der Elliott-Theorie. Im Jahr 1959 beschloss Ihr Herausgeber jedoch, ein umfassendes und kritisches Buch zusammenzustellen. Dieses wurde 1960 unter dem Titel „Das Elliott-Wellen-Prinzip: Eine kritische Bewertung" veröffentlicht.

Eine weitere Studie über Elliott, die auf allen seinen Schriften basiert, erschien 1964 in Arthur A. Merrills „Behavior of Prices on Wall Street".

Worin besteht das Prinzip?

Elliott postulierte auf der Grundlage einer Untersuchung der Aktienindizes seit 1854 (unter Verwendung des Axe-Houghton-Aktienindex, der damals der einzige verfügbare war, und des Dow Jones Industrial Average seit 1897), dass die Bewegung von Aktien immer in Wellen klassifiziert werden könne, die auf der Grundlage eines wiederkehrenden Prinzips in kleinere Wellen unterteilt werden könnten. Dieses Phänomen wird durch das folgende Diagramm veranschaulicht:

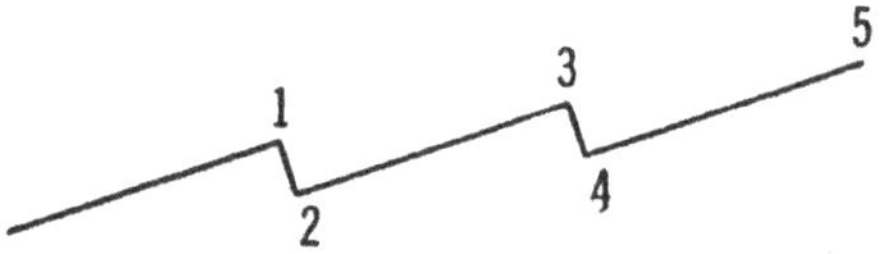

Daraus geht hervor, dass sich eine Welle in fünf Unterwellen unterteilt, wobei die Unterwellen 1, 3 und 5 in Richtung der Gesamtwelle verlaufen und die Unterwellen 2 und 4 als vorübergehende Korrekturen wirken.

Elliott stellte daraufhin die Hypothese auf, dass jede Unterwelle innerhalb der Hauptwelle in eine feste Anzahl von Unter-Unterwellen unterteilt werden sollte. Dementsprechend untersuchte er empirisch die Marktschwankungen und stellte fest, dass sich die Unterwellen 1, 3 und 5 im obigen Muster erneut in fünf kleinere Wellen unterteilen. Dies wird hier veranschaulicht:

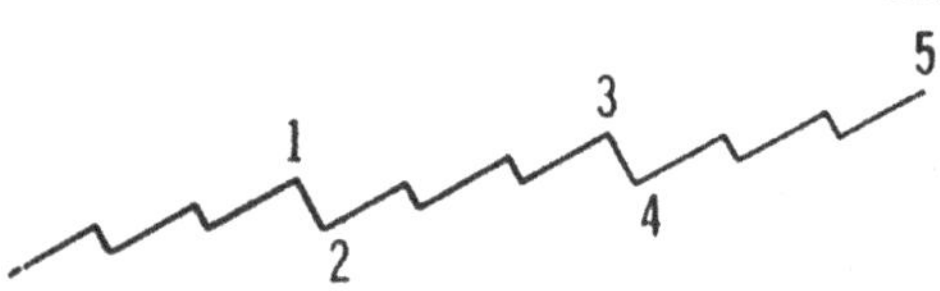

Schließlich würden sich die oben genannten Unter-Unterwellen selbst in weitere Gruppen von fünf Unter-Unterwellen aufteilen, wie hier dargestellt:

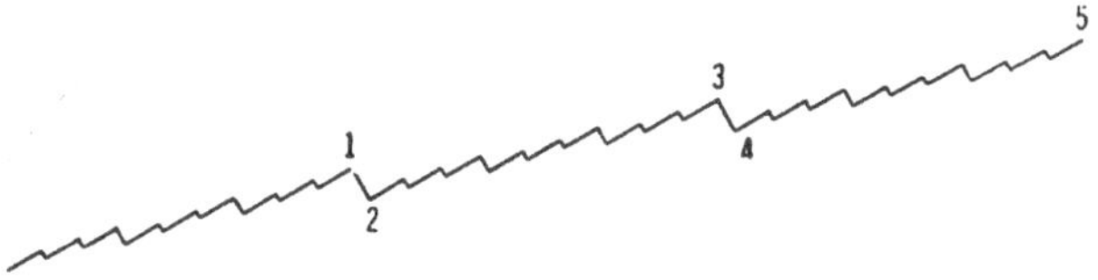

Und was ist mit den Korrekturwellen (den Wellen 2 und 4)? Diese könnten laut Elliott (fast) immer in drei Unterwellen unterteilt werden. Theoretisch sollten diese Unterwellen in 5-3-5-Muster zerfallen, die als „Zigzag-Muster“ bekannt sind, wie hier dargestellt:

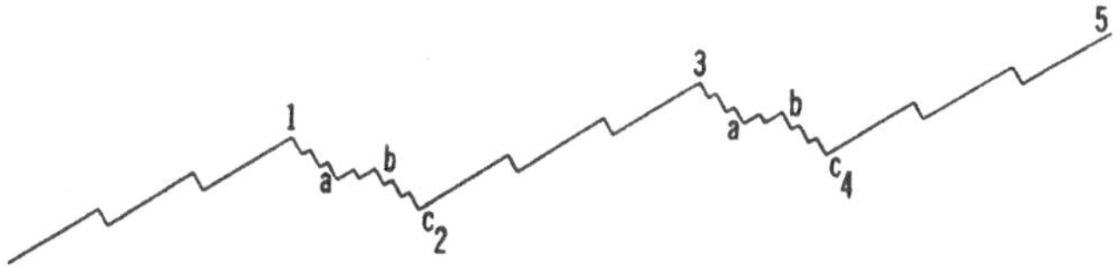

In der Praxis stellte Elliott jedoch bald fest, dass es unmöglich war, dieses theoretische korrigierende Wellenmuster auf tatsächliche Bewegungen anzuwenden. Folglich musste er diese Marktbewegungen analysieren und Variationen entwickeln. Die von ihm entwickelten Variationen sind auf der folgenden Seite dargestellt. (Alle diese Diagramme stammen aus der zwölfteiligen Artikelserie von Elliott, die 1939 in der Zeitschrift *Financial World* veröffentlicht wurde und auf die am Anfang dieser Beilage Bezug genommen wird.)

Es wird deutlich, dass Korrekturwellen viel weniger vorhersehbar sind als Wellen in Richtung des Haupttrends. In späteren Schriften entwickelte Elliott noch kompliziertere Korrekturen, mit dem Ergebnis, dass man zwar in der Regel (im Nachhinein) einen bekannten Typ von Korrekturwelle in das Geschehene einordnen kann, es jedoch äußerst schwierig, wenn nicht gar unmöglich ist, dies zu tun, während die Welle tatsächlich im Zeitverlauf fortschreitet, also im Voraus zu wissen, welcher Typ von Korrekturwelle folgen wird.

So viel zu dem allgemeinen Prinzip, das mithilfe der verschiedenen genannten Publikationen vertieft studiert werden kann.

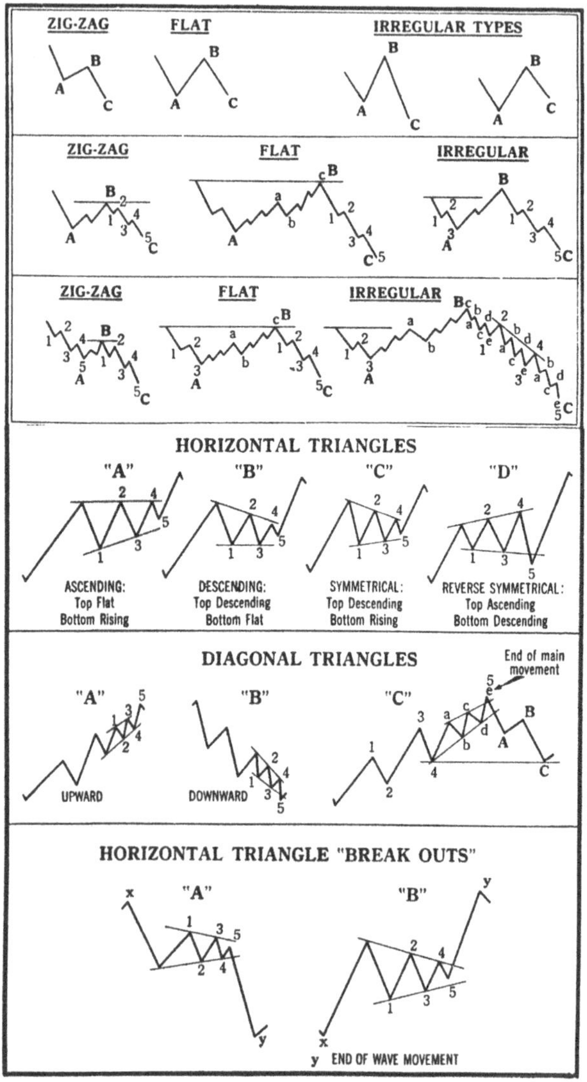

Das Elliott-Prinzip und die Geschichte des Aktienmarkts

Da 1854 das früheste Datum war, für das damals ein Börsenindex berechnet werden konnte, untersuchte Elliott die Aufzeichnungen bis 1929 und stellte fest, dass er die Geschichte von 1857 bis 1929 in fünf große Wellen unterteilen konnte und dass jede der Unterwellen ebenfalls in das Muster zu passen schien und so weiter. Tatsächlich waren die verfügbaren Daten nicht präzise genug, um dies mit Sicherheit zu sagen, aber zumindest schien es Sinn zu ergeben. Jede der drei Wellen in Richtung des Trends konnte in fünf Unterwellen unterteilt werden, und jede der beiden dazwischenliegenden Wellen wurde zu einer ziemlich komplizierten Familie von drei Unterwellen.

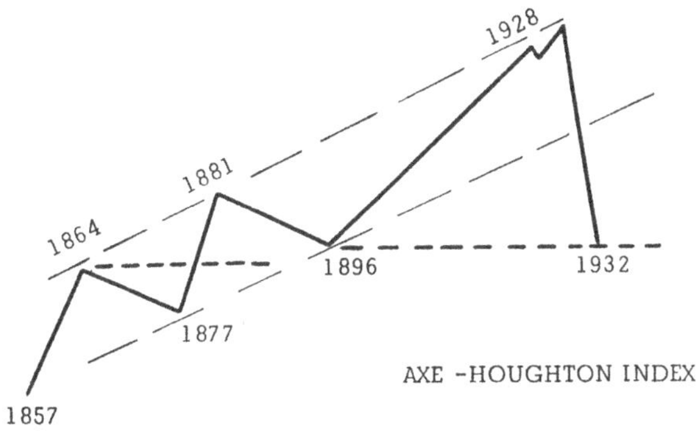

Die obige Grafik (aus dem Buch des Autors „Das Elliott-Wellen-Prinzip: Eine kritische Bewertung“, Ausgabe von 1960) zeigt, wie dies berechnet wurde und wie es aussah.

In der Regel waren Bullenmärkte in der letzten Generation sowohl zeitlich als auch amplitudenmäßig lang und Bärenmärkte (oder Elliott-Korrekturen) kurz. In der Zeit von 1857 bis zum orthodoxen Hoch des Marktes im November 1928 waren Bullenmärkte jedoch, außer nach 1896, tendenziell kürzer als die darauf folgenden Korrekturen, wie die vorstehende Grafik zeigt.

Bullenmarkt	1857–1864	7 Jahre
Bärenmarkt	1864–1877	13 Jahre
Bullenmarkt	1877–1908	14 Jahre
Bärenmarkt	1881–1896	15 Jahre
Bullenmarkt	1896–1928	32 Jahre

Eine logische Erklärung hierfür war die Tatsache, dass die Vereinigten Staaten vor dem Federal Reserve Act von 1913 kein flexibles Währungssystem hatten. Wenn sich die Wirtschaft nach einer Depression erholte, stieg die Nachfrage nach Finanzmitteln so stark an, dass Kredite an den Aktienmärkten kaum noch zu bekommen waren. Es musste etwas passieren, und natürlich mussten es eher besicherte Kredite sein als kostendeckende Unternehmenskredite. Spätestens 1921 begann sich jedenfalls das Muster schneller wachsender und längerer Bullenmärkte und kürzerer Bärenmärkte abzuzeichnen, das seitdem (abgesehen von den Jahren 1929 bis 1932, die einige Analysten als vollständige Korrektur des gesamten Super-Bullenmarkts von 1857 bis 1929 betrachten) allgemein die Regel ist.

Elliott bezeichnete diese Serie von fünf Bullenmarktwellen als Großen Superzyklus. Jede der fünf Wellen war somit ein Superzyklus.

Die Korrektur des Großen Superzyklus wäre ein weiterer Großer Superzyklus. Sie könnte aus drei Wellen bestehen oder möglicherweise in Form eines Dreiecks aus fünf Wellen erfolgen. Letztere Art der Korrektur tritt vermutlich nur in der vierten Welle auf. Zumindest hat Elliott Dreieckswellen nur in der vierten Wellenformation gefunden.

Es wurden drei Ansichten zum Endpunkt der Korrektur des Grand Super Cycle geäußert.

Der frühe Elliott	1932
Späterer Elliott (nach 1942)	1942
Bolton (nach 1949)	1949

Das Erste ist ein 3-Wellen-Verlauf. Die beiden Letzteren sind Dreiecke (5 Wellen).

Jede Ansicht hat ihre Vor- und Nachteile. Die erste ist zeitlich sehr kurz, nur drei Jahre, um 72 Jahre Bullenmarkt zu korrigieren. Die zweite ist vernünftig, außer dass sich technisch gesehen eine der Dreieckswellen nicht richtig aufteilen lässt. Die dritte ist technisch in allen Wellen korrekt, ist lang genug, setzt aber den Startpunkt des neuen Großen Superzyklus im Verhältnis zum Tief von 1932 (41) oder zum Tief von 1942 (92) ziemlich hoch an (161).

Jeder dieser Punkte kann als Ausgangspunkt für den dritten Großen Superzyklus seit 1857 verwendet werden. Natürlich bevorzugen wir 1949 als Ausgangspunkt, da dies technisch korrekt ist und wir es erfunden haben! Wir können jedoch nicht behaupten, dass Elliott damit einverstanden gewesen wäre.

In „Das Elliott-Wellen-Prinzip: Eine kritische Bewertung" haben wir gezeigt, wie zwei dieser Interpretationen wahrscheinlich in Einklang gebracht werden. Abbildung 47 dieser Veröffentlichung ist auf der nächsten Seite abgedruckt. Was bei der Veröffentlichung im Jahr 1960 mit 196–? gekennzeichnet war, wurde nun als 1961 endend aufgelöst.

Was als Ende von II markiert ist, könnte möglicherweise im Juni 1962 geendet haben, obwohl auch hier eine solche Interpretation denselben Fehler aufweist wie die Interpretation der Welle von 1929 bis 1932 als Korrektur von 1857 bis 1928: zeitlich zu kurz.

Wir haben uns für die Interpretation entschieden, dass die Abwärtswelle von 1961 bis 1962 nur die erste von drei Wellen war, von denen wir uns noch immer in der zweiten befinden, also ein A-B-C-Verlauf.

Wir erkannten 1962 die Wahrscheinlichkeit, dass bei einer Korrektur vom Typ A-B-C die Welle B weit über den orthodoxen Höchststand des Bullenmarkts von 1949 bis 1961 hinausgehen würde. Eine interessante Randbemerkung ist eine der Schlussfolgerungen aus dem Nachtrag zur Beilage 1962 vom 28. Mai 1962: „Käufe, die zum gegenwärtigen Zeitpunkt getätigt werden, sollten äußerst zufriedenstellend verlaufen."

Unabhängig von den Schlussfolgerungen anderer technischer oder fundamentaler Autoren zeigt diese Elliott-Interpretation, wie wichtig es ist, dieses technische Marktprinzip stets im Auge zu behalten.

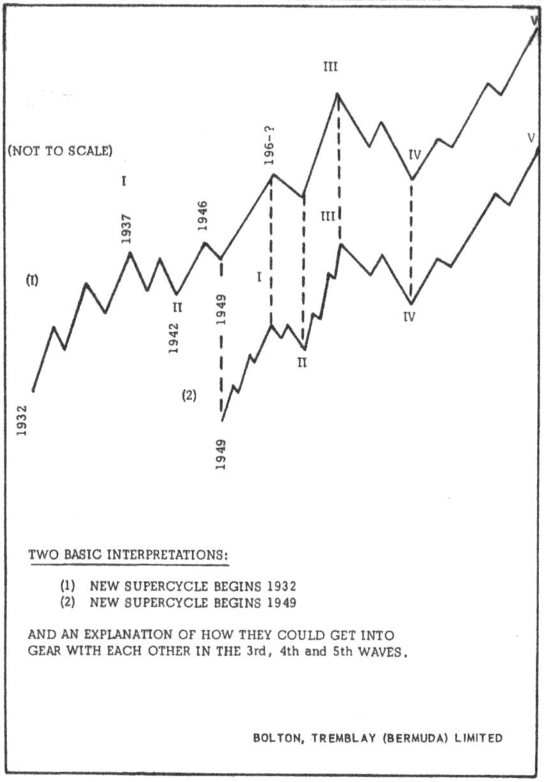

Der Bullenmarkt seit 1962

Letztes Jahr haben wir in unserer Elliott-Beilage einen hypothetisch wahrscheinlichen Verlauf des Bullenmarkts in Form eines Diagramms veröffentlicht. Dieses Diagramm ist hier wiedergegeben. Es kam dabei heraus, dass wir uns wahrscheinlich erst in der Mitte des verbleibenden Teils des Bullenmarkts seit der Ermordung Kennedys im November 1963 befanden.

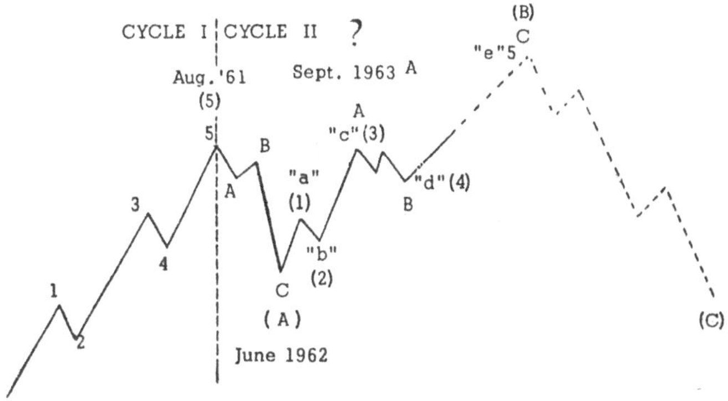

Dies erfordert nun eine gewisse Änderung der Nummerierung aufgrund des unterdurchschnittlichen Charakters der Korrektur in den Jahren 1963, 1964 und 1965 bis heute.

Der Charakter des Marktes seit dem Tiefpunkt im Juni 1962 und insbesondere in der dritten Welle, die mit der Kubakrise Ende Oktober begann, vermittelt uns nun den deutlichen Eindruck, dass wir eine bemerkenswerte *Verlängerung* erleben.

Die Abbildung aus den Artikeln von *Financial World* zeigt, wie sich Wellen verlängern können, und dieses spezielle Verlängerungsmuster scheint dem sehr ähnlich zu sein, was seit der Kubakrise zu beobachten ist.

Ausdehnungen der 5. Welle der angegebenen verschiedenen Grade

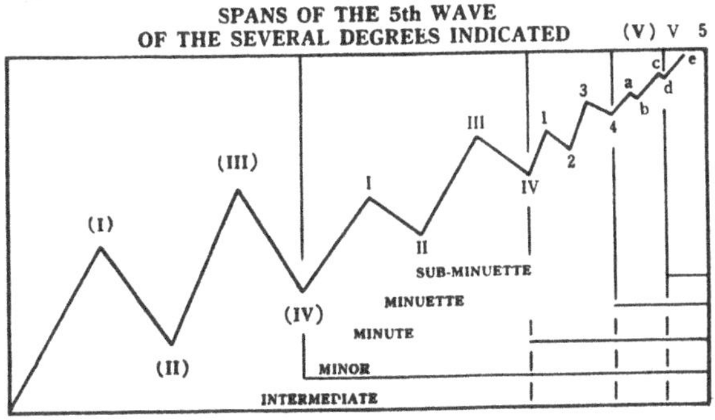

Die nachstehende Grafik von R.W. Mansfields Stock Chart Service zeigt unsere Interpretation der Nummerierung der Wellen seit 1961. Diese Nummerierung ist natürlich vorläufig, aber es sieht für uns so aus, als hätten die Wellen am Ende der Welle IV eine Reihe aufeinanderfolgender Verlängerungen geringeren Grades begonnen.[2]

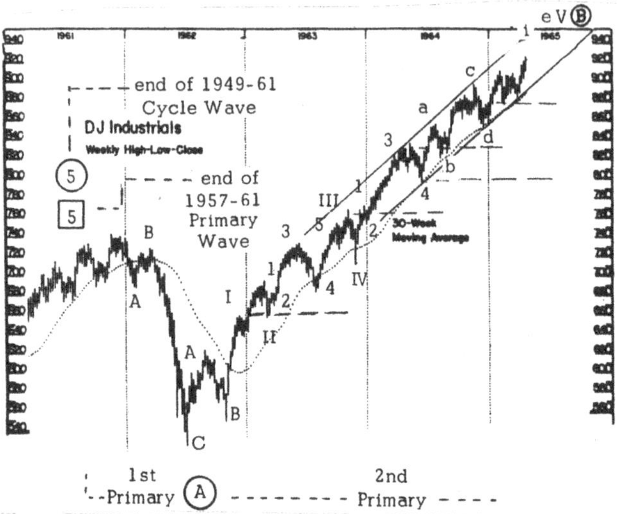

Elliott kommentierte Verlängerungen unter anderem wie folgt:

1. „Bei einer Verlängerung wird die Länge (und der Grad) der Welle viel länger als normal. Sie kann als Teil der Welle 1 oder 3 auftreten, ist aber in der Regel Teil der Welle 5 der Hauptbewegung."[3]
2. „Von den normalen fünf Wellen ist die fünfte Schwingung in der Regel die größte und dynamischste der Serie und wird somit praktisch zu einer Verlängerung einer Verlängerung."
3. „Der Abschluss der normalen oder ersten fünf Wellen einer Verlängerung *ist niemals das Ende der zyklischen Bewegung,* sondern stellt eine deutliche Warnung dar, dass sich das Ende des Bullenzyklus nähert, da nur noch zwei weitere breite Wellen (eine abwärts und eine aufwärts) die maximale Kraft des Bullenmarkts vollständig widerspiegeln würden."

Wenn unsere Welle V, die mit der Ermordung Kennedys im November 1963 begann, verlängert wird (eigentlich eine Verlängerung einer Verlängerung), dann könnte sie noch einen gewissen Weg vor sich haben. Eine Eigenschaft, auf die Elliott hinwies, war, dass Verlängerungen oft durch „Kanäle“ um die Wellen herum nach oben drängten und dass dies ein Zeichen war, auf das man achten sollte.

Wie aus der fortlaufenden Nummerierung der Wellen und Unterwellen ersichtlich ist, scheinen wir i von e von V von Ⓑ noch nicht abgeschlossen zu haben. Und natürlich kann sogar die vorläufige Welle, die in der vorstehenden Grafik mit i gekennzeichnet ist, selbst wieder eine Verlängerung erfahren.

Die Anzahl der Wellen aller Grade seit Beginn der Kubakrise beläuft sich bisher auf insgesamt 17. Wenn sich die Welle V, wie wir glauben, ebenfalls verlängert, würde die Vollendung von i plus ii, iii, iv und v insgesamt 21 Wellen ergeben, eine solide Elliott-Zahl (Fibonacci-Zahl).

Eine weitere Regel, die Elliott anwandte, war, dass Verlängerungen immer doppelt zurückgelaufen wurden, einmal durch eine Abwärtsbewegung und später durch eine Aufwärtsbewegung. Wenn also die Reihe der Verlängerungen in Welle III begonnen hat, würde der Markt zu einem bestimmten Zeitpunkt in der Zukunft wieder auf etwa den Höchststand von Welle I zurückkehren, also auf etwa 660. Alternativ sollten die Verlängerungen von Welle V nur auf den Höchststand von Welle III zurückkehren, also auf etwa 760 Indexpunkte. Ebenso sollte die Verlängerung von 5 der Welle V irgendwo in die Nähe des Hochs von 3 zurückkehren, also auf etwa 820. Und auch die Verlängerung der Welle e der Welle 5 der Welle V erfordert eine Rückkehr auf mindestens das ungefähre Niveau von 885. Und so weiter.

Es gibt jedoch offenbar keine bestimmte Frist für diese Rückkehr zu niedrigeren Niveaus, aber vermutlich wird dies geschehen, nachdem die Welle Ⓑ abgeschlossen ist und die Welle Ⓒ einsetzt.

Zum Abschluss dieser Diskussion über den aktuellen Bullenmarkt können wir einige Punkte zusammenfassen:

1. Die Welle seit der Kubakrise verlängert sich.
2. Die Verlängerungen sind noch nicht abgeschlossen.
3. Die letzte Verlängerung einer Verlängerung wird eine typische 5-Wellen-Formation sein.
4. Achten Sie auf einen möglichen Ausbruch nach oben über die obere Kanallinie.
5. Oder ein Durchbruch der unteren Kanallinie, der auch das Top der dritten Welle oder den Tiefpunkt der vierten Welle eines beliebigen Grades durchbricht, wäre wahrscheinlich ein klares Indiz dafür, dass die gesamte Welle seit Oktober 1962 vorbei ist.
6. Achten Sie danach auf eine mögliche Rückkehr über das Ende der letzten Verlängerung der fünften Welle, bevor der große Bärenmarkt beginnt.

Aufschlüsselung des DJIA seit 1949

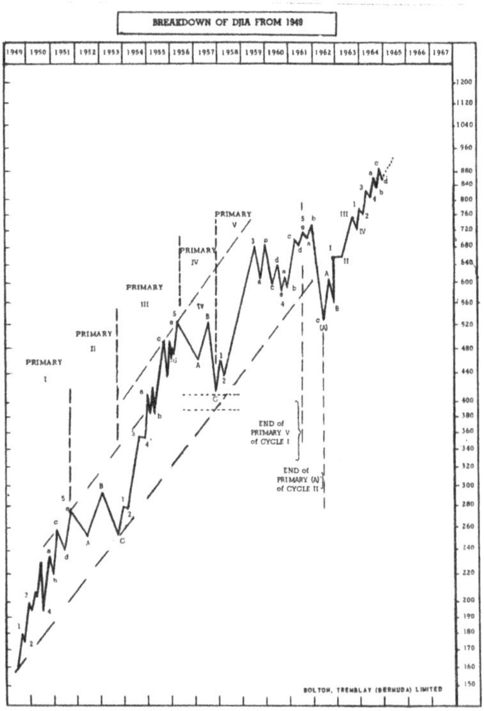

Die links stehende Grafik zeigt unsere detaillierte Aufschlüsselung des Dow Jones Industrial Average von 1949 bis heute, wie sie jedes Jahr veröffentlicht wird.

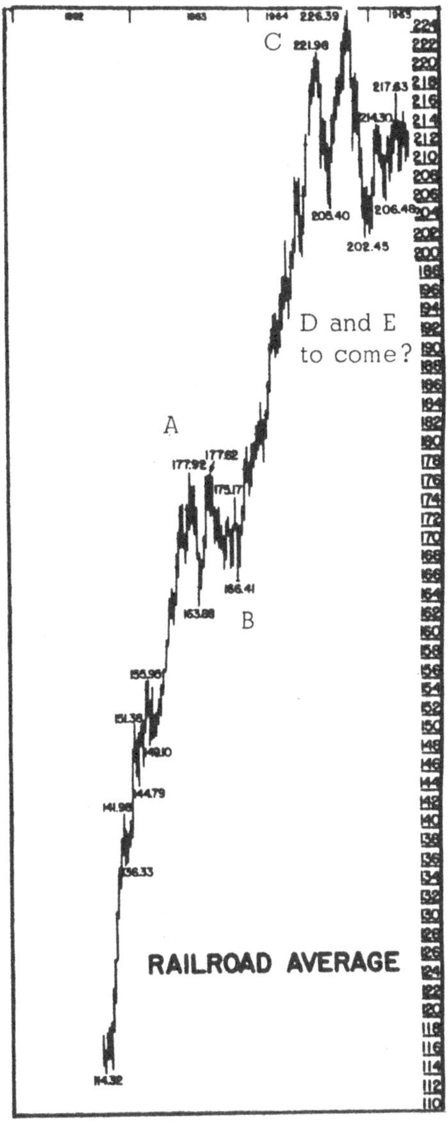

Wie sieht es mit den Eisenbahngesellschaften aus?

In der vorstehenden Grafik von R.W. Mansfield's Service haben wir vorläufig einige Zahlen zu den Hauptwellen angegeben. Es scheint, als würde Welle 4 (oder D) von V, die 1962 begann, abgeschlossen sein oder kurz vor dem Abschluss stehen. Es ist daher wahrscheinlich, dass der Index der Eisenbahnaktien neue Höchststände erreichen wird, bevor der aktuelle Bullenmarkt zu Ende geht.

Das Diagramm aus dem letzten Jahr, das einen Überblick über die Eisenbahnbranche gibt, ist unten noch einmal wiedergegeben. Dieser Analyse zufolge begann der Superzyklus 1942, und seit den Tiefstständen von 1962 befinden wir uns in Welle V.

DOW-JONES RAIL AVERAGE

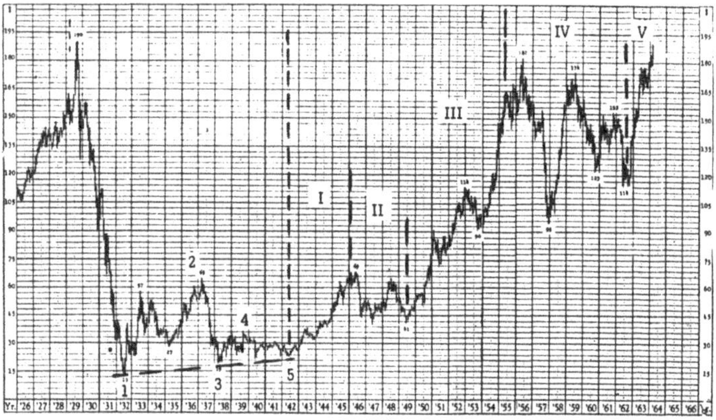

Source: M. C. Horsey Chart Book (1)

Einzelaktien

Wir haben im letzten Jahr darauf hingewiesen, dass es schwieriger ist, Elliott auf einzelne Aktien anzuwenden als auf den Gesamtmarkt. Das Hauptmerkmal von Elliott ist seine 5-Wellen-These in Richtung des Haupttrends.

Im letzten Jahr haben wir als Anhang eine Reihe von Charts einzelner Aktien veröffentlicht, die das 5-Wellen-Prinzip veranschaulichen sollten, wonach man bei einzelnen Aktien, wenn man ein klares 5-Wellen-Muster erkennen kann, ziemlich sicher sein kann, dass man sich am Ende der Bewegung dieses Grades befindet. Das 5-Wellen-Muster ist in der folgenden Abbildung dargestellt. Dies bei einzelnen Aktien zu erkennen, kann sowohl bei Aufwärts- als auch bei Abwärtsbewegungen sehr lohnend sein.

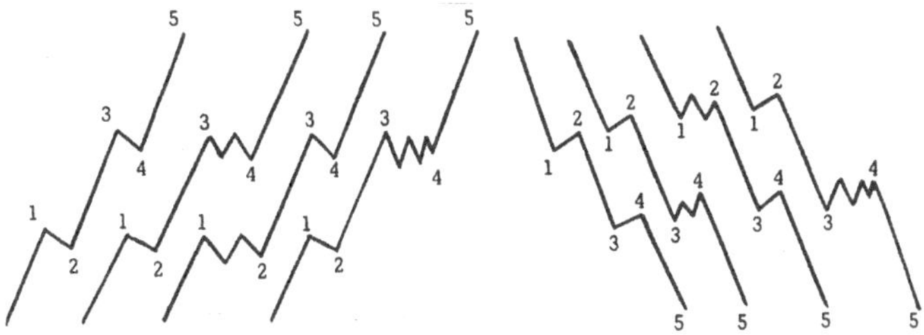

Es ist nicht unsere Absicht, in dieser Ausgabe der Elliott-Beilage eine Vielzahl weiterer Beispiele für das 5-Wellen-Prinzip anzuführen. In vielen Fällen sind diese schwer zu finden. In einigen Fällen schien sich jedoch ein 5-Wellen-Muster zu entwickeln, das unserer Meinung nach allerdings noch nicht abgeschlossen war. Ein typisches Beispiel hierfür ist Xerox, das sicherlich bei vielen Anlegern als Wachstumsfavorit gilt.

Xerox

Letztes Jahr stellten wir die Theorie auf, dass sich Xerox damals in seiner fünften Welle seit 1953 befand. Wir hatten jedoch das Gefühl, dass möglicherweise nur drei der fünf Wellen abgeschlossen waren. Wir bezeichneten es als „riskant", neue Aktien zu kaufen. Rückblickend waren die Risiken bei 90 tatsächlich nicht groß. Nun scheint jedoch Welle d abgeschlossen zu sein, und wir befinden uns in der Welle e, die schließlich die größere Welle 5 abschließen wird. Wenn man eine kurze erste Welle a und eine sehr lange dritte Welle c hat, ist die fünfte Welle e in der Regel in ihrer Größe mit der Welle a vergleichbar. Daher würden wir nun zu dem Schluss kommen, dass Xerox bei 130 riskanter wäre als im letzten Jahr. Interessant ist auch die Tatsache, dass die Ertragskraft zwar weiter steigt, die relative Entwicklung jedoch abgeflacht ist. Dies könnte auf einen Verlust der Marktdynamik hindeuten.

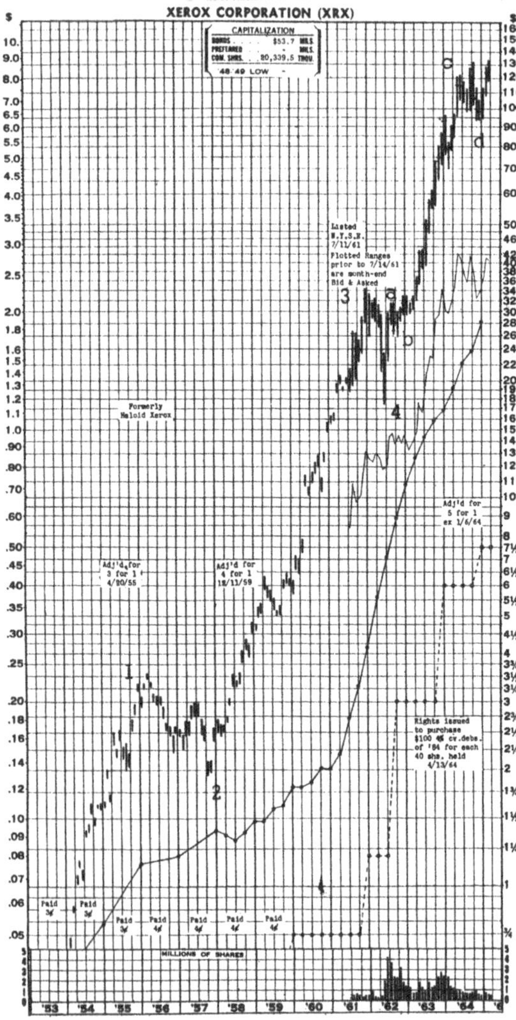

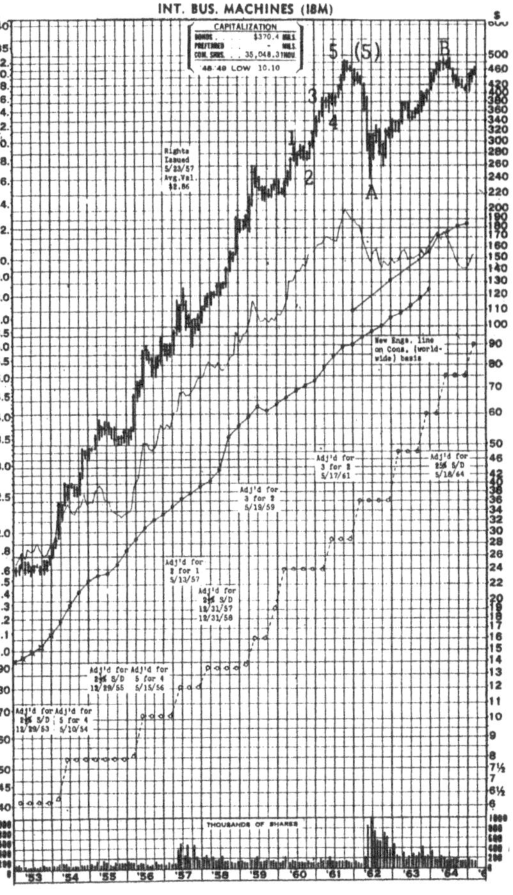

IBM

Xerox und IBM sind zwei der großen Favoriten der Wall Street. Wir haben die Ansicht vertreten, dass der Nachkriegs-Bullenmarkt bei IBM 1961 vorbei war, als die Aktie eindeutig die fünfte Welle der größeren 5-Wellen-Formation beendet hatte und der Rückgang um 50 Prozent in den Jahren 1961/1962 die Welle A einer großen Korrektur darstellte. Diese Analyse kam bei der Mehrheit der Anleger wahrscheinlich nicht besonders gut an, aber Tatsache ist, dass es mittlerweile ziemlich klar ist, dass Welle B abgeschlossen sein könnte und eine Abwärtswelle C folgen wird.

Was geschieht hier? Die Gewinne steigen weiterhin, jedoch offenbar etwas langsamer. Die relative Entwicklung ist recht uninteressant. Offensichtlich revidiert die Masse der Anleger nun allmählich ihre Vorstellung davon, welchen Multiplikator die Ertragskraft haben sollte. Vor einigen Jahren lag er noch bei 60, jetzt nur noch bei 35. Wenn sich die Gewinne deutlich abflachen, könnte der Multiplikator (Kurs-Gewinn-Verhältnis) noch weiter sinken. Heilige Kühe können gefährlich sein.

Vendo Company

Als Beispiel für eine Aktie, die einen extremen Bärenmarkt durchlaufen hat (von 76 auf 14 in vier Jahren), ist die Vendo Co. typisch für ihre Branche. Als Highflyer, der zwischen 1958 und 1961 auf Basis der Wellenzählung äußerst schwer zu analysieren war und symbolisch für so viele der überbewerteten sogenannten Wachstumsaktien steht, zeigt Vendo ein ziemlich eindeutiges 5-Wellen-Abwärtsmuster, das 1964 bei 14 endete. Seitdem scheint sich ein Minor-5-Wellen-Aufwärtstrend zu entwickeln. Die Gewinnentwicklung ist ebenso wie die relative Entwicklung günstig. Dies könnte die erste Phase eines neuen Bullenmarkts von einiger Größe sein.

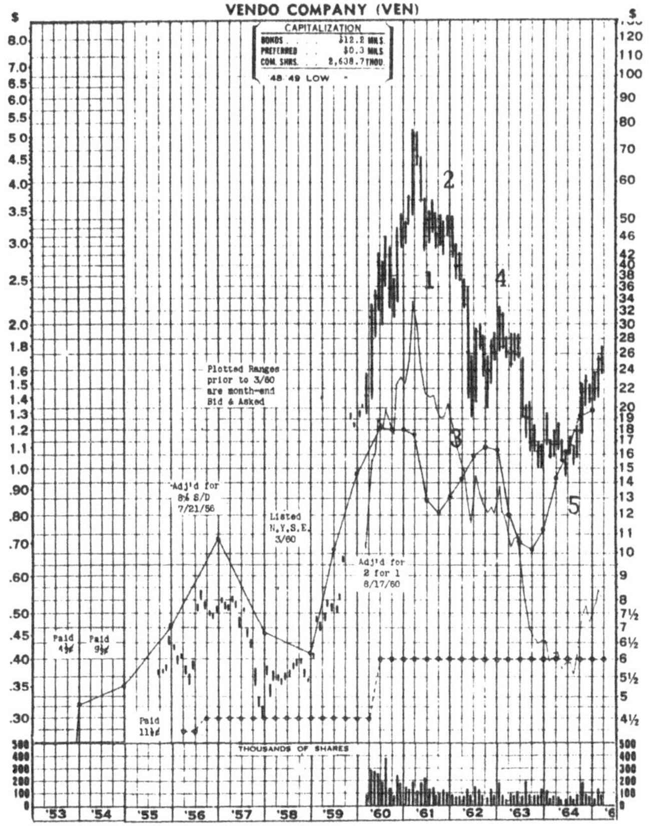

Weitere Überlegungen zu Elliott

Elliott wissenschaftlich machen?

Wie wir alle wissen, ist Investieren eine Kunst und keine Wissenschaft. Es gibt viele Menschen, die in einem expandierenden Konjunkturzyklus die Gewinne recht genau einschätzen können. Allerdings können nur wenige die Auswirkungen einer Veränderung des Konjunkturzyklus im Voraus abschätzen. Das Elliott-Wellen-Prinzip begann mit den Indizes. Erst später wurde es, mit weitaus weniger Erfolg, auf einzelne Aktien angewendet. Es scheint sogar, dass einzelne Aktien in vielen Fällen nicht einer starren Elliott-Wellen-Prinzip-Formel entsprechen.

Der Grund dafür, dass viele Aktien keine erkennbaren Elliott-Muster aufweisen, liegt wahrscheinlich darin, dass sich das Unternehmen selbst weder in einer Expansions- noch in einer Kontraktionsphase befindet. Bei einem breiten Index gibt es jedoch immer einen langfristigen Aufwärtstrend, um den sich der Geschäfts- und Investitionszyklus dreht und der durch Wachstum und/oder Inflation verursacht wird.

Die Aktien mit dem schnellsten Wachstum der Ertragskraft werden in der Regel im Kurs steigen. Hier und bei gegenteiligen Fällen (bei langfristig sinkender Ertragskraft) finden sich die besten 5-Wellen-Muster.

Können wir Elliott wissenschaftlich machen? Die Antwort bei einzelnen Aktien lautet sicherlich „Nein“. Eine Aktie wie General Motors hat nicht das gleiche Muster wie Chrysler und hatte es auch nie. Jede ist individuell.

Ein Index hat naturgemäß eine viel größere Chance, orthodox zu sein, also einem sichtbaren und einigermaßen vorhersehbaren Muster zu entsprechen.

Arthur Merrill hat in seinem Buch „Behavior of Prices on Wall Street“ alle Wellen und Unterwellen von 1928 bis Anfang 1963 erfasst und sie nach ihrer Größe wie folgt klassifiziert:

Über 80 Prozent	I, II, III usw.
Über 40 Prozent	A, B, C usw.
Über 20 Prozent	1, 2, 3 usw.
Über 10 Prozent	a, b, c usw.

Nach dieser Zählung gliederte sich der Zeitraum von 1928 bis 1932 in A-B-C. Das Gleiche gilt für 1932 bis 1937 (A-B-C) und 1937 bis 1942 (A-B-C). Aber von 1942 bis heute gab es nur ein A, wobei 1961/1962 nicht tief genug war, um ein B zu erzeugen. Keine dieser Einteilungen passt besonders gut zu Elliotts eigenen Zählungen. Zum Beispiel misst Merrill für den Zeitraum von 1928 bis 1932 (Elliotts erster Großer Superzyklus, bevor er seine Zählung zugunsten von 1928 bis 1942 revidierte) wie folgt:

1 Welle mit einer Amplitude von über 80 Prozent,
3 Wellen mit einer Amplitude von über 40 Prozent,
11 Wellen mit einer Amplitude von über 20 Prozent,
57 Wellen mit einer Amplitude von über 10 Prozent.

Von 1932 bis 1937 war die Situation wie folgt:

1 Welle mit einer Amplitude von über 80 Prozent,
3 Wellen mit einer Amplitude von über 40 Prozent,
7 Wellen mit einer Amplitude von über 20 Prozent,
39 Wellen mit einer Amplitude von über 10 Prozent.

Von 1937 bis 1942 war das Ergebnis wie folgt:

1 Welle mit einer Amplitude von über 80 Prozent,
3 Wellen mit einer Amplitude von über 40 Prozent,
5 Wellen mit einer Amplitude von über 20 Prozent,
31 Wellen mit einer Amplitude von über 10 Prozent.

Ab 1942 ergibt sich folgende, direkt aktuelle Bilanz:

1 Welle mit einer Amplitude von über 80 Prozent,
1 Welle mit einer Amplitude von über 40 Prozent,
11 Wellen mit einer Amplitude von über 20 Prozent,
37 Wellen mit einer Amplitude von über 10 Prozent.

Es ist klar, dass zwar die höchsten Grade zu den Elliott-Zahlen passen (vielleicht durch Zufall), die nächsten Grade darunter, 11, 7, 5 und 11, *jedoch keine* Elliott-Zahlen sind, mit einer Ausnahme, und die niedrigsten Grade, 57, 39, 31 und 37, in Beziehung zu den Elliott-Wellen-Gesamtwerten stehen. (Elliott-Wellen-Unterteilungen entsprechen der mathematischen Fibonacci-Zeitreihenfolge von 1, 1, 2, 3, 5, 8, 13, 21, 34, 55, 89, 144 und so weiter. Siehe „Das Elliott-Wellen-Prinzip: Eine kritische Bewertung".)

Nun gibt es keinen besonderen Grund, warum wir Klassifizierungen wie 80 Prozent, 40 Prozent, 20 Prozent und 10 Prozent verwenden sollten. Diese sind rein willkürlich. Vielleicht sollten wir bei der Bestimmung der Elliott-Wellen nach Präzision streben, indem wir uns an Prozentsätze halten, die den Fibonacci-Zahlen selbst ähneln. Anstelle von 80 Prozent, 40 Prozent, 20 Prozent und 10 Prozent sollten wir vielleicht 144 Prozent, 89 Prozent, 55 Prozent, 34 Prozent, 21 Prozent, 13 Prozent, 8 Prozent und 5 Prozent verwenden.

Diese Art von Forschung haben wir noch nicht durchgeführt, aber sollte sich herausstellen, dass die Anzahl der Wellen verschiedener Fibonacci-Prozentsätze selbst Fibonacci-Zahlen entspricht, hätten wir ein beeindruckendes zusätzliches Werkzeug, um die Elliott-Interpretation präziser zu gestalten, zumindest bei der Behandlung von Indizes.

Aber würde uns das bei einzelnen Aktien helfen? Vielleicht. Wir könnten einige Aktien finden, die nach einem Muster funktionieren, bei dem die Hauptbewegungen gemäß einem bestimmten Fibonacci-Prozentsatz, beispielsweise 55 Prozent, erfolgen und die Korrekturbewegungen gemäß einem kleineren Fibonacci-Prozentsatz, beispielsweise 13 Prozent oder 8 Prozent. Sobald ein Muster in einer Aktie über eine Generation hinweg gefunden wurde, könnte man davon ausgehen, dass es sich fortsetzen sollte, es sei denn, es käme zu einer drastischen Veränderung der Aussichten des Unternehmens.

Als logische Folge könnte eine Veränderung der Zahlen ein Signal für eine grundlegende innere Veränderung (Management und so weiter) des Unternehmens sein.

Dies bietet sicherlich Stoff zum Nachdenken für diejenigen, die das Wellenprinzip noch zweckdienlicher machen möchten.

Verlängerungen

Wenn wir mit unserer Annahme richtigliegen, dass wir seit der Kubakrise eine enorme Verlängerung im Sinne von Elliott in Welle V des Marktes beobachten, scheint es auch möglich, dass wir bei einzelnen Wertpapieren Verlängerungen beobachten oder beobachtet haben.

Viele der Highflyer des Wachstumsaktien-Markts von 1959 bis 1961 scheinen Verlängerungen erfahren zu haben. Diese werden von anderen Technikern möglicherweise als „Stelzenformationen“ bezeichnet. Nehmen wir die Brunswick Corporation, die im nächsten Chart dargestellt ist. Sie ist vielleicht ein perfektes Beispiel dafür, was mit einer verlängerten Aktie passiert.

Elliott war sich nicht hundertprozentig sicher, wohin eine Aktie zurückkehren sollte, aber wohl irgendwo zwischen dem Höchststand der dritten Welle und dem Tiefststand der vierten Welle vor der Verlängerung. Letztes Jahr haben wir unsere Analyse von Brunswick veröffentlicht, und im aktuellen Chart haben wir diese unverändert übernommen, mit der Ausnahme, dass die 5-Wellen-Abwärtsbewegung seit 1961 nun eindeutig nummeriert ist.

In diesem Fall begann die Verlängerung an Punkt d in Welle 5. Hätte es in dieser Welle keine Verlängerung gegeben, hätte das Top von Welle (5) bei e geendet. Hier setzte sie sich jedoch bis f, g, h und i fort, wodurch sich Welle e auf fünf weitere Wellen ausdehnte.

Nach den Regeln von Elliott wäre zu erwarten, dass die Aktie in den Anfangsbereich der Verlängerung zurückkehrt, also zwischen c und d, und tatsächlich ist dies genau der Bereich, in dem die 5-Wellen-Abwärtsbewegung Ende 1964 abgeschlossen wurde.

Dann gab es zusätzlich zur Abwärtszählung einen Hinweis darauf, dass Brunswick bei etwa 8 bis 10 eine wichtige Wende nehmen würde.

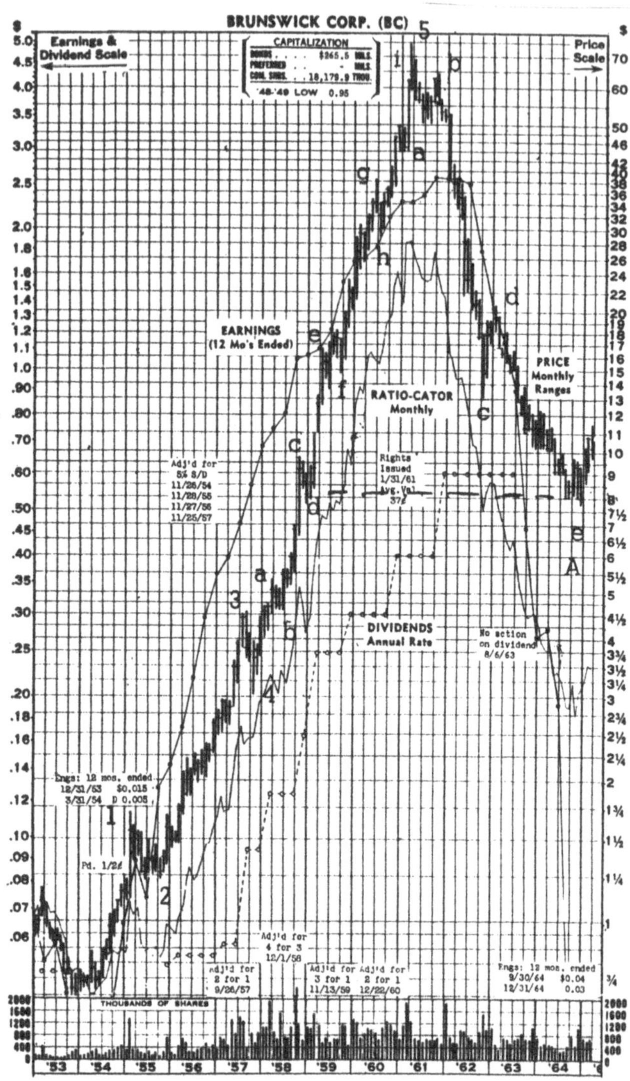

Elliott pflegte zu sagen, dass man, wenn man eine Verlängerung in einer der Wellen 1, 3 oder 5 habe, keine Verlängerung in einer anderen Welle haben könne. Dies muss unserer Meinung nach noch bewiesen werden. Mit anderen Worten: Wenn Brunswick sich in der fünften Welle 1960

bis 1961 verlängert hat, wird sein endgültiger Tiefpunkt im Bereich von 8 bis 10 liegen, wie kürzlich erreicht. Wenn es jedoch möglich ist, eine normale erste Aufwärtswelle, eine dritte Welle, die aus fünf größeren statt aus normal großen Wellen besteht, und eine fünfte Welle, die sich in neun große Wellen aufteilt, zu haben, wie es bei Brunswick (nehmen wir mal an) der Fall zu sein scheint, könnten wir argumentieren, dass Brunswick, als es Ende 1964 seine fünfte Abwärtswelle abschloss, nicht unbedingt seinen endgültigen Bärenmarkt abgeschlossen hat. Tatsächlich deutet das 5-Wellen-Abwärtsmuster von 1961 bis 1964 darauf hin, dass dies nur die Welle A des Bärenmarkts ist. Wie wir in unserer Analyse vom letzten Jahr festgestellt haben, befinden wir uns derzeit in einer Aufwärtskorrektur der Welle B (3er-Unterwelle) und zu gegebener Zeit ist mit einer weiteren 5-Wellen-Abwärtsbewegung zu rechnen, um die Welle C zu vervollständigen.

Wenn Brunswick in den kommenden Jahren über 8 bleiben kann, könnte dies Elliotts Theorie bestätigen. Derzeit ist es manchmal schwierig, zu erkennen, was eine Verlängerung und was lediglich eine Ausbreitung der Wellen ist.

Die Anwendung dieser Theorie auf das allgemeine Marktgeschehen scheint wie folgt zu sein: Im Normalfall hätte Welle V Mitte 1964 an Punkt a abgeschlossen sein müssen. (Siehe den Chart auf Seite 350.) Somit begann sie ihre Verlängerung an Punkt 4. Unabhängig davon, welchen Höchststand der Markt letztendlich erreicht, würden wir erwarten, dass die nächste große Abwärtswelle ihre Implikation erfüllt, indem sie auf das Niveau von 800 bis 820 im Dow Jones Industrial Average fällt. Nehmen wir einmal an, dass der Dow Jones schließlich deutlich über 1.000 steigt. Der darauf folgende Rückgang sollte zumindest vorübergehend bei etwa 800 bis 820 zum Stillstand kommen.

Dies könnte ein interessanter Test für eine der Theorien von Elliott sein.

Doppelter Rücklauf

Elliotts Double-Retracement-Theorie ist schwieriger zu rechtfertigen. Im Normalfall ist es in Ordnung, wenn die dritte Welle einer Korrektur (A-B-C) den Markt zurück zum Anfang der Verlängerung bringt, da die nächste Welle die alten Höchststände übertreffen wird. Was passiert jedoch, wenn die A-Welle wie bei Brunswick an die richtige Stelle zurückkehrt und es sich um eine 5-Wellen-Abwärtsbewegung handelt, was eine (eher ungewöhnliche) Zigzag-Korrektur impliziert? Wenn es sich um ein Zigzag handelt, wie kann dann Welle C am Tiefpunkt von Welle A oder höher enden?[4] Dies sind einige der Rätsel, auf die uns Elliott wie in vielen anderen Bereichen keine Antwort geben konnte, da er nicht lange genug gelebt hat.

Relative Performance

Relative-Performance-Charts werden von einer Reihe von Charttechnikern verwendet. Sie messen das Verhältnis des Kursverlaufs einer Aktie zu dem der Indizes. Steigt die Kurve dieses Verhältnisses, bedeutet dies, dass sich die Aktie besser entwickelt als der Markt. Sinkt sie, ist das Gegenteil der Fall.

Eine weitere Verfeinerung besteht jedoch darin, zu versuchen, eine Elliott-Analyse nicht nur auf den Aktienkursverlauf, sondern auch auf die Kurve der relativen Performance anzuwenden.

Ein Beispiel für die Anwendung dieser Methode ist der hier dargestellte Fall von Crown Cork and Seal.

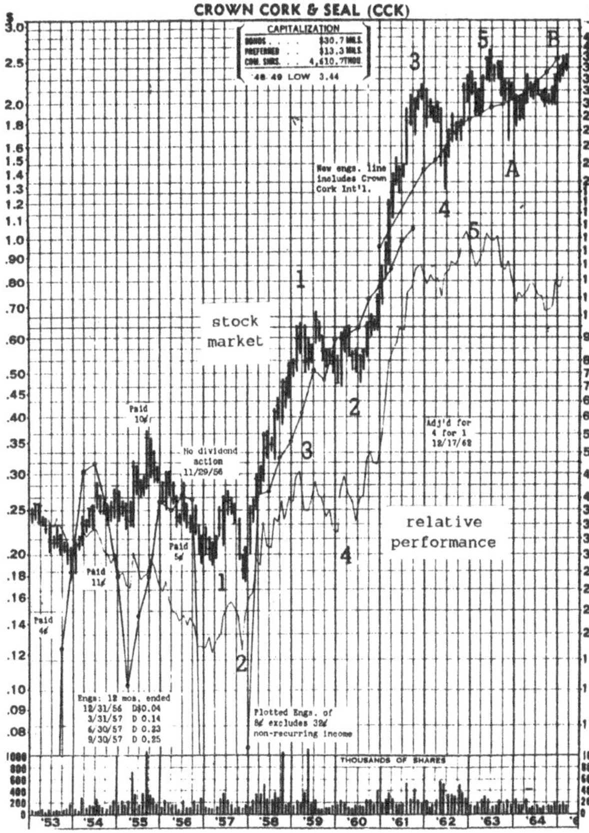

Der normale 5-Wellen-Aufwärtstrend scheint von Ende 1957 bis Mitte 1963 gelaufen zu sein. Was seit dem orthodoxen Top bei knapp 40 passiert ist, sieht wie ein Teil der Korrektur dieses großen Anstiegs aus. Das Hoch von Welle B könnte den orthodoxen Höchststand übertreffen, sollte aber nicht als erste Welle eines neuen Bullenmarkts betrachtet werden, bevor noch viel mehr Arbeit geleistet wurde.

Interessant ist auch, dass die relative Performancekurve ihre 5-Wellen-Bewegung Anfang 1957 begann, bevor der tatsächliche Kurs seinen Tiefpunkt erreichte, und ihren Höhepunkt Ende 1962 erreichte, also lange vor dem endgültigen orthodoxen Höchststand des Kurses Mitte 1963.

In den Chartbüchern finden sich viele weitere Beispiele, bei denen die Beobachtung der Wellen in der Kurve der relativen Performance dabei helfen kann, die Wellenzählung der Aktie selbst zu beurteilen.

Fazit

1. Es war nie Ziel dieser Elliott-Beilagen, eine eindeutige Vorhersage zu treffen. Wenn wir uns so weit oben in einem großen Bullenmarkt befinden, wie es derzeit offensichtlich der Fall ist, gibt es tendenziell viele unterschiedliche Interpretationen.
2. Elliotts Prinzip kann, ebenso wie die Dow-Theorie, nur im Nachhinein vollständig wirksam sein. Es hat jedoch einige Vorteile gegenüber der Dow-Theorie, da es nicht von der Bestätigung zweier Indizes oder Preise abhängt. Auch verhindert es oft eine „Whipsaw“, wie sie den meisten Dow-Theoretikern in den Jahren 1961/1962/1963 am Aktienmarkt widerfahren ist. Um zu zeigen, wie dies funktioniert, betrachten Sie das Diagramm.
   Genau zu dem Zeitpunkt, an dem die Dow-Theorie ein bearishes Signal gibt, verläuft Welle C normal. Von B bis C wird es nach Elliott fast immer eine 5-Wellen-Abwärtsbewegung geben. Natürlich kann sie sich auf neun Wellen verlängern, aber wenn dies der Fall ist, bietet das automatische Retracement jedem Verkäufer unter allen Umständen einen besseren Ausstieg als der Verkaufspunkt gemäß der Dow-Theorie. Wenn Welle C normal verläuft, wird die neue 5-Wellen-Aufwärtsbewegung des Bullenmarkts keine ausreichende Korrektur hervorrufen, um den Dow-Theoretikern einen Wiedereinstieg zu ermöglichen. Sie werden auf den Test der alten Tiefststände warten, der praktisch nie stattfindet.
   Elliott und Dow können einander jedoch ergänzen. Wenn nach dem Höchststand ein Dow-Signal nach unten gegeben wird,

sollte die Elliott-Zählung genau untersucht werden. In der Vergangenheit waren Dow-Verkaufssignale am effektivsten, wenn die zweite Korrekturwelle lang war, beispielsweise 1929, 1937 und 1962. Am wenigsten effektiv waren sie in Märkten wie 1953, 1957 und so weiter, als sich der Markt nach Elliotts Zählung zum Zeitpunkt des Signals bereits dem Ende der Abwärtsbewegung näherte.

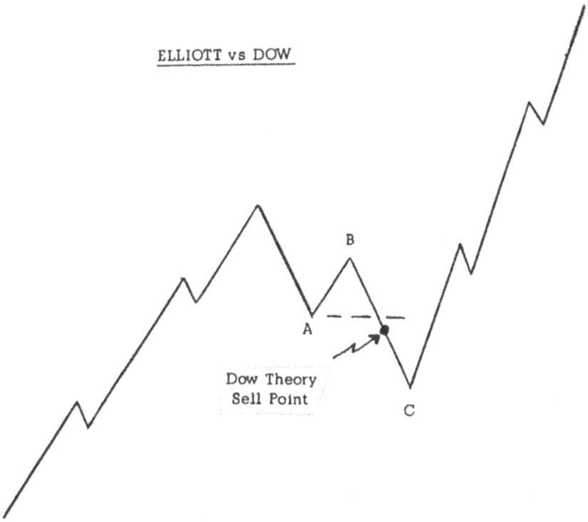

3. Es könnte an der Zeit sein, die Elliott-Theorie auf einer wissenschaftlicheren Basis zu analysieren. Das Hauptproblem dabei ist, dass man nicht mehr Elliott vorfindet, sobald man damit beginnt, sondern eine völlig neue Wellentheorie. An diesem Punkt des großen Bullenmarkts der Nachkriegszeit ist dies vielleicht keine schlechte Idee.

Während sich der Bullenmarkt seinem endgültigen Höchststand nähert, ist es in der Zwischenzeit vielleicht ratsam, aufmerksam nach Aktien Ausschau zu halten, die offenbar außerhalb der 5-Wellen-Aufwärtsbewegung bleiben.

6. Mai 1965

1 BCA Publications hatte diese Artikel gerade in Form einer Broschüre mit grünem Einband neu aufgelegt.

2 Der Aufschwung ab 1962 lässt sich besser als eine Reihe von mindestens vier ersten und zweiten Wellen von abnehmendem Grad zählen.

3 Obwohl sich die fünfte Welle verlängern kann, ist in der Regel die dritte Welle die verlängerte Welle.

4 Die größere Verlängerung von Welle 5 begann 1958 an Punkt b, sodass Brunswick gemäß Boltons Wellenkennzeichnung weiter fallen sollte. Wie sich herausstellte, fiel Brunswick tatsächlich weiter und schloss 1966 einen ABC-Bärenmarkt mit einem Kurs von 6 ab, fiel also nicht ganz bis zum Beginn der Verlängerung.

Auszug aus dem *Bank Credit Analyst* vom Juli 1965

Elliotts Wellen

Normalerweise äußern wir uns zwischen den jährlichen Beilagen nicht zum Wellenprinzip. Die aktuelle Situation ist jedoch so interessant, dass sie eine Anmerkung verdient. Bitte sehen Sie sich die aktualisierte Grafik des Dow Jones Industrial Average an. Wir sind der Ansicht, dass er am 14. Mai in allen Details sein orthodoxes Top erreicht hat. In unserer jährlichen Beilage hatten wir vor zwei Monaten vorausgesagt, dass:

1. die Zykluswelle von 1949 bis 1961 im August 1961 abgeschlossen war,
2. August 1961 bis Juni 1962 die Welle Ⓐ des Zyklus II war,

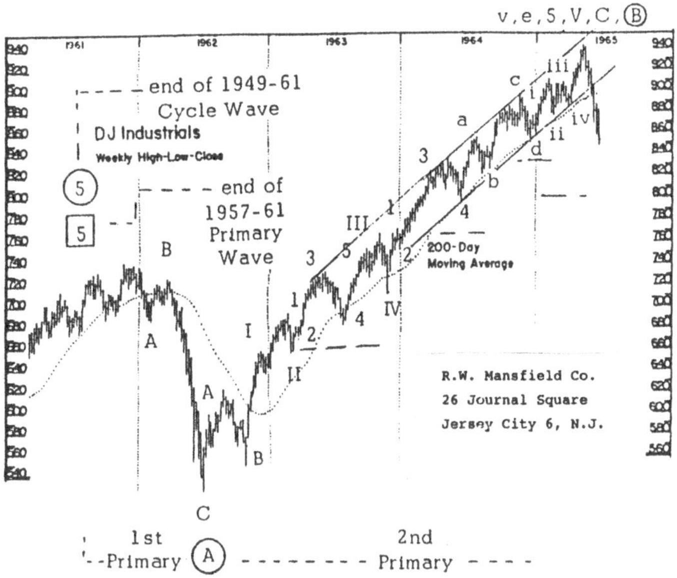

3. der Zeitraum von Juni 1962 bis ? die Welle Ⓑ des Zyklus II sei und dass es sich dabei um eine unregelmäßige ABC-Formation handle, wobei C mit der Kubakrise im Oktober 1962 begann.

Von der C-Welle hatten wir, wie das Diagramm zeigt, vier Wellen (I, II, III und IV) abgeschlossen und befanden uns in der fünften Welle V. Von Welle V hatten wir 1, 2, 3 und 4 abgeschlossen und befanden uns in 5. Von 5 hatten wir a, b, c und d abgeschlossen und befanden uns in e. Von e scheinen wir nun am 14. Mai i, ii, iii, iv und v abgeschlossen zu haben, wodurch gleichzeitig e, 5, V, C und Ⓑ abgeschlossen wurden. Beachten Sie den Ausbruch nach unten aus dem Kanal bei etwa 906.

Technisch gesehen ist der Bullenmarkt nach Elliott vorbei. Aufgrund der aufeinanderfolgenden Verlängerungen der fünften Wellen, beginnend mit V, weiter mit 5, weiter mit e und weiter mit v, müssen wir jedoch das Prinzip des doppelten Rücklaufs einbeziehen. Der Markt sollte zurückgehen und bis zum Beginn der Verlängerung zurücklaufen. Die letzte Verlängerung war i, ii, iii, iv, v; folglich sollte der Markt bis zwischen Punkt c und d zurücklaufen, was bereits geschehen ist. Das zweite Retracement ist a, b, c, d und e oder zurück zu einem Punkt zwischen 3 und 4 (ungefähr auf dem Niveau von 800 bis 830). Von einem dieser Bereiche aus sollte ein doppeltes Retracement stattfinden, also zuerst nach unten und dann wieder nach oben. Und es ist möglich, dass wir bis zur Welle IV oder in den Bereich zwischen 750 und 710 zurücklaufen müssen.

Interessant ist auch die Abwärtswelle vom 14. Mai. Diese hat sich bereits auf der Abwärtsseite verlängert. Die Preisfrage lautet nun, ob Elliotts Aussage in Absatz (3) auf Seite 11 von „Das Elliott-Wellen-Prinzip des Aktienmarktverhaltens, Beilage 1965“ richtig ist, nämlich: „Der Abschluss der normalen oder ersten fünf Wellen einer Verlängerung *ist niemals das Ende der zyklischen Bewegung*, sondern stellt eine deutliche Warnung dar, dass sich der Bullenzyklus dem Ende nähert, da nur noch zwei weitere breite Wellen (eine Abwärts- und eine Aufwärtswelle) die maximale Kraft des Bullenmarkts vollständig widerspiegeln würden ...“ Wenn dem so ist, dann wird der Dow Jones Industrial Average, nachdem er hier auf einem beliebigen Niveau zum Stillstand gekommen ist, zu seinem alten Höchststand von rund 944 zurückkehren.

Fazit

Ein solider Test des Niveaus von 850 bis 860 ist nun erfolgt und gescheitert. Angesichts dieser Entwicklung in letzter Minute halten wir die Chancen für neue Höchststände der Indizes für deutlich unter 50:50. Ein Durchbrechen der 850er-Marke scheint echte Probleme mit sich zu bringen, mit möglichen Umkehrpunkten bei 800 bis 830[1] und erneut bei 710 bis 750. Angesichts des ungünstigen monetären Umfelds wäre es in beiden Fällen fast unmöglich, neue Höchststände im Bullenmarkt zu erreichen.

28. Juni 1965

1 Das Tief im Stundenchart wurde am 29. Juni bei 835,54 erreicht.

Montreal
February 11, 1966

Mr. Charles J. Collins
Investment Counsel, Inc.
800 Buhl Building
Detroit, Michigan 48226

Dear Joe:

This year, as usual around the end of April, we will be preparing our usual Elliott review. It occurred to me that maybe you would like to expose your views in the form of perhaps a guest editorial. This might be very appropriate as I feel that your count from June 1962 to date may well be very valid. My own, as you know, came out with May 14th, 1965 as a perfect 5-up from Cuba with a number of extensions. If this had been all we would have had a 1-2-3 from June 1962. But in the context of what has happened since, and keeping in mind any distinction between "extended" waves, which only can come in the last of the waves (because of the correction factor involved), and "elongated" waves, which often take place in a middle wave and are not corrected in the same way as "extended" waves, I feel that probably what has been going on since June 1965 is the 5th wave of a 5-up from June 1962.

In this context perhaps your idea of 1956-1962 irregular correction makes quite a bit of sense, and how this fits into the bigger 1949-pattern and the bigger still 1942-pattern, let alone the gigantic (in your count) 1932-pattern, might be of particular interest at present as the 5-wave 1962 to date (if that is what it is) pattern approaches its climax.

......page 2

Page 2.

This is a rather unusual request, and maybe you would prefer to skip it, but in the interests of a better knowledge of Elliott I am sure your views would be appreciated. If you decide to do this let me know whether you want it under your own name or unanimously.

Any copy you might care to write would be re-submitted to you for a final check to make sure that your ideas were faithfully projected.

If you are away, as I hope you are at this messy time of year, perhaps your secretary will be kind enough to forward this on to you. In any case, please give my very best regards to your good wife. Tony and I often talk of our one or two good times together.

Very best regards,

A.H. Bolton

AHB/th

EIGHT HUNDRED
BUHL BUILDING
DETROIT, MICHIGAN 48226

March 28, 1966

Dear Hamilton:

I am now back in Detroit and shall start working on the memorandum you wished, which I understand should be in your hands not later than April 20th. If there is any change in this deadline, please advise me. I, also, want to thank you for the copy of the Japanese edition of the Wave Principle, also, for your very generous notation on the flyleaf. It will make an interesting and unique edition to my library.

Regards,

C J Collins
ag

A. Hamilton Bolton, Esq.
Bolton, Tremblay & Company
1245 Sherbrooke St., West
Montreal 25, Canada

Charles J. Collins
1934
1934
1946
1980s

ELLIOTTS
WELLENPRINZIP

1966

DAS ELLIOTT-WELLEN-PRINZIP DES AKTIENMARKTVERHALTENS, BEILAGE 1966

Einleitung

Letztes Jahr haben wir in unserer Elliott-Beilage einen hypothetisch wahrscheinlichen Verlauf des Bullenmarkts in Form eines Diagramms veröffentlicht. Dieses Diagramm ist hier wiedergegeben. Es kam zu dem Ergebnis, dass wir uns wahrscheinlich erst in der Mitte des verbleibenden Teils des Bullenmarkts seit der Ermordung Kennedys im November 1963 befanden.

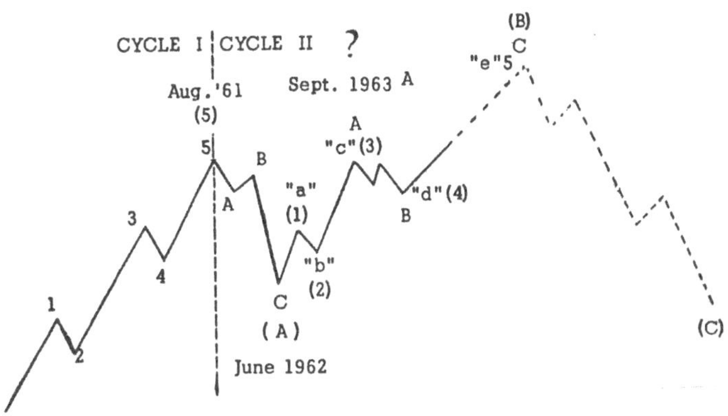

Diese Zählung erfordert nun eine gewisse Änderung der Nummerierung aufgrund des unterdurchschnittlichen Charakters der Korrektur in den Jahren 1963, 1964 und 1965 bis heute. Dieses Problem wird in dieser Beilage wie immer angegangen, jedoch in Anerkenntnis, dass die Elliott-Wellen-Theorie niemals endgültig ist außer im historischen Rückblick.

Ihr Herausgeber schätzt sich besonders glücklich, dass er Charles J. Collins dafür gewinnen konnte, in dieser Beilage seine Ansichten darüber zu äußern, wo wir uns im Elliott-Zyklus befinden, und über seine eigene bedeutende Rolle bei der Erprobung und Formulierung des Elliott-Wellen-Prinzips zu berichten, als es 1939[1] erstmals erschien. Tatsächlich hat er, wie er selbst sagt, Elliotts erstes Buch für ihn geschrieben, und wenn man das Glück hat, sowohl das erste Buch (1939) als auch Elliotts späteres Werk „Nature's Law" (1946) zu besitzen, kann man nur beeindruckt sein von der Klarheit und Präzision der Darstellung des ersten Buches im Vergleich zur Weitschweifigkeit (wenn auch durchsetzt mit faszinierenden, wenn auch esoterischen Ideen) des zweiten.

Es wird empfohlen, die Interpretation von Collins weiter unten in dieser Beilage zu studieren. Die Einfachheit der Darstellung wird Ihnen gefallen.

Collins war schon immer ein Befürworter der Theorie, dass die Große-Superzyklus-Welle 5[2] im Jahr 1932 begann, und nicht 1942, wie Elliott später annahm, oder 1949, wie Ihr Herausgeber behauptet hat. In unserem Buch von 1960 haben wir seine Ideen anonym und recht detailliert dokumentiert. Tatsächlich scheint es in der Praxis kaum einen Unterschied zu machen, ob man sich für 1932 oder für 1949 entscheidet (oder sogar für 1942, obwohl technisch gesehen, wie in „Das Elliott-Wellen-Prinzip: Eine kritische Bewertung" gezeigt wurde, der Startpunkt 1942 höchst zweifelhaft ist). Die Unterschiede sind im folgenden Diagramm zu sehen, das nur eine grobe Übersicht darstellt. Charles Collins' Verwendung von 1932 als Beginn des fünften Großen Superzyklus (vergleichbar mit dem dritten, der von 1857 bis 1929 lief) beinhaltet die

Überlegung, dass die Welle (III) davon wahrscheinlich 1966 endet. Elliotts Datum 1942 wird vermutlich ebenfalls 1966[3] enden, als Abschluss des Superzyklus (I), wenn man die Zählung akzeptiert, die Collins für Welle (III) vorgenommen hat – nämlich als 5-Wellen-Aufwärtsbewegung bestehend aus den folgenden Zykluswellen:

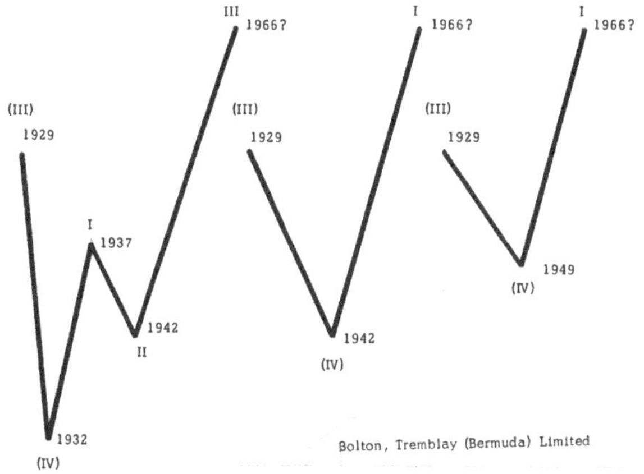

Zykluswelle I	1942–1946
Zykluswelle II	1946–1949
Zykluswelle III	1949–1956
Zykluswelle IV	1956–1962
Zykluswelle V	1962–1966, was den Superzyklus (III) ausmacht

Das Neue an Collins' Interpretation ist seine große Korrektur von 1956 bis 1962,[4] die jedoch im Detail korrekt gezählt werden kann, ohne gegen eines der Grundprinzipien von Elliott zu verstoßen.

Die Entwicklungen im Jahr 1965 deuten nun eindeutig darauf hin, dass es seit dem Tiefpunkt im Juni 1962 fünf Aufwärtswellen gegeben hat und dass dies der Ansicht Ihres Herausgebers widerspricht, dass es nur drei Aufwärtswellen geben würde (in einer größeren unorthodoxen A-B-C-Formation, wobei das B-Hoch deutlich über dem Hoch von 1961 liegt und die C-Welle die A-Welle bei etwa 500 zu einem späteren Zeitpunkt dupliziert). Die grundlegenden Unterschiede zwischen unserer Zählung von 1965 und früheren Zählungen sowie der nun logischeren Zählung sind in der beigefügten Grafik dargestellt.

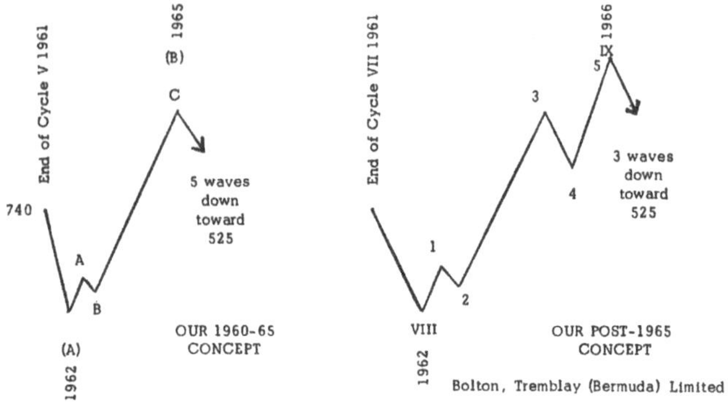

Im Mai 1965 schien es, als hätten drei Aufwärtswellen (die letzte aus der Kubakrise im Oktober 1962 war eine verlängerte Welle, wie in der Beilage von 1965 dargelegt und in der Juli-Ausgabe von *The Bank Credit Analyst* als am 14. Mai abgeschlossen dokumentiert) die inverse Korrekturwelle B gebildet und als wäre dies das Ende der Bewegung gewesen. Die nachfolgenden Ereignisse deuteten jedoch eindeutig darauf hin, dass es sich bei dem Zeitraum von Juni 1965 bis Januar 1966 um eine weitere ergänzende Welle handelte, die aus fünf kleineren Aufwärtswellen bestand. Wir müssen uns also der Wahrscheinlichkeit stellen, dass wir im Januar 1966 ein großes 5-Wellen-Aufwärtsmuster vom Zyklusgrad abgeschlossen haben, und wir müssen dies daher in ein größeres Muster einordnen.

Wie Elliott heute auf uns wirkt

Das Problem lässt sich wie folgt definieren: Wenn der Zeitraum von Juni 1965 bis Januar 1966 die Primärwelle 5 der Zykluswelle von 1962 bis 1966 ist, können wir dies dann in ein Muster einfügen, das mit 1949 als Ausgangspunkt eine 5-Wellen-Sequenz von Zykluswellen ergibt?

Der Schlüssel dazu ist die Aufschlüsselung der Zykluswelle von 1949 bis 1956, die nach Collins' Interpretation die Zykluswelle III des Superzyklus (III) ist. Um diese in fünf Primärwellen aufzuteilen, muss man zu der Zählung zurückkehren, die wir vor 1958 bei der Analyse des Wellenprinzips verwendet haben. Das vorstehende Diagramm aus unserer Beilage von 1956 zeigt, wie wir die Wellen ab 1949 gezählt haben, um zu einer vollständigen Fünf aufwärts zu gelangen. (Die Intermediärwelle e in diesem Zyklus endete im April 1956 bei 520 Indexpunkten.)

Aufschlüsselung des DJIA seit 1949

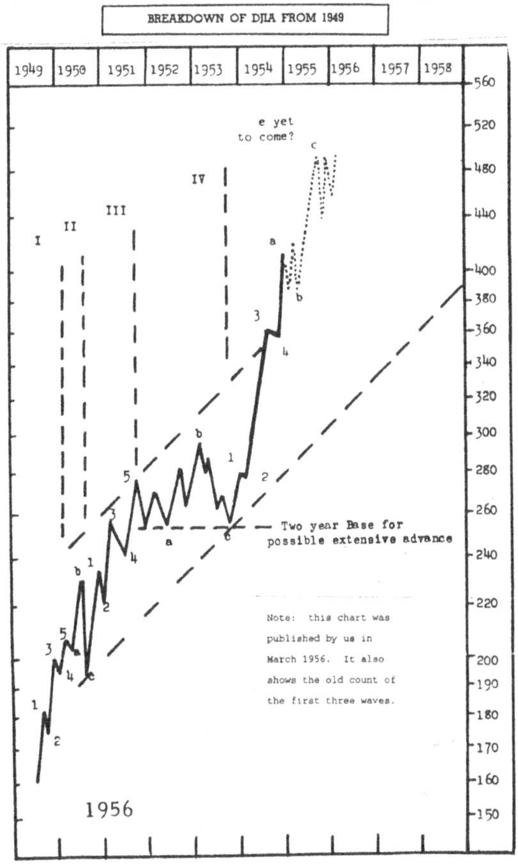

Auf jeden Fall ist diese Zählung (die wir verwendet, aber später geändert haben, als der Zyklus 1958/1959 begann) diejenige, an der Collins in den dazwischenliegenden Jahren festgehalten hat, und erklärt, warum er (in Gesprächen mit Ihrem Herausgeber) der Meinung war, dass unsere Zählung von 1957 bis 1961 als letzte Welle des Nachkriegs-Bullenmarkts möglicherweise nicht korrekt ist.

Orthodoxes Top des Bullenmarkts wahrscheinlich Anfang 1966

Wie dem auch sei (und die Leser werden daran erinnert, dass es nicht immer möglich ist, im Voraus sicher zu sein, wie die tatsächliche Zählung aussieht), nun ist ziemlich klar, dass wir seit Juni 1962 im Index fünf vollständig abgeschlossene Wellen nach oben hatten, so wie im letzten Sommer klar wurde, dass wir seit dem gleichen Datum im Mai 1965 drei vollständige Aufwärtswellen abgeschlossen hatten. Von diesen Wellen war die dritte Welle (Kubakrise bis Mai 1965) eine verlängerte Welle. (Später in dieser Beilage werden wir mehr über Verlängerungen sprechen und vorschlagen, dass es notwendig sein könnte, Elliotts diesbezügliche Regeln etwas zu modifizieren, da eine gewisse Logik darauf hindeutet, dass sie nicht immer zurückgelaufen werden müssen, aber das muss uns im Moment nicht beschäftigen.)

Wie lässt sich dies nun in ein logisches Muster einfügen, wenn wir davon ausgehen, dass der Superzyklus (1) im Juni 1949 begann? Es gibt zwei Möglichkeiten, die jeweils in den beigefügten Grafiken dokumentiert sind. Das linke Diagramm legt nahe, dass 1949 bis 1956 eine 5-Wellen-Aufwärtsbewegung ist, die mit Collins' Zählung und unserer eigenen Zählung vor 1958 übereinstimmt. Ausgehend vom Tief im Jahr 1957 würden jedoch die 5-Wellen-Aufwärtsbewegung von 1957 bis 1961 und die 5-Wellen-Aufwärtsbewegung von 1962 bis 1966 Erweiterungen der fünften Welle von 1953 bis 1956 darstellen.

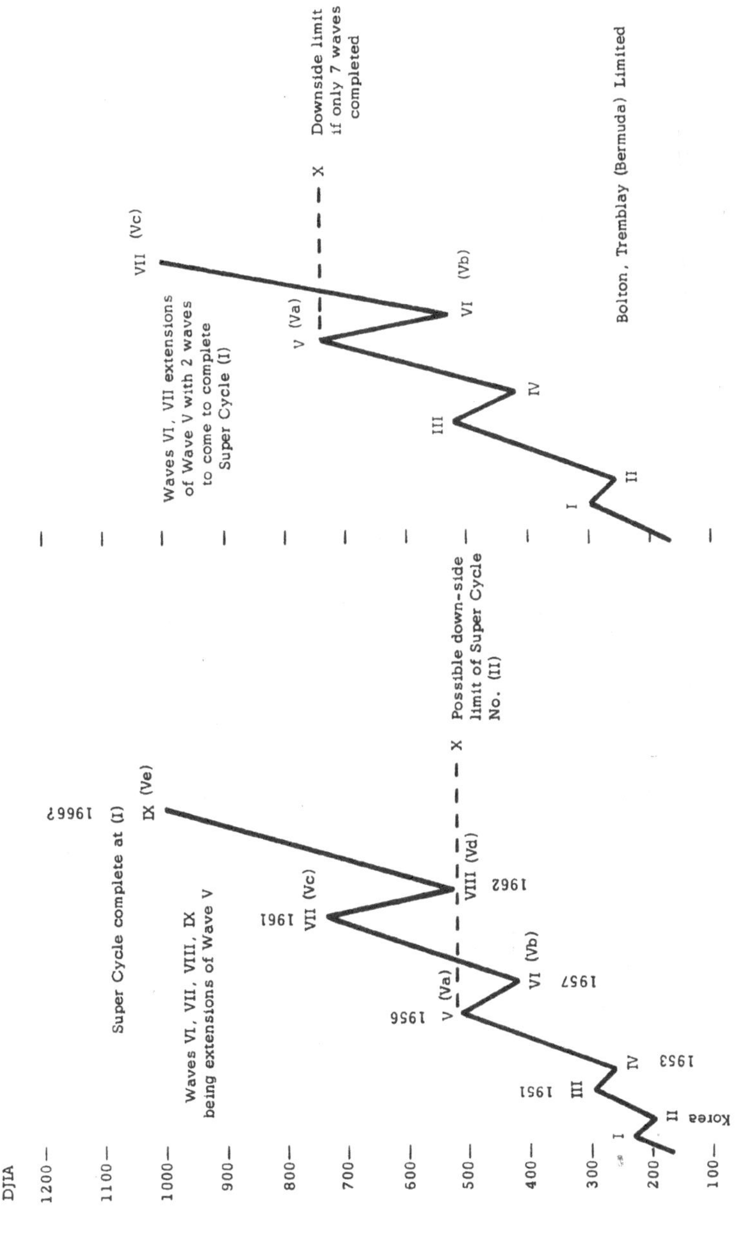
DJIA
1200
1100
1000
900
800
700
600
500
400
300
200
100
Super Cycle complete at (I)
Waves VI, VII, VIII, IX being extensions of Wave V
I
II
Korea
III
1951
IV
1953
V (Va)
1956
VI (Vb)
1957
VII (Vc)
1961
VIII (Vd)
1962
IX (Ve)
1966?
Possible down-side limit of Super Cycle No. (II)
Waves VI, VII extensions of Wave V with 2 waves to come to complete Super Cycle (I)
VII (Vc)
VI (Vb)
Downside limit if only 7 waves completed
Bolton, Tremblay (Bermuda) Limited

Das rechte Diagramm zeigt eine andere Möglichkeit, die zwar nicht so gut zu Collins' Interpretation passt, aber durchaus richtig sein könnte. Dies würde bedeuten, dass Welle VII im Januar 1966 abgeschlossen wurde und darauf Welle VIII folgte, deren Abwärtsgrenze bei etwa 740 (dem Höchststand der Welle V) liegen sollte.

Die Bedeutung des Niveaus von 740 im DJIA

Es ist zu beachten, dass bei diesen möglichen Interpretationen in einem Fall ein Ziel von etwa 525 und im anderen Fall von etwa 740 vorliegt. Es ist daher klar, dass wir zwar zum jetzigen Zeitpunkt nicht mit Sicherheit sagen können, welche Interpretation richtig ist, aber wir können sagen, dass das linke Diagramm richtig ist, wenn die Indizes die Marke von etwa 740 Punkten durchbrechen, denn eine der Grundregeln von Elliott lautet, dass in einer Reihe von 5-Wellen-Bullenmärkten und -Verlängerungen (im Gegensatz zu 3-Wellen-Korrekturen) die Korrektur einer Welle nicht unter den Höchststand der vorletzten Welle fallen sollte. Somit sollte die Korrektur einer Welle 4 nicht unter den Höchststand der Welle 1 fallen und die Korrektur einer Welle 6 nicht unter den Höchststand der Welle 3, wenn die Wellenstruktur bestehen bleiben soll.

Dies ist von entscheidender Bedeutung, da es uns zwei Abwärtsmarken für die bevorstehende Marktkorrektur liefert: Die erste ist 740, die nicht unterschritten werden sollten, wenn das Muster des rechten Diagramms gilt, und die zweite ist 525, die dem Hoch von 1956 und zufällig auch dem Tief von 1962 entspricht.

Was das linke Diagramm zum wahrscheinlicheren Muster macht – abgesehen von dem konjunkturellen und monetären Umfeld, das logischerweise eine sehr bedeutende Marktkorrektur erfordert –, ist, dass es (a) in praktisch allen Details mit der Interpretation von Collins übereinstimmt und (b) einen Abwärtswert ergibt, der mit dem in unseren Bulletins nach 1962 übereinstimmt. In diesen wird eine unregelmäßige Korrektur vom Typ A-B-C nach 1961 prognostiziert, wobei der Höchststand von B deutlich über dem Höchststand von 741 im Jahr 1961 liegen sollte.

Darauf folgt eine C-Welle, die angesichts der „Thrust“-Eigenschaften (die zweifellos durch aufeinanderfolgende Wellen der monetären Inflation verursacht wurden) des Superzyklus-Bullenmarkts nach 1949 einen Tiefststand von etwa 525 erreichen dürfte.

Collins geht davon aus (und das erscheint logisch), dass wir wahrscheinlich einen Bärenmarkt in drei Phasen erleben werden, also eine A-, eine B- und eine C-Welle, mit einem möglichen Ziel von etwa 740 für A, einer Aufwärtskorrektur eines Teils oder des gesamten Rückgangs vom Höchststand und einem Tiefpunkt der C-Welle bei etwa 525.[5] Offensichtlich passt ein solches Muster zu Collins' grundlegenden Superzykluswellen (I), (II) und (III) sowie zu unserem eigenen Superzyklus-Wellenmuster I von 1949 bis 1966, jedoch nicht zu dem im rechten Diagramm vorgeschlagenen alternativen Muster.

Eine weitere Anmerkung ist erwähnenswert. Ein Blick auf beide Diagramme zeigt, dass die Korrekturwellen im Laufe des Bullenmarkts immer tiefer werden. So war im linken Diagramm die Korrekturwelle II im Verhältnis zu I sehr gering, die von IV größer, aber immer noch gering, die von VI bedeutender und die von VIII so groß, wie sie sein konnte, ohne das Bullenmarktmuster zu zerstören. Dies deutet darauf hin, beweist jedoch noch nicht, dass die nächste Korrekturwelle noch größer ausfallen wird. In diesem Fall könnte sie sehr leicht die Marke von 740 durchbrechen, zumal sie im Gegensatz zur Korrektur von 1962 durch einen nahezu unhaltbaren wirtschaftlichen und monetären Hintergrund deutlich verstärkt wird.

Dies ist also die grundlegende Wahrscheinlichkeit, wie wir sie sehen. Entweder endet Collins' Zykluswelle V der Superzykluswelle (III) (1942 bis 1966) Anfang dieses Jahres, oder unsere Zykluswelle IX (Welle V verlängert sich um fünf weitere Wellen) endet zur gleichen Zeit, gefolgt von Collins' Superzykluswelle (IV) und unserer Superzykluswelle (II), die vernünftigerweise parallel zueinander verlaufen sollten. Als unwahrscheinliche Möglichkeit gibt es noch die dritte Option, dass der Superzyklus noch nicht abgeschlossen ist. In diesem Fall würde die

740-Punkte-Marke im DJIA nicht durchbrochen werden und der endgültige Höchststand könnte irgendwo in der Stratosphäre liegen, beispielsweise zwischen 1.300 und 1.800 Punkten im Dow Jones Industrial Average. Wir können nicht sagen, welche Option richtig ist, bis die 740-Punkte-Marke getestet wird, falls und wenn dies geschieht.

Falls die Anhänger der Elliott-Interpretation die obigen Ausführungen für etwas zweideutig halten sollten, möchten wir auf eine Aussage aus unserem Elliott-Buch von 1960 hinweisen:

„Elliott ist keine *exakte Wissenschaft*. Das wird es auch nie sein. Die beiden großen *Enddaten* des Jahrhunderts sind offensichtlich 1929 und 1932. Wir entfernen uns immer weiter von ihnen. Wenn die von uns diskutierten Implikationen von Elliott eintreten, wird das Interesse an der Interpretation von Elliott viel größer werden. Neue Schüler werden sich daran versuchen. Es wird nicht nur einen Experten geben, sondern mehrere, so wie es heute mehrere Dow-Theorie-Experten gibt, von denen einige nicht miteinander übereinstimmen."

Die jüngsten Wellen im Detail

Die Ausgabe von *The Bank Credit Analyst* vom Juli 1965 dokumentierte die Wellenzählung bis zum 14. Mai 1965 und wies darauf hin, dass drei Wellen in allen Details vom Tiefpunkt im Juni 1962 bis zum Höchststand im Mai 1965 abgeschlossen waren. Die Grafik, aus der hervorgeht, wie wir diese gezählt haben, ist aus dieser Ausgabe nachgedruckt. Die dritte Welle dieser Serie verlängerte sich ab Juni 1964 (Punkt a in der Grafik).

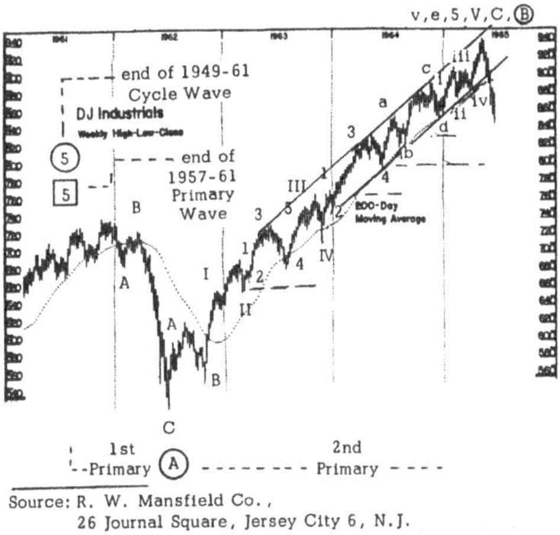

Um die Geschichte auf den neuesten Stand zu bringen, veröffentlichen wir hier einen Chart der gesamten Entwicklung von 1962 bis zu einem neueren Datum. Dieser Chart stammt aus dem Service von Worden & Worden, Inc., Suite 322, Bayview Bldg., Fort Lauderdale, Florida, und wird mit freundlicher Genehmigung abgedruckt. Er ist insofern einzigartig, als er zwei Werte pro Woche statt wöchentlicher Werte darstellt und dementsprechend häufiger kleine Wellen erfasst, die das Muster ausmachen, als dies bei einem Wochenchart möglich ist. Wir haben uns nicht die Mühe gemacht, alle Details der Wellen bis zum 14. Mai 1965 einzutragen, da diese im vorherigen Diagramm angegeben sind.

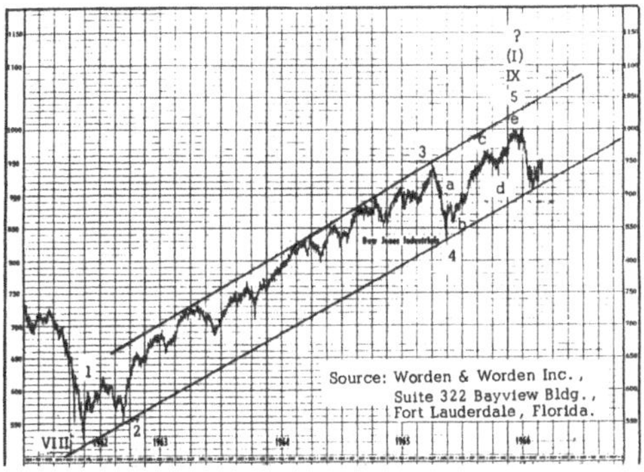

Die Nachwirkungen des Hochs vom Mai 1965 an der mit 3 markierten Stelle werden nun als abgeschlossene fünf Wellen unterschiedlichen Grades klassifiziert, die in unserer Zählung jeweils als e (Intermediärwelle), 5 (Primärwelle), IX (Zykluswelle) und I (Superzykluswelle) dargestellt sind.

Collins weist jedoch auf die Möglichkeit hin, dass das, was wir als c, d und e bezeichnet haben, möglicherweise nur die Welle c (die im November 1965 endete) ist, gefolgt von einer unregelmäßigen 3-Wellen-Korrektur vom Typ A-B-C, die im März abgeschlossen wurde, wodurch dieser letzte Punkt nur d und nicht das Ende der ersten Abwärtswelle eines neuen Zyklus wäre. Faktoren, die für diese letztere Interpretation sprechen, sind (a) die Tatsache, dass das Ende der Wellen e, 5, IX und (I) nicht die obere Parallele des Anstiegs erreicht hat, (b) dass die Abwärtswelle seit Januar 1966 bisher kurz vor Punkt a (etwa 890 DJIA-Punkte) endet, den sie nicht durchbrechen sollte, wenn Welle e, 5, IX, (I) noch nicht abgeschlossen ist, und (c) dass die untere parallele Aufwärtstrendlinie erreicht, aber nicht durchbrochen wurde, was darauf hindeutet, dass die gesamte Welle seit Juni 1962 noch intakt ist.

Unserer Meinung nach ist es noch zu früh, um anhand der Entwicklungen seit März 1966 zu sagen, ob der Markt die Merkmale einer 5er-Aufwärtswelle entwickelt, was der Fall sein muss, wenn der Höchststand vom Januar 1966 nicht der orthodoxe Höchststand ist, oder ob er nur ein 3er-Aufwärtswellenmuster entwickelt.

Zusammenfassend lässt sich sagen, dass Elliott-Anhänger insbesondere das Niveau von 890 beim Dow Jones und sekundär die steigende untere Trendlinie beobachten sollten, die derzeit bei etwa 915 bis 920 liegt und bis Ende Juni bei etwa 935 liegen wird. Ein deutlicher Einbruch unter diese Niveaus wäre gleichbedeutend mit dem Eingeständnis, dass der hintere Teil der Primärwelle vom letzten Juni durchbrochen wurde.

ELLIOTTS WELLENPRINZIP
von Charles J. Collins

Wie ich Elliott kennengelernt habe

Da Hamilton Bolton, den ich neben seiner herausragenden Stellung auf dem Gebiet der monetären Analyse für den fähigsten Interpreten Elliotts halte, von meiner frühen Bekanntschaft mit R.N. Elliott wusste, bat er mich, einen Artikel mit meinen Ansichten zur Wellenbewegung der letzten Jahre zu seinem Elliott-Bericht 1966 beizusteuern.

Bevor ich mit dieser Diskussion beginne, könnte es interessant sein, jetzt, da Elliotts Wellenprinzip unter Börseninteressenten eine so große Anhängerschaft gefunden hat, zu erwähnen, wie ich Elliott kennengelernt habe. Im Jahr 1934, und schon einige Jahre zuvor, gab ich einen wöchentlichen Börsenbrief heraus, der landesweit erschien und mit einem persönlichen Vermögensverwaltungsservice zusammenhing. Wie wohl alle, die Investmentdienste veröffentlichen, erhielt ich häufig Briefe und Anrufe von Personen, die „unfehlbare" Methoden oder Systeme zur Vorhersage des Aktienmarkts entwickelt hatten. Meine übliche Antwort war, dass die Person ihre Ergebnisse über einen Marktzyklus hinweg bei mir dokumentieren sollte, woraufhin ich entscheiden würde, ob ich die Angelegenheit genauer untersuchen wollte. In den meisten Fällen geriet das System irgendwann im Laufe des Zyklus durcheinander, und die Korrespondenz versiegte.

Elliott war eine von drei bemerkenswerten Ausnahmen. Ende 1934 schrieb er mir aus Kalifornien, dass ein Bullenmarkt begonnen habe und noch eine Weile anhalten würde. Er schlug mir außerdem vor, mich mit seiner Methode zu befassen. Ich folgte mit der üblichen Bitte, dass er seine Prognosen für einen bestimmten Zeitraum dokumentieren solle. Im März 1935 fiel der Dow Jones Railroad Average unter sein Tief von 1934, begleitet von einem Einbruch des Industrial Average um elf Prozent. Angesichts der noch frischen Erinnerungen an die Jahre 1929 bis 1932 versetzte diese Entwicklung die Anleger in Angst und Schrecken. An dem Tag, an dem der Industrial Average seinen Tiefpunkt erreichte, nachdem sich der Railroad Average vier Tage zuvor stabilisiert hatte, erhielt ich spätabends ein Telegramm von Elliott, in dem er, wie es seine Art war, *dogmatisch* bekräftigte, dass der Einbruch vorbei sei und eine neue Phase des Bullenmarkts beginne. Rückblickend war dieser Einbruch Primärwelle 2 der damaligen Zyklusbewegung nach dem Elliott-Wellen-Prinzip, auch wenn ich zu diesem Zeitpunkt noch keine Ahnung von seiner Methode hatte. Auf jeden Fall stieg der Markt in den nächsten zwei Monaten dramatisch an, und beeindruckt von Elliotts Dogmatismus und Genauigkeit lud ich ihn zu mir in den Osten ein, um seine Methode mit ihm durchzugehen.

Elliott nahm die Einladung an, und wir verbrachten mehrere Tage damit, sein System gründlich zu studieren. Er war amerikanischer Staatsbürger, gab jedoch an, dass er als Telegrafist in Mexiko[6] gearbeitet hatte, als ihn eine Krankheit[7] zwang, nach Kalifornien zurückzukehren, wo er zwei oder drei Jahre lang fast nichts anderes tun konnte, als auf seiner Veranda zu sitzen und seine Beschwerden zu pflegen. Da er nichts hatte, um sich zu beschäftigen, begann er, den Aktienmarkt von Grund auf zu studieren. So entwickelte sich im Laufe der Zeit das Wellenprinzip.

Elliott, der gerade die ersten Gehversuche machte, wollte, dass ich ihn in meine Organisation aufnahm. Ich erklärte ihm, dass wir seine Methode nicht ausschließlich anwenden könnten, da es weder unsere Praxis war noch sein konnte, unsere Entscheidungen auf einen einzigen Ansatz zu stützen. Ich war jedoch maßgeblich daran beteiligt, ihm in New York City Risikokapital zur Verwaltung zu beschaffen, und von diesem Zeitpunkt an warb er eine Reihe von Kunden und begann mit der Herausgabe von Interpretationen. Später schrieb ich, da ich mich Elliott gegenüber immer noch verpflichtet fühlte, weil er mir seine Methode vollständig offenbart hatte, seine erste Monografie, „The Wave Principle“, die später durch „Nature's Law“ ergänzt wurde. In diesem umfassenderen Dokument fügte Elliott dem Rahmen von „The Wave

Principle" viele philosophische Punkte hinzu – darunter einen Verweis auf Fibonaccis Zahlenreihe –, die alle mit seiner Grundprämisse zusammenhingen. Wir blieben bis zu seinem Tod Freunde und korrespondierten miteinander.

Meine Ansichten zur aktuellen Lage

Was meine Ansichten zu den Wellenbewegungen angeht, so ist es zur vollständigen Klärung unserer aktuellen Lage (11. April 1966) notwendig, den Markt, wie er sich im Dow Jones Industrial Average widerspiegelt, vom Tiefpunkt 1932 aus zu betrachten. Ich sage dies aus dem Grund, dass meiner Meinung nach der Rückgang des Aktienmarkts von 1929 bis 1932 zwar aus zeitlicher Sicht zu kurz war, aber dennoch ausreichend intensiv war, um die Große-Superzyklus-Welle zu korrigieren, die Elliott von 1857 bis zum orthodoxen Hoch im Jahr 1928 datierte. Da dies der Fall ist, gehe ich davon aus, dass am Tief 1932 eine neue Große-Superzyklus-Welle ihren Anfang genommen hat.

Elliott datierte die Große-Superzyklus-Welle 1 von 1800[8] bis 1850, Welle 2 von 1850 bis 1857 und Welle 3 von 1857 bis 1928. Die darauf folgende drastische Korrektur (1928 bis 1932) wäre nach meiner Zählung somit die Große-Superzyklus-Welle 4, was bedeutet, dass das steigende Preisniveau von 1932 bis zu ihrem Ende in einigen Jahren die Große-Superzyklus-Welle 5 bilden wird. Ein Vergleich der Zeitintervalle der Großen-Superzyklus-Wellen 3 und 5 (bis heute), unterteilt in kleinere Superzyklus-Komponenten, ergibt sich wie folgt:

Große-Superzyklus-Welle 3

Superzyklus		Jahre	
Welle 1	1857–1864	7	
Welle 2	1864–1877	13	
Welle 3	1877–1881	4	
Welle 4	1881–1896	15	
Welle 5	1896–1928	32	Gesamt: 71

Große-Superzyklus-Welle 5

Superzyklus		Jahre
Welle 1	1932–1937	5
Welle 2	1937–1942	5
Welle 3	1942–1966?	24

Die längste Superzykluswelle in der Großen-Superzyklus-Welle 3 war die fünfte mit einer Dauer von 32 Jahren; dies könnte bedeuten, dass die längste Superzykluswelle in der Großen-Superzyklus-Welle 5 Welle 3 sein wird.

Die derzeitige Große-Superzyklus-Welle wird, wie andere Wellen derselben Kategorie auch, natürlich in sukzessive kleinere Wellenformationen zerfallen, nämlich in Superzykluswellen, wie in der obigen Tabelle dargestellt, in Zykluswellen oder sogenannte Bullen- und Bärenmärkte und, hinsichtlich der monatlichen, wöchentlichen und täglichen Schwankungen, in Primär-, Intermediär- und Minor-Wellen.

Bei der Zählung der Großen-Superzyklus-Welle 5 seit 1932 stelle ich fest, dass, wie oben dargestellt, zwei Superzykluswellen abgeschlossen sind und eine dritte möglicherweise im Januar 1966 abgeschlossen wurde oder, falls nicht (siehe nachfolgende Erörterung), sich gerade in der Endphase befindet. Diese Superzykluswellen sind in Chart I dargestellt.

Die Superzykluswelle (I) war klassisch und gliederte sich in fünf verschiedene Zykluswellen, wie in Chart II dargestellt.

Charts I–VI:

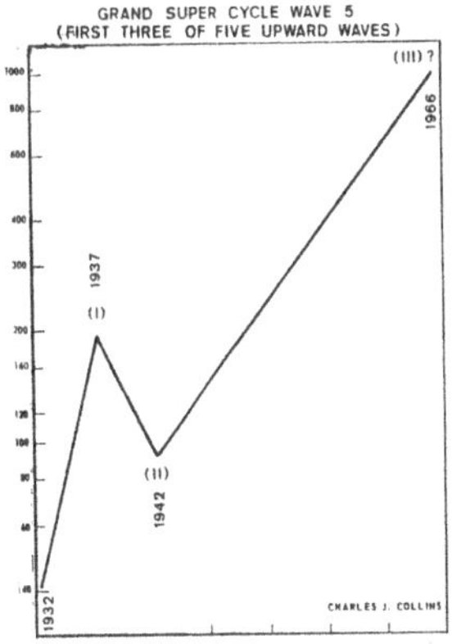
GRAND SUPER CYCLE WAVE 5
(FIRST THREE OF FIVE UPWARD WAVES)
(III) ?
1966
1937
(I)
(II)
1942
1932
CHARLES J. COLLINS

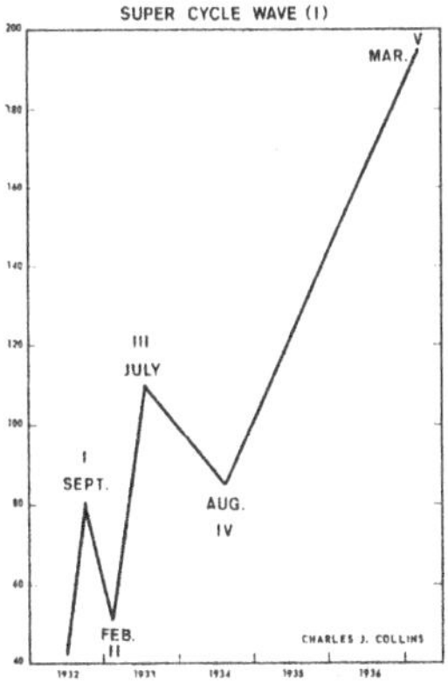
SUPER CYCLE WAVE (I)
V
MAR.
III
JULY
I
SEPT.
AUG.
IV
FEB.
II
CHARLES J. COLLINS

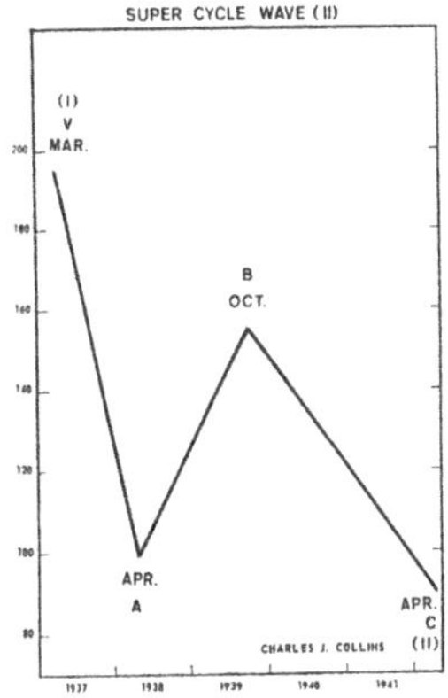
SUPER CYCLE WAVE (II)
(I)
V
MAR.
B
OCT.
APR.
A
APR.
C
(II)
CHARLES J. COLLINS

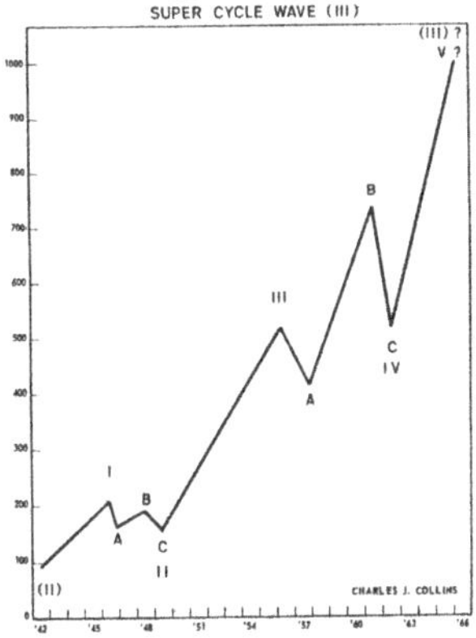
SUPER CYCLE WAVE (III)
(III) ?
V ?
B
III
C
IV
A
I
A
B
C
II
(II)
CHARLES J. COLLINS

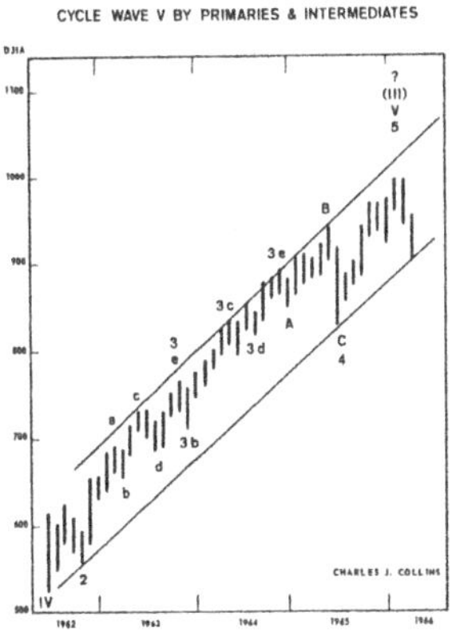
CYCLE WAVE V BY PRIMARIES & INTERMEDIATES
DJIA
?
(III)
V
5
B
3e
3c
A
3d
C
4
3
e
c
a
3b
d
b
2
IV
CHARLES J. COLLINS
1962
1963
1964
1965
1966

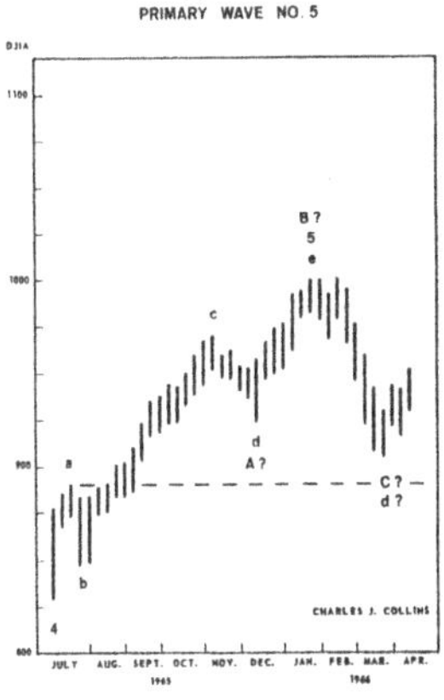
PRIMARY WAVE NO. 5
DJIA
B ?
5
e
c
d
A ?
a
C ?
d ?
b
4
CHARLES J. COLLINS
JULY
AUG.
SEPT.
OCT.
NOV.
DEC.
JAN.
FEB.
MAR.
APR.
1965
1966

Was dann die Superzykluswelle (II) betrifft, sehen wir erneut das klassische zyklische 3-Wellen-Muster, wie in Chart III dargestellt.

Die Superzykluswelle (III), die 1942 begann und derzeit von Interesse ist, habe ich in Chart IV aufgeschlüsselt. Übrigens hat die Aufwärtsneigung von Zykluswelle IV zwischen 1956 und 1962 inflationäre Auswirkungen.

Zykluswelle V (1962–1966?) der Superzykluswelle (III) ist in Chart V anhand der *monatlichen Schwankungen* des Dow Jones Industrial Average dargestellt. Da sich Primärwelle 3 dieser Zykluswelle verlängerte, scheint es, dass Primärwelle 5 (und damit auch Zykluswelle V sowie Superzykluswelle III) im Januar 1966 endete, da der Markt anschließend einen Abwärtstrend entwickelte. Diejenigen, die argumentieren könnten, dass ein solcher Abwärtstrend Welle 2 einer Verlängerung von Welle 5 darstellt, sehen sich mit Elliotts Diktum konfrontiert, dass eine Verlängerung in jeder der Wellen 1, 3 oder 5 auftreten kann, jedoch niemals in mehr als einer. Die Verlängerung von Primärwelle 3 würde nach Elliotts Regel somit eine Verlängerung von Primärwelle 5 ausschließen.

Es ist natürlich möglich, dass die monatlichen Schwankungen, wie in Chart V dargestellt, zu viele Details verbergen, um eine genaue Interpretation der Intermediärwellen zu ermöglichen, die sich insgesamt zu einer Primärwelle entwickeln. Wenn diese These akzeptiert wird, dann zeigt Primärwelle 5 von Zykluswelle V (siehe Chart V), wie in Chart VI auf der Grundlage der wöchentlichen Spanne des Dow Jones dargestellt, fünf Intermediärwellen bis zum Januar-Hoch, was die vorangegangene Interpretation eines Januar-Endpunkts für die Superzyklus- und Zykluswellen auf der Grundlage der monatlichen Schwankungen tendenziell bestätigt. Solange der Dow Jones jedoch über 890 oder dem Höchststand der Intermediärwelle 1 von Primärwelle 5 (Punkt „a“ in Chart VI) bleibt, kann argumentiert werden, dass die gesamte Formation vom Hoch der Intermediärwelle 3 (Punkt c in Chart VI) bis zum Tiefpunkt der Korrektur eine A-B-C-Welle darstellt, die die Intermediärwelle 4 bildet, sodass die Intermediärwelle 5 nun im Gange ist. Die

Tatsache, dass der Höchststand vom Januar 1966 die obere Trendlinie oder Parallele, wie in Chart V dargestellt, nicht erreichte oder überschritt, sowie das Fehlen der weitverbreiteten Exzesse, die normalerweise mit dem Höhepunkt einer Superzykluswelle einhergehen, scheinen diese Sichtweise zu stützen.*

Wenn man davon ausgeht, dass der orthodoxe Höchststand von Zykluswelle V im Januar erreicht wurde oder (siehe obigen Absatz) kurz vor der Bildung steht, ergeben sich daraus eine Reihe von Schlussfolgerungen. Erstens würde die darauf folgende Korrektur die Superzykluswelle (IV) bilden und sollte daher normalerweise zeitlich und/oder in ihrer Tiefe umfangreicher sein als alle Korrekturen, die zwischen 1942 und 1966 oder im Verlauf der Superzykluswelle (III) auftraten. Zweitens sollte auf eine solche Superzykluswelle (IV) eine Superzykluswelle (V) folgen, die die Aktienkurse deutlich über die bisher registrierten Niveaus treibt.

Drittens – und von unmittelbarerem Interesse – sei daran erinnert, dass die 1956 endende Zykluswelle III (siehe Chart IV) einen orthodoxen Höchststand verzeichnete, das heißt, es gab keinen anschließenden frühen Ausschlag in neue Höhen.[9] Nach Elliotts Regel der Alternation würde ein frühes unregelmäßiges Hoch auf neuen Höhen nicht im Widerspruch zum Ende der Zykluswelle V stehen.

* Anmerkung des Herausgebers: Mit anderen Worten, obwohl es derzeit so aussieht, als ob die fünfte Welle der Zykluswelle V ab 1962 (und damit die fünfte der fünften Welle der Superzykluswelle III ab 1942) im Januar 1966 ohne Verlängerungen auf orthodoxe Weise endete, besteht dennoch die Möglichkeit, dass die gesamte Bewegung vom Höchststand im November 1965 bis zum Tiefpunkt im März 1966 eine unregelmäßige 3-Wellen-Korrektur war, sodass Raum für eine abschließende fünfte Aufwärtswelle der Primärwelle 5 bleibt, die nun vom Tiefpunkt im März 1966 aus stattfinden könnte. Aus diesem Grund ist das Niveau von 890 im Dow Jones Industrial Average so wichtig. Wenn es durchbrochen würde, wäre die fünfte Primärwelle nach dieser Zählung Mitte Juli unter den Höchststand der ersten Primärwelle gefallen und würde somit die Möglichkeit dieser Interpretation ungültig machen. Ein Durchbrechen der 890er-Marke würde auch ein Durchbrechen der unteren Trendlinie in Chart V bedeuten, was an sich schon ein ziemlich deutlicher Hinweis darauf wäre, dass die Bewegung im Januar 1966 tatsächlich beendet war.

Und schließlich verlängerte sich die dritte Welle von Zykluswelle V (siehe Grafik V). Elliott stellt fest, dass eine Verlängerung zweimal zurückgelaufen wird. In diesem Fall müsste die C-Welle der Superzykluswelle (IV), die auf die Superzykluswelle (III) folgt (siehe Chart I), als Korrekturbewegung mindestens bis auf 770–710 Dow-Jones-Punkte zurückgehen, also in den Bereich, in dem die Verlängerung von Primärwelle 3 begann (siehe Punkte 3 und 3b in Chart V). Der Rückgang könnte jedoch noch weiter reichen, gemäß der Regel von Elliott, dass die Korrektur einer Welle normalerweise bis zum Endpunkt der vierten Welle der fünf kleineren Wellen zurückgehen sollte, die den Ausschlag charakterisierten. Der Endpunkt der vierten Zykluswelle zur Superzykluswelle 3 (siehe Grafik IV) wurde 1962 bei 524 Punkten im Dow Jones gebildet. Rein spekulativ betrachtet: Könnte die A-Welle der Superzykluswelle (IV) nicht bis in den Bereich von 770 bis 710 Punkten reichen, und die C-Welle bis etwa zum unteren Punkt von 524 Punkten, mit einer beträchtlichen dazwischenliegenden B-Welle?

Elliott legte den Endpunkt der Großen-Superzyklus-Welle (IV) nicht wie ich in dieser Diskussion auf 1932 fest, sondern auf 1942. Er stützte sich dabei auf eine Dreiecksformation, die sich beim Dow Jones zwischen 1929 und 1942 entwickelt hatte. Für diejenigen, die Elliotts Zählung bis zum Endpunkt 1932 bevorzugen – und Elliotts Sichtweise hat sicherlich eine gewisse Überzeugungskraft –, besteht hinsichtlich der vorstehenden Ausführungen kein Grund zur Verwirrung. Es ist lediglich erforderlich, die Superzyklus-Schwankung von 1942 bis 1966(?) (siehe Charts I und IV) als (I) statt als (III) und die darauf folgende Korrektur als Superzykluswelle (II) statt als (IV) neu zu klassifizieren. Die Bedeutung dieser Neuklassifizierung erstreckt sich sowohl zeitlich als auch preislich weit in die Zukunft, nämlich auf die Große-Superzyklus-Welle (V).*

---

* Anmerkung des Herausgebers: Dies steht auch nicht im Widerspruch zu der Auffassung des Herausgebers, dass 1928 bis 1949 ein gigantisches 21-jähriges Dreieck ist, aus dem die Große-Superzyklus-Welle 5 hervorgegangen ist. Das Jahr 1949 tritt an die Stelle von 1932 oder 1942, und die Superzykluswelle von 1949 bis 1966(?) wird als (I) statt als (III) klassifiziert.

Ein abschließendes Wort. Wer sich mit Elliotts Wellenprinzip befasst, weiß, dass die rückblickende Messung der Schwankungen des Aktienmarkts immer einfacher ist als die Zählung in Echtzeit. Daher ist die vorstehende Aufzählung nicht dogmatisch gemeint. Mit Fortschreiten der Zeit kann die Diagnose einer Revision unterzogen werden.

Charles J. Collins

11. April 1966

Bereiche für weitere Untersuchungen

Da die Elliott-Theorie mittlerweile besser bekannt ist, hat eine Reihe von Prognostikern versucht, sie anzuwenden, in einigen Fällen mit Erfolg. Darüber hinaus wird oft leichtfertig angenommen, dass eine bestimmte Wellenformation 5-Wellen-Eigenschaften aufweist, obwohl dies in Wirklichkeit nicht der Fall ist. Dies führt zu bestimmten Annahmen, die bei genauerer Betrachtung Elliotts Test nicht standhalten. Sind wir uns dann aber sicher, dass Elliotts Wellenformationen an sich korrekt sind? Seit ihren Anfangstagen scheinen wir eine Vielzahl von Komplikationen entwickelt zu haben, die alle als Ausnahmen oder zumindest als ungewöhnliche Aspekte des Grundprinzips angesehen werden können.[10] Im Allgemeinen können wir diese Bereiche der Unklarheit in drei Hauptbereiche einteilen:

a. Wellenformationen
b. Probleme mit der Amplitude
c. Der Zeitfaktor

Wir können unmöglich alle Probleme der Wellenbildung oder -zählung behandeln, aber es scheint durchaus wichtig, uns mit einigen Dingen zu befassen, die uns alle am Elliott-Modell beunruhigen. Dementsprechend schlagen wir vor, einige Fragen aufzuwerfen, ohne notwendigerweise endgültige Antworten geben zu können.

Amplitude und Wellenformationen

Probleme bei Amplitude und Wellenformationen gehören zu den schwierigsten im gesamten Elliott-Ansatz. Man könnte meinen, dass es möglich wäre, eine Art Prozentregel auf die Wellen anzuwenden, um zu ermitteln, ob eine Korrektur einen Grad oder den nächstkleineren oder nächstgrößeren Grad hat. Versuche in dieser Richtung wurden unternommen, jedoch ohne großen Erfolg. Arthur Merrill hat in „Behavior of Prices on Wall Street" alle Wellen anhand festgelegter Kursausschläge wie 5 Prozent, 10 Prozent, 20 Prozent und 40 Prozent analysiert. Dann passiert es allerdings, dass die Anzahl der resultierenden Wellen nicht mehr dem Elliott-Verhältnis von 5-3-5 und so weiter entspricht, das auf der Fibonacci-Reihe basiert. Vielleicht sind die gewählten Prozentsätze zu willkürlich und stehen in keiner Beziehung zu den grundlegenden Summenreihen selbst. Möge es genügen zu sagen, dass wir nicht in der Lage waren, einen bestimmten Satz von Prozentsätzen anzuwenden, der für Zyklus-, Primär-, Intermediär- und Minor-Wellen im Kontext von Elliott repräsentativ ist und es uns ermöglicht, zu wissen, dass eine bestimmte Wellenformation zweifelsfrei in eine bestimmte Richtung und zu einem logischen Ende fortschreitet. Wie wir in unserer Diskussion über den Wellenkontext seit 1949 gesehen haben, spielt dies glücklicherweise keine allzu große Rolle, wenn wir versuchen, die größeren Formationen vorherzusagen. Im Zusammenhang mit Elliotts Intermediär- und kleineren Wellenformationen spielt es jedoch eine Rolle.

Verlängerungen

Kein Thema bei Elliott ist faszinierender als das der Verlängerungen beziehungsweise Erweiterungen. Laut Elliott können Verlängerungen in jeder der drei Impulswellen der 5-Wellen-Formation auftreten, jedoch häufiger in der fünften Welle. Praktisch alle Schriften von Elliott über Verlängerungen basierten auf Erfahrungen mit einer fünften Welle. Laut Elliott treten Erweiterungen nur in neuen Bereichen des aktuellen Zyklus auf und werden zweimal zurückgelaufen. Seine Diagramme verdeutlichen dies. Dieses hier zeigt eine Erweiterung einer fünften Welle und scheint völlig logisch zu sein.

Verlängerung der fünften Welle

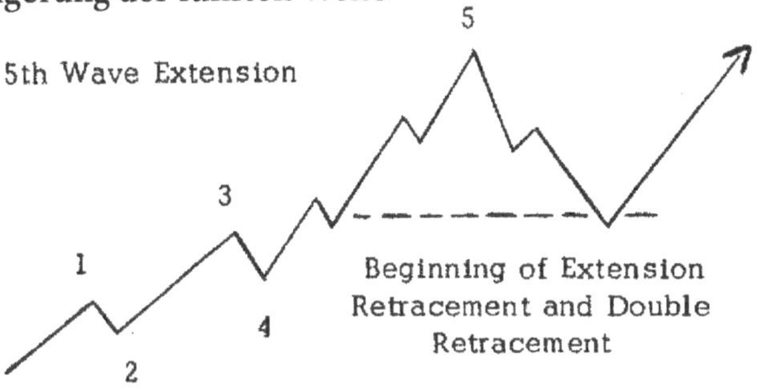

Versucht man jedoch, dieselbe Argumentation auf Verlängerungen von ersten und dritten Wellen anzuwenden, gerät man völlig ins Stocken.

Verlängerung und Retracement der ersten Welle

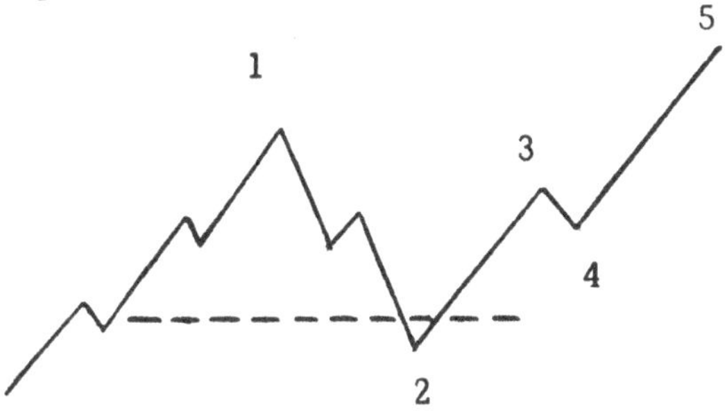

1st Wave Extension and Retracement

Hier haben wir als Beispiel das Diagramm der Verlängerung einer ersten Welle. Die erste Welle verlängert sich wie angegeben und daher muss laut Elliott ein doppelter Rücklauf erfolgen, was in den Wellen 2, 3, 4 und 5 geschieht. Allerdings handelt es sich hierbei nicht mehr um eine legitime 5-Wellen-Formation. Zum einen sieht sie nicht wie eine 5 aus. Außerdem sagt Elliott, dass Welle 4 nicht unter das Hoch von Welle 1 fallen darf, was bei der oben dargestellten Art der Bewegung jedoch der Fall ist.[11] Eine solche Wellenformation im Kontext einer 5-Wellen-Aufwärtsbewegung zu betrachten erscheint dem Verfasser als Verdrehung der Tatsachen ohne besonderen Nutzen. Die gesamte Formation wäre viel logischer als 3-Wellen-Aufwärtsbewegung denn als 5-Wellen-Aufwärtsbewegung zu betrachten – als inverse Korrekturwelle statt als Welle in Richtung der Hauptbewegung.

Ebenso kann man eine doppelt zurückgelaufene dritte Wellenverlängerung in Betracht ziehen. Das nächste Diagramm zeigt, was logischerweise passiert, wenn ein doppelter Rücklauf stattfindet. Auch hier sieht das Muster korrektiv aus. Abgesehen von einer Verlängerung in der fünften Welle wird diese praktisch zwangsläufig niedriger als Welle 3 enden,[12] was keinen Sinn ergibt. Elliott sagt jedoch, dass dann, wenn in einer Welle eine Verlängerung vorliegt, keine weitere in einer der anderen drei Hauptwellen vorliegt.

Der Autor kommt daher zu dem Schluss, dass es zwar in jeder der drei Haupt-Impulswellen zu Verlängerungen nach oben oder unten kommen kann, aber nur Verlängerungen in einer fünften Welle doppelt zurückgelaufen werden.

Verlängerung und Retracement der dritten Welle

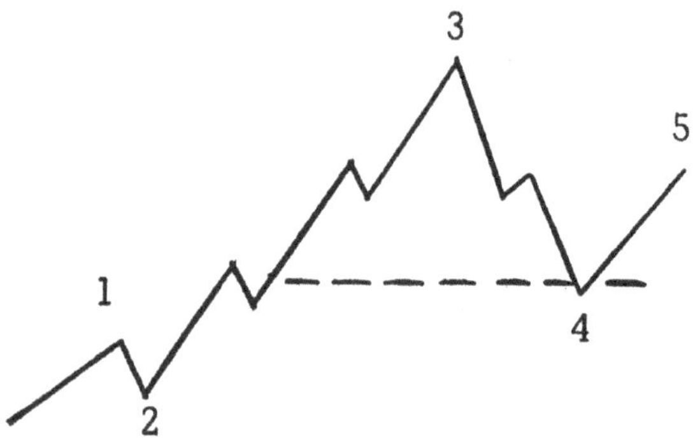

3rd Wave Extension and Retracement

Wenn man davon ausgeht, dass dieses Prinzip gültig ist, lässt sich damit eine Reihe von Dingen erklären. Nehmen wir beispielsweise die 5-Wellen-Aufwärtsbewegung von Juni 1962 bis Januar 1966. Deren dritte Welle von Oktober 1962 bis Mai 1965 war nach unserer Zählung definitiv eine verlängerte Welle. (Siehe das erste Diagramm im Abschnitt „Die jüngsten Wellen im Detail".) Die fünfte Welle von Welle V ist verlängert. Der Punkt der Verlängerung liegt bei Punkt a nach Welle 4. Punkt a liegt bei etwa 850 DJIA-Punkten. Punkt b liegt bei etwa 820. Tatsächlich ist der Markt dies doppelt zurückgelaufen, als er im Juni 1965 auf 835 fiel und dann neue Höchststände erreichte. Dies war jedoch nur ein Rückgang vom Intermediärgrad. Tatsächlich kann die gesamte Welle V als Verlängerung betrachtet werden. In diesem Fall hätte die Regel des doppelten Retracements eine Rückkehr zwischen die Punkte 1 und 2 beziehungsweise auf etwa 760 erfordert. Dies ist nicht geschehen, und folglich können wir schlussfolgern, dass es sich um eine Verlängerung der dritten Welle handelt und es kein Gesetz gibt, das besagt, dass diese zurückverfolgt werden muss. Beachten Sie hier den Unterschied. Die fünfte Welle der dritten größeren Welle verlängerte sich. Sie war vom Intermediärgrad und wurde doppelt zurückgelaufen. Darüber hinaus scheint sich auch die gesamte dritte Welle höheren Grades (Oktober 1962 bis Mai 1965) verlängert zu haben. Da es sich hierbei nicht um eine fünfte Welle handelt, scheint ein doppeltes Retracement nicht erforderlich zu sein. Dies kann in einem späteren Wellenzyklus geschehen, der nichts mit dem betrachteten Zyklus zu tun hat, aber es scheint nicht so, als müsste der Rücklauf im nächsten zusammenhängenden Zyklus erfolgen, was sicherlich den Regeln von Elliott entspricht.

Collins zählt Welle 3 der 5-Wellen-Formation von 1962 bis 1966 anders. Es könnte sinnvoll sein, sich seine Zählung anzusehen, die etwas anders ist, da auch er eine Verlängerung in der dritten Welle sieht (siehe Chart V, S. 397). Seine dritte Welle beginnt sich an dem mit 3e markierten Punkt zu verlängern. Nach Elliotts Regel des doppelten Retracements müsste das Retracement den Markt also wieder zwischen 3e und

3B beziehungsweise zwischen 770 und 710 bringen. Aufgrund einer anderen Zählung folgt auf Collins' Welle 4 keine verlängerte fünfte Welle, was Elliotts These bestätigt, dass von den fünf Wellen gleichen Grades nur eine verlängert wird. Nach unserer Interpretation von Elliotts Regeln hätte Welle 4 viel tiefer fallen müssen, in den Bereich zwischen 770 und 710. Es erscheint wenig logisch anzunehmen, dass ein solches doppeltes Retracement einen weiteren, völlig anderen Zyklus außerhalb des derzeit diskutierten 5-Wellen-Aufwärtsmusters abwarten könnte, in diesem Fall 1962 bis 1966. Wenn wir beispielsweise eine Regel zulassen, die besagt, dass der Markt irgendwann in der Zukunft die Verlängerung von Oktober 1962 bis Mai 1965 zurückverfolgen sollte, haben wir dem Wellenprinzip nichts hinzugefügt und vielleicht sogar seine allgemeine Nützlichkeit verringert. Darüber hinaus hat der Verfasser seit 1932 viele Verlängerungen von ersten und dritten Wellen unterschiedlichen Grades beobachtet, zu denen bislang noch kein Rücklauf, geschweige denn ein doppelter erfolgt ist.

Aus praktischen Gründen schlagen wir daher vor, Verlängerungen nur dann als Kandidaten für einen Rücklauf zu betrachten, wenn es sich um Erweiterungen der fünften Welle handelt, und nur in dem Maße, wie die Retracements im Kontext der nächstgrößeren Welle und ihrer unmittelbaren Nachbarwelle erfolgen.

Nach diesem Prinzip und speziell in Bezug auf die 5-Wellen-Aufwärtsbewegung seit 1962 wurde unsere fünfte Intermediärwelle in Primärwelle 3 der Zykluswelle V doppelt zurückgelaufen, da es sich um eine fünfte Welle handelte. Die Verlängerung von Primärwelle 3 selbst wurde jedoch nicht zurückgelaufen, da es keine fünfte Welle war. Da sich Primärwelle 3 verlängert hat, wird dies bei Primärwelle 5 (Juni 1965 bis Januar 1966?) nicht der Fall sein. Das bedeutet, dass entweder Primärwelle 5 im Januar 1966 abgeschlossen war oder dass bis Mitte März nur Intermediärwelle 4 von Primärwelle 5 abgeschlossen war und nun Intermediärwelle 5 im Gange ist (die Wellenformation ist noch nicht klar genug, um dessen sicher zu sein). Dabei müssen wir es vorerst also belassen.

Alternation

Möchte jetzt die Alternation etwas sagen? Die Alternation gilt für viele Facetten der Wellentheorie.

Korrekturwellen

In einer 5-Wellen-Bewegung gibt es zwei dazwischenliegende Korrekturwellen. Die Alternation legt nahe, dass dann, wenn die erste (Welle 2) ein Zigzag (5-3-5) ist, die zweite (Welle 4) ein Flat (3-3-5) sein wird. Tatsächlich haben wir die Erfahrung gemacht, dass die Flat-Wellen die Zigzag-Wellen zahlenmäßig weit überwiegen. In größeren Formationen sind Zigzags unserer Erfahrung nach praktisch unbekannt.[13] Somit scheint die Alternation *kein* Faktor für den Typ von Korrekturwelle zu sein, außer dass oft, wenn Welle 2 einfach (oder komplex) ist, Welle 4 komplex (oder einfach) sein wird.

Tops

Es heißt, dass sich *reguläre* (oder regelmäßige) und *irreguläre* (oder unregelmäßige) Tops abwechseln. Reguläre Tops sind solche, bei denen das Ende der fünften Welle höher ist als das Ende der zweiten Welle (Welle B) der Korrektur. Irreguläre Tops bedeuten, dass das Hoch von Welle B höher ist als das Hoch der fünften Welle, die ihr vorausging.

Das Problem der Alternation ist eine Frage des Wellengrads. Collins weist darauf hin, dass seiner Analyse zufolge das letzte große Top im Jahr 1956 erreicht wurde. Dieses war regelmäßig,[14] daher besteht die Möglichkeit, dass das aktuelle Top unregelmäßig sein wird. Daher sehen seine Zykluswellen in Superzykluswelle (III) so aus:

Zykluswelle I	Mai 1942 bis Mai 1946	Unregelmäßig
Zykluswelle II	1946 bis 1949	
Zykluswelle III	Juni 1949 bis April 1956	Regelmäßig
Zykluswelle IV	1956 bis 1962	
Zykluswelle V	Juni 1962 bis Januar 1966	Unregelmäßig?

Diese Abwechslung impliziert, dass selbst dann, wenn Januar 1966 das orthodoxe Top der fünften Primärwelle der fünften Zykluswelle seit 1962 ist, die Möglichkeit (vielleicht sogar die Wahrscheinlichkeit) besteht, dass eine unregelmäßige Welle vom Typ A-B-C folgt, die einen Höhepunkt von Welle B erfordert, der höher ist als das Ende der fünften Welle. Ein Diagramm dazu ist hier abgebildet. Da Welle 5 bei etwa 1.000 DJIA-Punkten endete, bedeutet dies, dass wir einen Abschluss von Welle B bei einem höheren Wert als diesem sehen werden.[15]

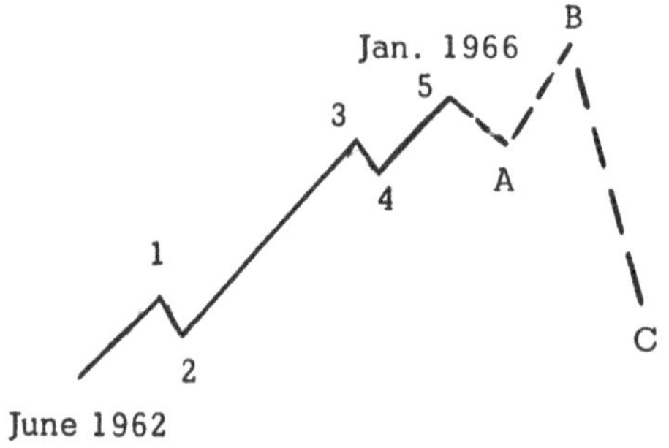

Andererseits hat die von uns vertretene Zählung, wonach wir von 1949 bis heute neun Wellen gesehen haben, von denen die Wellen VI, VII, VIII und IX Verlängerungen der Welle V von 1954 bis 1956 sind, genau diese Implikationen.

Welle I	Juni 1949 bis Juni 1950	Regelmäßig
Welle II	1946 bis 1949	
Welle III	Juli 1950 bis September 1951	Unregelmäßig
Welle IV	1956 bis 1962	
Welle V	September 1953 bis April 1956	Regelmäßig
Welle VI		
Welle VII	Oktober 1957 bis August 1961	Unregelmäßig
Welle VIII		
Welle IX	Juni 1962 bis Januar 1966	Regelmäßig?

Hier haben wir also widersprüchliche Sichtweisen. Unsere Zählung deutet auf ein reguläres Hoch hin, also eines, bei dem die Aufwärtswelle der nachfolgenden Korrektur hinter der letzten Welle der fünften Bullenmarktphase zurückbleibt.

Die Ergebnisse dieser Analyse sind daher nicht schlüssig.

Wellenlängen

Es ist auch zu erwarten, dass sich die Länge der Wellen und insbesondere das Ausmaß der Korrekturen abwechseln. Logischerweise sollte Korrekturwelle 2 zeitlich kürzer und wahrscheinlich auch in ihrer Amplitude kleiner sein als Korrekturwelle 4. In der Praxis scheint dies jedoch nicht immer der Fall zu sein. Im Bullenmarkt von 1921 bis 1929 beispielsweise war die erste Korrektur (1923) zeitlich und in ihrer Amplitude erheblich größer als die zweite Korrektur im Jahr 1926. Im Bullenmarkt von 1949 bis 1966 (siehe Abbildung S. 387) war die Korrekturwelle II in unserer Zählung kurz, die Korrekturwellen IV und VI waren zeitlich etwa gleich lang, und die Korrekturwelle VIII war kürzer als IV und VI.

In Collins' Welle (III) dauerte die Korrektur von 1946 bis 1949 drei Jahre und die von 1956 bis 1962 etwa sechs Jahre, was einem normalen Muster entspricht.

Was können wir ab 1966 erwarten? Auf der Grundlage von Collins' Analyse hatten wir bisher drei Superzyklen. Der zeitliche Ablauf war wie folgt:

Superzyklus I	1932 bis 1937	5 Jahre
Superzyklus II	1937 bis 1942	5 Jahre
Superzyklus III	1942 bis 1966	24 Jahre
		Gesamt: 34 Jahre

Normalerweise könnte man erwarten, dass der Superzyklus IV länger als der Zyklus II ist, aber wie wir gesehen haben, ist die Dauer von Welle 4 oft kürzer als die von Welle 2. Es könnte daher sein, dass der

Superzyklus IV in weniger als fünf Jahren, beispielsweise in drei oder sogar zwei Jahren, zu Ende sein könnte. Ein wirtschaftlicher Grund dafür könnte die Wahrscheinlichkeit einer aktiveren Geld- und Fiskalpolitik in Richtung Inflation sein, als dies in der Zeit von 1937 bis 1942 der Fall war, obwohl es in der zweiten Hälfte dieses Zeitraums zu einer sehr aktiven Erhöhung der Geldmenge des Landes kam.

Auf jeden Fall scheint das Prinzip der Alternation nach wie vor sehr nebulös zu sein, und wir bezweifeln, dass Analysten darin wirklich etwas Greifbares haben, worauf sie sich stützen können.

Die Anzahl der Wellen und die Fibonacci-Folge

Elliott behauptete in „Nature's Law" (1946), dass er die Grundlage des Wellenprinzips in der Fibonacci-Zahlenreihe gefunden habe. Wir haben dies in der Ausgabe von „Das Elliott-Wellen-Prinzip" aus dem Jahr 1960, insbesondere in Kapitel IX, ziemlich ausführlich dokumentiert. Die Fibonacci-Zahlenfolge lautet wie folgt: 1, 1, 2, 3, 5, 8, 13, 21, 34, 55, 89, 144, 233, 377 und so weiter, wobei jede Zahl die Summe der beiden vorangehenden Zahlen ist. Das ist an sich nicht bedeutsam, da man alle möglichen Folgen dieser Art zusammenstellen kann. Bedeutsam ist jedoch, dass nach den ersten paar Zahlen jede Zahl das 0,618-Fache der darüber liegenden und das 1,618-Fache der darunter liegenden Zahl ist. Diese Reihe weist daher sowohl arithmetische als auch geometrische oder logarithmische Eigenschaften auf. Sie kombiniert auch Aspekte der Quadratwurzel, da jede Zahl mit der vorhergehenden durch die Formel $(\sqrt{5}+1)/2$ und mit der darüber liegenden durch die Formel $(\sqrt{5}-1)/2$ in Beziehung steht.

Zählt man die theoretischen Wellen von Elliott durch, erhält man 5+3+5+3+5 oder 21, eine Zahl aus der Folge. Wenn man jede 5 in 5+3+5+3+5 kleinere Wellen zerlegt und jede 3 in 5+3+5 (oder 13) kleine Wellen zerlegt und sie alle addiert, erhält man 89 Wellen, also ebenfalls eine Fibonacci-Zahl. Und wenn man denselben Vorgang für die drei Korrekturwellen durchführt, erhält man eine Gesamtzahl von 144 Wellen (was zufällig auch 12 zum Quadrat ist).

Der Haken dabei ist, dass man in einem Börsenzyklus (zum Beispiel einem Bullenmarkt) niemals 89 Wellen erhält. Stattdessen beinhaltet eine der Korrekturwellen oder vielleicht sogar beide statt 5+3+5 Wellen nur 3+3+5 Wellen, also nur elf. Folglich fährt sich die perfekte Theorie fest.[16]

Wir sind also nicht nur nicht in der Lage, die Amplitude der Wellen im Voraus zu bestimmen, sondern wir wissen auch nicht, wie viele es sein werden. Möglicherweise soll die Einführung von Erweiterungen die Wellenzahlen auf die erforderliche Gesamtzahl bringen, aber wenn dem so ist, hat noch niemand einen Weg gefunden, vorherzusagen, wann sie auftreten werden.

Zum Abschluss dieser Ausführungen über Wellenformationen und Amplituden möchten wir darauf hinweisen, dass Elliott überzeugt war, die Vorhersage von Aktienkursen zu einer Wissenschaft machen zu können. Stattdessen scheint es jedoch, dass dies nach wie vor eine Kunst ist.

Relative Amplituden von Wellen

Elliott war fasziniert von den Fibonacci-Verhältnissen 1,618 und 0,618. Er machte 61,8 Prozent zu einem zentralen Bestandteil seines Messmechanismus, soweit es die Indizes betraf. So zeigte er, dass die ersten drei Wellen der Hausse von 1921 bis 1928 genau 62 Prozent der letzten Welle entsprachen. Außerdem zeigte er, dass der Bullenmarkt von 1937 um 62 Prozent der Punkte stieg, die der Index vom Frühjahr 1930 bis zum Sommer 1932 verloren hatte. Ebenso zeigte er, dass der Bärenmarkt 1937/1938 62 Prozent des Anstiegs von 1932 bis 1937 wieder zurücknahm, und so weiter. Ihr Herausgeber versuchte 1960 beim Schreiben des Buches über Elliott sein Glück mit einer ähnlichen Prognose und nahm dafür die Bewegung in Punkten von 1949 bis 1956 (522 minus 161, also 361 Punkte). Wenn die Wellen von 1949 bis 1956 61,8 Prozent der letzten Welle ab dem Tiefpunkt von 416 im Jahr 1957 entsprechen sollten, dann müssten wir weitere 583 Punkte zum *orthodoxen* Hoch des Bullenmarkts addieren, was uns zu der Zahl 999 als dem Punkt bringt, an dem wir nach dem orthodoxen Höchststand suchen müssen. Zufälligerweise, so könnte man meinen, landet unsere Zählung der fünften Primärwelle von Zykluswelle IX (Verlängerung von Zykluswelle V) im Januar 1966 fast haargenau bei diesem Wert (995).

Ein weiterer Zufall ist die Tatsache, dass die Multiplikation des Hochs von 381 aus dem Jahr 1929 mit 1,618, die Zahl von 618 Punkten ergibt, die, addiert zum Höchststand von 1929, wiederum 999 ergibt. Somit haben wir mindestens zwei Benchmarks bei 999, was darauf hindeutet, dass dieses Niveau besonders bedeutsam ist. Wir müssen jedoch bedenken, dass 999 möglicherweise nur der „orthodoxe" Höchststand ist, so wie 1928 der orthodoxe Höchststand bei 299 lag, gefolgt vom endgültigen Höchststand vom Typ B bei 381 im September 1929.

Das Problem ist, dass solche Zufälle selten im Voraus vorhersehbar sind, insbesondere aufgrund der Tatsache, dass die Elliott-Wellen-Theorie keine feste Grundlage in der Zeit hat.

Die Fibonacci-Zahlen

Dass die Fibonacci-Summenreihe einen wichtigen Bezug zur Natur und zu Naturerscheinungen hat, ist allgemein anerkannt. Blütenblätter beispielsweise kommen in 5er-, 13er-, 21er-, 34er-Gruppen und so weiter vor. Warum dies so ist, ist nicht bekannt. Je mehr man sich mit der Fibonacci-Reihe beschäftigt, desto mehr staunt man über die Kombinationen, Prozentsätze und so weiter. So wie es außer der 2 keine zwei anderen Zahlen gibt, die addiert und multipliziert das gleiche Ergebnis ergeben, so gibt es auch keine Zahlenreihe, die so viele Zufälle hervorbringt wie die Fibonacci-Reihe. Jede Zahl beträgt 61,8 Prozent der nächsthöheren und 161,8 Prozent der nächstniedrigeren. Jede Zahl beträgt 261,8 Prozent der zweitniedrigeren Zahl. Jede Zahl geteilt durch die zweitniedrigere Zahl ergibt zwei und als Rest die nochmals darunter liegende Zahl (zum Beispiel passt 21 zweimal in 55, wobei 13 als Rest bleibt). Die Zahlen stehen alle in einem Verhältnis zueinander, das durch die Quadratwurzel von 5 gegeben ist. Das Verhältnis 0,618 ergibt im Quadrat 0,382, was wiederum seine Differenz zu 1 ergibt (1 minus 0,618 ist gleich 0,382).

Ihr Herausgeber hat kürzlich zwei weitere Entdeckungen gemacht.

Jede mit 7 multiplizierte Zahl steht in einer Beziehung zur nächstgelegenen Zahl in der Summenfolge, sodass die Differenz eine weitere Summenfolge ergibt.

Fibonacci-Zahl	34	55	89	144	233	377	610
4. Zahl darunter mal 7	35	56	91	147	238	385	623
Differenz	+1	+1	+2	+3	+5	+8	+13

In ähnlicher Weise ergibt sich aus der Fibonacci-Folge, wenn man die fünfte niedrigere Zahl mit 11 multipliziert, aus der Differenz zur Folge eine neue negative Fibonacci-Folge.[17]

Fibonacci-Zahl	89	144	233	377	610	987	1597
5. Zahl darunter mal 11	88	143	231	374	605	979	1584
Differenz	-1	-1	-2	-3	-5	-8	-13

All dies ist natürlich interessant, aber aus Sicht der Börsenprognosen nicht besonders aufschlussreich. Es scheint klar zu sein, dass die Menschen die Fibonacci-Reihe als mögliches Instrument zur Messung der Zeit betrachten, doch offenbar ist es bisher niemandem gelungen, ein System zu entwickeln, das zu Zukunftsprognosen führt. Ein interessantes Beispiel für die Verwendung des 7-Fachen der Fibonacci-Zahlen zur Zeitmessung an der Börse findet sich in einem Brief von Dudley Castle an das Magazin *Cycles* vom April 1966, in dem er den S&P 425 Industrials auf einer Quadratwurzelskala und in Intervallen von sieben Monaten mit Hochs und Tiefs anordnet. Seine wichtigsten Wendepunkte treten oft bei 7-Fachen von Fibonacci-Intervallen auf, aber es scheint keine Methode zu geben, um im Voraus zu sagen, ob man Hochs oder Tiefs erwarten kann. Daher ist das Interesse daran eher akademischer Natur.

Ein viel ausgefeilteres System der zyklischen Zeitmessung auf der Grundlage des Fibonacci-Prinzips wurde von Thomas E. Frey von der First National Bank of San Diego entwickelt. Es erschien in der Septemberausgabe 1964 von *Cycles* und ist eine Untersuchung wert, um ein gründliches Verständnis dafür zu erlangen, wie verschiedene Zeitzyklen (jeweils 0,618 des nächsten) zusammenwirken, um wichtige Hochs und Tiefs zu bilden. Es ist beispielsweise interessant festzustellen, dass die mit Abstand größte Anzahl von Zyklen Mitte 1932 ihren Tiefpunkt erreichte. Von den 120 Zyklen, aus denen sich das von Frey entwickelte System mit einer Länge von etwa einem Monat bis zu 100 Jahren zusammensetzt, erreichten 82 Prozent ihren Tiefpunkt im Jahr 1932. Weitere wichtige Tiefpunkte laut seiner Analyse im aktuellen Jahrhundert sind das Frühjahr 1921 und der Spätherbst 1967. Keine anderen Zeiträume scheinen eine vergleichbare Anzahl von zufälligen Zyklustiefs aufzuweisen.

Dies sind also die Bereiche für zukünftige Forschungen. Gibt es eine Methode, um Wellenformationen entweder im Voraus oder während ihrer Entwicklung sicher zu erkennen? Gibt es eine konsistente Regel für die Alternation? Was passiert bei Verlängerungen? Kann die Amplitude gemessen werden, wenn eine Reihe von frühen Benchmarks vorliegt? Ist in den Fibonacci-Zahlen eine Zeitmessvorrichtung enthalten, die für den Aktienmarkt von Nutzen sein kann? Wie können wir Elliotts Theorien weiterentwickeln, um sie für den täglichen Anleger nützlicher zu machen? All diese und viele andere Fragen sind bislang unbeantwortet geblieben. Unser Wissen in anderen Bereichen der Wissenschaft wächst sprunghaft; es ist schade, dass bei der Analyse der Verhaltensaspekte von Aktienkursen keine vergleichbaren Fortschritte erzielt werden können.

Der Eisenbahnindex und Muster bei einzelnen Aktien

Theoretisch sollte das Wellenprinzip auch auf andere Indizes als den Dow Jones Industrial Average und auf einzelne Aktien anwendbar sein. In der Praxis ist das Bild jedoch nur selten eindeutig.[18] Darüber hinaus birgt der Versuch, das Prinzip auf Highflyer anzuwenden, praktische Gefahren, da in der Regel sogar eine einzelne Primärwelle einen Kursanstieg von mehreren Hundert Prozent durchlaufen kann. Intermediärbewegungen können daher stark schwanken und zu allerlei Fehlsignalen führen, wenn man nicht Nerven aus Stahl hat.

Wie sieht es mit den Eisenbahngesellschaften aus?

Letztes Jahr kamen wir zu dem Schluss, dass wir uns in der fünften Zykluswelle seit dem Tiefpunkt von 1942 befanden. Gemäß unserem damaligen Diagramm, das hiermit aktualisiert wiedergegeben wird, waren die Zykluswellen seit 1942 wie folgt:

Zykluswelle I	1942–1946
Zykluswelle II	1946–1949
Zykluswelle III	1949–1955
Zykluswelle IV	1955–1962
Zykluswelle V	1962–1966?

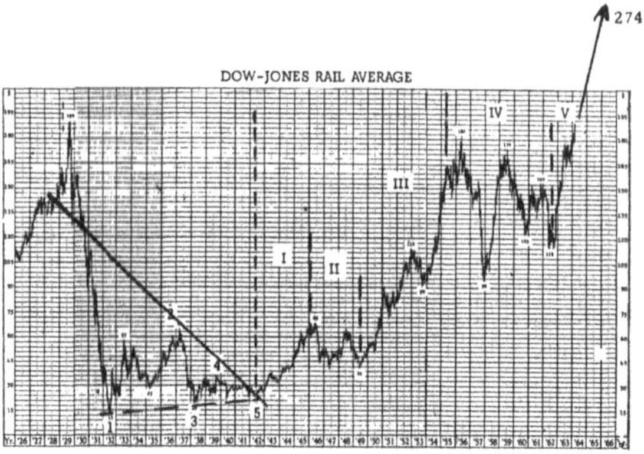

Source: M. C. Horsey & Company, 37 Wall Street, New York 10005.

Anfang 1965 schien der Dow Jones Railroad Average die Primärwelle 4 bis Dezember 1964 abgeschlossen zu haben und bereit für Primärwelle 5 zu sein. Im Mai/Juni 1965 kam es jedoch zu einem zusätzlichen Zyklus, was bedeutete, dass die Primärwelle 4 erst im Juli 1965 mit einem Indexstand von 185 tatsächlich abgeschlossen war. Es scheint, dass Primärwelle 5 begann und von 185 auf einen Höchststand von 274 im Februar 1966 anstieg.

Der nächste Chart von R.W. Mansfield zeigt unserer Meinung nach die hohe Wahrscheinlichkeit, dass die fünfte Primärwelle von Juli 1965 im Februar 1966 abgeschlossen wurde. Die letzte Minor-Welle von Dezember 1965 bis Februar 1966 könnte eine Verlängerung gewesen sein. In diesem Fall können wir einen doppelten Rücklauf erwarten, dessen erster Teil bereits im März 1966 abgeschlossen wurde.

Nach unserer Zählung scheint der Superzyklus von 1942 daher mit Primärwelle 5 der Zykluswelle im Februar 1966 technisch abgeschlossen zu sein. Dieses Top scheint mit dem Superzyklus-Hoch des Dow Jones Industrial Average zusammenzufallen.

Einzelne Aktien

Die Elliott-Wellen-Theorie sollte so angewendet werden, dass Käufe nur in Aktien getätigt werden, die ihr Muster aus fünf Major-Wellen noch

nicht abgeschlossen haben. Umgekehrt ist es oft gefährlich, in Aktien zu investieren, die sich bereits weit in ihrer fünften Welle befinden. Oftmals ist es jedoch fast unmöglich, zu entscheiden, wo sich die Wellenformation befindet, und in diesem Fall ist die Elliott-Wellen-Theorie völlig nutzlos.

In unserer letzten Ausgabe haben wir auf ein oder zwei Bereiche hingewiesen, in denen offensichtlich bedeutende Bärenmärkte stattgefunden hatten. Beispiele hierfür waren die Automaten-Aktien, die eindeutig eine 3-phasige (5-Wellen-)Entwicklung durchlaufen hatten und daher Kandidaten für begrenzte Kapitalgewinne sein könnten.

Vendo Company

Konkret wurde diese Aktie zu einem Zeitpunkt erwähnt, als ihr Kurs bei etwa 25 lag, was auf einen wahrscheinlichen neuen Bullenmarkt hindeutete. Der Chart zeigt das Muster. Von Mitte 1964 bis Anfang 1965 verzeichnete die Aktie einen fünfwelligen Anstieg. Dann folgte eine Korrektur. Die dritte Welle brachte sie auf etwa 40, und nun ist erneut eine Korrektur im Gange. Mitte 1964 könnte durchaus der Beginn eines großen Bullenmarkts sein, mit einem unmittelbaren Ziel für Welle 3 in den oberen 40ern.[19]

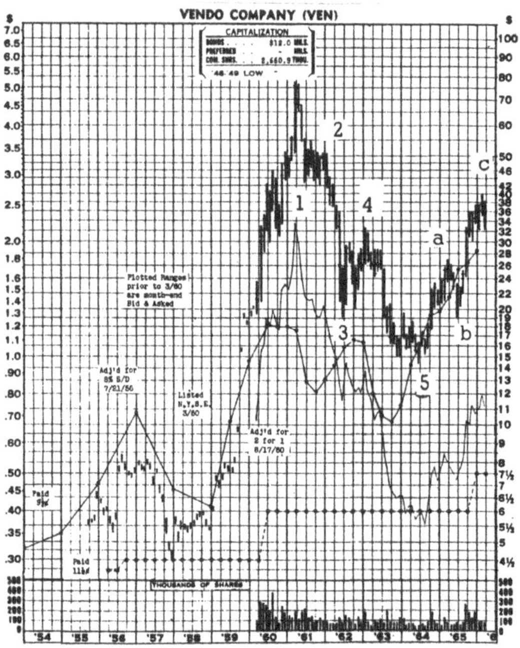

Source: Securities Research Corp.,
211 Congress St., Boston, Mass.

IBM

IBM ist seit jeher ein Streitpunkt. In jedermanns Augen ist es *die* großartige Wachstumsaktie des Jahrhunderts. Die Elliott-Zählung zeigt jedoch einen 5-Wellen-Höhepunkt im Jahr 1961. Seitdem war die relative Entwicklung weit unter dem Durchschnitt, was bedeutet, dass die meisten Aktien seit 1961 dem Anleger mehr gebracht haben. Das Diagramm zeigt, dass es den Aktionären heute nicht viel besser geht als zum Hoch im Jahr 1961, und sicherlich hätten sie mit den meisten anderen Aktien bessere Ergebnisse erzielt. Es mag zwar sein, dass wir den Zeitraum von 1962 bis heute als 5 statt als 3 einstufen können, aber zum gegenwärtigen Zeitpunkt gibt es wenig Anlass, dieser Entwicklung zu folgen, zumal die Gewinnsteigerungsrate zurückgeht. Wir stufen dies weiterhin als A-B-C-Situation ein, wobei die Aktie bei B an ihre Grenzen stößt.

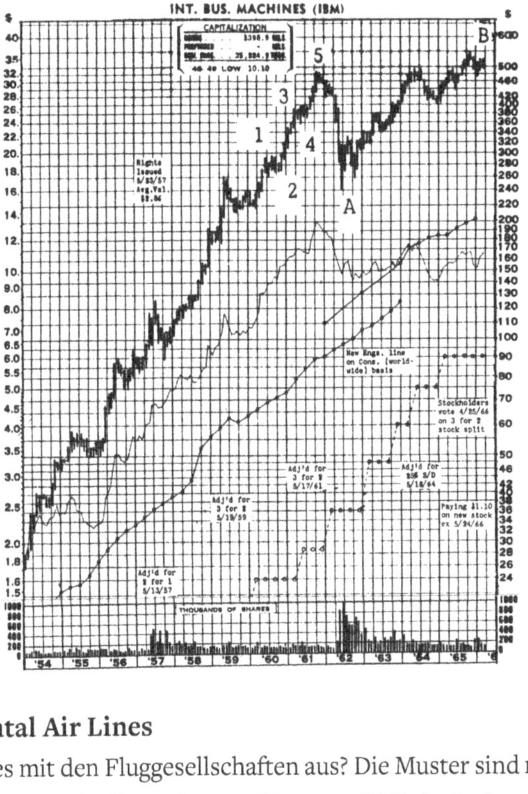

Continental Air Lines

Wie sieht es mit den Fluggesellschaften aus? Die Muster sind nicht allzu klar, außer dass sich alle in einer verlängerten Welle befinden. Ein Chart, der noch nicht abgeschlossen zu sein scheint, ist der von Continental.

Nach einem Tief Ende 1964 entwickelte sich ein neues Aufwärtsmuster. Nach dem Rückgang im Mai/Juni 1965 stieg die Aktie bis zum Jahresende stetig an. Die Korrektur Anfang 1966 scheint nur eine Welle 4 zu sein und deutet auf eine fünfte Welle hin, die die Aktie aus dem Chart herauskatapultieren könnte.

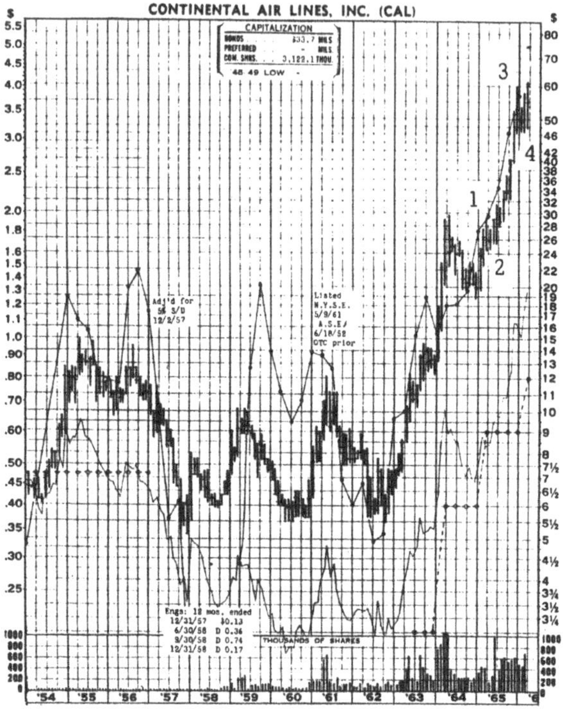

Finanzwerte

Commercial Credit und CIT Financial sind theoretisch offensichtliche Beispiele für Aktien, die unter der Geldknappheit leiden. Dennoch sind die Gewinne beider Unternehmen weiter gestiegen. Hier findet also eine grundlegende Neubewertung des Kurs-Gewinn-Verhältnisses durch die Allgemeinheit statt. Irgendwann werden beide Aktien einen guten Wert erreichen. Es scheint, dass sie sich ziemlich weit unten in der dritten

Korrekturwelle befinden. Sie sind nicht unbedingt Kandidaten für einen sofortigen Kauf, sollten aber in den nächsten Monaten genau beobachtet werden.

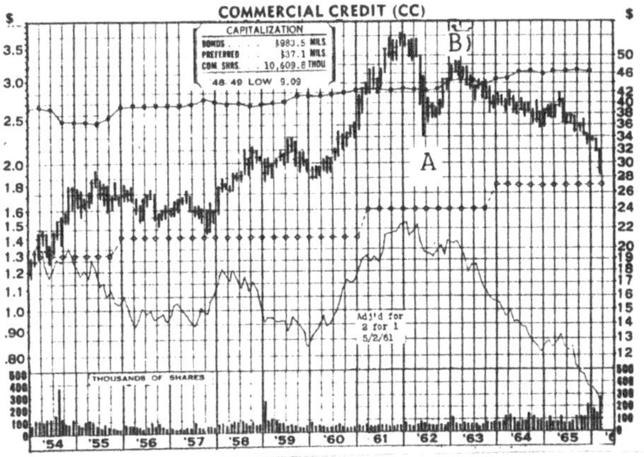

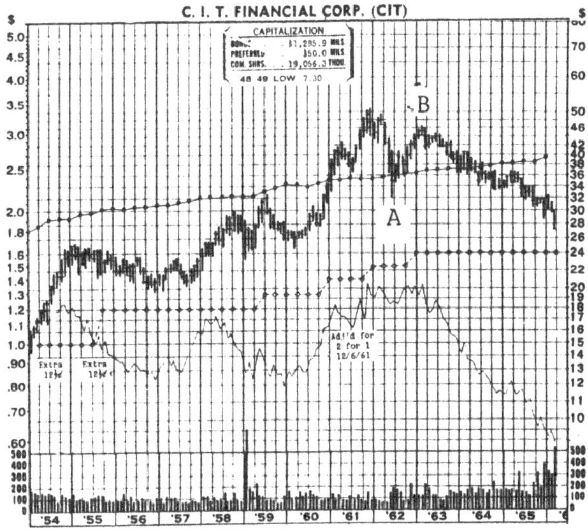

Bristol Myers

Bristol Myers ist eine Wachstumsaktie, die schon immer etwas zu bieten hatte, darunter auch stetig steigende Gewinne. Seit 1962 gibt es eindeutig drei Aufwärtsphasen, wobei die fünfte Welle Ende 1964 begann. Bei der letzten Welle scheint jedoch ziemlich klar zu sein, dass es bisher nur vier Phasen gegeben hat. Die fünfte Welle der fünften Welle scheint noch in der Zukunft zu liegen.

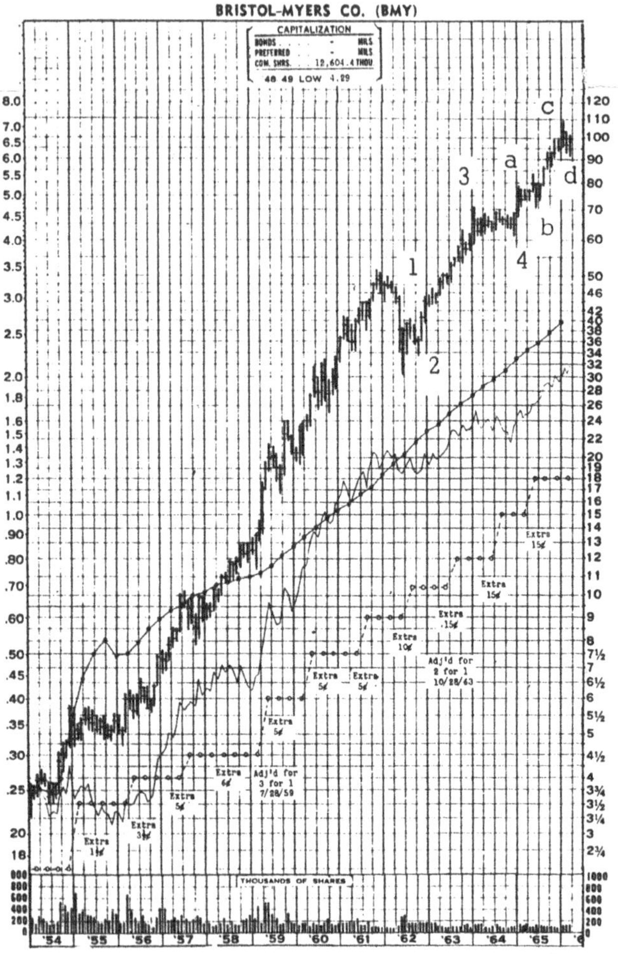

Zenith Radio

Befindet sich Zenith in seiner fünften Aufwärtswelle seit Dezember 1964 oder erst in seiner dritten? Wir wissen es nicht. Allerdings scheint das

Jahr 1962 aus Elliott-Wellen-Sicht ein bedeutender Ausgangspunkt gewesen zu sein. Bislang hatten wir also die Primärwellen 1 und 2, gefolgt von einer Primärwelle 3, die entweder noch andauert oder kurz vor dem Ende steht. Angesichts der Möglichkeiten scheint es sehr wahrscheinlich, dass es bei dieser Aktie nicht zu einem größeren Bärenmarkt kommen wird. Die Chancen stehen gut, dass die Welle 5 der Welle 3 bevorsteht, aber in jedem Fall sprechen die Chancen auch dafür, dass auf eine größere Welle 3 zu gegebener Zeit die Wellen 4 und 5 auf höheren Niveaus folgen werden.

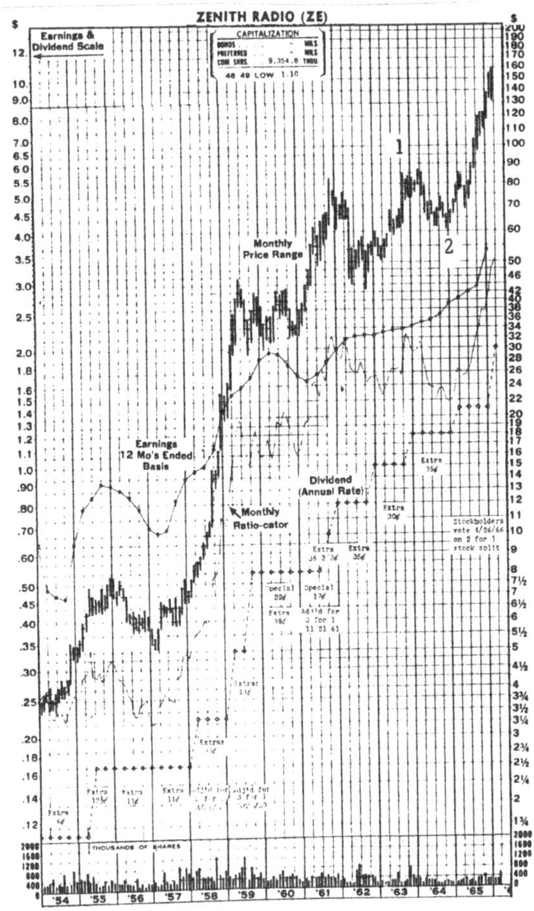

Xerox

Vor einem Jahr und 100 Punkte tiefer schien sich die Aktie in ihrer letzten Welle zu befinden, die jedoch gerade erst begonnen hatte. Heute, 100 Punkte höher, befindet sie sich immer noch in ihrer fünften Welle. Diese Art von Aktien hat ein enormes Momentum, bis ihre Gewinne zu leiden beginnen. Anleger sollten sich bewusst sein, dass sie sich mit dieser Aktie auf einer Achterbahnfahrt befinden. Wenn sie ihr Muster vollendet hat und ausbricht, kann dies zu schnellen und erheblichen Verlusten führen. Derzeit gibt es jedoch keine Anzeichen dafür, dass das Muster abgeschlossen ist.

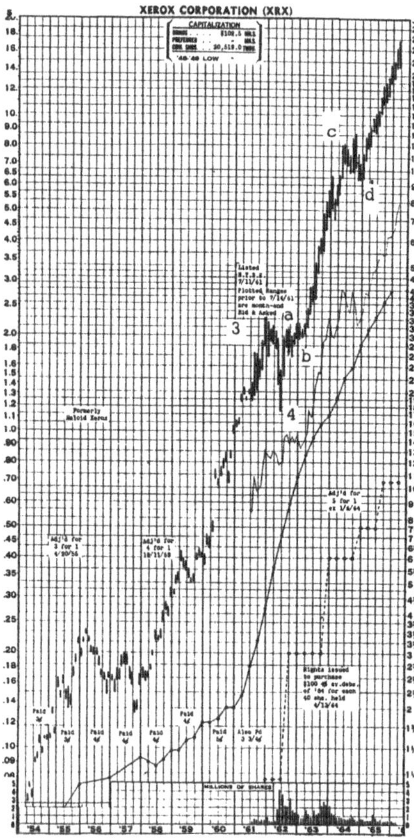

Anmerkung der Redaktion: Wir sind Worden & Worden Inc., Ste. 322 Bayview Bldg., Fort Lauderdale, Florida; M.C. Horsey & Co., 3 Wall St., New York 10005; R.W. Mansfield & Co., 26 Journal Square, Jersey City 6, N.J.; und Securities Research Co., 211 Congress St., Boston, für die Erlaubnis, ihre Charts in dieser Studie zu verwenden, zu großem Dank verpflichtet.

---

1 Tatsächlich 1938.

2 Collins verwendet durchgehend eine Wellenterminologie, die um eine Stufe größer ist als die herkömmliche. Seine „Zyklen" sind Primärwellen und so weiter. In dieser Beilage verschiebt Bolton seine Stufen entsprechend, wahrscheinlich um neue Leser nicht zu verwirren. In einem persönlichen Gespräch erklärte mir Collins jedoch, dass er mit „Große-Superzyklus-Welle 5" die fünfte *Unterwelle* des Großen Superzyklus meint, die dem Superzyklus entspricht.

3 Es ist eine bemerkenswerte, wenn nicht sogar verblüffende Beobachtung, dass für den Dow Jones in heutigen Dollar, für den Collins' Zählung korrekt ist, letztendlich ein substanzielles neues Hoch erforderlich ist, das in den 1980er-Jahren erreicht wurde, während unter den beiden Dreiecks-Interpretationen, die *nur* für den inflationsbereinigten Dow Jones zutreffend sind, der *endgültige* Höchststand tatsächlich 1966 erreicht wurde! Unabhängig davon haben sowohl Bolton als auch Collins ein *Major-Top* innerhalb weniger Wochen nach seinem Auftreten erkannt.

4 Dies spiegelt Boltons Unbehagen wider und ist Collins' einziger Fehler, da die Korrektur viel besser von 1959 bis 1962 und der vorangegangene Anstieg viel besser von 1949 bis 1959 gezählt werden kann.

5 Dies ist eine nahezu perfekte Beschreibung des bevorstehenden Marktverlaufs von 1966 bis 1974. Nach dem Rückgang von 1966 berechnete A.J. Frost das endgültige Stunden-Tief auf 572, das im Dezember 1974 mit 572,20 Dollar erreicht wurde. Siehe die Beilage von 1970 zu *The Bank Credit Analyst* in „The Complete Elliott Wave Writings of A.J. Frost" (New Classics Library).

6 Tatsächlich war er vom US-Außenminister zum Hauptbuchhalter für Nicaragua ernannt worden und war später Hauptbuchhalter für das Eisenbahnsystem von Guatemala. Eine ausführliche Biografie von R.N. Elliott finden Sie in „R.N. Elliott's Masterworks" (New Classics Library).

7 Eine schwere parasitäre Anämie, die ihn fast das Leben kostete.

8 Tatsächlich nahm Elliott ohne Preisdaten an, dass der Beginn der Großen-Superzyklus-Welle 1 um 1776 oder 1800 lag, was eine gute Schätzung war. Die Daten zeigen den Tiefpunkt im Jahr 1784.

9 Collins (und später auch Bolton) bezeichnet dies als reguläres Hoch, obwohl Collins' Zählung die folgende B-Welle als *viel* (tatsächlich zu viel) höher als die fünfte Welle einstuft. Collins sagt, dass die B-Welle kein „*früher* Ausschlag in neue Höhen" war, sodass dies wahrscheinlich ihr Kriterium für ein unorthodoxes, also unregelmäßiges Hoch ist.

10 Diese Diskussion ist zwar nützlich, aber Boltons eigene Geschichte zeigt, dass er nur dann in Schwierigkeiten geriet, wenn er *gegen* eine von Elliott formulierte Regel *verstieß*, wie beispielsweise bei der Bezeichnung von 1928 bis 1949 als Dreieck.

11 Dies ist kein „Muss", wie diese bessere Zeichnung zeigt. Dennoch ist sein Argument, dass das Gesamtbild das einer „Drei" ist, nach wie vor gültig.

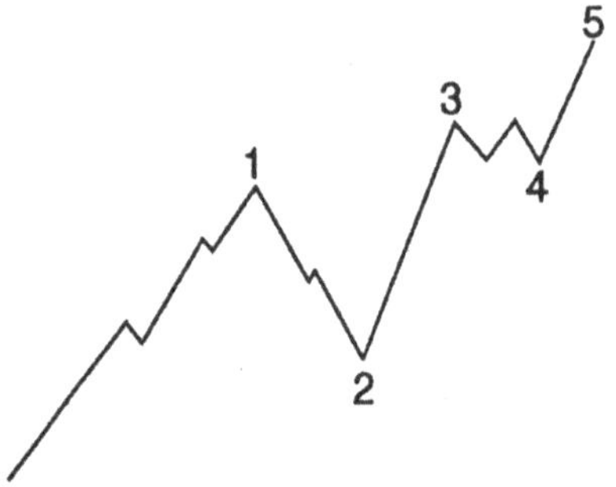

12 Das heißt, wenn die Wellen 5 und 1 ungefähr gleich lang sind, wie es normalerweise der Fall ist.

13 Der Grad macht überhaupt keinen Unterschied. Sowohl 1929 bis 1932 als auch 1937 bis 1942 waren Zigzag-Muster. Das galt offenbar auch für 1720 bis 1784!

14 Siehe Fußnote 9.

15 Dies trat tatsächlich beim Hoch 1973 ein, jedoch nicht aus dem von Collins angegebenen Grund. Die Korrektur von 1966 bis 1974 war ein Flat, weil die Korrektur von 1937 bis 1942 ein Zigzag war, das heißt, Zykluswelle IV alternierte mit Zykluswelle II.

16 Das Dreieck mit insgesamt 15 Unterwellen gleicht das Flat-Muster mit elf Unterwellen aus. Der Durchschnitt liegt weiterhin bei 13.

17 Sieben und elf sind Teil einer neuen Zahlenfolge, die mit dem Fibonacci-Verhältnis in Zusammenhang steht. Die nächste Zahl, 18, liefert die gleichen Ergebnisse. Jede Zahl, die als Multiplikator verwendet wird, liefert Differenzen, die eine Zahlenfolge ergeben, die mit dem Fibonacci-Verhältnis in Zusammenhang steht, obwohl nur bestimmte Zahlen Differenzen liefern, die Fibonacci-Zahlen sind.

18 Der Dow Jones Industrial Average ist das gesellschaftlich akzeptierte Barometer des Aktienmarkts und spricht daher wie kein anderes die Emotionen der Anleger an.

19 Boltons Analyse erscheint optimistisch, aber die Wellenzählung des Charts ist pessimistisch.

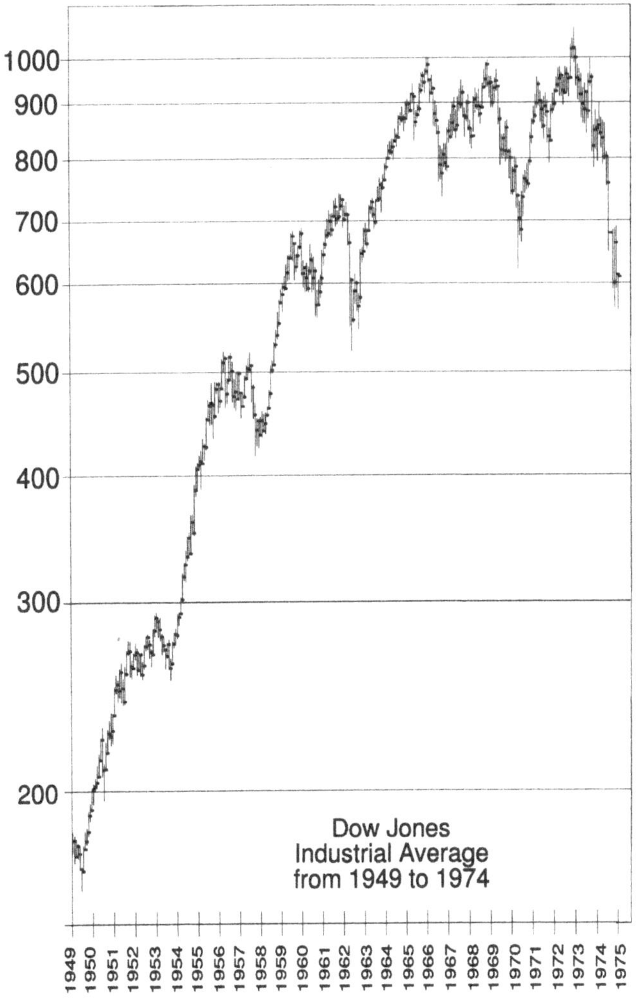

Damit der Leser einen schnellen Überblick über die Kursentwicklung des Dow Jones Industrial Average während des gesamten Zeitraums der Elliott-Wellen-Prognosen des *BCA* erhält, haben wir das obige Diagramm beigefügt.

DER WERT DES WELLENPRINZIPS IM RÜCKBLICK

Auszüge aus früheren „Elliott"-Jahresrückblicken von 1953 bis 1966

Um rückblickend auf die Nützlichkeit von Elliott als Anlagekonzept hinzuweisen, zitieren wir hier Auszüge aus den einzelnen Ausgaben, die wir in etwa jährlichen Abständen veröffentlicht haben. Diese Ausgaben wurden natürlich ohne den Vorteil der heutigen Rückschau verfasst; sie enthielten Meinungen zur voraussichtlichen Entwicklung der Aktienkurse und in der früheren Periode zu den zu erwartenden Bodenbildungsbereichen.

„Auch wenn der Markt historisch gesehen auf einem hohen Niveau zu notieren scheint und viele aktuelle Kommentare diesen Punkt betonen, *könnte es durchaus sein, dass die aktuellen Niveaus in den kommenden Jahren eher als niedrig anzusehen sind.*"

Februar 1953
Dow Jones Industrial Average 284

„Die Intermediärwelle, die im September 1953 begann, weist alle Merkmale ähnlicher Wellen auf, die 1934, 1942 und 1949 begannen. Wenn diese erste Welle abgeschlossen ist, sollten wir also vier weitere Wellen sehen, bevor die fünfte Primärwelle endet, wodurch der erste Zyklus seit 1949 abgeschlossen würde. Wenn diese Interpretation richtig ist, liegen offensichtlich noch viel Zeit und eine bullishe Amplitude vor uns."

April 1954
Dow Jones Industrial Average 319

„Jede Konsolidierung sollte von deutlich höheren Niveaus ausgehen."

März 1955
Dow Jones Industrial Average 410

„Die allgemeine bullishe Prognose der grundlegenden Elliott-Theorie ist nach wie vor intakt."

März 1956
Dow Jones Industrial Average 490

„Die neue Hausse, die 1949 begann, hat das Ausmaß einer Flutwelle. Sie wird zwar von Zeit zu Zeit unterbrochen werden. [...] *Die Korrekturen [...] sind in der Regel unterdurchschnittlich*. Angesichts der späteren Aussicht auf einen DJIA von vielleicht 1.000 Punkten in den frühen 1960er-Jahren besteht kein Grund für übertriebenen langfristigen Pessimismus."

April 1957
Dow Jones Industrial Average 486

„[Wir befinden] uns noch immer in der Korrekturwelle ab 1956, obwohl der Elliott-Ausblick für die nächsten ein bis zwei Jahre nicht allzu pessimistisch ist und wir letztendlich neue Höchststände weit über den Niveaus von 1956 erreichen sollten."

April 1958
Dow Jones Industrial Average 453

„[Wir befinden] uns nun weit in der Primärwelle V [...], die die Zykluswelle von 1949 abschließt."

März 1959
Dow Jones Industrials Average 602

„Wir haben die letzte Phase des großen Bullenmarkts von 1949–? noch nicht gesehen. Der Anstieg seit 1949 dürfte abgeschlossen sein, wenn 583 Punkte zum Tief von 416 im Jahr 1957 hinzukommen, was insgesamt 999 DJIA-Punkte ergibt."

Mai 1960
Dow Jones Industrial Average 620

„Wir befinden uns nun mitten in der fünften Welle [...]. Dies dürfte eine Zeit großer Aktivität und Spekulation sein, auf die möglicherweise ein bedeutender Börsencrash folgen wird. [...] [E]in logischer Bereich, in dem der Tiefpunkt des folgenden Bärenmarkts zu erwarten wäre, [wäre] etwa das Niveau von 520 Punkten."

Mai 1961
Dow Jones Industrial Average 692

„Der entscheidende Punkt ist derzeit, ob die grundlegende langfristige Trendlinie von 1949 im Jahr 1962 entscheidend nach unten durchbrochen wird." [Das war der Fall. – Anm. d. Red.]

April 1962
Dow Jones Industrial Average 680

„Die erste Welle der Korrektur ist nun fast vorbei. [...] Käufe, die zum gegenwärtigen Zeitpunkt getätigt werden, dürften sich als äußerst zufriedenstellend erweisen.“

Mai 1962
Dow Jones Industrial Average 577

„Ende Juni 1962 begann ein neuer Bullenmarkt. Letztendlich dürfte die Welle (B) den Markt auf ein neues Hoch bringen, das deutlich über dem bisherigen liegt. [D]iese Marke von 524 Punkten im Dow Jones Industrial Average [scheint] eine Barriere zu sein, die in den nächsten Jahren nicht und vielleicht nie wieder nach unten durchbrochen wird.“

Mai 1963
Dow Jones Industrial Average 720

„[Es] sieht [...] so aus, als könnten 1.000 Indexpunkte unser nächstes großes Ziel sein“

April 1964
Dow Jones Industrial Average 812

„Die Welle seit der Kubakrise [1962] verlängert sich; die Verlängerungen sind noch nicht abgeschlossen.“

Mai 1965
Dow Jones Industrial Average 934

„[Es ist] nun [..] ziemlich klar, dass wir seit Juni 1962 im Index fünf vollständig abgeschlossene Wellen nach oben hatten. Wir müssen uns der Wahrscheinlichkeit stellen, dass wir im Januar 1966 ein *großes 5-Wellen-Aufwärtsmuster vom Zyklusgrad* abgeschlossen haben. [Dies liefert] uns zwei Abwärtsmarken für die bevorstehende Marktkorrektur [...]: Die erste ist 740, [...] die zweite ist 525. Collins geht davon aus [...], dass wir wahrscheinlich einen Bärenmarkt in drei Phasen erleben werden, also eine A-, eine B- und eine C-Welle mit einem möglichen Ziel von etwa 740 für A, einer Aufwärtskorrektur eines Teils oder des gesamten Rückgangs vom Höchststand und einem Tiefpunkt der C-Welle bei etwa 525.“

April 1966

Dow Jones Industrial Average 942

THE *Bolton-Tremblay*

BANK CREDIT ANALYST

WHAT IT IS

The Bank Credit Analyst is a privately circulated *monthly barometer* of the long term economic trends and broad business conditions for *Investments of all types:* inventories and capital outlays as well as stocks and bonds. Its raw materials are the complex banking and credit statistics published weekly and monthly by the Federal Reserve System, U.S.A.'s central bank.

UNDERLYING PRINCIPLE

An expanding economy creates a favorable climate for investments in general whereas a contracting economy does the opposite. The most effective gauge of economic expansion or contraction is the Flow of Money (and Credit) — the life-blood of the economy and the common denominator of all business transactions. The information is comprehensive, accurate and — unlike most data from other sources — very quickly available, which allows the weekly charting of the Nation's economic health for *Investment Planning and Timing:*

> "Money and Credit provide the one denominator common to all economic activity. If we attempt to compare trends in carloadings with trends in personal income, GNP, wages or steel production, we run into considerable difficulties as to appropriate weighting. The problem becomes considerably simplified when it is realized that all activity takes place in current dollars. Since we want to get to know about the whole economy as quickly as possible, we don't want to have to take each little segment measured in units of no comparable standard, and then have to try to arrive at the whole from the diverse parts.
>
> "The only alternative (and a particularly attractive one) is to study the whole flow of money and credit, and from this study decide what the trend is going to be. Fortunately we have the data on a relatively precise and timely basis from the condition statements of the banking system. We get the broad picture without having to make a number of suppositions with regard to the parts."

TOOLS

Our Editor-in-Chief, A. Hamilton Bolton, and our money-minded research staff have pioneered in this Money and Credit Approach to Investments. The analytical techniques which they devised and over the years perfected are unique. The main tools used are the Composite Equity Index and the Composite Bank Credit Barometer. These basic indices and the many others which supplement them are described in our new 100-page handbook "Introduction to Bank Credit Analysis".

In addition to the analysis of the F. R. statistics, The Bank Credit Analyst comments technical studies of the stock market itself. Breadth, momentum, short interest and stock market credit are all under continuous study. This is truly a combination of *Research with Judgment*, resulting in lucid and straightforward analytical appraisals of the investment weather.

FOR BUSINESS INVESTMENTS

As an *economic barometer* The Bank Credit Analyst has been most helpful to businessmen and industrialists in the establishment of long-range policies and planning in general. This category of subscribers depend on The Bank Credit Analyst for the advanced signal that will tell them whether the economy is strengthening or weakening, so that they may safely increase or decrease their *inventories* and make intelligent plans concerning long-term *capital expenditures.*

FOR SECURITIES INVESTMENTS

The Money and Credit Approach to *securities investments* has had an enviable record since publication of The Bank Credit Analyst. For instance, it has correctly delineated the important buying areas of 1949, 1953, 1958 and 1960, and has pointed out in advance the danger zones of 1951, 1956 and 1959. More recently, bank credit analysis was called upon to play a different, though nonetheless important role, in helping subscribers keep a cool head during the 1962 market break which it immediately labelled as essentially psychological in nature, therefore temporary. Markets have since been approaching their previous high levels.

EDITORS — The Bank Credit Analyst is edited by Bolton, Tremblay & Company, Investment Consultants, 1245 Sherbrooke St. West, MONTREAL 25, CANADA. Registered with the Securities and Exchange Commission, Washington, D.C. — A. Hamilton Bolton, B.A. (McGill), M.B.A. (Harvard), Editor-in-Chief.

PUBLISHERS — The Bank Credit Analyst is published monthly and all rights are reserved by Bolton, Tremblay (Bermuda) Limited, P. O. Box 498, HAMILTON, BERMUDA.

DISTRIBUTORS — The Bank Credit Analyst is distributed by B.C.A. Distributors Ltd., 1245 Sherbrooke St. West, MONTREAL 25, CANADA. Subscription rates are $100. for twelve months, air mail, to any part of the world ($60. for six months). Tax-deductible in U.S.A.

EIGHT HUNDRED
BUHL BUILDING
DETROIT 26, MICHIGAN

May 4, 1966

Dear Hamilton:

Received the 25 brochures and appreciate your friendly references to my work with Elliott's theory.

It seems to me that you have made an excellent presentation of the subject, and I am glad that our respected viewpoints are now synchronized.

Sorry, but I am not attending the New York convention.

Regards,

C J Collins
ag

Hamilton Bolton, Esq.
Bolton, Tremblay & Company
1245 Sherbrooke Street W.
Montreal 25, Canada

Montreal
June 2nd, 1966

Mr. Robert A. Warren
President
R. W. Redman Company Inc.
580-610 Providence Highway
Dedham, Massachusetts

Dear Bob:

You may think you have problems in letter-writing. How about me? Yours of April 10th still is unanswered.

As to tape recorder, we have available at speeds 3 3/4 and 7 1/2.

You are right that I have been putting more study into the longer range cycles to try to prove or disprove their validity. Hence my feeling that we may be entering a 3-year rocky period.

Your assignment at Virginia sounds interesting, but I have not seen any headlines to the effect that they lynched you yet.

There seems to be little vogue these days for studies in timing. It is becoming a lost art I would gather. Your lecture outlines would be valuable, and who knows, maybe the next phase will re-emphasize its importance.

I couldn't care less about what the orthodox proponents of the status quo have to say. But one has to make sure that one is not characterised as a complete crackpot. This involves weaving the current "in" thinking into a pattern whereby one can logically become an iconoclast. It becomes a sort of investment 6th column philosophy! I'd be glad to hear from you at your leisure.

Best regards,

AHB/th

A. H. Bolton

March 29, 1967

Mr. C. J. Collins
Eight Hundred
Buhl Building
Detroit, Michigan 48226

Dear Joe,

I have your letter to Mr. Korn, and appreciate the opportunity to reply. I think in general I agree with your thinking and definitely feel that February to October 1966 was 5 waves down, which of course, makes it rather unique. The overlap that you speak of is however very small and is only in the intraday figures which, as you know, are not made at one time but are the highest or lowest quotations for the stocks at any time during the day. Since the hourly figures have been available I have used them rather than the full range, and on this basis I don't think there was any overlap.

Thus it would appear we had a 5-down. Further the way I counted the waves, I gave the 4th wave to the period from the bottom in May to July 7th. (I think. I haven't any material with me as I am en route at this moment between Bermuda and New York). This series of waves looks like a 4th wave triangle to me, and leads up to a very clear-cut 5th wave down to October 10th, as I see it. Now a 5 wave down of this size is really unique, I think, and I wonder what it means. It does not necessarily preclude a big comeback from wave B but it does suggest the implication that wave B would not go back as high as a wave B starting from a 3 wave down. The biggest 5 wave down I know (except of course 1930-32) was 1937. Here wave B in 1938 recovered 62% of the decline. (Inside the 1937-38 wave too, wave 2, after a 5 down from March to June 1937, recovered some 80-90% of wave 1, but this is not strictly comparable.) Sixty-two per cent of the decline would bring us up to about 900-910, which is the point at which the down wave from February 1966 broke the 1962-66 trend line. I would judge that this is the area at which (despite the pressures there will be to play along further) we should all be out of everything we don't want to hold through the drought.

Page 2.

Anent 62%, this is of course the Fibonacci ratio and I am quite impressed with how often recoveries and setbacks of this size seem to work out as well as the reciprocal 38%. These are of course close to Dow's original 3/8ths and 5/8ths as well as Hamilton's 2/3rds and 1/3rd. For instance, the intermediate from the November high 1966 to end December was very close to 38% of the October-November rise of around 80-85 points.

This brings me to another point. Some of us are not satisfied with a lot of Elliott, due to its imprecision and, accordingly, would like to "improve" on wave theory taking the best of Elliott and adjusting it to much more rigid analysis. Among those who feel this way (apart from me) is Bob Warren whom you may know. He spent many years at Keystone, where he was in charge of special research, and is now retired but keenly interested in Elliott as well as all other investment lore. Also, I might mention Arthur Merrill whose "Behavior of Prices on Wall Street" available from him for $8.35 you should get if you don't have it.

Bob Warren's idea is to get together a small group of Elliott buffs to try and codify and otherwise set up a real wave theory which will not be subject to the myriad of interpretations and minutiae which can well change a given major interpretation because of a small minor quibble about a wave formation. I heartily endorse the idea, and to make this more concrete I suggest such a group might well meet on the occasion of Humphrey Neill's Contrary Opinion Forum this fall in Vermont (always the last weekend in September or 1st and 2nd October). This forum starts Thursday evening, works Friday up to noon Saturday. The Elliott group c uld stay on and work Saturday afternoon and part or all day Sunday after the Forum. It would give us all an interest in setting a fixed date (plus the fact that Humphrey's Forum is always worthwhile). I would suggest however that if this is agreeable we do not publicize the same to anyone except our own group or otherwise we will be inundated with various "students" who will want to get in the act. My list of buffs is by no means complete but tentatively I would like to see:

Bob Warren
Joe Collins
Arthur Merrill
Jack Frost (ex associate of mine, now in Ottawa, Canada)
Paul Dysart of Louisville, Kentucky
Jeff Drew

Page 3.

Any other names will be gratefully received. We can then choose and pick but the initial group should not be too large.

Prior to the meeting, by mail we should try to decide an agenda of what we hope to accomplish, with a list of materials requirements. A small budget for photocopying could be set up as some may not have access to Elliott's major works, "The Wave Principle"1938, Nature's Law, 1945. Financial world articles, etc... Also, certain of the group may want to table other material.

And so, in principle, would you be willing to join such a group with such an objective ? Because of my organization, I can do quite a lot to keep the ball rolling, but I undoubtedly will need a good deal of help.

Please let me hear from you at your earliest convenience. If your answer as a keen Elliotter, is positive, I can go ahead from there.

Best regards,

A. H. Bolton

AHB/cc

Anm. d. Herausgebers: Bolton starb eine Woche später.

THE ELLIOTT WAVE THEORIST, FEBRUAR 1983 UND JANUAR 1989

In Erinnerung an Joe Collins

Mit großer Trauer gebe ich den Tod von Charles Joseph Collins bekannt. Collins wurde am 7. Dezember 1894 geboren und starb am 24. Dezember 1982 im Alter von 88 Jahren.

Joe Collins war ein innovativer und äußerst erfolgreicher Marktforscher, Portfoliomanager und Verfasser von Marktbriefen, der bis zu seinem Tod beruflich aktiv blieb. Er war pragmatisch, wie seine regelmäßigen Artikel für das Magazin *Financial World* zeigten, verfügte jedoch auch über die intellektuelle Neugier, um für die November/Dezember-Ausgabe 1965 des *Financial Analysts' Journal* eine statistische Studie über den Zusammenhang zwischen dem Sonnenfleckenzyklus und den Aktienkursen zu verfassen. In den 1930er-Jahren schätzte R.N. Elliott Collins' Marktbrief so sehr, dass er ihn vielen Freunden empfahl. Als es für R.N. Elliott an der Zeit war, seine Entdeckung eines Gesetzes hinter dem Marktverhalten zu veröffentlichen, entschied er sich, es Collins zu offenbaren. Nach anfänglicher Skepsis verstand Collins Elliotts Konzept und dessen Nutzen und wurde schnell zu einem treuen Verbündeten und Unterstützer.

Elliott bat Collins schließlich, aufgrund seines makellosen Schreibstils, „The Wave Principle" anhand von Elliotts Notizen und seiner

Monografie zu verfassen. Im Jahr 1938 schrieb Collins als Ghostwriter R.N. Elliotts erstes Buch, „The Wave Principle“, und machte damit Elliotts Arbeit an der Wall Street bekannt. Meiner Meinung nach wurde Collins letztendlich ein besserer Praktiker dieses Handwerks als Elliott selbst.

In den folgenden 50 Jahren erwies sich Collins als der vielleicht beste Interpret von „Elliott“, den es je gab. Collins war so freundlich, das Vorwort zu A.J. Frosts und meinem Buch „Elliott Wave Principle“ zu verfassen. Er war der einzige „Elliottianer“, der alle Vertreter des Superzyklus persönlich kannte – Elliott (Wellen I und II), Bolton (Welle III), Frost (Welle IV) und mich (Welle V). A.J. und ich verbrachten zwei Wochenenden mit „Joe“, einmal in seinem Winterdomizil in Florida und einmal in Detroit. Er und seine Frau waren äußerst liebenswürdige Gastgeber.

A.J. Frost und ich werden unser Treffen mit Collins und unsere lebhaften Diskussionen über Philosophie und die Märkte sicherlich nie vergessen. Es gibt sogar noch eine Tonbandkassette, auf der Collins seinen Kunden erklärt, dass der Höhepunkt des Bullenmarktes nahe „Dow 2.724“ liegen würde, basierend auf der im Buch zitierten Regel der Gleichheit. Dieses Niveau markierte später den Höchststand von 1987.

Zu Lebzeiten verfasste Collins mindestens drei Bücher unter seinem eigenen Namen. Eines davon, das 1977 privat veröffentlicht wurde und heute nicht mehr erhältlich ist, war ein Gedichtband. Hier ist eines seiner Werke, das er für seine Frau schrieb, die er ganz offen verehrte:

When it is night
And I am alone,
And most conscious of the deep mystery of life,
I think of you and I wonder
If you are mortal;
If you really do exist and breathe

Or, instead, have I conjured you up
Out of the deep recesses of my being
So that my senses and spirit,
Ever athirst for beauty,
Might thus have it
Everlastingly to contemplate?

I ask this question because,
Always when we are together,
Intoxicated by your presence,
Made drunken by the charm
And bewitchery of your person,
By the magic of your heart,
I walk in beauty.

This is not natural.
The law of life is alternation.
Under this law one finds beauty,
But not unalloyed.
With you this is not so.
Always there is beauty –
Beauty of form, beauty of mind, beauty of spirit;
Beauty growing and ever brightening
Like a flame
That burns and burns
Into the night.

Collins' Fachwissen sowie seine persönliche Eleganz, Bescheidenheit und Freundlichkeit werden allen, die ihn kannten, in Erinnerung bleiben.

August 1993

MEMORANDUM TO
ROBERT R. PRECHTER, JR. CMT

The Nicholas Molodovsky Award was presented to A. Hamilton Bolton posthumously in 1987 by the Financial Analysts Federation. It reads,

> *"This award is presented periodically only to those individuals who have made outstanding contributions of such significance as to change the direction of the profession and to raise it to higher standards of accomplishment. It was established to honor Nicholas Molodovsky, one of the profession's outstanding scholars and the first recipient of the award."*

Since that date, there have been eight recipients, with A. Hamilton Bolton being the fifth. The award was received by Dominic Doluhy, Mr. Bolton's brother, on behalf of the Bolton family during a meeting of the Montreal Society of Financial Analysts. I made the presentation of the award in my capacity then as Vice Chair of the Financial Analysts Federation. A. Hamilton Bolton was Chairman of the Federation in 1959-1960 when the organization was called the National Federation of Financial Analysts Societies.

Cordially,

Bernadette B. Murphy

Bernadette B. Murphy, CMT
Past President of FAF, 1988-1989

Additional Books

Elliott Wave Principle
A.J Frost and
Robert Prechter

R.N. Elliott's Masterworks
edited by
Robert R. Prechter

The Wave Principle of Human Social Behavior
Robert R. Prechter

Pioneering Studies in Socionomics
Robert R. Prechter

The Socionomic Theory of Finance
Robert R. Prechter

Socionomic Studies of Society and Culture
Robert R. Prechter

Socionomic Causality in Politics
Robert R. Prechter

R.N. Elliott's Market Letters (1938-1946)
edited by
Robert R. Prechter

How to Forecast Gold and Silver Using the Wave Principle
Robert R. Prechter

The Elliott Wave Writings of A.J. Frost and Richard Russell
edited by
Robert R. Prechter

Last Chance to Conquer the Crash
Robert R. Prechter

Beautiful Pictures
Robert R. Prechter

Market Analysis for the New Millennium
edited by
Robert R. Prechter

Available at
elliottwave.com/books

Or call **800-336-1618** (inside the U.S.)
or **770-536-0309** (outside the U.S.).

www.elliottwave.com/books